사회복지 재정의 이해

사회복지 재정의 이해

하워드 글래너스터 저 | 박순우 역

인간과복지

【 차례 】

제3장 사회프로그램의 비용을 어떻게 지불할 것인가? 조세압박

제4장 의료보장

제5장 사회적 돌봄

제6장 교육

제7장 소득보장

제8장 주택

제9장 희소자원의 배급: 상승하는 기대의 관리

제10장 복지국가의 미래는 있는가?

한국어판 서문

오늘날 우리 삶의 많은 부분이 국가의 복지제도에 의존해 있다. 어떻게 이에 필요한 비용을 부담할 것인가? 이는 세계 도처의 사람들이 묻고 있는 질문이다. 사람들은 자녀가 좋은 교육 받기를 희망하며, 노령으로 인해 허약해지면 은퇴하여 보호받을 수 있기를 원한다. 질병이 발생하였을 때에는 본인과 가족이 재정적으로 안정되어 있는 것에 감사한다. 또한 우리는 아동이 유기되거나 빈민이 길거리에서 구걸하는 모습을 보고 싶어하지 않는다. 하지만 어떻게 이러한 모든 것에 대한 비용을 지속적으로 부담할 수 있을까? 단순히 동일한 수준의 서비스를 제공하더라도 그 비용은 매년 증가한다. 노인의 수가 증가하고, 교육의 기간과 비용이 상승하며, 의학기술의 발전으로 치료가능하거나 혹은 고통을 완화시킬 수 있는 질병의 수가 증가하기 때문이다.

한국은 이러한 모든 측면에서 다른 어느 선진국과도 차이가 없다. 우리는 동일한 딜레마에 직면해 있는 것이다. 하지만 단순하게 보호의 책임이 본인에게 있으며, 국가는 전면적으로 철수해야 한다고 말하는 것은 해답이 아니다. 왜 일상적인 시장이, 예를 들어 의료보장의 재원을 조달하는데 있어, 정상적으로 작동하지 못하는지를 설명하는 이유들은 충분하다.

그리고 이제 경제학자들 역시 이를 보다 명확히 이해하고 있다. 부모가 가난하다는 이유로 아동이 적정수준의 교육을 받지 못하는 상황을 방치해서는 안 된다. 만약 그렇게 된다면, 그들의 나머지 삶에 대한 부담을 우리가 지게 될 것이다. 더욱이 그들은 보다 나은 삶을 영위할 수 있는 자격이 있다. 하지만 시장이 실패하면 정부도 실패한다. 특히 이러한 문제는 사회정책을 설계하는 과정에서 발생한다. 우리는 공적 재정과 더불어 사적 재정을 필요로 할 것이다. 재원조달의 문제를 해결하기 위해 공과 사의 노력이 동시에 필요하며, 이것이 국가와 개인의 책임분담이다. 최근의 위기는 이 점을 보다 명확히 입증하고 있다.

이러한 것들이 바로 우리가 심사숙고해야 할 중요한 문제이다. 이에 대해 세계 여러 나라의 경제학자 및 사회정책학자들이 제기해 온 주장들을 검토할 필요가 있으며, 세계의 많은 국가들이 실질적으로 취해 온 조치들을 고찰해 보아야 한다.

이 책을 통해 본인이 시도한 바가 바로 이것이다. 이 책은 부분적으로는 학생들을 염두에 두었지만, 이러한 딜레마에 관심이 있는 일반 독자들도 고려하였다.

본인은 공공재 및 시장의 실패뿐만 아니라 정부의 실패에 대한 경제학자들의 주장을 재검토하고 요약하였다. 또한 이러한 생각들이 어떻게 공공정책에서, 그리고 학교, 병원, 요양원 등의 재원을 마련하는 실제 메커니즘에서 자리 잡고 있는지를 보여주고자 하였다. 이와 더불어 여러 선진국들이 선택한 경로를 기술하고 분석하였다. 정부와 사적 시장 간의 역할분담은 국가에 따라 다양하다. 하지만 모든 국가들은 동일하거나 아주 유사한 선택과 압박의 문제를 겪고 있다.

이 책의 제4장부터 제8장까지는 구체적인 서비스를 논하고 있다. 각 장의 출발점은 영국의 상황이다. 영국에서 해당서비스는 어떠한 경로를 밟아 왔으며, 재원은 어떻게 마련되는가?, 학교나 병원 그리고 요양원으로 자금이 배정되는 방식은 실제로 어떠한가?, 연금의 재원은 어떻게 마련되는가 등의 문제를 다루었다. 하지만 각 장별로 이러한 영국의 방식을 다른 국가의 사례와 비교하였으며, 이론과 실천을 각각 결부시켜 고찰하였다. 독자들은 이 책을 통해 한국이 이들 국가와 얼마나 비슷한지 혹은 무엇이 다른지, 그리고 어떤 선택이 가능한지를 파악할 수 있을 것이다.

각 장의 마지막 부분에서는 본인의 논지를 요약함과 동시에 시험문제가 될 수 있는 질문들을 제시하였다. 하지만 이러한 질문 중 상당수는 일상적인 식사나 대중적 토론의 장에서도 논의될 수 있는 것들이다. 일반 독자들도 쉽게 이해할 수 있도록 방정식이나 전문용어의 사용을 가급적 자제하였다.

마지막으로, 이 책을 한국어로 번역해 준 공주대학교 박순우 교수에게 깊은 감사를 표한다.

하워드 글래너스터
런던정경대 교수

역자 서문

이 책은 런던정경대(LSE) Howard Glennerster 교수의 *Understanding the Finance of Welfare* (2009)를 완역한 것이다. 원래 초판은 영국 사회정책학회가 사회정책학도들의 이해를 도모하고자 일련의 사회정책관련 시리즈물을 발간하는 과정에서 2003년에 출판되었으며, 2009년의 것은 개정판이다. 현재는 다른 시리즈물과 마찬가지로 영국에서 사회정책을 공부하는 학생이라면 반드시 읽어야 할 필독서 중 하나이다.

저자가 한국어판 서문을 통해 혹은 책 전체를 통해 언급하고 있는 바와 같이, 현대사회에서 시민의 삶은 복지와 분리되어 이야기 될 수 없다. 따라서 복지는 일상생활의 문제이자 경제적인, 정치적인 문제로 자연스럽게 확대된다. 여기에는 여러 종류의 사안들이 결부되겠지만, 핵심은 이 책에서 다루는 '누가, 얼마의 비용을 부담하느냐?', '어떻게 할당하느냐?'의 문제이다. 이 문제를 둘러싸고 영국을 포함한 세계의 거의 모든 국가들은 다양한 방법을 모색하고 있으며, 그만큼 정치적 논쟁도 뜨겁다. 유권자의 동의 없이 비용에 대한 합의점이나 해결책을 도출하기가 사실상 불가능하기 때문이다.

최근의 한국사회 역시 이러한 모습을 여실히 보여주고 있다. 현재 정치사회적 쟁점으로 부각하고 있는, 결코 무료가 아님에도 불구하고 '무상'이라는 수식어가 붙는 학교급식문제나 '선별주의' 혹은 '보편주의'에 대한 사회적 논란이 바로 구체적인 예이다. 이는 바로 '누군가는 비용을 부담해야 하는데 누가, 얼마를 해야 하는가?'라는 문제를 놓고 우리사회가 합의점을 찾아가는 과정이라고 할 수 있다. 우리 사회 역시 이러한 논쟁은 필연적으로 정치적 과정을 수반하고 있다. 다만 우리사회에서는 이에 대한 시작이 다른 선진경제에 비해 다소 늦었을 뿐이다. 하지만 이의 치열함은 다른 사회에 못지않으며, 오히려 좌와 우의 갈등적 대립 등 한국사회의 독특성 때문에 합의를 도출하는 과정이 더욱 험난하고 어려워 보인다.

이러한 맥락에서 본서는 기본적으로 영국의 제도를 다루고 있지만 한국과 무관하지 않다. 특히 처음 3개의 장과 마지막 2개의 장은 어느 사회에서나 보편적으로 적용할 수 있는 복지경제학의 내용을 담고 있다. 뿐만 아니라 영국의 개별제도를 논하는 제4장부터 제8장까지의 내용 역시 전적으로 영국적이라고만 할 수 없다. 한국의 복지제도를 운영하는데 참고가 될 수 있는 다수의 함의들을 담고 있기 때문이다. 더불어 다른 외국의 사례들에 대한 설명을 추가함으로써 복지재정에 대한 체계적이고 포괄적인 안목을 가질 수 있도록 돕고 있다. 특히 마지막 장에서는 기존의 전통적 재원조달 방식인 소득세나 목적세 이외에도 다른 대안적 방법들의 장단점을 설명하고 있다. 이를 통해 현재의 사회구조 속에서 실현가능한 대안과 더불어 이들의 한계도 함께 논하고 있다. 결국 사회복지, 특히 이의 재정에 관심이 있는 사람이라면 어느 사회를 막론하고 누구나 한번쯤은 탐독해볼 가치가 있는 책이다.

개인적으로 저자는 역자의 지도교수이었다. 학문을 탐구하는 학자로서의 품성뿐만 아니라 학생을 지도하는 교육자로서 인격에 대해 직간접적으로 많은 점을 가르쳐 주셨다. 이 자리를 빌려 다시 한 번 깊은 감사를 드린다. 원래 이 책을 번역하겠다고 약속한 것은 2003년 초판의 출판기념회에서였다. 그러나 역자의 게으름 때문에 초판을 번역하지 못하고 실망을 안겨드렸다. 그럼에도 불구하고 번역을 위해 지도교수께서는 개정판뿐만 아니라 2009년 이후 최근의 상황에 대한 자료도 함께 보내주셨다. 따라서 본 번역서는 최근 연합정부가 들어선 이후 영국제도의 변화까지 부분적으로 다루고 있다. 이러한 내용들을 적절한 위치의 본문이나 해당부분에서 각주로 포함시켰다. 이와 더불어 특정의 제도나 용어 등 부가적인 설명인 필요하다고 판단되는 부분들은 역주를 통해 독자들의 이해를 돕고자 하였다.

끝으로 이 책이 나오기까지 거친 초고를 윤독해 준 공주대 사회복지학과 박사과정 선생님들과 도표와 그림 작업을 도와준 이지영 조교, 그리고 본문편집과 표지디자인을 맡아준 김한나, 조정윤 두 분께 감사한다.

금강이 내려다보이는 연구실에서
박순우

【 용어 】

간접세

소비에 징수되는 세금. 부가가치세나 연료 혹은 주류에 부과되는 관세 등을 예로 들 수 있음

공공재

경쟁적 시장에서 민간기업의 이익을 위해 제공되는 것이 아니라 전체 공동체에 도움이 될 수 있도록 제공되는 일련의 재화나 서비스

과점 寡占

소수의 공급자가 시장을 지배하는 경우

국내총생산

한 국가의 총생산 혹은 수입

국민의료서비스 National Health Service: NHS

정부가 재정을 부담하는 영국의 무료의료서비스

근로세액공제 Working Tax Credit

저소득 근로가구에 지급되는 세제급여

기금병원 Foundation hospitals

NHS 병원이지만 일반 NHS 병원보다 재정적으로 훨씬 광범위한 재량권을 갖는 병원

누진세

소득에 따라 세율이 차등적용 되는 것. 소득이 낮은 사람에게 낮은 세율이 적용됨

독점

기업이나 공공기관이 해당 상품이나 서비스의 유일한 공급자인 경우

매년관리지출 Annually Managed Expenditure: AME

정부부처의 지출 중 3년의 기간을 설정할 수 없는 지출

민간자본유치 Private Finance Initiative: PFI

민간회사에 의존하여 건물이나 철로 등을 건설하고 관리하되, 정부는 이에 대한 비용을 매년 지불하는 민간투자사업의 한 방법

민영화

공공소유 단체를 민간소유로 전환하거나 재정방식을 공적자금(조세)에서 사적수입(요금)으로 변경하는 것

발언 voice

공공담론을 통해 변화를 달성할 수 있는 능력

부과방식 Pay As You Go

정부가 매년 당해 지급할 급여에 필요한 만큼만 보험료를 징수함으로써 재원을 마련하는 연금방식

부처지출제한 Departmental Expenditure Limits: DELs

정부부처의 지출에 대한 3년의 시기제한

빈민원 Poor House

19세기 영국에서 작업장(workhouse)을 의미하는 대중적 용어로서, 빈민들은 이곳에 찾아가 식량과 거처를 제공받을 수 있었음

생애주기

한 개인이 출생에서부터 아동, 부모, 노령단계를 지나 사망에 이르기까지의 연속적 환경

세금전가

비용이 궁극적으로 하락하는 경우를 말함. 예를 들어 기업은 상품의 판매가를 높게 책정함으로써 소비자에게 세금을 전가할 수 있음

세액공제 Tax credit

개인의 납세의무를 면제해 주는 것. 세액공제가 비환급성일 경우 공제총액

은 개인의 납세의무 범위까지만 가능함. 환급성일 경우에는 개인의 납세의무 범위를 넘어선 모든 금액을 공제받을 수 있음. 아동세액공제제도(Child Tax Credit)가 이러한 유형에 속함

소득공제 Tax Allowance

세금이 면제되는 소득의 양

소득지원제도 Income Support

중앙정부가 저소득층에게 자산조사를 통해 현금급여를 지급하는 영국의 공공부조제도

실질가치 real terms

특정기간 동안의 지출을 측정하는 데 있어 가격이 변하지 않은 것으로 가정하고 계산하는 것 (실질가격은 통상가격을 기준으로 디플레이트됨)

아동세액공제 Child Tax Credit: CTC

자녀가 있는 저소득 가정에게 지급되는 급여

역진세

누진세의 반대말. 부자보다 빈자의 소득에 대해 높은 세율을 적용하는 것

외부성 externalities

제품을 생산하거나 차를 운전하는 등의 행위가 타인에게 비용을 부과시키거나 혹은 일반적 이익을 가져다주는 경우로서, 이는 해당상품의 가격이나 사적 행위의 비용으로 간주되지는 않음

인간의 기본적 욕구

완전한 개인으로서 사회생활을 영위하는데 필요한 필수품

인적자본

물리적 자본 혹은 기계와 유사한 표현임. 한 개인이 교육에 투자를 함으로써 일생동안의 생산성은 더욱 높아질 것임. 이러한 투자의 결과로서 일생동안 추가적으로 벌 수 있는 소득의 가치가 높아지거나 부모로서 능력이 향상되는 것 등을 언급할 수 있음

자격 entitlements

식량이나 존경 등 인간의 기본적 욕구와 관련하여 개인이 사물이나 상황에 대해 갖는 통제력

자율적 행위능력 agency

행동하거나 변화를 가져오기 위한 것

적립식 연금

향후 연금지급에 충분한 적립금을 쌓고 투자를 통해 이를 관리하는 방식

정보의 실패 Information failure

시장이 원활하게 작동하기 위해서는 소비자와 생산자 모두가 양질의 정보를 활용할 수 있어야 함. 하지만 특정 종류의 시장에서는 제도적 이유 때문에 그러한 정보가 존재하지 않음

정부지출종합검토 Comprehensive Spending Review

정부부처의 공공지출에 대해 3년 단위로 실시되는 심층적 검토

조세감면 tax relief

과세 전 소득에서 공제될 수 있는 지출(예를 들어, 사적 연금)의 양

조세지출

공적회계 상에 명기된 소득공제 및 비환급성 세액공제액

주택급여 Housing Benefit

저소득 가구에게 직간접적으로 제공되는 임대료 보조금

지방교육청 Local Education Authorities: LEAs

해당지역 공립학교에 대한 감독기능을 수행하는 기관

지속가능한 투자원칙 Sustainable Investment Rule

공공부채가 GDP의 40% 이하로 유지되어야 한다는 원칙

지출통합관리 Total managed expenditure: TME

3년 단위로 관리되는 공공지출 및 연단위로 관리되는 공공지출의 총합

직접세

개인이나 기업의 소득에 부과하는 세금

탈출 exit

자신이 일상적으로 활동하는 장소를 변경할 수 있는 능력을 갖는 것

평균세율

전체 소득에 대한 세율

한계세율

최종소득에 대한 세율

확정급여연금

개인이 납부한 기여수준이 아니라 최종임금 혹은 고용기간 중 특정비율을 기준으로 급여를 결정하여 지급하는 방식

확정기여연금

납부한 전체기여금과 이 기금의 투자수익에 따라 급여를 산정하고, 이에 준하여 기여율을 결정하는 방식

황금율

정부가 경기변동에 따라 돈을 차용하더라도 총액이 자본지출비용을 초과해서는 안 된다는 것

1차진료트러스트 Primary Care Trusts

중앙정부가 임명한 기관으로서 각 지역의 의료서비스 공급자에게 서비스를 위임하고 비용을 지불할 책임을 가짐

NICE National Institute for Health and Clinical Excellence

보건부장관에게 신약, 치료, 의료기술에 대한 임상 및 비용절감에 관한 사항을 보좌하는 자문기구

X 비효율성 X-inefficacy

기업이 비경쟁적 환경에서 최적의 효율성을 보이지 못하는 경향

제1장

인간의 기본적 욕구충족

요약

- 사회정책은 개인의 인생주기에 걸쳐 다양하게 표출되는 기본적 욕구를 사회적으로 충족시키는 방법의 문제를 다룬다.
- 이러한 욕구 중 일부는 시장을 통해 충족된다. 이 경우 국가는 빈민의 소득을 보조하는 역할을 한다. 이와 더불어 일부욕구는 가족, 보호자, 민간단체, 이웃을 통해, 일부는 국가기관을 통해 충족된다.
- 이러한 인간의 기본적 욕구를 충족시키기 위해 다양한 재정방식을 취할 수 있다. 하지만 어떤 방법을 이용하던 간에 비용을 지불해야 한다.
- 서비스의 비용지불자(서비스의 재정)와 공급자를 구분하는 것이 중요하다.
- 정부는 생애주기에 따른 욕구를 충족시키기 위해 서비스를 직접 제공하지만, 다음과 같은 방법을 취할 수도 있다.
  - 욕구가 있는 사람들에 대한 세제 감면
  - 조세제도를 통한 소득 보조
  - 장래의 은퇴 혹은 의료욕구에 대비 한 개별저축의 의무화
  - 고용주가 피용자를 위해 서비스를 제공토록 의무화
- 개인 및 관계되는 사람들이 자신의 욕구충족 방식을 선택할 수 있으려면 복지의 기본적 요소들이 확충되어야 한다.

> 집합적으로 제공되는 모든 서비스는 사회적으로 인정된 특정의 '욕구'를 충족시키기 위해 의도적으로 고안되었다. 무엇보다도 이는 사회가 하나의 유기체로서 살아남기 위한 의지의 표현이다. 또한 특정 성원의 생존을 지원하기 위한 전체 사회성원의 의지표현이라고 할 수 있다. 따라서 '욕구'란 '사회적'임과 동시에 '개인적'인 것이며, 전체사회의 지속적인 생존을 위한 필수품으로서 상호의존적으로 연계되어 있다(Titmuss, 1958; Alcock et al, 2001, p.62).

사회는 어떠한 방법을 통해 성원의 기본적 욕구충족 방식을 발전시켜 왔는가? 사회성원은 어떠한 방식을 통해 음식과 주택, 식수 등의 문제를 해결하고 생존에 필요한 기술을 훈련받는가? 사회정책에 관한 연구는 이러한 질문과 함께 시작된다. 세계도처를 살펴보건대, '그 방법이 불완전'하거나 '아주 미비한 수준'에 머물러 있다고 답할 수 있다. 사람들이 굶주림에 고통 받고 있는 지역의 경우, 이는 일시적인 기상재해 혹은 농업생산량의 감소 때문일 수 있다. 하지만 노벨경제학상 수상자인 Amartya Sen(1981)의 주장처럼, 이는 종종 개인이나 가족 혹은 지역사회가 생존에 필요한 음식을 구매할 수 있는 능력이 없기 때문이다. 이는 총체적 빈곤이나 경기침체의 시기에만 나타나는 문제가 아니다. 전반적으로 풍요한 사회에서도 일부 성원은 높은 식품가격이나 이의 상승 때문에 충분한 양의 식량을 구매할 능력이 없을 수 있다. 이의 대표적인 예로서 Sen이 최초로 논했던 1943년 Bengal지방의 기근을 들 수 있다. 장기적 안목에서 볼 때, 이 문제는 시장이 생산한 식량을 구매할 수 있도록 가족들에게 충분한 양의 현금을 제공하는 소득보장제도를 마련함으로써 해결될 수 있다.[1)]

1) 사람들에게 충분한 식량을 제공해야 한다는 기본적 문제에 관심이 있는 독자들은 Jean Dreze, Amartya Sen, Athar Hussain eds(1995)를 참고하기 바라며, 특히 Sen의 글을 읽어보기 바란다.

Sen에 따르면, 서구 유럽이 일련의 경기침체에도 불구하고 대규모의 기근으로부터 자유로웠던 이유는 바로 공동체가 재정을 부담하는 소득지원책을 발전시켰기 때문이다. 즉, 빈곤한 사람들이 경제적 혹은 개인적 재난에 직면하더라도 이를 통해 최소한의 식량을 구매할 수 있었기 때문이다. 이와 더불어 의료보장과 같은 생활의 기본적 욕구 또한 사회전체의 집합적 노력을 통해 재원이 마련되고 공급받을 수 있게 되었다. 하지만 사랑이나 우정과 같은 것들은 여전히 정부나 시장의 공급능력 밖에 있다.

1. 인간의 기본적 욕구

〈그림 1.1〉 욕구의 위계도

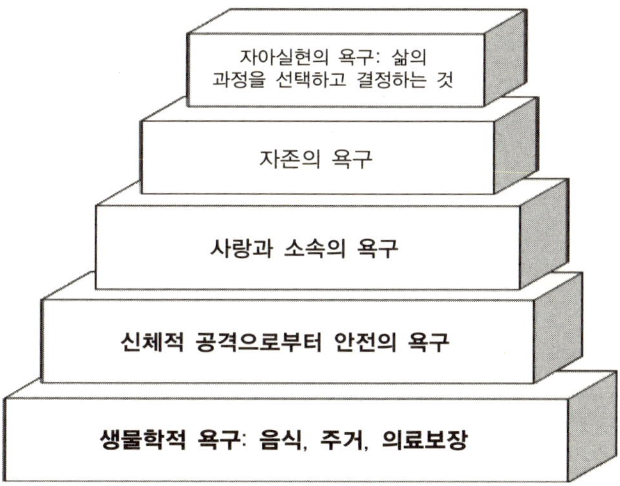

출처: Maslow, 1954

어떠한 요소가 인간의 기본적 욕구를 구성하는가라는 질문에 대해 학문적으로 많은 논의가 있었다. Maslow(1954)는 인간의 욕구를 중요도에 따라 위계적으로 열거하고 있는데, 상위에 위치한 욕구는 보다 기본적인 욕구가 충족되었음을 전제로 한다(〈그림 1.1〉 참조).

음식과 주거 등 Maslow가 생물학적이라고 칭했던 욕구는 상당히 구체적이기 때문에 충족의 여부를 확인하기 쉽다. 이에 반해 안전의 욕구가 보장되었는지를 확신하기란 쉽지 않다.

자녀가 어렸을 때에는 부모가 책임을 져야 하지만 성장하면 경찰이나 교통전문가, 고용주, 가장 중요하게는 군대와 치안기관이 책임을 져야하기 때문이다. 이는 또한 정부의 바람직한 통치행위와 사회의 공정성에 달려 있다. 사랑이나 우정, 자존과 같은 욕구들은 다른 욕구에 비해 모호하지만 중요성은 훨씬 높다. 자존감이 충족되기 위해서는 직업의 유무 및 운동복이나 따뜻한 의복을 구매할 수 있을 정도로 소득이 충분한지가 중요할 것이다. 이러한 맥락에서 Rawls(1972)는 '기본재화'(primary goods)를 언급하면서 여기에 자존감을 포함시키고 있다.

T. H. Marshall(1950) 역시 '시민권'을 이러한 맥락에서 언급하고 있다. 이러한 것들이 충족되지 못할 경우 어느 누구도 하나의 완전한 개인이 될 수 없으며, 생존할 수도 없다. 각기 다른 근거와 이유들을 통해 이러한 주장을 전개하기 때문에 무엇이 가장 기본적인 것인가에 대한 의견 역시 분분하다. 하지만 결과는 그만큼 다양하지 않다. 이러한 측면에서 인간욕구 이론을 가장 종합적으로 설명하고 있는 Doyal and Gough(1991)의 주장을 살펴볼 필요가 있다(〈그림 1.2〉 참조).

〈그림 1.2〉 인간욕구론

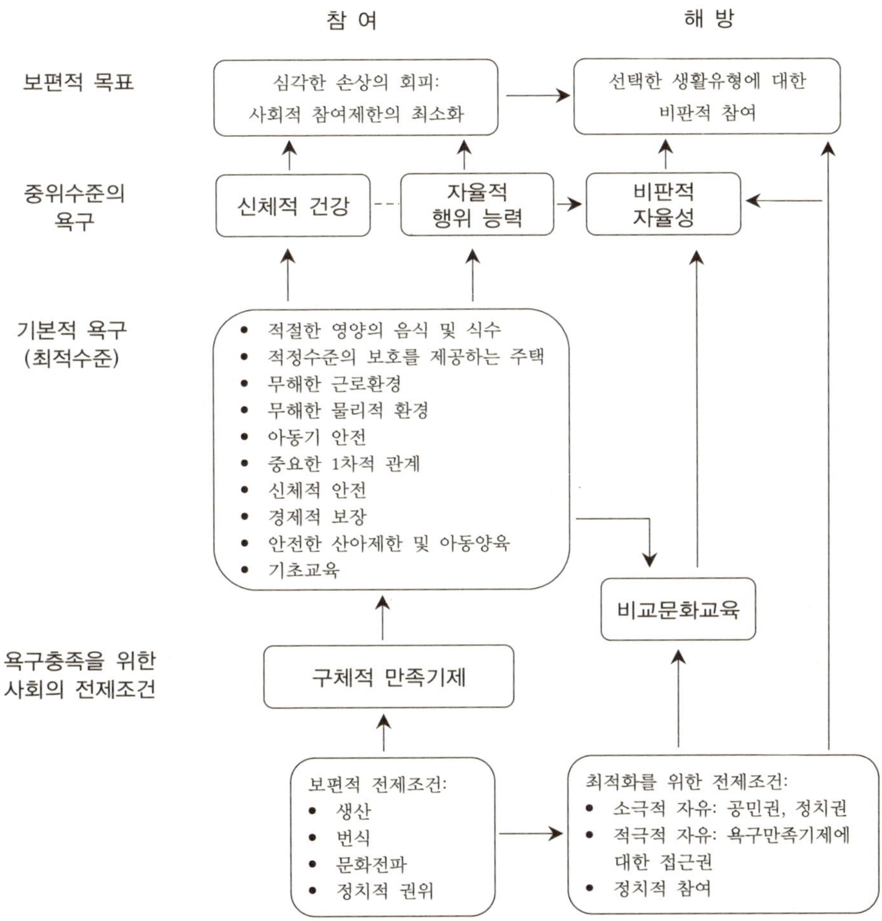

출처: Doyal and Gough, 1991, Palgrave Macmillan 출판사의 승인 하에 인용함.

이들에 따르면, 거의 모든 정치이론과 도덕이론은 개인이 생존을 통해 건강하고 자율적인 삶을 영위할 수 있어야 한다는 가정에서 출발한다. 일부 좌파이론가들은 모든 사람이 이러한 자율성을 집합적으로 행사할 때 보다 나은 삶을 영위할 수 있을 것이라고 믿는다.

다른 이론들은 그러한 집합적 행동을 최소화하려고 할 것이다. 하지만 사람들이 굶주림 때문에 너무 나약해져 있거나 너무 병들고 추워서 보호나 선택권을 행사할 수 없다면, K. Marx가 그렸던 세계나 M. Thatcher가 그렸던 세계는 아무런 의미를 갖지 못할 것이다. 유권자들이 이성적인 논증과 토론을 할 능력이 없다면 민주주의는 정상적으로 기능할 수 없다. 인구과밀과 다수의 굶주림이 발생할 수 있다는 이유로 국가의 빈민구제를 반대했던 Malthus(1798)조차도 사회정책을 염두에 두었다. 우리는 Malthus가 사회정책을 잘못 이해하고 있다고 생각할 수 있다. 하지만 그가 염두에 둔 사회정책의 궁극적인 목적은 인간의 기본적 욕구 즉, 식량에 관한 것이었다.

사람들은 개별적 존재로서만 욕구를 가지는 것은 아니다. 보수주의나 자유주의, 사회주의 모두가 동의하는 바와 같이, 개인의 삶은 야망이나 만족 이상의 것을 필요로 한다. 모두가 필요로 하는 집단정체성은 가족이나 지역단체, 종교단체 수준에서 존재할 수 있다. 이는 또한 노동조합이나 자원봉사협회와 같은 보다 크고 집합적인 수준에서도 발생할 수 있으며, 그 수준이 국가대표 축구팀에 대한 응원일지라도 국가단위에서도 발생할 수 있다. 또한 보다 넓게는 국제단위에서도 발견될 것이다. Doyal and Gough는 개별적 욕구와 사회적 참여욕구라는 개념을 통해 이를 구분한다. 하지만 이 두 개념의 욕구는 서로 관련되어 있다. 굶주림에 고통 받는 사람은 어떠한 집단에도 효과적으로 참여할 수 없기 때문이다. 두 학자에 따르면, 우리는 적절한 음식이나 주거의 욕구를 만족시키는 것만으로 충분치 않으며, 정치적 행위를 선택하고 참여할 수 있는 '비판적 자율성(critical autonomy)'을 필요로 한다. 이러한 특성은 보다 광범위한 정치체계에 적용된다. 보수주의자와 자유주의자들이 주장하는 바와 같이, 이것이 확보되어야만 학교, 의사, 주택 등에 대한 선택권을 행사할 수 있다. 오늘날 정부가 과거 빈민원에서처럼 사람들의 식단을 매일 결정해야 한다고 생각하는 사람은 없을 것이다. 대신 현대의 공공부조는 현금형태로 지급되는 것이 일반적이다. 영국정부는 한동안 난민들에게 식권을 제공하였다. 미국의 경우 식권이 인가된 빈민구제의 한 형태임에도 불구하고 많은 사람들은 이를 인간 존엄성의 침해로 생각하였다. 인간의 욕구를 충족시키는 방식에 있어 관건은 자율성과 자율적 행위능력이며, 이는 또한 자존감과 결부된다.

2. 누군가는 지불해야 한다

본서에서 우리의 관심은 어떻게 모든 시민들이 이러한 기본적 욕구나 자격(entitlements)의 문제를 해결할 수 있도록 보장할 것인가에 있다. 누군가는 비용을 지불해야 한다. 가장 단순한 형태의 사회에서도 식량생산은 씨앗파종에서 경작에 이르기까지 장시간의 힘든 노동을 수반한다. 이 시간에 다른 일을 할 수도 있을 것이다. 일반적으로 이러한 부담은 남성보다 여성이 지게 된다. 따라서 비용을 지불하는 것은 여성이다. 보다 복잡한 사회에서 이러한 노동력은 임금을 획득하기 위해 이용되며, 획득된 임금은 식량을 구매하기 위해 사용된다. 가족은 식량구매를 위해 비용을 지불하며, 식량은 복잡한 국제식량공급 시스템을 통해 생산된다.

현대의 경제제도 하에서도 교육의 상당부분은 가족을 통해 이루어진다. 아마도 가장 중요한 초석이 아동이 5세에 이르기 전에 구축되는데, 이 중 상당부분은 가족 내에서 이루어진다. 마찬가지로, 가족은 아동이나 장애인, 노인 등을 보호하는 데 있어 가장 큰 역할을 수행한다. 이러한 가족보호나 아동양육은 비용을 지불하지 않고 이루어질 수 없다. 이러한 역할의 상당부분을 여성이 담당하고 있지만, 이들의 평생소득은 남성보다 현저히 적다. 평균적으로 볼 때, 여성의 평생소득은 남성의 절반에 지나지 않는다(Falkingham and Hills, 1995). 심지어 투표나 공정한 재판과 같은 기본적인 법적, 정치적 권리 역시 비용을 지불해야 한다. 의회나 법원을 운영하기 위해서는 돈이 필요하기 때문이다. 따라서 인간의 기본적 욕구를 충족시키기 위해서는 비용을 지불해야 한다. 누가 이 비용을 지불해야하며, 하나의 사회로서 우리는 어떠한 방식으로 이것을 결정해야 하는가? 이것이 본서의 주제이다. 이하에서는 현대의 모든 선진국이 기본적 욕구를 충족시키기 위해 채택한 재정부담의 방식들을 구분해 보고자 한다.

3. 욕구와 생애주기

가족이 겪는 큰 어려움 중 하나는 기본적이면서도 비용 지출을 필요로 하는 욕구가 우리생애에서 부담능력이 가장 약한 시기에 발생한다는 점이다. 질병을 앓게 되면 많은 의료비를 지출해야 한다. 하지만 일을 할 수 없기 때문에 이를 확보하지 못하게 된다. 나이가 들면 일을 할 수 없을 뿐만 아니라 고가의 돌봄비용을 지불해야 될 수도 있다. 노인을 돌보기 위해 1년에 25,000파운드 이상이 소요되는데, 이는 보통 사람들의 1년 소득보다 많은 액수이다. 대부분 노인들의 능력으로는 이 비용을 현재의 소득이나 저축을 통해 지불할 수 없다. 일부 가족은 자녀교육에 필요한 비용을 지불할 능력이 있지만, 대부분은 그렇지 못하다. 자녀가 두 명인 가족이 사교육을 위해 지불하는 평균비용은 가족전체의 수입을 상회한다. 이러한 맥락에서 Rowntree(1902)는 가족의 생애주기에 걸쳐 나타나는 욕구와 전형적인 수입패턴 간의 불일치에 주목한다. 가족이 가장 압박을 받는 시기는 아동을 양육하거나 노년기에 접어들 때이다. 부양아동이 없이 직장생활을 하는 젊은 사람들과 자녀양육의 책임을 완료한 부부들은 상당량의 '여유자금'을 보유할 수 있다.2)

오늘날 생애주기에 걸쳐 발생하는 소득과 욕구간의 불일치는 민간보험을 통해 완화될 수 있다. 금융시장이 성장하면서 연금이나 장기요양, 심지어는 아동교육에 필요한 자금을 저축할 수 있는 상품들이 출시되었기 때문이다. 그러나 이러한 모든 시장적 방법들은 강점과 약점을 갖고 있다. 이러한 상품들은 종종 환자나 소득이 낮은 혹은 불안정한 사람들에게는 정상적으로 작동하지 않는 경향이 있다. 결국 가장 불이익을 받게 되는 것은 여성이다. 한편, 어떤 이들에게 있어서 이러한 방법들은 보다 많은 선택과 자유를 제공한다. 하지만 상당수의 사회정책 프로그램은 다양하게 변화하는 가족의 욕구에 맞춰 소득을 분산시키는데 관련되어 있다. 즉, 일을 하는 시기에서 일을 하지 않는 시기로, 고소득의 시기에서 제한된 소득하에서 가족의 책임이 확대되는 시기로 소득을 분산시키는 것이다. 실제로 Falkingham과 Hills의 연구에 따르면, 1980년대 영국에서 복지지출을 통해 달성된 모든 재분배의 약 3/4이 바로 이러한 형태, 즉 수평적 재분배의 성격을 가졌다. 불과 1/4만이 수직적 재분배형태를 통해 빈민에게 제공된

2) 이에 대한 구체적인 내용은 Falkingham and Hills(1995) 참조.

것이다. 이렇듯 생애주기에 걸쳐 발생하는 욕구와 소득간의 불일치를 완화시켜주는 정책을 통해 도움을 받는 것은 빈민만이 아니다. 대부분의 사람들이 도움을 받고 있다.

4. 욕구충족자로서 시장

우리는 다양한 재원조달 방법을 통해 기본적 욕구를 충족시키고 있다. 따라서 각각의 욕구에 대한 주된 충족자로서 국가를 상정하는 것은 바람직하지 않다. 식량은 가장 기본적인 생필품 중 하나이다. 이러한 이유 때문에 초기 빈곤선을 측정하는 데 있어 기본적 요소로 포함되었으며, 미국에서는 오늘날에도 여전히 중요한 요소로 간주된다. 최하위 5%의 빈곤가정의 경우 식량이 가계예산에서 차지하는 비중은 1/4이지만, 최상위 5%의 부유한 가정의 경우 이는 1/7에 불과하다. 하지만 국가는 홍수나 지진과 같은 재난의 시기가 아니면 우리에게 직접적으로 식량을 제공하지 않는다. 대부분의 가정은 유급노동을 통한 정기적 소득을 통해 식량구매에 필요한 비용을 지불한다.

주택 등 다른 기본적 욕구도 마찬가지다. 가정은 보통 신용조합이나 은행 혹은 보험회사 등 민간금융기관을 통해 주택구매로 인한 재정적 부담을 장기적으로 분산시키며, 민간금융기관은 여기에 기꺼이 참여코자 한다. 이는 가난하거나 고정된 소득이 없는 경우를 제외한 대부분의 가정이 활용하는 방식이다. 식량과 주택에 국가가 개입하는 것은 빈곤가정이 이러한 필수품을 구매할 수 있도록 원조하기 위해서이다. 영국은 소득이 없고 저축이 많지 않은 가구를 위해 소득지원제도(Income Support: IS)[3]를 운영하고 있다. 노동시장에 참여하면서 부양아동이 있는 가정의 소득을 보충하기 위해 근로세액공제(Working Tax Credit: WTC)[4] 제도와 아동세액공제(Child Tax Credit: CTC)[5]제도를 운영하고 있다. 공적연금은 저소득 빈곤노인을 돕기 위한 제도이다. 주택급여(Housing Benefit: HB)는 빈곤으로 인해 최저기준의 주거환경을 유지할 수 없는 사람들에게 제공된다. 이와 유사한 제도들이 다른 선진국에서도 존재한다. 하지만 영국제도의 특징은 현금지급에 있다. 주택과 식량의 문제에 있어서 소비자가 가난할지라도 자신이 구매하고자 하는 것을 선택할 수 있다. 식량의 경우, 시장은 가족이나 개인 각자가 서로 다른 선호를 보일지라도 이에 합리적으로 대응한다. 저소득층을 위한 주택의 경우, 시장의 기능은 식량의 경우만큼 원활하지 않은데, 이 문제는 제8장에서 구체적으로 논할 것이다.

쟁점은 시장이 식량이나 주택의 경우처럼 교육이나 의료분야에서도 역시 양질의 공급자가 될 수 있는가의 문제이다. 우리는 필요한 의료서비스의 종류에 대해 구체적으로 알지 못하며, 오랜 병력을 가진 사람이 민간보험에 가입하기란 불가능하다. 아동은 일반적으로 자신의 교육욕구를

---

3) 이는 사회부조제도의 대표적 프로그램으로서 1946년 국민부조(National Assistance)로 출발하여 1966년 보충급여(Supplementary Benefit), 1988년 현재의 명칭으로 바뀌었다. 공공부조 프로그램이기 때문에 자산조사를 전제로 하며 노령, 질병, 장애, 부양책임 등으로 인해 노동시장에 참여할 수 없는 16세 이상의 저소득층에게 지급된다.—역주.

4) 이 제도의 전신은 부양아동이 있는 저소득 근로자 가정에 대한 소득보완 대책이었던 기존의 가족소득지원제도(Family Credit: FC)를 대체하면서 1999년 10월부터 시작된 근로가정세액공제제도(Working Family Tax Credit: WFTC)이다. 이를 통해 노동동기 강화를 위한 대상자 확대조치가 있었지만 여러 가지 고용연계(in-work) 소득지원 대책을 단일체계로 통합시키지는 못했다. 이 문제를 해결하기 위해 기존의 WFTC에 포함되지 않았던 무자녀 독신 및 부부, 장애인, 고령자 등에 대한 지원책을 하나의 단일체계로 통합시킨 것이 WTC이다.—역주.

5) 이 제도는 2003년 4월 기존의 Children's Tax Credit 제도를 대체한 것으로서, 아동에 대한 기존의 다양한 세제지원제도를 단일체계로 합리화시킴과 동시에 대상범위 및 급여수준을 향상시켰다.—역주.

스스로 결정할 수 없다. 의료와 교육, 노인을 위한 장기요양보호 등의 영역에 있어 시장의 기능이 식량의 영역에서 보다 원활하지 못한 데는 체계적인 이유가 있다. 이 문제는 다음 장에서 논할 것이다.

5. 재정과 공급의 구분

대부분의 국가에서 이러한 서비스의 재원은 대상이 부자이건 혹은 빈자이건 관계없이 공공예산을 통해 마련된다. 이는 일반조세가 아닌 사회보험기금의 형태를 띌 수 있다. 하지만 기금의 재원은 대부분 사회적 요금이지 사적 요금은 아니다. 하지만 실제로 서비스를 제공하는 기관의 종류는 아주 다양하다.

독일의 경우, 의료서비스의 비용을 지불하기 위해 조성된 대부분의 기금은 사회보험의 기여금으로부터 출원된다. 하지만 이 돈을 받는 보험기금들은 환자에게 필요한 의료서비스를 민간 병원과 의원[6]을 통해 구매한다. 이러한 맥락에서 본서는 누가 서비스의 비용을 지불하며 누가 공급하는가를 명확히 구분하여 접근할 것이다. 〈표 1-3〉은 왜 재정이 공적으로 마련되더라도 서비스 공급은 반드시 공적 혹은 국가차원의 제도를 수반할 필요가 없는지 설명하고 있다. 본서에서는 한 국가에서의 재원조달 패턴이 얼마나 다양한지를 고찰하기 위해 영국의 사례를 살펴본다. 만약 독일이나 프랑스, 네덜란드, 벨기에 등을 포함시킨다면 다양성은 더욱 가중될 것이다.

6) 이들 중 다수는 예를 들어 종교재단이 운영하는 비영리 민간병원이다.

〈표 1-3〉 재정과 공급의 구분

공 급

		공공기관			민간단체		사적/비공식
		중앙정부	공공 트러스트 (trusts)	지방정부	영리	비영리	
기관유형		예를 들어, 국영교도소	예를 들어, NHS 병원 트러스트	예를 들어, 지방교육청 소속 학교, 고령자 주택, 공공주택	예를 들어, 어학원, 요양원	예를 들어, 종교재단 학교, 대학, 주택조합, 아동복지센터	
재정방식	공공	내무부 지급	보건국(health authorities)에 의한 서비스 구매	중앙정부 보조금, 주민세	NHS에서 구매한 요양원 병실	주택조합, 대학, 종교재단 학교에 대한 정부보조금, 지방교육청이 아동들을 위해 비용을 지불한 공간	장애돌봄인에게 지불하는 사회보장급여, 지방정부가 입양부모에게 지불하는 급여
	민간	수감자의 자선활동을 통해 생산된 물건의 판매	자부담환자들(private patients)이 지불한 의료비	고령자 주택 이용료, 환자들의 기금모금	가구가 지불하는 이용료	주택조합에 지불하는 임대료	가족성원을 돌보기 위해 직업을 포기함으로써 발생하는 소득상실

5.1. 상이한 공급자

위 표의 상단부에서 보는 바와 같이, 공급자 부분에는 다수의 공식단체들이 상이한 법적근거 하에 존재한다. 첫 번째 칸에는 국영교도소와 같이 중앙정부가 직접 운영하는 기관이 해당된다. 다음 칸에는 다수의 단체들이 해당되는데, 의료트러스트나 기금병원(foundation hospitals)을 예로 들 수 있다. 이들은 준 독립단체로서 자체 내에 관리조직을 갖추고 있다.

다음으로 지방정부가 직접 운영하거나 궁극적으로 통제하는 단체들이 있다. 여기에는 지역의 학교와 주택단지가 포함되는데, 학교의 경우에는 지방교육청으로부터 이양 받은 예산권과 자체 내에 관리기구를 갖춤으로써 상당수준의 독립성을 보장받고 있다. 하지만 이러한 모든 단체들은 법정기관이다. 이들은 법의 통제를 받으며, 지방 혹은 중앙정부 내 선출직 관료나 감사원 등에 보고할 의무를 갖는다.

규제를 행하는 법적 측면에서 볼 때, 민간단체는 서로 상이하다. 영리를 추구하는 민간단체인 경우 회사의 규정을 따를 것이다. 비영리단체들은 주로 자선단체나 우애조합이며, 상이한 자선단체법과 우애조합규정을 따르게 된다. 이들은 또한 법정 기구의 규제와 감시를 받아야 할 것이다. 노인을 돌보는 민간요양원같이 소유주가 이윤을 추구하는 단체를 예로 들 수 있다. 주택조합이나 종교재단이 운영하는 학교, 대학 등은 비영리단체이다. 다음으로 가족이나 이웃 등 사적, 비공식 부문이 존재하는데, 이 역시 돌봄서비스의 중요한 제공자이다(Park and Roberts, 2002).

5.2. 상이한 재원

〈표 1-3〉의 왼쪽 축을 따라 내려가면 이러한 단체들이 받는 재원의 종류를 구분할 수 있다. 국영 교도소는 중앙정부가 서비스를 제공하면서 거의 모든 재원을 부담하는 몇 개 남지 않은 사례 중 하나이다. 물론 여기에는 개인이 자선의 동기에서 제공하는 기부(gifts)도 있을 것이다. 예를 들어, 개인이 교도소 도서관에 기증한 책이나 수감자들에게 기초훈련을 가르치기 위해 제공하는 시간 등이다. 하지만 본질적으로 국영교도소는 중앙정

부가 전적으로 운영하고 재정을 부담하는 보기 드문 사례이다. 이러한 이유로 표 좌측의 가장 위쪽에 자리를 잡고 있다. 민영교도소는 이윤을 추구하는 단체로서 분류될 수 있지만 재원은 전적으로 공적 기금을 통해 마련된다.

NHS 병원 트러스트(hospital trust)는 수입창출을 위해 각 지역 보건국이나 1차진료트러스트(primary care trusts)와 계약을 맺고 환자를 치료해야 한다. 이들은 또한 본인이 모든 진료비를 직접 부담하는 자부담환자(private patients)를 받을 수도 있다. 이와 더불어, 병원은 자원봉사자의 도움을 받아 안내데스크를 운영하기도 하고, 방문자들에게 차(嗏)를 팔기도 하며, 병원을 위한 모금활동을 펼치기도 한다. 따라서 평범한 NHS 병원일지라도 소득의 일부는 중앙정부와 납세자가 아닌 다른 방식을 통해 마련한다. 기금병원은 제한적이나마 공개시장에서 자금을 대출받을 수 있는 권한을 갖고 있다. 2002년 Blair정부는 NHS 병원이 적절한 시기에 서비스를 제공하지 못하는 지역을 대상으로 영리병원의 활동을 허가할 계획이라고 발표했다. 일부 다른 의료보장제도의 경우, 재원은 공적으로 마련됨에도 불구하고 대부분의 서비스는 영리병원을 통해 제공되기도 한다.

지역학교들은 해당 교육청으로부터 재원을 공급받는데, 각 교육청의 재원은 중앙정부와 지방세를 통해 마련된다. 학교는 또한 학부모의 도움으로 수학여행의 경비를 마련할 수 있다. 이 외에도 벼룩시장 운영 등을 통해 학부모들이 조성해준 기금으로 컴퓨터를 추가 구매할 수 있다. 비영리단체인 대학은 중앙정부로부터 교부금을 받지만 지방정부의 보조금과 학생들의 수업료 역시 수입원이다. 또한 정부나 민간회사를 상대로 연구용역을 수행함으로써 수익을 창출한다. 대학은 〈표 1-3〉에 제시된 기관 중 가장 복잡한 수입구조를 가지고 있으며, 이에 대해서는 제6장에서 구체적으로 논의한다.

비영리단체로서 주택조합은 현재 신규주택에 관한 거의 모든 업무를 책임지고 있다. 이들은 정부로부터 자본금을 보조받으며 건축비용을 충당하기 위해 민간 대출업체로부터 자금을 빌리기도 한다. 이들은 또한 세입자들로부터 임대료를 받는데, 이 중 일부는 주택급여(Housing Benefit) 제도를 통해 정부가 지원한다. 이에 대해서는 제7장에서 보다 자세히 살펴볼 것이다. 여기에서 중요한 것은 사회정책의 세계가 공공재정의 국가조직과 민간 영리조직이라는 단순하고 이분법적인 구분보다 훨씬 복잡하다는 사실을 인지하는 것이다. 서비스의 다양한 재정방식 및 공과 사간의 공급방식을 놓고 거의 모든 조합이 가능하며, 이러한 현상은 영국뿐만 아니라 다른 나라에서도 공통적으로 발견된다.

6. 복지의 사회적 분화

정부는 특별한 욕구를 가진 개인들을 직접 원조하기 위해 목적성의 현금급여를 제공할 수 있다. 정부는 또한 교육과 같은 현물서비스를 제공할 수 있으며, 세제감면을 통해 저소득층의 양육비를 경감해 줄 수 있다. 이러한 세제감면은 아동 1인당 얼마라는 한도총액 형태로 지급되거나(세액공제, tax credit), 가구의 과세소득에서 공제되는 형태(소득공제, tax allowance)를 띨 수 있다.[7] Titmuss(1958; Alcock et al, 2001)는 '복지의 사회적 분화'라는 그의 고전적 강의에서 이렇듯 조세를 통해 지원하는 방식을 재정복지(fiscal welfare)라고 칭했으며, 이후 경제학자들은 조세지출(tax expenditure)이라고 명명하였다. 현재의 노동당 정부는 과거 어느 때보다 재정복지의 방법

7) 제3장에서 구체적으로 논할 것임.

을 많이 활용하고 있다. Titmuss가 언급한 재정복지 프로그램은 주로 부유한 가정에 도움을 주는 것이었지만, 노동당 정부는 이를 빈곤가정에 집중시키고 있다. 따라서 제3장에서 논의할 조세제도는 단순히 개인에게서 현금을 징수하는 방법에 관한 것일 뿐만 아니라 특정의 욕구를 가진 집단에게 현금을 제공하는 방법과도 결부된다.

고용주 역시 직원의 연금에 기여금을 부담하거나 주택 혹은 의료비용에 대한 도움을 줄 수 있다. Titmuss는 이를 직업복지(occupational welfare)라고 칭했다.

최근 새로운 유형의 재정방식이 확산되고 있으며, 이의 중요성은 더욱 높아질 것으로 보인다. 본인은 이를 준조세(quasi-taxation)라고 칭하는데, 정부는 이를 통해 개인들이 민간보험을 활용함으로써 연금이나 의료 그리고 잠재적으로는 장기요양보호를 준비토록 하고 있다. 정부는 저소득 가정에게 아동의 보험료를 지불해 주거나 면제해 줌으로써 도움을 줄 수 있다. 하지만 대부분의 사람들은 민간보험을 통해 최저수준의 보장책을 마련해야 하며, 그렇지 못할 경우 법적 제재를 받는다.

이 정책은 2006년 네덜란드의 의료보험에서 도입되었으며, 미국의 경우 매사추세츠 주와 캘리포니아 주에서 실시됨으로써 '보편적 의료보장'을 도입하기 위한 계획의 근간으로 활용되고 있다. 또한 칠레 등 몇몇 국가에서는 연금제도를 운영하기 위한 기본방식으로 채택되었다. 영국은 새로운 연금정책을 실시하는데 있어 이와 유사한 접근을 취하고 있다. 제7장에서 살펴보겠지만, 적절한 직업연금이 없는 사람들은 모두 정부의 저축프로그램에 자동적으로 가입하게 될 것이며, 세무당국은 이들 소득 중 일부를 징수하여 당사자가 선택한 민간 프로그램에 투자할 것이다. 각 개인은 이 프로그램으로부터 탈퇴가 가능하다. 하지만 탈퇴를 하지 않고 계속 가입해 있을 경우 고용주는 이들의 기여금 중 일부를 의무적으로 부담해야 한다.

조세의 대체적 형태로서 이 제도가 얼마나 효과적일지는 아직 불명확하다. 이로 인해 시민들은 이전과 달리 일반조세에 대한 저항감을 보일 수도 있다.

본서의 나머지 부분에서는 우리가 기본적 욕구를 충족시키기 위해 사용하는 상이한 재정방식들을 고찰한다. 이에 앞서 이들은 아주 다양하며, 각각은 모두 장단점을 가지고 있다는 사실을 먼저 인식해야 한다.

7. 선택과 자율적 행위능력

사회정책을 설계하는 데 있어 하나의 중요한 요소가 바로 자율적 행위능력(agency), 즉 서비스 이용자가 갖는 통제감이다. 실제로 자신의 운명에 대해 통제감을 갖는 것 자체가 인간의 욕구이다. 우리는 상호작용을 하고 관계를 맺는 대부분의 과정에서 선택을 하게 된다. 일반적으로 자신의 배우자를 선택하며, 수많은 종류의 빵과 요리도구, 화장실의 디자인을 놓고 끊임없이 선택을 한다. 물론 이러한 선택을 현실화하기 위해서는 돈이 필요하다. 하지만 앞에서 잠깐 언급한 바처럼, 가난하다고 하여 먹을 음식의 종류를 강요받지는 않는다.

소비자의 선택권이 고도로 보장된 경우,[8] 교육과 의료 등 공공서비스의 소비자들 역시 일정 정도 선택의 자유를 기대한다. 학생들은 대학진학의 문제를 놓고 강요받지 않으며, 오히려 자신의 수능성적이 선택을 좌우

8) 물론 시장의 특성 때문에 일정정도 제한이 가해지기는 한다.

할 것이다. 마치 과거 공산주의 국가처럼 이들에게 국가가 공부할 학교와 과목을 배정해 주지는 않는다. 부모들은 "이 학교로 당신의 자녀를 진학시켜야 합니다"라는 말이나 "이 의사를 이용해야 합니다"라는 말에 분노한다. 전통적으로 학군 내 학교로 학생을 배정하는 (즉, 우편번호가 진학할 학교를 결정하는) 미국에서도 학부모들은 이를 감내하면서 받아들이지는 않는다. 오히려 자신이 선택한 지역으로 고민 없이 이주를 감행한다. 미국에서는 학군이 비교적 좁기 때문에 이주가 학교를 선택하는 수단이 되었다.

1980년대 이후 영국의 교육제도는 자신이 원하면 지역에 관계없이 학교를 선택할 수 있게 하였다. 영국이나 다른 국가의 재정방식은 서비스 이용자에게 보다 많은 선택권을 부여하고 있는데, 바로 이러한 종류의 압력에 반응한 것이다. 이용자들은 대학이나 학교 혹은 의사를 본인이 선택하게 되며, 정부는 그들이 선택한 대학이나 학교, 의사에게 재정을 지원한다.

예를 들어, 스웨덴의 부모들은 정부가 정한 규칙과 기준을 준수하는 사립학교를 선택할 수 있지만 비용은 지불하지 않는다. 학생이 공립학교에 다닐 경우 받게 될 지원금을 정부가 해당 사립학교에 배정한다. 그러나 이러한 변화에는 장단점이 있으며, 이에 대해서는 다음 장에서 구체적으로 논의할 것이다. 여기에서는 이러한 움직임이 있다는 것을 개념적으로 받아들이는 것이 중요하다.

Burchardt et al(1999)은 앞서 제시한 분석의 틀을 확대하여 공적인 결정과 개인의 선택에 따른 결정을 구분하고 있다. 〈그림 1.4〉는 이를 설명하고 있다.

〈그림 1.4〉 공적복지활동과 사적복지활동의 구분

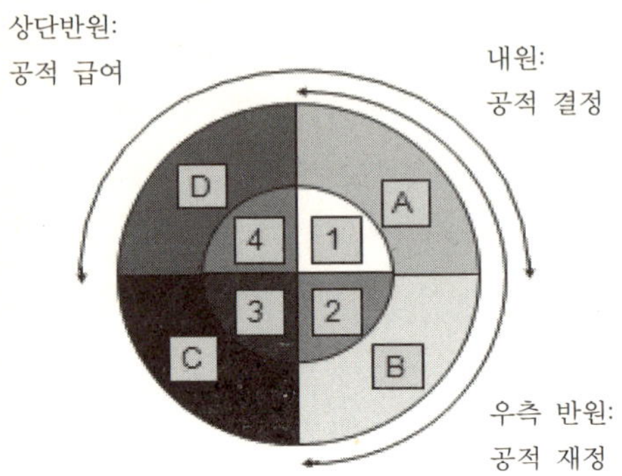

범례

· 내원(內圓)

- 1 – 예를 들어, 순수한 공적 서비스
- 2 – 예를 들어, 국가가 구매하는 하청 서비스
- 3 – 예를 들어, 소비자가 비용을 부담하는 하청 서비스
- 4 – 예를 들어, 공적으로 제공되지만 이용자가 비용을 부담하는 서비스

· 외원(外圓)

- A – 예를 들어, 공적으로 제공되는 서비스로서 바우처를 통해 구매되는 것
- B – 예를 들어, 민간이 제공하는 서비스로서 바우처나 조세감면 혹은 보조금을 통해 구매되는 것
- C – 예를 들어, "자유시장" 서비스
- D – 예를 들어, 공적으로 제공되는 서비스로서 개인이 구매하는 것

출처: Burchardt et al 1999

위 그림은 원을 4등분하여 서비스의 제공과 재원마련의 유형을 4가지로 제시하고 있다. 즉, 서비스가 공적으로 제공되고 재원역시 공적으로 마련되는 공(公)-공(公)의 부분(예를 들어, NHS 병원), 서비스는 사적으로 제공되고 재원은 공적으로 마련되는 사(私)-공(公)의 부분(예를 들어 NHS 기금을 통해 재원이 마련되는 민간병원), 서비스는 공적으로 제공되면서 재원은 사적으로 마련되는 공(公)-사(私)의 부분(예를 들어 NHS 병원 내에 있는 영리병상), 마지막으로 서비스 제공과 재원조달 모두가 사적으로 이루어지는 사(私)-사(私)의 부분(개인들이 비용을 지불해야 하는 민간병원)이다. 사실 이러한 구분을 앞에서 이미 언급하였지만 Burchardt et al은 더 나아가 자율적 행위능력 혹은 선택이 개입되는 정도를 기준으로 더욱 심층적으로 구분하고 있다. 공-공부분을 나타내는 원의 우측상단에는 해당 지역의 모든 부모들이 자녀를 의무적으로 보내야 하는 학교가 포함될 것이다.

이는 안쪽에 위치한 내원(內圓)의 경우에 해당한다. 이와 대비하여 바깥쪽에는 외원(外圓)이 존재하는데, 이는 개인들 스스로가 선택한 서비스에 대해 보다 많은 결정권을 행사하는 부분이다. 여기에 해당하는 예로서, 자녀가 진학할 공립학교를 부모가 선택하는 경우를 들 수 있다. 오늘날 잉글랜드 지역에서는 부모의 학교선택이 해당 학교의 자금규모를 결정한다.[9)]

내원과 외원의 개념을 놓고 다른 부분에서도 비슷한 구분이 가능하다. 좌측하단의 외원은 정부의 재정지원이 없는 순수한 민간구매영역이다. 예를 들어, 컴퓨터 활용능력에 관한 강좌를 민간회사로부터 구매하는 경우이다. 내원에는 하청서비스를 구매하는 경우가 해당된다. 예를 들어, 지방당국이 평상시 이용하는 학교에서 장애학생을 위한 사적 교육과정을 구매하는 것이다. 하지만 이 경우 모든 비용은 부모가 직접 부담한다.

좌측상단의 내원은 공공서비스 중 이용자들의 일부 비용부담을 통해 재원이 마련되는 부분이다. 대표적인 예로서 직업훈련과정을 들 수 있으며, 지역의 사회서비스국이 제공하는 요양원이나 가사도우미 서비스에 이용자가 요금을 지불하는 경우도 여기에 해당된다. 의료서비스에 있어서 처방전 비용을 부담하는 것도 또 다른 예가 된다. 유럽의 경우, 입원환자와 외래환자가 지불하는 이용료가 의료보장제도의 주요한 재원이다. 외원에는 앞서 예로 든 바와 같이, NHS 병원 내에서 근무하지만 민간 개업의로서 활동하는 의사가 진료서비스를 제공하는 영리병상(private bed)이 해당된다.

우측하단의 내원에는 민간공급자가 정부와 계약을 맺고 제공하는 서비스가 해당된다. 대표적인 예로서 양로원을 들 수 있는데, 이는 사회서비스국의 점검을 받아야 할 뿐만 아니라 시설기준도 충족시켜야 한다. 이용

9) 이러한 메커니즘에 대해서는 다음 장들에서 보다 자세히 살펴본다.

료가 결정되면 지역 사회서비스국은 누가 입소하게 될 것인지를 결정한다. 서비스가 사적으로 제공된다는 사실에도 불구하고 이용자의 입장에서 보면 자율적 행위능력이나 선택의 폭이 넓지 않다. 외원에는 사적으로 구매되는 서비스이지만 정부가 일부 보조를 하는 경우가 해당되는데, 학교부지비용에 대한 세액공제제도를 예로 들 수 있다.

Burchardt et al(1999)은 사회적 욕구를 충족시키는 데 있어 각 4분면(四粉面)의 내원과 외원에서 어느 정도 비용이 지출되는지를 계산하였으며 Smithies(2005)는 이 결과를 최근 갱신하였다(〈그림 1.5〉 참조).

〈그림 1.5〉 복지비 지출

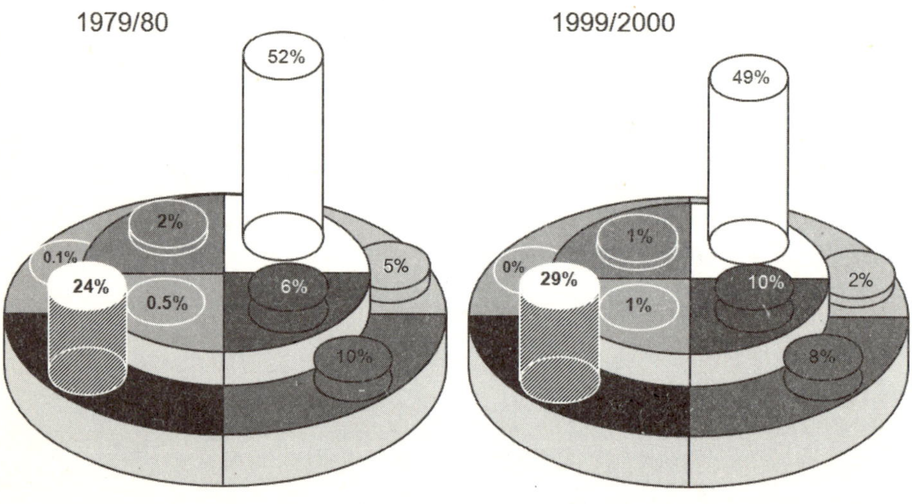

주: 범례는 〈그림 1.4〉 참조
출처 : Smithies, 2005

1979/80년 기간 동안 전체 복지비의 50%를 약간 상회한 금액이 흰색 부분 즉, 국가가 전적으로 서비스를 공급하고 재정을 지원하는 부분에서 지출되었다. 이는 1999/2000년 기간 동안 50% 이하로 하락하였지만 변화의 폭은 그리 크지 않았다. 보다 가시적인 변화는 모든 것이 사적으로 제공되고 사적으로 재원이 마련되는 부분에서 나타났는데, 같은 기간 동안 24%에서 29%로 증가하였다. 정부가 하청을 통해 서비스를 구매하는 부분은 6%에서 10%로 상승하였다. 이렇듯 미약한 '민영화'의 움직임 때문에 각 서비스 영영에서 전반적으로 발생한 커다란 변화가 부각되지 못하고 있다. 기본적으로 대인서비스와 주택분야에서 공공재정-민간공급 방식으로의 커다란 방향전환이 있었음에도 불구하고, 전체 복지예산에서 공적 사회보장비 지출이 크게 증가된 사실에 묻혀버렸다. 각 서비스 분야에 대한 구체적인 사항은 추후에 고찰할 것이며, 여기에서는 '정부가 독점하는 복지국가' 영역이 실제로 얼마나 소규모에 지나지 않는가라는 점에 주목해야 한다.

1990년대 동안 자발적 민간단체의 역할이 실질적으로 증가하였다. 상대적인 의미에서 볼 때, 이들 단체가 과거보다 더 많은 기금을 모은 것은 아니었다. 실제로 자선적 기부는 감소하였다. 하지만 정부가 이러한 단체를 사회복지서비스의 전달수단으로 활용하는 빈도가 높아졌으며, 이에 따라 이들 단체에 대한 정부의 재정지원 비중이 높아졌다. 특히 이러한 현상이 두드러진 것은 주택과 노인돌봄서비스 부문이었다. 1991년부터 2001년 기간 동안 자선단체가 정부로부터 받은 보조금 수입은 40% 정도 증가한 반면 총수입은 약 1/3정도 증가하는 데 그쳤다(Kendall et al, 2003).

다음 장에서는 왜 인간의 욕구 중 일부는 시장에서 최상으로 충족되는데 일부는 집합적 형태의 급여와 재정을 통해 보다 충실히 충족되는가를 경제학자들의 논의를 빌어 고찰한다. 경제학 이론은 1980년대 이후 상당한 진보를 통해 이러한 문제를 이해할 수 있는 안목을 제공해 준다.

개관

- 인간의 욕구는 다양한 기관을 통해 다양한 방식으로 충족된다.
- 정부는 개인의 경제활동 시기에서 의존의 시기로, 인생주기상 풍요의 시기에서 궁핍의 시기로 소득을 재분배시키는 데 지대한 역할을 수행한다.
- 시장과 가족 역시 많은 역할을 수행하지만 인간의 욕구를 충족시키는 것은 고비용의 방대한 작업이다.

논의

1. 인간의 기본적 욕구에는 어떤 것들이 있는가?
2. 여러분이 알고 있거나 글을 통해 접한 사회에서는 어떤 종류의 기관이 이러한 욕구를 충족시키는가?
3. 영국에서 이러한 욕구를 충족시키는 데 소요되는 비용은 대략 어느 정도이며, 어떻게 마련되는가?
4. 정부는 인간의 기본적 욕구를 충족시키기 위해 어떠한 개입방식을 취하는가?

추천문헌

1. Doyal and Gough(1991)은 인간의 욕구에 관해 보다 많은 내용을 원하는 독자에게 좋은 출발점이 될 것이다.
2. Burchardt, Hills and Propper(1999)은 재정방식에 있어 공과 사의 균형뿐만 아니라 이에 대한 찬반의견을 이해하기 쉽고 간략하게 논하고 있다.
3. IPPR(2001)은 공과 사의 파트너십에 대한 옹호와 한계를 광범위하게 논하고 있다.
4. Falkingham and Hills(1995)는 역동적인 컴퓨터 시뮬레이션 모델을 통해 정부가 개인의 인생주기에 따라 소득에 미치는 영향을 추적하고 있다.

제2장

시장의 실패와 정부의 실패

요약

- 고전경제학이론에 따르면 시장은 인간의 욕구와 결핍을 충족시키는 효율적 방법이며, 실제로 여러 가지 면에서 효과적이다.
- 하지만 시장은 특정 상황에서 이러한 기능을 수행하지 못하고 실패하며, 이의 상당부분을 사회정책이 담당한다. 개별적 행위는 비시장적 방식으로 타인에게 영향을 미친다. 대표적 예로서 관리되지 않은 하수시설이 공중위생을 악화시키는 경우를 들 수 있다.
- 시장은 양질의 정보가 구매자와 공급자 사이에 균등하게 공유되는 것을 필요로 한다. 하지만 의료나 교육, 특히 장기요양의 경우에는 그렇지 못하다. 시장이 기능하기 위해서는 사람들이 양질의 정보와 더불어 이를 활용할 수 있는 능력과 동기도 필요하다. 이는 결정이 복잡하고 은퇴와 같이 먼 미래의 사건일수록 더욱 어려울 수 있다.
- 만약 시장이 실패한다면 정부 역시 실패한다. 여기에는 체계적인 이유가 있다. 정부에 대한 사람들의 기대가 하나로 일치되기는 어렵기 때문이다. 정부를 위해 일하는 사람들에 대한 시장성 평가(market test)가 이루어지지 않으면 그들은 고객보다 자신의 이익을 앞세울 수 있다.

1. 왜 시장은 때때로 작동하는가?

인간의 욕구를 충족시키는 데 있어 최적임자는 누구이며, 그 이유는 무엇인가? Adam Smith(1776, 1974 edn)를 필두로 한 전통적 고전경제학이론은 '가장 효과적인 경제조직형태는 다수의 개인들 간의 이기적 교환행위에 달려 있다'는 생각에 근거해 왔다.

> 내가 원하는 것을 주면 당신이 필요로 하는 것을 주겠다……. 바로 이러한 방식을 통해 우리는 서로에게서 필요한 도움의 대부분을 얻게 된다. 우리가 식사를 할 수 있는 것은 정육점, 술집, 빵집의 자비심이 아니라 본인의 이익에 대한 그들의 관심 때문이다. 우리가 호소하는 것은 그들의 자비심이 아니라 이기심이며, 우리가 언급하는 것은 우리 자신의 필요가 아니라 그들 자신의 이익이다. 오직 걸인만이 동료 시민들의 자비심에 의지하려 할 것이다. 심지어 걸인조차도 자비심에만 전적으로 의존하지 않는다. 사실 그는 자선가의 기부금을 통해 생계유지에 필요한 모든 자금을 공급받는다. 하지만, 이러한 원리에 따라 그가 결국 필요한 모든 생필품을 공급받는다고 할지라도, 이것이 필요한 시기에 맞춰 제공되지 않으며, 제공될 수도 없다. 그때그때의 필요는 다른 이들과 마찬가지로 계약, 교환, 구매 등의 방식을 통해 충족된다……. 그는 타인이 준 금전으로 음식을 구입하고, 다른 사람에게서 얻은 헌 옷을 교환하여 자신에게 맞는 다른 옷이나 숙박, 음식 혹은 금전을 마련한다. 금전을 획득할 경우에는 필요에 따라 음식이나 의복 또는 숙소를 구매할 수 있을 것이다(Smith, 1776, 1974 edn, pp-118-119).

이 유명한 발췌문에는 몇 가지 기본적인 경제학적 가정 및 이론이 내재되어 있다.

- 이기심은 자비심보다 항시적이고 신뢰할 수 있는 것이다. 이기심이 우리가 의존할 수 있는 인간의 유일한 동기라고 확신하는가? 자녀에 대한 어머니의 사랑과 보호의 감정이 금전적 동기로 아동을 돌보는 전문가의 감정보다 훨씬 지속가능하지 않을까? 이는 단지 현금거래관계에 지나지 않기 때문에 아동보호 전문가는 고용주와의 계약에 따라 현재의 직장을 포기하고 다른 직장으로 이직할 수 있는 절대적 권리를 갖고 있다. 하지만 어머니는 사회적 관행상 그러한 '권리'를 절대 가질 수 없다. 그러나 이렇게 긴밀한 개인적 연대의 수준을 넘어 우리의 관심을 더 넓은 범주로 돌린다면 아담 스미스의 제안은 설득력을 갖게 된다. 심지어 누가 일을 할 것인지?, 결혼은 할 것인지?, 자녀는 가질 것인지? 등 가족 내부에서 내려지는 결정도 이기주의적 가정에 근거한 경제학적 분석의 영향을 받는다(Becker, 1976). 오래전 Philip Abrams는 이웃의 어려움을 분담하고자 하는 자상한 이웃조차도 관심을 잃게 되는 데 그리 오랜 시간이 걸리지 않는다는 사실을 보여주었다(Bulmer, 1986). Henry Aaron(1999)과 Julian Le Grand(2003)는 심리학적, 실험적 문헌고찰을 통해 이기심이라는 근대 경제학의 핵심적 전제에 질문을 던지고 있다. 이에 대해서는 본장의 후반부에서 구체적으로 고찰할 것이다.
- 역동적 효율성과 이윤추구의 동기. 새로운 사업자들이 시장에 참여하는 것은 이윤획득의 전망이 있기 때문이며, 그렇기 때문에 소비자의 욕구와 필요를 충족시키기 위한 새로운 방법을 끊임없이 모색한다. 이들이 파고들 수 있는 틈새시장은 존재하는가? 논란의 여지가 있지만, 기업은 이윤획득을 위해 새로운 소비욕구를 창출하며, 이로 인해 빈민가정의 삶은 매우 힘들어지게 된다. 최근 컴퓨터 기술과 벤처기업에 관한 이야기는 이러한 경쟁적 동기가 가져오는 여파와 더불어 이를 따라잡지 못할 경우 입게 될 손실에 대한 전형적 예를 보여준다. 결국, 경제학자들의 주장에 따르

면 시장경제는 역동적 효율성을 보여줄 것이다. 동유럽의 중앙화된 사회주의 독점경제는 이러한 혁신의 분위기를 창출하지 못했기 때문에 전체 시스템이 붕괴되는 결과를 가져 왔다. 하지만 현대 자본주의 체제 역시 이러한 의미에서 완전한 효율성을 갖는 것은 아니다.

- 소비자주권. 이론적으로, 개인이 주머니에 현금을 보유하고 있는 경우 기업은 그들이 원하고 필요로 하는 선호에 반응하게 된다. 만약 유기농 식품을 원하는 소비자의 수가 충분하다면 슈퍼마켓이나 농부는 결국 이에 반응하게 되며, 새로운 생산자는 기존의 무기농 중심의 농장을 위협하거나 대체할 것이다. 만약 충분한 수의 사람들이 유기농 달걀을 필요로 하고 더 많은 비용을 지불할 준비가 되어 있다면, 슈퍼마켓은 이를 진열대에 진열할 것이다. 소비자의 선호가 충족됨으로써 경제는 배분적 효율성(allocative efficiency)을 갖게 되며, 자원은 소비자가 필요로 하는 것의 생산을 유도하는 방식으로 배분될 것이다.
- 생산적 효율성. 자유시장은 또한 기업이 생존을 위협받지 않은 범위 내에서 소비자들이 필요로 하는 것을 최저가격으로 생산토록 보장한다. 시장은 x-비효율이나 비용이 불필요하게 높게 소요되는 생산활동을 최소화시킬 것이다.

결국 경제학자들은 공급자와 소비자가 다수이고 소비자와 생산자가 완전한 정보를 갖는 경우, 자유시장은 위에서 살펴본 어느 조건에 비추어 보더라도 가장 효율적인 형태의 조직이 될 것이라고 주장한다.

그러한 결과가 반드시 공정하거나 공평한 것은 아니다. 특히 자유시장에서 노동의 문제가 결부될 경우 문제가 심각해진다. 고용주가 사회에서 '최저생활임금'(living wage)으로 간주되는 금액을 피용자에게 반드시 지급해야 할 이유는 없다. 피용자에게 자녀가 있다는 이유로 보다 많은 임금을 지급할 이유도 없다. 고용주는 경쟁상태에 있다. 이들은 독신 혹은 무자녀 부부가 수용할 수 있는 수준까지 임금을 하락시킴으로써 보다 관대한 고용주와의 경쟁에서 승리할 수 있을 것이다.[10] 사회가 그러한 노동시장에서의 경쟁이 가져오는 결과를 원치 않는다면 사회정책의 한 분야인 최저임금제도를 강제할 수 있다. 그러나 이러한 방식으로 개입할 때마다 효율비용(efficiency cost)의 문제가 발생할 것이다(Okun, 1975; Barr, 2001a).

여러분은 이러한 주장에 대해 경계심을 느낄 수 있다. 하지만 대부분의 경제활동 있어 보다 원활히 기능하는 것은 시장이라고 일반적으로 인식되며, 최소한 경제학자들은 그렇게 믿고 있다. 어느 누구도 시장보다 전적으로 우월한 시스템을 개발하지 못했다. 더불어, 경제학자들은 자유시장이라는 개념을 통해 그들이 그리는 이상적 세계가 현실에서는 결코 존재하지 않았다는 점을 인식한다. 한 개 혹은 소수의 기업이 시장을 지배할 수 있으며 (경제학자들의 표현을 빌리자면, 독점 혹은 과점), 이는 '불완전한 경쟁'이라는 문제를 낳는다. 여기에서의 관건은 이론이 틀렸다기보다는 자유시장경제를 성취하기 어려운 제도적 이유가 존재한다는 사실이다. 이러한 이유로 정부가 모든 수단을 동원하여 독점을 예방하고 시장이 가능한 이상적 모형에 가깝게 작동할 수 있도록 하는 정책이 등장하게 되었다. 미국이나 영국 등에서 소수 기업 간 가격담합을 금지하는 강력한 법률이 제정된 것이다.

특정형태의 독점(지리적 독점)은 사회복지서비스에도 영향을 미친다. 보통 작은 소도시는 인구규모가 크지 않아 하나의 학교만이 효과적으로 운영될 수 있을 정도이다. 지역 내 다른 학교들은 통학시간이 너무 길고 비용이 많이 들기 때문에 학부모들이 대안으로 생각하기 어렵다. 이 경우

---

10) 어떤 시기를 놓고 보더라도 부양아동이 있는 가구의 수는 전체인구에서 차지하는 비율이 상대적으로 낮다는 점을 염두에 두기 바란다.

새로운 학교가 이 지역에서 기반을 잡기란 어려우며, 기존의 학교는 실질적으로 어떠한 경쟁상대도 없게 된다.

경제학자들은 지난 수년간 이러한 시장의 한계를 충분히 인지해 왔다. 더 나아가 이들은 새로운 이론개발을 통해 시장이 효과적으로 혹은 전혀 작동하지 않는 다양한 상황이 있으며, 여기에는 사회정책의 역할이 특히 중요함을 지적하고 있다. 이러한 이론의 대부분은 1970년대 이후 발전해 왔으며, 일부는 Adam Smith의 저작에 기원을 두고 있다.

2. 시장의 실패

2.1. 공공재

Adam Smith(1776, p18)는 시장에서의 교환관계에 한 가지 한계가 있음을 최초로 언급한 학자였다. 그는 도로, 다리, 항만 등을 예로 들어 "비용을 지불한 개인 혹은 소수의 사람이 이윤을 통해 그것을 보상받을 수 없는 경우" 공공사업이 필요하다고 주장하였다(1776, 1974 edn, p.78). 이러한 것들은 국가가 개입하여 제공해야 된다는 것이다. 이 이론은 1950년대에 더욱 발전하였다.

- 시장이 존재하려면 제품이나 서비스를 구매한 사람에게만 이익이 되어야 한다. 그 밖의 어느 누구도 이를 무료로 이용할 수 있어서는 안 된다. 맑은 공기를 얻는 데는 많은 비용이 들지만 한 개인이 이를 구매할 수 없으며, 다른 사람들이 혜택을 누리를 것도 막을 수 없다. 경제학자들은 이를 비배타성(non-excludability)자산이라고 칭한다. 다른 하나의 예로서 치안의 문

제를 들 수 있다. 일부 사람들은 경비업체에 비용을 지불함으로써 주변의 치안을 유지할 수 있으며, 이 경우 다른 사람들도 혜택을 받을 수 있다. 그러나 그 비용은 막대할 것이며, 이러한 방법을 선택하는 사람은 아무도 없을 것이다. 그렇다면 이 사람은 아마도 외부인의 출입통제가 가능한 지역을 거주지로 선택함으로써 치안을 사유재화 시킬 것이다.

- 만약 몇몇 사람들이 협력하여 주변의 치안유지에 필요한 경비를 공동으로 부담키로 한다면 비용은 감소할 것이다. 하지만 여기에서도 문제는 발생한다. 비용을 부담하지 않는 다른 사람들도 혜택을 누릴 수 있기 때문이다. 이들은 나머지 지역주민들에게 무임승차함으로써 전체적 합의구조를 붕괴시킬 수 있다. 모든 사람들을 만족시킬 수는 없겠지만 한 가지 해결방법은 강제적 세금징수를 통해 치안 및 법정비용을 부담하는 것이다. 좀 더 넓은 범위에서 볼 때, 국가가 외부로부터 공격받는 것을 막기 위해 우리는 기꺼이 군대운영에 필요한 세금을 납부할 것이다. 역사적으로 볼 때, 특정의 군사지도자가 사적으로 군대를 소유함으로써 국가전체가 방어되는 혜택은 있었지만 시민들의 안전이 증진된 사례는 없었다. 이러한 이유로 수세기 동안 공공의 안전은 그 형태가 다를지라도 조세를 통해 재원이 마련되었다.
- 공공재의 또 다른 특징으로 비경쟁성(non-rivalry)을 들 수 있다. 한 사람이 운전을 하는데 도로가 붐비지 않는다면 다른 사람의 운전을 방해하지 않을 뿐만 아니라 운전 또한 여유로울 것이다. 하지만, 도로가 붐빈다면 이 운전자의 출현으로 인해 다른 사람들은 속도를 늦춰야할 것이다. 이제 이들은 경쟁자로서 서로에게 비용을 부담지우고 있으며, 비용을 지불해야 한다.

상품이 위의 조건들을 모두 만족시키는 경우 순수공공재라 칭한다. 이러한 것이 만약 존재한다면 공급의 안정성을 확보하기 위해 비시장적 조치가 필요하다. 정육점이나 제과점 주인이 갖는 이기심과는 다른 무언가가 필요하다. 결국 어떠한 종류의 집합적 행동을 취해야 하는가라는 질문이 제기된다. 일부 공공재는 공적 공급을 필요로 하며 일부는 공적 재정을 필요로 한다. 이와 더불어 국가의 규제를 필요로 하는 공공재도 있다. 모든 공공재를 반드시 국가가 제공할 필요는 없다. 예를 들어, 정부는 민간업자들 사이의 경쟁위탁을 통해 교도소를 운영할 수 있다. 대기오염을 유발하는 업체가 지속적으로 해당 규정을 위반한다면 벌금을 부과할 수 있다. 공공재의 성격이 보다 순수할수록 그리고 이에 영향을 받는 공동체의 범위가 더 넓을수록, 공적으로 제공하는 것이 바람직하다. 예를 들어 영국해군을 입찰에 부칠 가능성은 없다.

2.2. 외부성

순수공공재가 중요하기는 하지만 그렇게 흔한 것은 아니다. 하지만 보다 일상적이면서도 순수공공재적 성격을 일부 갖는 상품과 서비스가 있다.

자동차와 같이 개인이 구매하는 제품을 생산하는 것은 지극히 현실적인 행동일 것이다. 하지만 생산의 과정은 타인에게 해를 끼칠 수 있다. 공기나 물을 오염시킬 수 있으며, 이를 이용하는 사람들이나 매연을 흡입하는 사람들의 건강을 해칠 수 있다. 경제학자들은 이를 부정적 외부성(negative externality)이라고 칭한다. 만약 제철과정에서 매연이 발생하여 용광로주변에서 작업하는 근로자의 평균수명을 단축시킨다면, 회사는 이의 누출을 감소시키거나 이로 인한 비용을 충당할 수 있도록 벌금을 납부해야 된다. 타인에게 부과된 비용을 기업이 지불케 함으로써 시장은 보다 효율적으로 작동될 것이다. 사회적 비용 전체는 문제를 발생시킨 사람들에게 부과될 것이다. 이러한 비용은 그들이 생산한 제품의 시장가격에 반영될 것이며, 그 결과 해당 제품에 대한 수요는 감소할 것이다.

다른 극단적 경우로서, 하나의 제품이 생산비용의 문제를 넘어 다른 사람들에게 혜택을 줄 수 있다. 예를 들어 내가 딸을 교육시키기로 결정하고 등록금을 부담해 준다면, 이의 혜택을 받는 사람은 장차 딸이 낳게 될 아이, 남편, 그리고 딸의 고용주가 될 것이다. 자녀의 교육비를 부모에게만 부담시키는 사회에서는 교육이 활성화될 수 없다. 교육의 혜택이 가족에게 직접 돌아오지 않기 때문이다. 심지어 가족이 재정적으로 교육에 지출한 여력이 충분하더라도 이를 사회적 최적수준에서 투자하지는 않을 것이다.

앞으로 고찰하겠지만 사회정책의 상당부분은 특정 유형의 외부성이 존재하는데서 유래한다. 다음은 몇 가지 사례이다.

- 순수한 시장교환은 환경파괴라는 형태로 미래 세대에게 비용을 부과한다. 오늘날 우리가 이용하는 자동차와 이들이 내품는 매연은 우리의 후손이 생활하게 될 세계를 손상시키고 있다. 이를 양적으로 측정하기는 어렵지만 이론상으로 볼 때 그러한 파괴에 따른 비용을 부담해야 하는 사람은 현재의 우리이다. 이러한 이유 때문에 연료에 대해 높은 세금을 부과하는 것이 정당화된다.
- 건강을 해치는 공장의 매연은 규제되거나 세금이 부과될 수 있다.
- 전염성 질병은 위험하기 때문에 정부는 그러한 질병을 앓고 있는 사람들을 격리수용시킬 수 있는 권한을 갖는다.
- 성병을 치료하기 위해 가정의나 병원을 찾은 것은 무료이다. 조기치료를 통해 타인이게 전염되는 것을 막기 위해서이다.
- 학교교육은 무료이다. 보다 나은 교육을 받은 사람들로부터 사회 전체가 혜택을 받기 때문이다.
- 교통혼잡비용이 높을 경우 대중교통은 보조금을 지급받는다.

- 런던이나 다른 대도시의 운전자들은 교통혼잡비용을 다른 사람들에게 부과시키기 때문에 도심통행료를 지불하게 된다.

2.3. 소득의 외부성과 증여

만약 우리가 주변의 다른 사람들로부터 영향을 받지 않고 독립된 섬처럼 행동한다면, 단순한 시장모델은 작동할 것이다. 그러나 우리는 사회적 동물이다. 자유로운 노동시장으로 인해 자녀를 부양할 수 없는 빈민의 수가 증가한다면, 이는 빈곤가정 자체뿐만 아니라 길거리에서 혹은 텔레비전을 통해 아이들이 굶주려가는 모습을 보고 충격을 받는 사람들에게도 영향을 미칠 것이다. 사람들은 도시 외곽으로 이주하여 생활함으로써 도심에서의 그러한 모습을 잊으려고 할 수 있다. 실제로 미국 사람들은 이러한 반응을 보여 왔지만 여기에도 비용은 수반된다. 간략히 말해, 우리의 행복이나 효용(utility)은 자신의 소득뿐만 아니라 타인의 소득에도 의존한다. Hochman and Rodgers(1969)는 이 문제를 체계적으로 정리한 대표적 학자이다. 두 사람이 사는 세계에서, 길거리에 가난한 사람이 보이는 문제는 한 사람이 더 이상 그러한 모습 때문에 충격을 받지 않을 때가지 자신의 소득을 공유함으로써 해결될 수 있다. 하지만 여기에도 문제는 있다. 자선을 통해 취득한 돈은 자신이 노동을 통해 혹은 권리로서 획득한 돈과 동일할 수 없다. 빈민으로서 나의 효용은 신장되지 않을 것이며 오히려 수치심으로 인해 악화될 것이다. 이러한 어려움을 해결하거나 감소시키는 한 가지 방법이 있다. 객관적이고 민감하게 빈민을 처우하는 전문원조기관에 돈을 기부하는 것이다.

두 사람 이상이 생활하는 세계에서는 문제가 더욱 복잡해진다. 다른 사람들 역시 거리에 빈민이 보이는 것을 싫어할 것이다. 하지만 그들은 다른 사람들의 관대함에 무임승차할 수 있다. 즉, 빈민은 모든 사람들이 이상적이라고 기대하는 것보다 열악한 처우를 받을 것이다. 따라서 빈곤구제는 지역사회 전체 성원이 협력하여 사회보장 및 소득지원제도의 재원 마련에 필요한 세금을 납부함으로써 해결될 수 있는 문제가 된다. 이러한 방법에는 단점이 있다. 빈민을 싫어하는 일부 납세자들은 강요받는다고 느낄 수 있다. 미국의 철학자 Robert Nosick(1974)의 표현을 빌리자면, 이들은 노동을 회피하는 사람들을 부양하기 위해 자신이 마치 작업장에 수용되어 강제노역을 하고 있다고 느낄 수 있다.

빅토리아시대에 보편적이었던 사적 증여의 경우 다른 문제가 존재한다. 자선은 사람들을 걸인으로 만들 수 있다. 어떤 사람들은 자선에 의존함으로써 근로동기를 상실할 수 있다. 보다 넓은 범주에서 볼 때, 지역사회는 근로자로서 자신의 가치를 상실한 사람들을 영원히 지원해야 한다. 물론, 이는 사적 자선의 문제만은 아니며 정부가 제공하는 급여에서도 마찬가지다. 그러나 이러한 부정적 유인효과 —의존빈민화— 는 비체계적인 사적 자선보다 국가가 규제하는 것이 쉽다고 주장하는 사람들이 있다. 다른 한편으로, 사적 자선에 수반되는 낙인과 불확실성은 바람직한 것이며 걸식의 동기를 약화시킨다는 주장도 있다. 전체적으로 볼 때, 대부분의 사회는 첫 번째 입장을 선택함으로써 빈곤구제는 국가의 업무이며 사적 자선은 특별한 경우에 보충적으로 활용될 수 있다고 본다.

지금까지 우리는 시장실패의 고전적 사례 몇 가지를 논의해 보았다. 1970년대 이후에는 다른 유형의 시장실패 사례가 규명되었는데, 보통 '정보의 실패'라는 명칭으로 분류된다.[11)]

---

11) 이에 관한 세미나 자료로서 Barr(2001a) 참조 바람.

2.4. 정보의 실패

지금까지 고찰해 온 바와 같이, 시장이 효과적으로 작동하려면 생산자와 소비자 모두가 상품에 대해 완전한 혹은 최소한 충분한 정보를 가지고 있어야 한다. 특정 모델의 신차를 구입하는 사람들이 많을지라도 이들 모두가 자동차 전문가는 아닐 것이다. 하지만 이들은 누가 전문가인지 알고 있을 것이다. 다른 이용자들은 이 모델을 경험했을 것이며, 소비자 잡지인 *which?*는 해당 모델에 대한 기사를 통해 정보를 제공할 것이다. 소비자의 지식수준은 완벽하지 않지만 일반적으로 합리적 판단을 내리기에는 충분할 것이다. 하지만 어떤 시장에서는 이러한 상황이 담보되지 않으면서 정보의 문제가 발생한다.

2.4.1. 소비자의 정보취약성

- 의사에게 진료를 받으러 가는 개인은 일반적으로 무엇이 문제인지를 잘 모른다. 그들은 고통을 유발하는 원인이 무엇인지를 알고 싶어 한다. 심각한가요? 이 환자는 서비스를 요구하고 있는 것이 아니다. 의사가 대리자로서, 필요하다면 병원으로 위탁의뢰해 주기를 원하는 것이다. 개인에게는 최종적으로 받게 될 치료의 질을 판단하는 능력 역시 부족하다. 자동차의 경우에는 같은 증상으로 서비스를 받기 위해 동일한 자동차정비소를 여러 번 방문할 수 있으며, 다른 의견을 듣기 위해 다른 정비소를 찾아갈 수도 있다. 의료의 경우 이는 훨씬 어렵다. 예를 들어, 당신이 제거할 수 있는 맹장의 수는 오직 하나이기 때문이다. 이는 환자가 치료의 질, 특히 치료의 속도나 병원의 청결성에 대해 판단할 수 없음을 일컫는 것은 아니다. 치료에 전문성이 가미될수록 의사와 환자간의 지식불균형은 더욱

커지며, 소비자는 더욱 취약해진다.

- 양질의 학교를 선택하는 것은 어렵다. 많은 것들이 학교에 있는 아동에게 달려 있기 때문이다. 서비스를 이용하는 이용자 본인이 생산과정의 일부가 된다. 이 학교가 다른 학교와 비교하여 얼마나 잘하고 있는가의 문제는 무엇보다는 아동들의 사회적 배경에 달려 있다. 재학 중인 아동들을 고려할 때, 이 학교가 학교평가에서 얻는 점수는 낮지만 수행성은 아주 좋을 것이다. 따라서 여러분 자녀는 사회적 배경을 고려해 볼 때 이 학교에서 잘 적응할 것이다. 어떻게 이러한 점을 알 수 있는가? 이러한 정보의 문제를 해결할 수 있는 것은 우리가 통계정보를 활용할 수 있기 때문이다. 이를 부가가치생산성(value-added measure)이라고 칭한다. 하지만 이러한 정보를 생산하는 데는 비용이 소요된다. 사회복지서비스 영역에서도 이와 유사한 문제가 발생한다.

  간략히 말해, 전문적으로 제공되는 서비스는 생산자가 추가한 부가가치의 질을 측정하기 어렵다. 따라서 전통적 시장메커니즘에 부합되지 않는 문제가 발생한다.

2.4.2. 판매자와 구매자간의 정보불균형

정보의 결핍 문제가 소비자에게만 발생하는 것은 아니다. 반대의 상황 또한 시장의 교환관계를 어렵게 할 수 있다. 건강보험이나 장기요양보호 서비스의 이용가능성은 상품의 판매자보다는 고객이 훨씬 더 잘 알고 있다. 미국의 경제학자 George Akerlof(1970)는 30여 년 전에 이 문제를 논하였다.

- 만약에 여러분이 자동차를 중고시장에 내놓았다면, 이것이 생산라인에서 일부 문제가 있었음을 본인은 알고 있을 것이다. 이 자동차를 2년 동안 운

전한 결과 모든 부분에서 문제가 발생하고 있다. 특히 당신의 좋지 않은 운전습관 때문에 자동차는 많이 손상되었지만 구매자는 시험주행만으로 이를 파악할 수 없다. 따라서 이 자동차를 구매하는 것은 잘못된 행동이다. 미국식 속어를 빌리자면 소위 '폭탄'인 셈이다. 판매자와 구매자는 제품에 대해 동등한 정보를 갖지 못한다. '폭탄'을 소유한 사람은 이를 처분하려고 한다. 만약 일반적으로 중고차를 구매하는 것이 옳지 못한 거래라고 인식된다면 가격은 하락할 것이다. 이로 인해 좋은 자동차를 소유한 사람도 공정한 가격에 차를 팔수 없어 계속 보유하게 된다. 따라서 중고차의 경우에는 최적의 시장이 형성되기 어렵다. 판매자가 제품에 대한 정보를 구매자보다 더 많이 알고 있기 때문이다.

- Akerlof는 이러한 현상이 단지 중고차에만 국한된 것은 아니라고 지적한다. 특히 의료서비스와 장기요양보호 분야에서는 이러한 현상이 일상적으로 발생한다. 노인들은 자신의 신체에 대해 평생 동안의 지식을 갖고 있으며 앞으로 어떤 요인 때문에 치료비가 들게 될 것인지를 알고 있다. Akerlof가 연구할 당시 미국에는 의료보험에 가입할 수 있는 노인이 거의 없었다. 물론 민간 보험사는 노인을 피보험자로 받아들이는 것을 굉장히 염려스러워할 것이며, 일종의 '폭탄'으로 간주할 것이다. 질병이 가장 심각한 사람들만이 보험가입을 신청을 할 것이며, 보험사는 최악의 상황에 대비하여 높은 보험료를 부과할 것이다. 보험사는 노인을 전적으로 배제시킬 수 있다. 동성애자는 AIDS에 대한 두려움 때문에 건강보험에 가입하는 것이 불가능하지는 않겠지만 매우 어려울 것이다. 이러한 사람은 '위험률이 높은 피보험자'로 간주될 것이다. 보험료가 올라갈수록 보험구매자의 평균적인 의료상태는 악화된다. 의료보험을 이러한 고위험 집단에 판매하지 않을 때까지 이러한 악순환은 지속될 것이다.
- 앞으로 발생할 위험에 대해 보험 판매자보다는 이용자가 훨씬 더 많은 정

보를 갖는 현상은 정보의 불균형 때문에 시장이 적절하게 작동하지 않음을 보여주는 하나의 예이다. 이것을 역의 선택이라고 한다.

- 위험률이 높은 피보험자를 배제시키는 보험회사의 반응을 크림스키밍(cream skimming)이라고 한다. 사회복지서비스는 대인적이고 친밀성이 높은 성격을 갖는다. 따라서 문제와 비용은 개인 혹은 가족이 가장 잘 알고 있는 정보와 밀접하게 연관된다. 결국, 자유시장을 통해 제공되는 사회복지서비스는 역의 선택과 크림스키밍 문제를 발생시킬 가능성이 특히 높다. 가장 강한 욕구를 가진 사람들이 다른 사람들보다 열악한 서비스를 받을 제도적 가능성이 존재한다. 취약한 사람들은 사적시장을 이용할 수 없게 될 수도 있다.
- 일반적으로 경제학 문헌들은 보험시장 특히, 의료보험 분야에 관해 주로 언급하고 있다. 하지만 동일한 문제가 다른 사회복지서비스 분야에서도 나타난다. 입소자 개인에게 정액의 요금을 받는 양로원은 가장 건강한 노인만을 받아들이되 보호의 필요성이 큰 노인은 거부할 것이다. 학생 각자에게 공동비용을 징수하는 학교는 가장 능력이 있거나 문제의 소지가 가장 낮은 학생들만을 받으려 할 것이다. 이렇게 함으로써 학교는 좋은 명성을 얻게 될 뿐만 아니라 고소득층 학부모들을 유인할 수 있을 것이다.
- 도덕적 해이. 만약 누군가가 도둑에 대비하여 보험에 가입하였다면 예전만큼 문단속에 신경을 쓰지 않을 것이라고 경제학자들은 지적한다. 자동차보험에 가입하였다면 예전만큼 신중하게 운전하지 않을 수 있다. 보험사는 여러분이 이렇게 반응할지 혹은 극도로 조심하게 될지의 여부를 알지 못한다. 당신의 행동을 예측할 수 없는 것이다. 따라서 그들은 최악의 상황을 가정함으로써 높은 보험료를 부과할 것이다. 이결과 자동차 보험은 최적의 판매량에 미치지 못하게 된다. 보험사는 보다 선별적인 조치를 취할 수 있다. 예를 들어 보험청구 기록이 없는 사람들에게 보험료를 대폭 할인해 주거나 다를 유인책을 활용하는 것이다. 이렇게 함으로써 도덕적 해이의 문

제에 본질적으로 대처하게 된다.[12] 물론 이러한 현상이 사보험에만 국한된 것은 아니다. 정부가 제공하는 상병급여의 수준이 높으면 질병에 대한 조심성이 감소할 뿐만 아니라 병가의 방법을 보다 쉽게 선택할 것이다.

2.4.3. 불확실성

- 시장은 불확실성을 싫어한다. 불확실성이란 과거 인간의 행동으로부터 미래의 사건이나 위험패턴을 예측할 수 없음을 의미한다. 우리는 사람들의 평균수명에 대해 구체적인 정보를 갖고 있다. 따라서 연금회사들은 가입자가 70 혹은 80세까지 생존하거나 혹은 연금수급연령에 이르기 전에 사망할 개연성에 대해 알고 있다. 전문직으로서 모든 보험통계업은 이러한 개연성에 대해 조언하는 데 존재목적이 있다. 이들이 극복할 수 없는 한계가 불확실성의 문제이다. 즉 발생한 사건에 가능성을 부여할 방법이 없는 예기치 못한 사건들 존재한다. 하나의 예로서 인플레이션을 들 수 있다.
- 또 하나의 문제는 다수의 불확실성들이 서로 연관될 수 있다는 점이다. 한 개인에게 발생한 사건이 다른 많은 사람들에게도 발생할 가능성이 있다. 실업이 하나의 예이다. 경제가 어려우면 많은 사람들이 영향을 받게 된다. 하지만 내가 실직할 가능성은 무작위적일뿐만 아니라 여러분이 실직할 가능성과 서로 연관되어 있지 않다. 민간 보험회사에게 있어서 이러한 조합은 거의 재난에 가까운 것이다. 따라서 아주 제한적인 경우를 제외하고는 실업보험을 운영하지 않는다.
- 불확실하면서도 서로 연관된 미래를 보여주는 또 하나의 예가 있다. 40년 후 인플레이션은 어느 정도 수준일 것인가? 노인돌봄은 먼 미래에 어떤 특질을 보일 것인가? 얼마나 많은 노인들이 장기요양보호를 필요로 할 것이

12) 이 문제를 다루고 있는 고전으로서 Pauly(1974) 참조 바람.

며, 그 비용은 얼마나 될 것인가? 이러한 사례들에 대한 민간보험시장의 기능은 매우 취약하다. 민간보험사는 연금을 지급하는데 있어 인플레이션을 완벽하게 연동시키지는 않는다. 이들은 장차 발생한 인플레이션을 예측할 수 없기 때문에 장기요양보험 가입자들에게 아주 신중하고 제한된 약속만을 제시하면서 보험료는 높게 부과한다. 장기요양보험의 경제학적 논의에 대해서는 '장기요양보험에 관한 왕립위원회'(the Royal Commission on Long-Term Care)의 보고서(1999) 제5장을 참조하기 바라며, 실업과 연금분야에 있어 불확실성에 대한 심층적 논의는 Barr (2004a)를 참조하기 바란다. 이 주제에 대해서는 제5장과 제7장에서 다시 다루기로 한다.

2.4.4. 인간의 행동

경제학의 새로운 분파인 행동경제학은 개인이 실제로 결정을 내리는 방식, 즉 어떻게 정보를 다루는가에 대해 연구해 왔다. 이에 따르면, 사람들은 자신의 미래에 관한 재정적 정보를 이해하는데 어려움을 겪는다. 심지어 이를 이해하고 있다고 느낄지라도 결정을 내리는 데 어려움을 느낀다. 결정을 내리는데 있어 오늘이 아닌 내일이 보다 나은 시기인 것처럼 보인다. 이러한 이유 때문에 미래를 위해 저축을 해야 된다는 사실을 잘 알고 있는 사람도 실행에 옮기지 못한다. 그러나 만약 고용주나 정부가 그들을 연금프로그램에 가입시키지만 탈퇴할 기회를 주더라도, 대부분은 이를 선택하지 않는다. 최소한 이것이 미국에서 일련의 실험을 통해 얻은 결과이다(Choi et al, 2004, 2006; Pensions Commission, 2004, pp.208-9; 2005, pp. 68-9). 장기요양보험의 경우 이와 비슷한, 심지어 더 심각한 문제들이 결부되어 있다. 인생 말기에 집중적인 보호가 필요할 수 있다는 생각을 젊은 시절에 받아들이기란 쉽지 않기 때문이다.

지금까지 시장의 실패에 관한 여러 가지 내용들을 살펴보았다. 이제 우리는 사람들의 안전, 보건, 교육에 대한 욕구가 충족되려면 왜 경제적 효율성을 갖춘 강력한 공적 재정 및 급여체제가 출현해야 하는지를 이해할 수 있게 되었다(그림 2.1 참조). 반면에, 경제학자들은 또한 공공조직의 효율성에 대해 심각한 의문을 던지고 있다. 이러한 의문들은 '정부실패론'이라고 불리는 일련의 논쟁을 통해 공식화되었다(Le Grand, 1991).

〈표 2.1〉 경제이론이 암시하는 욕구대책

기본적 욕구	시장	공적 재정과 급여	비공식 부문
자아실현 **자존감**	자유시장에서의 선택을 통해 이를 충족할 수 있음.	국가의 재정부담을 통해 모든 사람들이 초등교육을 받을 수 있도록 재원이 마련되어야 하며, 고등교육 및 평생교육을 받고자 하는 사람들에게는 대부금도 가능해야 함.	가족
사랑과 소속감	비시장적		가족 및 배우자가 주된 자원임.
안전 개인적 국가적	극히 제한된 범위 내에서 시장적	국가가 제공하는 경찰 및 법원	지역사회의 긴밀한 원조
심리적			
공중보건	비시장적	국가에 의한 제공 및 규제	공교육을 통해 가족 및 개인의 건강한 삶을 증진
의료	시장실패의 주요 분야	상당부분 국가에 의한 재정부담	
교육	시장의 실패, 충분하게 제공되지 못할 가능성 있음.	상당부분 국가에 의한 재정 부담	파트너로서 부모의 역할
노인, 아동, 장애인 돌봄	심각한 시장의 실패	주요 돌봄서비스에 대한 국가의 재정부담	상당부분이 가족돌봄의 영역임.
주거	시장이 주된 공급자	빈민의 임대료 및 주거비용에 대한 국가지원	
식량	시장이 주된 공급자	빈민층에 대한 국가의 소득지원	

3. 정부의 실패

3.1. 모든 사람을 항상 즐겁게 해줄 수는 없다

공공재, 특히 국가단위에서만 소비될 수 있는 재화의 경우 사람마다 필요로 하는 양이 서로 다르다는 문제가 발생한다. 국방문제를 예로 들어보자. 어떤 사람들은 평화론자임에 반해 어떤 사람들은 군국주의자로서 주변국가의 정복을 통해 자신의 안전을 보장받으려 한다. 다른 사람들은 평화유지의 기능을 수행할 수 있는 소규모의 기동성 있는 군대를 원한다. 이들이 시기를 막론하여 하나의 국방정책에 동의할 가능성은 없다. 이는 경제학자들이 주장해 온 문제를 다소 단순하게 설명한 것이다(Arrow, 1951). 서로 다른 집단이 제휴함으로써 타협점이 도출될 수 있다. 하지만 모든 사람들이 수용하는 단일한 해결책이 도출될 수는 없다. 우리가 "국방은 정부가 수행해야 한다"고 말하는 것은 타당할 것이다. 하지만 이는 문제의 시작에 불과하다. 어떠한 종류의 방어인가? 얼마나 지출해야 하는가? 실제로 우리는 하나의 완벽한 해결책이란 존재하지 않으며, 타협안을 받아들이는 것이 보다 바람직하다고 생각한다. 하지만 이견을 보이는 문제가 보다 근본적일수록 타협안을 받아들일 가능성은 더욱 낮아진다. 절대적 평화론자들에게 있어서 국방비 지출을 적정수준에서 합의하자는 제안은 결코 수용될 수 없다. 이론적으로 볼 때 공공재를 둘러싼 정치시장은 하나의 '완벽한' 해결책을 제시할 수 없다.

공공재의 문제가 지역단위에서 대두될 경우 부분적인 해결책을 찾을 수 있다. 만약 한명의 유권자가 자신이 거주하는 지역에 넓은 도로 혹은 좋은 학교가 있기를 원한다면, 대다수의 유권자들이 동일한 욕구를 가짐으로써 많은 세금을 낼 준비가 되어 있는 지역으로 이주할 수 있다. Charles Tiebout(1956)이 처음 제시한 이 이론은 사람들이 자유롭게 이주할 수 있음을 전제로 한다. 만약 그것이 불가능하다면 사람들은 자신이 원하는 수준의 서비스를 받지 못할 것이다. 경제적 능력이 있는 사람들은 가난한 사람보다 더 쉽게 이주할 수 있다. 이들은 자신이 선호하는 세금과 서비스를 빈민보다 더 수월하게 선택할 수 있다. 선택과 이주의 기회가 보장되면 유권자들은 지방의회를 압박할 수 있다.

3.2. 이기적 유권자

정치가 작동하는 방식을 순진하게 이해할 경우, 일단 빈민들 위해 소득을 재분배하겠다고 결정하면 이타주의적 유권자들은 이것이 실현되도록 세금을 납부할 것이라고 가정한다. 우리의 학교가 잘 운영되기를 원한다면, 교사들이 최상의 교육을 제공할 수 있도록 적절한 예산배정을 통해 그들의 처우를 개선하면 될 것이다. 그러나 이러한 순진한 가정은 포기해야 한다. 이러한 관점으로 해결되지 않는 문제가 있기 때문이다. 이를 해결하려는 작업이 1950년대 후반 이후 공공선택이론을 옹호하는 경제학자들에 의해 체계적으로 시작되었다.[13]

이들은 유권자들이 선거를 단순히 자신의 이기심을 극대화시키는 기회로 바라본다고 가정한다(Tullock, 1976). 보통수준의 생활을 영위하는 유권자들은 자신의 조세부담이 최소화되기를 원한다. 차량소유자들은 보다 많은 도로와 저렴한 유류세를 희망한다. 학부모는 보다 많은 학교를 원하며, 연금수급자는 보다 많은 연금을 기대한다. 빈민은 불과 소수이기 때문에

13) 이 경제학파의 지적 기원과 발전에 대한 논의로서 Mueller(1997)와 Barr(2001a)의 인용문을 참조 바람.

저소득층에게 더 많은 급여를 주는 데 찬성할 유권자는 없다.

현실은 훨씬 더 복잡하다. 유권자들은 빈민을 돕기 위해 세금을 납부할 준비가 된 것처럼 보인다. 특히 노인과 같은 일부 집단을 위해서는 그러하다. 하지만 실업자와 같은 집단을 돕기 위해 세금을 납부하려고 하지는 않는다(Hills and Lelkes, 1999; Hills, 2001; Taylor-Gooby and Hastie, 2002). 하지만 이기심이 사회정책에 대한 대중의 태도를 움직이는 것 역시 사실이다. 중산층은 규모가 크고 대중매체에 대한 영향력이 강하며 선거경합지역(marginal seats)을 중심으로 비판적 시각을 제시하는 계층이기 때문에 사회정책의 주된 수혜자가 될 수 있다. 공적연금 등의 사회복지서비스가 중산층에게 많은 혜택을 주지 못한다면 이 제도에 대한 정치적 지지는 약화된다. 중산층이 더 이상 그 제도들 존속시키는데 관심을 갖지 않게 되면, 분기점이 발생할 것이다. 사람들이 사적 부분으로 이동함에 따라 빈민을 위한 서비스는 열악해진다. 세금을 납부할 의지도 사라지게 된다. Frank Field의 표현대로, 이 서비스는 정치적으로 효과적인 중산층의 지지를 상실하였다. 이러한 현상이 바로 1945년 이후 영국의 연금정책에서 발생하였다(Glennerster, 2007). 유권자를 이기적 행위자로 간주하는 것은 사회정책을 구상하고 고민하는 데 있어서 매우 중요하다. 하지만 이것이 전부는 아니다.[14)]

누가 무엇을 얻게 되는가를 결정하는 데 있어 중산층 혹은 중위투표자(median voter)가 핵심이라는 가정은 흔들리고 있다. 이는 중산층을 '단일유권자집단'으로 간주함으로써 특정 집단이 정치적 결과에 대해 미치는 권한이나 영향력을 전혀 고려하지 않는다. 따라서 민주주의는 때때로 독재로 전락한다(Acemoglu and Robinson, 2006). 부유한 사람들이 대중매체와 정치과정을 지배할 수 있다고 보는 것이다.

---

14) 이에 대한 구체적 논의는 Goodin and Le Grand(1987) 참조 바람.

3.3. 이기적 관료들

자신의 이익을 극대화시키고자 하는 것은 단지 유권자만은 아니다.

> 관료들 역시 다른 사람들과 같다. 이러한 전제는 매우 명료하고 직설적인 것처럼 들린다. 하지만 그 결과는 전통 경제이론에서 보는 것과 전혀 다르다. 만약 관료들이 다른 사람들과 다르지 않다면, 자신의 결정이 사회 전체가 아닌 자신에게 도움이 되도록 최대한 활용할 것이다. 그들은 때때로 다른 사람들과 마찬가지로 공공의 선을 위해 자신의 안녕을 희생시킬 수 있다. 하지만 이는 극히 예외적인 행동이라는 점을 알아야 한다(Tullock, 1976, in Hill, 1993, p.110).

이러한 생각은 1980년대와 1990년대 공무원에 대한 보수주의자들의 지배적 관점이었으며, 오늘날 신노동당의 태도에서도 여전히 그 흔적을 찾을 수 있다. 이와 관련된 문헌들은 크게 두 가지 범주로 분류된다. 하나의 입장은 공공서비스에 대한 모든 지출증가의 요구를 공무원 및 전문가가 보다 많은 예산을 확보하고 조직의 규모를 확대하려는 열망의 반영으로 바라본다. 즉, 예산을 극대화시키는 자로서 인식된다. 다른 하나의 입장은 공공서비스가 보통 독점의 상태에 있으며, 따라서 민간부분에서의 독점업자들처럼 서비스 이용자를 착취한다는 사실에 집중한다.

3.4. 예산을 극대화시키는 자?

이러한 논쟁은 미국 내 영국 재무부와 동일한 기관인 예산처(Bureau of Budget)[15]의 한 경제학자가 쓴 고전적 문헌에서부터 시작되었다(Niskanen,

1971). Niskanen에 따르면, 상원은 많은 지출이 요구되는 프로그램을 결정하면서 사회보장청(Social Security Administration) 및 국방부(Department of Defence)와 같은 거대 기관과 갈등을 겪었다. Niskanen은 이러한 뼈아픈 경험을 통해 정부지출에 관한 하나의 이론을 발전시켰다. 그의 주장에 따르면, 관료들이 받는 혜택은 자신이 관장하는 예산규모에 비례한다. 따라서 그들은 공공의 선과 상관없이 항상 자신의 예산을 증액시키고자 한다. 그들은, 예를 들어 사회보장과 같이, 자신의 분야에 대해 어느 누구보다도 많은 지식을 갖고 있기 때문에 특별한 권력을 갖는다. 따라서 입법가들을 '기만'하여 공공지출을 확대할 필요성이 있다고 믿게 할 수 있다. 그들은 자신이 속한 기관의 연구비를 통제한다. 따라서 대학의 사회정책학과에 연구를 의뢰할 때 장기요양보호나 교육에 보다 많은 돈이 지출되도록 유도할 수 있다. NHS에 고용되어 있는 의사들은 이 제도가 붕괴될 위기에 처해있으며, 환자들이 불필요하게 죽어가고 있다고 불평한다. 재무부의 관료들은 이를 '수의(壽衣) 흔들기'(shroud waving)라고 부른다. 불안감에 휩싸인 유권자들은 이를 믿게 되며, 결국 NHS는 보다 많은 예산을 배정받게 된다.

이러한 방식의 추론을 쉽게 간과할 수 없다. 하나의 이유로서, 병원이나 학교의 운영자는 기관규모가 클수록 보다 많은 예산을 배정받을 것이기 때문이다. 실제로 의사들은 아주 효과적으로 수의를 흔들고 있다. 최근 영국에서 공공서비스 지출을 둘러싸고 전개되는 논의들을 관심 있게 훑어본다면 이 이론이 얼마나 정확히 맞아떨어지는지 알 수 있다. 하지만 다음과 같은 몇 가지 문제점도 있다.

---

15) 이후 관리예산처(the Office of Management and Budget)로 변경되었다.

- 이러한 설명은 일방적이다. 예산관련 부처의 이해와 상반되는 압력들이 강하게 존재한다. 미국과 달리 영국은 재무부의 권한이 강력하다.[16] 경제에 관심이 깊은 사람들은 높은 세금이나 지출에 반대한다. 정치인들은 득표를 원한다면 높은 세금을 부과하는 것에 두려워해야 한다. 1976년 이후 공공지출이 억제되어 온 데는 이러한 압박이 있었기 때문이다.
- 이 이론은 또한 공무원들이 움직이는 동기를 협소하고 부정확하게 설명하고 있다. 예산의 규모가 크다고 하여 이와 관계된 사람들에게 보다 많은 급여가 정기적으로 보장되지는 않는다. 비록 보다 많은 급여가 지급되더라도 거대예산을 운영하는 사람들은 훨씬 더 많은 신경을 써야한다. Dunleavy(1991)는 이 이론을 자세히 비판한다. 그는 공무원이나 사회서비스 공급자들이 자신의 목적으로 위해 권력을 이용한다는 생각을 부정하지는 않는다. 하지만 이는 예산을 극대화시키는 것과는 다른 형태의 행동으로 나타날 수 있다고 주장한다. 예들 들어, 그들은 자신이 근무하는 부서를 본인의 목적에 맞게 조정할 수 있다. NHS나 현지 학교의 구조를 고객보다는 자신의 목적에 맞게끔 조정할 수 있다. 예를 들어, 왜 부모가 퇴근하기 훨씬 이전에 하교시간은 시작되는가?

3.5. X-비효율성

다른 한 명의 미국 경제학자인 Leibenstein(1966)은 X-비효율성이라는 용어를 개발하였다. 이는 기업이 비경쟁적 상황에서 제품을 생산할 때 그 방법이 최적의 효율성을 보이지 못하는 경향을 의미한다. 기업의 실질적인 업무가 이완됨으로써 소비자들에 대한 반응이 늦거나 어설플 수 있다. '독점에 의한 이윤'을 주주는 배제된 채 근로자에게만 배당할 수 있으

16) 제9장 재무부에 관련된 논의 참조 바람.

며, 관리자들은 그들의 능력만큼 반응적이고 효율적이지 못할 수 있다. 이것이 바로 공공서비스가 갖는 비효율성의 유형이라고 다수의 비판가들은 주장한다.

3.6. 공무원은 건달인가?

공무원을 사악한 존재로 바라봄으로써 이러한 주장에 설득력을 가할 필요는 없다. 사회서비스 제공기관에 근무하는 사람이 지루하거나 스트레스성 업무를 수행하고 있다고 가정해 보자. 이 사람은 가족을 위해 일찍 귀가한다. 전날 과음한 관계로 다음날 출근을 하지 못한다. 병으로 결근을 하겠다고 전화를 하지만 '해고'될 가능성은 낮다. 이 사람이 업무를 제대로 수행하지 못하더라도 병원이나 학교 등 직장이 문을 닫지는 않을 것이다. 그렇다고 해서 환자가 병원을 바꾸는 일은 없기 때문이다. 결국, 관리자는 직원에게 경미한 제제만을 가하게 된다. 직원이 이기심 때문에 최선을 다하지 않는 것은 아니다. 관리자의 입장에서는 교실이나 사회복지 클라이언트의 가정에서 무슨 일이 진행되고 있는지 파악하기 어렵다. 사회서비스를 제공하는 이러한 전문직들은 하루를 '빈둥거림'으로써 스트레스를 최소화할 것이며, 클라이언트를 돕기 위해 '전력'을 쏟는 일은 없을 것이다(Lipsky, 1980).

이보다 더 심각한 상황도 가정해 볼 수 있다. 근로동기를 강화하기 위한 유인책은 오히려 역효과를 가져올 수 있다. 내가 만약 병원의 과장이라고 가정해 보자. 일의 속도를 늦출수록 대기자의 명단은 길어질 것이다. 대기자 명단이 길어질수록 영리병원으로 이첩해 줄 것을 요구하는 환자의 수는 증가할 것이다. 이러한 사태가 보다 빈번히 발생할수록 나의 소득은 높아질 것이다. 이 경우 나는 대기자 명단을 줄이기 위해 노력하겠는

가? (Propper and Green, 2001)

이기심이 모든 공무원이나 교사 그리고 의사를 움직이는 유일한 동인이라고 간주하는 것은 전적으로 잘못된 가정이다. Julian Le Grand(1997, 2003)의 표현을 빌리자면, '건달'이 있는가 하면 '기사' 혹은 천사도 있을 수 있다. 아마도 대부분의 사람들은 이 양자의 성격을 혼합적으로 갖고 있을 것이다. 전문가가 자신의 일을 통해 얻는 내면적 만족감이 클수록 그의 행동은 천사에 가까울 것이다. 만약 업무가 지루하고 반복적이라면 추가근무의 동기는 약할 것이다. 만약 모든 직원들이 전적으로 이타적이고 따라서 감시의 필요성이 없다는 가정하에 하나의 단체를 운영한다면, 우리는 엉터리 관행을 조장할 것이다. 만약 아무도 믿지 못하겠다고 가정하면 우리는 이타주의자들의 선의를 잃게 된다. 업무수행성이 낮은 사람을 제재하는 것과 이타주의자의 선의를 유지하는 것 사이에 균형을 잡기란 어려운 일이다. 이것이 공공서비스 영역에 시장유인책과 책임감의 확대를 도입하려는 최근 논의의 핵심이다.

3.7. 탈출, 발언 그리고 충성심

이에 대해 가장 영향력 있고 설득력 있는 설명을 하는 글로서 A. O. Hirschman(1970)의 저서『탈출, 발언 그리고 충성심(Exit, voice and loyalty)』을 들 수 있다. 그에 따르면, 소비자나 일반인들은 기관이 그들의 요구에 반응하도록 두 가지 종류의 제재 혹은 권한을 행사한다.

- 앞서 설명한 바와 같이 하나는 이용자가 단골집을 바꾸는 것이다. 그는 이를 탈출이라고 칭한다. 가끔씩은 이용자가 탈출하기 어려운 이유가 있다. 하나의 예로서 전적으로 물리적인 이유를 들 수 있다. 다른 가게나 학교를

선택한다면 더 먼 거리를 이동해야 하기 때문이다. 어떤 환자가 한 의사로부터 오랫동안 진료를 받아왔다면 그에 대해 일종을 충성심을 가질 것이다. 아동이 다른 학교로 전학을 가게 된다면 우울감에 사로잡힐 수 있다.

- 서비스에 영향을 줄 수 있는 또 하나의 방법으로서 발언이 있다. 예를 들어 학부모회에 참여하여 자신의 의사를 표명하는 것이다. 이 방법은 효과적이지 않을 수 있다. 만약 단골집을 바꿀 기회가 없다면, 즉 탈출의 기회가 없다면 누가 당신의 발언에 귀 기울이겠는가? 이 방법은 또한 시간과 노력이 많이 소요된다. 따라서 학부모회에 참여하는 부모는 많지 않다.
- 발언이나 탈출의 방법이 작동하지 않음으로써 해당 기관에 대한 충성심이 침식된 경우, 높은 수준에서 유지되었던 표준은 점차 하락할 것이다. NHS가 바로 적절한 예가 아니겠는가?

20세기 후반, 시장과 전통적 국가독점 양자가 실패함에 따라 두 종류의 반응이 나타났다. 하나는 공공서비스 공급분야에 일정 수준의 경쟁을 도입하는 것이었으며, 다른 하나는 비영리 혹은 자발적 부문에 대한 의존도를 높이는 것이었다. 다음에서는 이 두 가지 전략을 뒷받침하고 있는 이론적 기반을 고찰한다.

4. 민영화와 준시장

일부개혁가들은 공적 재정방식에는 많은 장점이 있으며, 국가독점에 의존함으로써 발생하는 효율성 상실의 문제를 피할 수 있을 것이라고 믿는다. 기본 아이디어는 간단하다. 조세나 사회보장 기여금을 통한 재정서비스이다. 서비스는 항상 무료로 이용할 수 있지만, 다양한 기관들의[17] 정기적 경쟁을 통해 이를 제공한다는 것이다. 이는 강제적 경쟁입찰(Compulsory Competitive Tendering: CCT)이라고 불린다. 가장 효율적인 서비스 운영을 제안한 기관이 계약에 성공할 것이다. 입찰을 통해 새로운 계약을 정기적으로 체결함으로써, 만약 특정 회사나 공공기관의 수행성이 낮게 나타나면 계약을 해지할 수 있다. 이렇게 함으로써 서비스의 X-비효율성은 완화될 것이다.

몇 가지 미국 사례를 통해 본 결과, 지방기관이 입찰자를 활용함으로써 쓰레기 수거 및 다른 서비스의 효율성이 향상되었다(Savas, 1977, 1982). 영국의 대처정부는 지방기관들이 입찰을 통해 서비스를 운영토록 의무화하였다. 1991년 HNS 및 지역사회보호법(NHS and Community Care Act) 하에서 사회서비스국들은 지역사회보호에 배정된 특별예산의 대부분을 민간 기관의 서비스를 구매하는데 지출해야 했다. NHS는 병원청소 등의 서비스를 입찰을 통해 민간 기관에게 위탁하도록 조치가 취해졌다.

주요 의료서비스 부분에서는 별도의 접근방법이 취해졌다. NHS 병원 트러스트(trusts)와 지역사회 서비스 공급자는 신설된 지역보건국[18]이 보유한 조세기금을 획득하기 위해 상호경쟁을 하게 되었다. 또한 지역보건국은 지역사회 전체주민을 위해 자신이 직접 병원을 선택하고 서비스를 구매하였다. 이에 관한 내용은 제4장에서 구체적으로 논의한다.

보다 급진적인 경우 개인이 공급자를 직접 선택하는 방식도 등장하였다. 상당수의 유럽 의료보장제도는 환자가 병원을 직접 선택하고 의료보험 조합이 수가를 지불하도록 되어 있다. 벨기에와 네덜란드 그리고 일부 스웨덴의 학교시스템 역시 이와 비슷한 방식으로 운영되고 있다. 부모가

---

17) 학교나 병원, 양로원 혹은 지역사회에서 돌봄서비스를 제공하는 기관들을 예로 들 수 있다.

18) 현재는 1차진료트러스트(primary care trust)로 불린다.

학교를 선택하고 정부가 비용을 지불하는 것이다. 이는 '준바우처'(quasi-voucher)로서, 정부가 등록금 납부를 위해 현금화가 가능한 증서를 발행하는 것과 동일한 효과를 갖는다. 영국의 경우 이와 비슷한 효과를 보이는 제도로서 공립학교를 부모가 선택하고 등록된 학생 수에 따라 정부가 재정을 지원하는 혼합형 제도가 운영되고 있다(제6장 참조 바람).

5. 비영리부문과 상호성

5.1. 왜 비영리부문인가?

미국인들이 자발적, 즉 비영리부문이라고 칭하는 영역은 경제학자들에게는 고민의 대상이다. 서비스 공급자로서 시장 혹은 국가라는 영역은 이론적으로 명확히 구분되는데 반해 비영리 부분은 그렇지 않기 때문이다. 왜 비영리 조직이 존재하는 것일까? 일반적으로 경제학자들의 주장은 준시장의 논리와 다르지 않다(Weisbrod, 1986). 정부와 시장이 모두 실패하는 부분에서 비영리조직이 개입하여 그 공백을 메운다는 것이다. 그러나 그 공백이라는 것이 무엇인가? Weisbrod는 앞서 논의했던 집합적 선택의 문제라는 측면에서 주장을 전개한다. 만약 사람들이 정부로부터 기대하는 공공재의 양을 결정하기 위해 투표를 한다면, 많은 이들은 실망감에 빠질 것이다. 예를 들어, 일부 사람들은 AIDS 환자에 대한 모든 형태의 지원을 반대할 것이다. 그들은 정부가 지나치게 많은 것을 제공한다고 생각하며, 지금은 어쩔 수 없지만 다음 선거에서는 이를 축소시키려는 운동을 전개할 것이다. 대부분은 아니지만 상당수 사람들은 정부의 급여수준이 훨씬 높아지길 원할 것이다. 이들은 일부 유권자가 불만을 갖는 단체에도 자연스럽게 기부를 한다. AIDS 환자를 돕는 것은 이윤창출행위가 아니기 때문에 비영리단체가 그 기부금을 받아야 한다고 생각한다. Weisbrod는 전적으로 순수공공재에 근거하여 자신의 주장을 전개하고 있다. 하지만 Hansmann(1980, 1987)의 주장처럼, 대부분의 비영리단체들이 제공하는 것은 순수공공재가 아니다. 위에서 예로 든 AIDS 환자에 대한 지원은 순수공공재는 아니지만 공공재로서 핵심적 성격은 갖는다. 이 기능을 시장이 떠맡을 가능성은 낮다. Hansmann의 설명은 계속된다. 만약 우리가 하나의 단체에 시간과 돈을 기부한다면, 그 대상이 이윤을 추구하는 단체는 아닐 것이다. 운영자가 기부금을 착복할 가능성을 두려워하기 때문이다. 우리는 기부금품을 공정하고 민감하게 배분할 것이라고 신뢰할 수 있는 단체를 찾을 것이다. 그러한 단체는 다른 단체에 비해 훨씬 믿음이 가기 때문이다.

물론 이는 그러한 단체가 완벽함을 의미하지는 않는다. 오히려 완벽함과는 훨씬 거리가 멀다. 이러한 단체의 경영자는 이윤극대화를 추구하지 않을 것이다. 하지만 직원들에게 지나치게 낭비적인 사무실이나 급여를 제공할 수는 있다. 그들은 관리 및 모금활동에 지나치게 많은 비용을 지출할 수도 있다. Salamon(1987)은 그러한 행동을 시장 및 정부의 실패에 빗대어 '비영리부문의 실패'로 지칭한다.

Billis and Glennerster(1998)는 이러한 이론의 설득력이 제한적이라고 본다. 지금까지 학자들은 왜 다른 기관들이 실패했는가라는 수요층면에만 관심을 가졌다. 즉, 비영리기관의 독특한 특징은 무엇인가라는 공급자 측면에 관심을 갖지 않았다. Billis와 Glennerster에 따르면, 국가는 일반 유권자들이 관심을 갖는 서비스의 경우 공급자로서 유능한 역할을 수행한다. 실제로 학교나 의료보장과 같은 분야를 예로 들 수 있다. 하지만 집단의 규모가 작고 낙인을 받는 집단을 위한 서비스의 경우에는 그리 유능한 공급자가 아니다. 실제로 소수민족 집단이나 동성애자, 지적장애인을 위한 서비스분야에서 이러한 현상이 발생할 수 있다. 일반 유권자들은 이들에 대해 무지하거나 단호히 적대적이다. 이들에게 서비스를 제공하기 위해 필요한 자금은 전혀 마련되지 못하거나, 마련된다고 하더라도 그 양이 너무 적을 것이다. 이러한 경우 공적 지출은 오용될 가능성이 있다. 지출의 우선순위를 올바르게 결정하기 위한 압력이나 지식이 부재하기 때문이다. 이러한 상황에서, 아마도 피해자의 부모 혹은 배우자가 설립한 비영리단체가 역할을 할 수 있다. 이러한 단체는 보다 비공식적인 방법으로 활동하면서 피해자나 희생자를 운영위원회에 참여시킬 수 있다. 이들은 피해자나 희생자 혹은 과거 희생을 당했던 사람들과 연관성이 있는 자원봉사자들을 활용한다. 또한 봉사대상자의 욕구에 부합하도록 단체를 운영할 것이다. 이들은 규모가 작고 구조가 유연하며, 희생자와 그의 친척을 참여시키고 자원봉사자를 활용한다는 측면에서 비교우위를 갖는다. 이러한 부분에서 비영리부문은 비교우위를 갖는다.

일부 다른 주장들은 위와 유사한 논리를 사용하지만 다른 결론을 내린다. 이들이 강조하는 것은 경제적 효율성이나 욕구에 대한 반응이 아니다. 시민사회의 가치 즉, 비국가, 비시장적 제도의 복합성을 강조한다. 국가독점은 비효율성의 문제가 발생할 뿐만 아니라 지역단위의 자조 및 여러 활동을 배제시킬 수 있다. 건강한 사회는 상호원조와 적극적인 참여에 적극 의존한다. 하지만 주민들은 사회복지서비스 제공을 원거리에 있는 관료나 전문가들에게 위임하게 되었다. 또한 자신과 관련이 없는 기관에 세금을 납부하는 것에 분노한다. 이 결과 공공서비스뿐만 아니라 하나의 집단으로서 사회에 대한 전체적 소속감은 쇠퇴한다. 자발적 혹은 비영리 기관은 이러한 공백을 메울 수 있지만, 이중 상당수는 지방기관이나 1차진료트러스트처럼 규모가 크고 원거리에 위치해 있다. 이러한 공백을 메우고,

효율성을 증진시키며, 지역민주주의를 부활시키기 위해서는 아마도 새로운 형태의 지역사회서비스 제공자가 필요할 것이다(Mayo and Moore, 2001). 어떤 측면에서 볼 때, 이러한 단체는 이미 존재한다. 사회적 주택부문에서 세입자가 소유와 운영의 주체로 등장하는 주택조합을 예로 들 수 있다. 1998년 교육개혁법(Education Reform Act) 이후 설치된 학교운영위원회는 광범위한 책임을 가질 뿐만 아니라 부모와 교사 그리고 지역사회 대표가 위원으로 참여하고 있다. 하지만 수세기 전 번성하였던 우애조합의 현대적 실천과 같이 국가로부터 완전히 독립된, 보다 급진적인 실험도 상당수 존재한다(Christie and Leadbeater, 1998). 예로서 지역사회가 공동으로 운영하는 가게, 시간은행(time bank)[19], 사회적 돌봄서비스를 위한 협동조합, 자조적 지역재건 프로그램 등을 들 수 있다. 이는 구축된 신뢰에 의존한다. 하지만 이렇게 영세한 비공식 조직이 정교한 의학적 치료서비스를 제공할 수 있을지 의문이다. 오히려 이러한 단체는 사적인 돌봄서비스를 제공하는 데 보다 적합할 것이다.

개관

- 시장은 나름대로 장점이 있다. 생산자에게 책임을 묻기 때문이다. 하지만 이들은 고작 소비자의 선호에 반응할 뿐이다.
- 현대 경제이론은 시장실패에 관해 다양한 논의를 제공해 왔다. 하지만 거대한 정부독점이 실패하게 된 방식에 대해서도 지적하고 있다.
- 사회정책은 이러한 효과들 사이에서 균형을 유지시키는 데 관심을 가져야 한다. 더불어, 이들 사이에 균형점은 서비스의 유형에 따라 다르다.

---

19) 이는 공동체 내에서 지식과 기술, 자원을 나누는 한 가지 방법이다. 여기에서는 돈이 아닌 시간을 주고 기술, 지식, 자원을 구매한다. 이것이 없었을 때에는 주로 기술, 지식, 자원을 돈을 주고 구매해야 했다. 대표적인 예로서 '자원봉사은행'을 들 수 있다. 자신이 봉사한 시간을 예치해 나중에 사용할 수 있게 하는 것이다. 한국 전통사회의 두레나 품앗이도 이러한 시간은행의 한 형태로 볼 수 있다.—역주

논의

1. 왜 경제학자들은 시장이 바람직한 자원배정 방식이라고 생각하는가?
2. 사회복지에 영향을 미치는 시장의 실패 중 가장 중요한 것은 무엇인가?
3. '정부의 실패'란 무엇을 의미하는가?
4. 정부의 실패로 인한 효과를 완화시킬 수 있는 방법에는 어떤 것들이 있는가?

추천문헌

1. 시장의 실패에 관한 경제학 이론 중 사회정책과 관련된 것들을 보다 자세히 알고 싶은 독자에게는 최상의 서적으로 N. Barr(2004a), *The Economics of the Welfare State*(4th edn), Oxford: Oxford Univ. Press를 추천한다. N. Barr(2001a)는 또한 사회정책의 경제학에 관한 세미나 자료를 모아 3권짜리 전집을 편집/출간하였는데, 본 장과 관련해서는 제1권이 가장 유용하다.
2. Le Grand(1991)는 정부의 실패에 관한 이론을 가장 간단명료하게 설명하고 있다. 또한 Le Grand(2003, 2007)는 공공서비스 부문에서의 경쟁에 관한 내용은 다루고 있다. 이외 다양한 관점과 설명에 대해서는 Powell(ed)(2007)을 참조하기 바라며, 사회복지에 있어 선택과 시장에 대한 경제학적 증거들을 논하는 연구로서 Burgess et al(2005)을 참조하기 바란다.
3. Glennerster and Le Grand(1995)는 준시장의 기원을 논하고 있다.

4. Billis and Glennerster(1998)는 비영리 부문의 존재에 대한 경제학적 설명이 가능한지를 탐색한다. 또한 Kendall(2003)은 여러 이론들과 비교설명을 통해 영국 및 다른 국가들에서 비영리 부문의 역할을 종합적으로 고찰하고 있다.

제3장

사회프로그램의 비용을 어떻게 지불할 것인가? 조세압박

요약

- 집합적으로 제공되는 대부분의 복지서비스는 조세를 통해 비용이 마련된다.
- 조세란 시민들에 대한 강제징수이다. 역사적으로 볼 때 이는 광범위한 동의가 있어야만 가능했다.
- 사회복지서비스 개선에 필요한 비용마련을 위해 더 많은 세금을 납부하겠다고 생각하는 유권자는 이제 소수에 불과하다. 5년 전만 해도 이러한 현상은 반대였다.
- 본 장에서는 영국 조세제도의 규모와 특징을 검토하며, 이를 다른 국가들과 비교한다. 영국의 세율은 비교적 낮으며, 대부분은 지방이 아닌 중앙단위에서 징수된다.
- 조세와 이것이 징수되는 방식은 공정성 및 재분배의 측면에서 중요한 결과를 낳는다. 일반적으로 빈민층에게 과중한 조세부담이 가해진다.
- 본 장에서는 시민들이 기대하는 서비스의 재원마련을 위해 스스로의 적극성을 증진시키는 방안에 대해 논한다. 이와 더불어 요금징수 등 다른 형태의 세입증대 방안도 고찰한다.

제1장에서 살펴본 바와 같이, 영국시민들이 기본적 욕구충족을 위해 지출하는 비용의 약 50%는 사적구매가 아닌 특정형태의 집합적 행동을 통해 재원이 마련된다. 제2장에서는 왜 이래야 하는지에 대한 경제학적 이유를 살펴보았다. 그렇다면 사회는 추구하고자 하는 집합적 행동의 비용을 어떻게 지불하는가?

여기에서 우리는 사회정책의 핵심딜레마라고 할 수 있는 문제에 부딪친다. 우리는 관대한 혹은 인간적인 사회정책이라는 목적을 추구하는 사람들이 상당수준의 세금이라는 수단을 받아들이도록 어떻게 설득할 것인가? 시민에게 부과될 수 있는 조세수준의 한계는 어느 정도인가? 세금을 인상하는 것이 문제인가? 경제학 보다 정확하게 정치경제학은 이러난 질문에 대한 답을 제시할 수 있다. 조세가 어떤 형태를 취할 것인지의 문제가 이의 수용가능성 및 영향력의 측면에서 관건이 된다. 최근에 나타난 대표적인 예로서 2008년 저소득층에게 적용되던 '10% 소득세율'(the 10p tax rate)을 폐지하였다. 이를 통해 저소득층에 대한 조세를 인상함으로써 다른 대부분의 사람들에게 부과되던 낮은 수준의 세금을 보충하게 되었다. 하지만 이에 대한 대중의 반발이 높았다. 다른 하나의 예로서 인두세(Poll Tax)를 들 수 있는데, 이에 대해서는 뒤 '공정성' 부분에서 자세히 설명한다. 만약 빈민들이 받는 급여가 강력한 조세제도 하에서 세금으로 징수되는 것보다 많다면 이는 빈민들에게도 도움이 되지 않는다. 만약 비효율적인 조세제도로 인해 경제가 침체된다면 빈민을 포함한 어느 누구에게도 도움이 되지 않는다. 실업율을 높이기 때문이다. 조세제도는 급여제공 시스템으로도 이용될 수 있으며, 실제로 광범위하게 활용되고 있다. 조세제도를 연구하는 것은 급여제도를 연구하는 학문으로서 사회정책의 중요한 부분을 차지한다.

1. 동의

아주 단순하거나 규모가 작고 성원 간 상호작용이 긴밀한 지역사회에서 빈민원조는 책임감 혹은 종교적 의무감에 의존하는 것만으로도 충분할 것이다. 흥미로운 예로서 십일조를 들 수 있다. 이는 원래 신자가 자신의 소득의 일부(매년 수확한 곡물의 일부)를 자발적으로 교회에게 지불하는 것이었다. 우리는 아직도 곡물을 저장하는 영국의 일부 지역에서 이러한 십일조 저장창고를 볼 수 있다. 하지만 인구가 증가하고 의무감이 약화됨에 따라 소위 '무임승차' 행위가 시작되었다. 사람들은 이러한 종교적 의무감을 회피하기 시작하였으며, 기부는 감소하였다. 교회는 십일조를 강제해야만 했으며, 이에 따라 하나의 세금이 되었다. 십일조세 납부의 의무는 교회법으로 규정되었으며, 이를 이행하지 못할 경우 교회법원에 의해 처벌받을 수 있었다. 교회법원이 활동을 멈추게 되자 십일조세는 일종의 임대세로서 형사법원을 통해 강제되었다. 이 세금이 영국 성공회 교회에 지급됨에 따라 비국교도들의 분노를 유발시켰으며, 결국 폐지되었다[20].

영국의 왕은 국가방어를 위한 해군유지를 위해 세입이 필요하였다. 앞장에서 살펴본 일종의 '공공재'이다. 건함세(建艦稅, ship money)가 최초로 징수된 것은 1007년으로서, 덴마크군과 전투를 위한 해군을 육성하기 위해서였다. 1634년 찰스1세는 의회의 승인 없이 이를 강제 부과하였다. 이에 John Hampden에 의한 법정다툼이 일어났으며, 의회는 1641년 이를 폐지하였다. '대표성을 결여한 조세는 없다'는 원칙이 혁명기 영국에서 확립되었으며, 이는 미국으로 전파되어 1776년 미국독립혁명의 기초가 되었

20) 실제로 십일조세는 1936년까지 존속되었다.

다. 간단히 말해 특정의 공동목표를 달성하기 위한 집합적 의지는 이에 필요한 재원마련을 위해 강제적 징수 즉, 조세를 필요로 한다. 하지만 조세 문제에 있어서 강제성은 실제로 광범위한 동의를 필요로 한다. 그러한 동의를 무시할 경우 왕이나 식민체제 혹은 정부는 몰락하게 된다. 1979년부터 1997년까지 장기 집권한 보수당정부가 몰락한 것은 크게 보아 세금을 인상하지 않겠다고 약속하였지만, 실제로는 인상을 하였기 때문이다. 2000년 가을, 높은 유류세에 반대하는 시위로 영국이 교착상태에 빠질 위기에 처하자 재무장관은 이를 철회하여야 했다.

세율이 인상되면 능력 있는 회계사를 고용하여 법의 허점을 악용한 합법적 세금회피나 혹은 불법적인 탈세를 저지르는 것이 더욱 매력적으로 다가온다. 암시장에서 현금으로 직접 급여를 받으면서 소득세 신고를 하지 않는 경우를 예로 들 수 있다. 최근 아르헨티나와 같은 몇몇 국가들은 전체 세수의 50%가 징수되지 않는 것으로 알려지고 있다. 어느 국가를 막론하고 세율이 특정비율을 넘어 높게 책정되면 세수가 감소한다. 세금회피나 탈세가 재정적으로 이익이 되기 때문이다. 최근 정부가 직면하고 있는 또 하나의 문제로서, 자본이나 노동 모두 국가 간 경계를 보다 쉽게 넘을 수 있다는 점이다. 대기업은 자신의 제조업기반을 임금과 세율이 낮은 국가로 이동시킬 수 있으며, 일부 사람들 역시 세율이 낮은 곳으로 이주할 수 있다. 이로 인해 정부는 기업과 부유층에게 세금을 부과하는데 실질적인 제약이 따른다고 믿고 있다. 이러한 현상을 소위 '조세경쟁'(tax competition)이라고 부르는데, 대부분의 선진국은 자본 및 생산성이 높은 근로자를 빼앗기지 않기 위해 기업세율을 인하하고 소득세 인상을 중단하였다.

1970년대 유가파동에 따른 경제위기로 인해 전후 선진국들이 오랫동안 유지해 왔던 고세율 정책은 한계에 이르렀다. 영국만이 그런 것은 아니지만 이곳의 경험이 많은 국가들에게 교훈을 주었다. 영국경제는 1970년대 중반 몇 년 동안 성장을 멈추었다. 소득은 정체되어 있는 반면 세금은 인상되어 시민들의 세후 실질소득은 감소하였다. 이로 인해 시민들의 정치적 태도는 급변하였다(Glennerster, 2007).

미국과 덴마크, 스칸디나비아 국가들에서도 이와 유사한 현상들이 나타났다. 시민들은 소득이 높아졌지만 이것이 세금으로 빠져나간다고 인식하기 시작하였다. 따라서 세율억제는 정치적으로 주요한 목표가 되었다. 2차 대전 이후 대부분의 선진국에서 지속적으로 증가해 오던 조세는 이제 국가경제에서 차지하는 비중이 큰 폭의 변화 없이 안정화되었다(〈표 3.1〉 참조).

스웨덴은 여전히 비교적 높은 세율을 고수하고 있지만 최근 들어 약간 하락시켰다. 1990년 스웨덴 정부는 모든 소득에 대해 53%의 세율을 적용하였다. 이는 1975년 42%에 비해 10% 이상 상승한 것이다. 이 수치는 2000년에 그대로 적용되었지만 2004년에는 약간 하락하였다. 다른 스칸디나비아 국가들을 비롯하여 프랑스, 이탈리아 네덜란드 등 다른 국가들에서도 이와 유사한 안정화현상이 나타나고 있다. 실제로 후자의 국가들은 1980년대 중반 이후 세율을 현저히 감소시켰다. 미국과 일본은 여전히 낮은 세율을 적용하는 국가이다. 한국은 국가 간 비교의 맥락에서 볼 때 여전히 낮은 세율을 유지하고 있지만, 복지서비스가 발전함에 따라 점차 인상하고 있다.

〈표 3.1〉 국가 간 세율 비교: 사회보장 기여금 포함

(1975년~2005년)

조세와 사회보장 기여금: GDP 대비							
	1975	1985	1990	1990	1995	2000	2005
스웨덴	42	47	49	53	48	53	51
덴마크	39	43	47	47	49	49	50
벨기에	40	41	44	42	44	45	45
핀란드	37	36	40	44	46	48	44
노르웨이	39	43	43	42	42	43	44
프랑스	36	40	42	42	43	44	44
이탈리아	25	30	34	38	40	42	41
네덜란드	40	43	43	43	40	40	39
영국	35	35	38	37	35	37	37
스페인	18	23	27	33	32	34	36
독일	35	38	37	36	37	37	36
캐나다	32	31	33	36	36	36	33
미국	26	26	26	27	28	30	27
일본	21	25	27	29	27	27	27
한국	15	17	16	19	21	24	26

참조: 국민계정은 반올림하였음. GDP는 국가경제에 있어서 총수입 혹은 생산을 의미함.
출처: OECD (2007a)

스페인 역시 복지국가 프로그램이 발전함에 따라 세율을 인상하고 있다. 영국은 1976년 이후 세수를 안정화시켰다. 물론 위의 표에는 나타나지 않지만 최근 세율을 서서히 인상시키고 있다. 2012년경에 이르면 조세와 기타 수입을 포함한 총 세입은 국민소득의 약 40%까지 오를 것으로 전망되며(HM Treasury, 2007a), 이중 순수세액 및 국민보험 기여금이 차지하는 비중은 38%까지 증가할 것으로 예상된다.

경제학자들은 이러한 모든 한계요인들을 하나로 묶어 한 국가의 담세력(擔稅力, taxable capacity)이라고 부른다. 하지만 이 개념에는 우리가 실제로 이를 측정할 수 있는 방법을 모른다는 문제가 있다. 마치 Thatcher 수상이 세금을 낮게 부과했듯이 강력한 카리스마를 가진 정치인이 나타나 유권자에게 높은 세율을 부과할 수 있다면, 한 사회는 얼마나 많은 세금을 납부할 준비를 해야 하는가? 하지만 〈표 3.1〉에서 보는 바와 같이 한 국가의 조세는 역사적으로 시민들이 합리적이라고 수용하는 수준에서 유지되고 있다. 스웨덴의 국민은 50%의 세율에 적응해 왔으며, 영국민은 40% 이하의 수준에서 적응해 왔다. 지난 30년 동안 고세율 국가와 저세율 국가 간의 상대적 지위는 거의 변화되지 않았다. 영국은 여전히 저세율 국가로 남아 있다.

하지만 유권자들은 보다 많은 세금을 납부할 준비가 되어 있는가? 1970년대 중반 오일위기의 시기에 영국가구의 실수령 소득은 실질가치의 측면에서 하락하였다. 세금이 소득보다 빠르게 인상되었기 때문이다. 이는 향후 10여 년 동안 지속된 정치적 반발을 불러왔다. 여론은 보다 많은 서비스를 받기 위해 보다 많은 세금을 납부한다는 생각에 등을 돌렸다(Whiteley, 1981).

영국사회의식조사(The British Social Attitudes Survey)결과에 따르면, 1983년 이후 Thatcher집권기 동안 지출삭감을 경험한 유권자들은 서비스 개선을 위해 보다 많은 세금을 부담하겠다는 방향으로 생각을 급격히 선회하였다(〈표 3.2〉 참조). 이렇게 공공서비스를 위해 보다 많은 세금을 부담하고 보다 많은 지출을 지지한다는 여론은 1998년부터 2002년 사이에 정점에 달했다. 즉, 보다 많은 세금을 납부하겠다는 대중의 의지가 최고점에 달한 것이었다. 2002년 이후 높은 세금에 대한 지지는 다시 소수의견으로 전락하였다. 아마도 유권자들은 보다 많은 세금을 기꺼이 부담하였음에도 불구하고 공공서비스의 질이 충분히 개선되지 않았다고 느꼈기 때문일 것이다. 최근 신용경색과 더불어 시민들의 소득 및 실수령 임금이 정체상태에 빠짐에 따라 이러한 반발은 더욱 거세질 것으로 보인다.

〈표 3.2〉 조세 및 사회지출에 대한 여론

(1983년~2005년)

질 문	긍정적 응답률: %					
	1983	1986	1990	1998	2002	2005
만약 정부가 선택을 해야 한다면, 반드시……						
세율을 인하함으로써 보건, 교육, 사회적 급여에 대한 지출을 축소해야 한다.	9	5	3	3	3	6
조세와 지출을 현 수준에서 유지해야 한다.	54	44	37	32	31	43
세금인상을 통해 보다 많은 지출을 늘려야 한다.	32	46	54	63	63	46

출처: Taylor-Gooby(1995); Hills and Lelkes(1999); Taylor-Gooby and Hastie(2002); British Social Attitudes Survey(ESRC data archive)

Hills and Lelkes(1999)와 Taylor-Gooby and Hastie(2002)의 분석에 따르면 시민들이 보다 많은 지출을 원하는 분야는 주로 보건 및 교육에 국한되었으며, 노인들을 위한 서비스 분야에도 일부 관심을 보였다. 따라서 소위 '보다 높은 세금'이란 약간 더 많은 세금을 의미할 뿐이었다. 제10장에서 살펴보겠지만, 이렇게 제한적인 열정마저도 2002년 이후 사라지기 시작했다. Wall Street Journal 통신원은 2001년 영국의 총선상황을 보도하면서 다

음과 같이 논평했다: "영국유권자들은 유럽수준의 공공서비스를 원하면서 미국수준의 세금을 기대하는 것이 문제다." 이 논평이 타당한 것인지 곰곰이 생각해 볼 필요가 있다.

2. 조세에 대한 지지도 개선

공공서비스의 수준이 개선되기를 바라는 시민들의 간절한 소망과 세금을 납부하고자 하는 의지를 어떻게 상호 연계시킬 수 있을까? 지금까지 활용되어 왔거나 옹호되는 몇 가지 전략들을 검토해 볼 수 있다.

2.1. 고용주 지불

재무장관이 사용할 수 있는 하나의 전략으로서 유권자가 인지하지 못한다고 판단되는 세금을 인상하는 것이다. 이는 왜 영국에서 오랜 기간 동안 고용주의 사회보장기여금의 증가속도가 피용자의 것보다 빨랐는가를 설명하는 한 가지 이유이다. 일부 유럽 국가들의 경우 고용주의 기여금이 세입에서 차지하는 비율은 영국보다 훨씬 높다. 프랑스의 경우 고용주가 부담하는 사회보장기여금은 전체 수입의 1/4에 이른다. 이탈리아의 경우 이는 1/4에 약간 미치지 못하며, 독일의 경우에는 1/5에 이른다(OECD, 2007). 이는 정치적으로 편리한 방법처럼 보인다. 유권자 수가 그리 많지 않은 고용주가 지불토록 하기 때문이다. 하지만 실제로 이러한 접근법에는 문제가 따른다. 경제이론이나 실증적 연구를 통해서 볼 때 다음 두 가지 중 하나의 문제가 발생한다(Brittain, 1972; Nickell and Quintini, 2002). 비교노동시장에서 고용주는 높은 노동비용에 대응하기 위해 임금을 삭감하거나 직원의 수를 축소시킬 수 있다. 대신 이들은 보다 많은 자본설비를 이용하게 된다. 일반적으로 이러한 두 가지 대응이 함께 나타나기도 한다. 어떤 경우건 비용을 지불하는 것은 결국 근로자이다.

2.2. 스텔스 세금(stealth taxes)[21]

다른 하나의 방법은 다수의 사람들이 이해할 수 없는 방법으로 세금을 부과하는 것이다. 1997년 재무장관 Gordon Brown은 첫 번째 예산안에서 사적연기금이 누려왔던 세제혜택인 선납법인세(advanced corporation tax)를 폐지하였다. 당시 이 조치의 심각성을 이해하는 사람은 많지 않았다. 하지만, 개인의 연금이 위협을 받을 시기가 된 이후에는 정치적 비용을 치러야 했다. 스텔스 세금은 방법론상 바람직하지 않을 뿐만 아니라 세수를 증가시키는 장기적 전략으로서 부적절하다.

2.3. 목적세

위의 방법보다는 정당하지만 여전이 논란이 되는 것으로서 특정의 세금을 특정의 목적과 결부시키는 정책이 있다. 사회보장세를 하나의 예로 들 수 있는데, 구체적으로 의료세를 옹호하는 사람들도 있다. 실제로 페비안협회조세위원회(The Fabian Tax Commission)는 이를 지지하는 활동을 전개하였는데, 유권자들이 세금이 미궁의 블랙홀로 사라진다고 생각하는 대신 의료보장 개선이라는 징수목적을 생각하게 될 것이라고 주장한다(Commission on

21) 이는 부가가치세, 판매세 등 주로 간접세에 부과된다. 이 용어는 1998년 영국 정치권에서부터 사용되기 시작하였는데, 당시 야당인 보수당은 재무장관이 '몰래 뜯어가는 세금'(taxed by stealth)을 증가시켜 세수를 충원한다고 비판하였다.—역주

Taxation and Citizenship, 2000). 전체적인 논의는 이보다 더 복잡하며 균형 잡힌 시각을 제시한다.

- 목적세를 지지하는 일부 고전경제학자들은 정부가 특정세금을 특정목적에 결부시켜야 하기 때문에 모든 선거과정에서 거론되는 정책의 세금관련 문제를 보다 자세히 알 수 있게 될 것이라고 믿는다(Buchanan, 1975). 정당들은 선거를 위해 보다 경쟁적인 공약들을 제시할 것이다. 예를 들어, '의료서비스를 위해 1파운드당 12펜스가 아닌 10펜스에, 교육을 위해서는 10펜스가 아닌 12펜스에 투표하시오'라는 선거문구를 제시할 수 있다. 이렇게 함으로써 유권자들이 보다 구체적인 정보를 얻게 되면 결국 자신이 원하는 것에 보다 근접한 결과를 얻게 될 것이다. 그러나 목적세에는 이론적인 측면에서 뿐만 아니라 실천적인 측면에서도 많은 문제가 있다.
- 원칙적으로 이러한 득표경쟁이 반드시 전체 사회정책예산의 증가를 가져와야 되는 이유는 없다. 실제로 신우파가 그러한 주장을 한다는 사실 자체를 곰곰이 숙고해볼 필요가 있다. 좌파 진영에서 이러한 생각을 옹호하는 사람들은 보통 의료나 기타 유권자가 승인한다고 판단되는 서비스에 국한시킨다. 실업자나 편부모를 돕기 위한 목적세는 이렇게 호감 받지 못하는 집단이 받는 급여의 양을 축소시킬 수 있다. 일반적으로 목적세 옹호자들은, 예를 들어 더 많은 의료세를 납부할 준비가 되어 있는 사람들은 다른 세금도 마찬가지로 지지할 것이라고 가정하는 경향이 있다. 이는 올바른 가정이 아닐 것이다. 다른 세금에 대한 지지가 하락할 수 있으며, 실제로 기존의 목적세 운영을 통해서 얻은 경험 역시 고무적이지 못하다. 현재 사회보장만이 유일한 목적세로 운영되고 있다(〈표 7.1〉 참조). 최근 몇 년 동안 사회보장은 의료분야에 비해 세수가 훨씬 감소하였는데, 특히 연금부분에서 이러한 현상이 두드러졌다. 미국의 경우 학교는 특별교육세를

통해 재원을 마련하는데, 이는 자산에 부과되며 주민투표를 통해 결정된다. 하지만 지금까지 이로 인한 추가 세수는 많지 않았으며, 주민들은 실제로 학교운영에 필요한 재원마련을 위해 높은 자산세를 부과하는데 반발하였다. 널리 알려진 예로서 1970년대 캘리포니아주에서 발생한 조세반발인 '발의안13호'(Proposition 13)[22)]를 들 수 있다.

- 이 원칙을 광범위하게 적용할 경우 조세제도는 아주 복잡해 질 수 있으며, 행정비용도 많이 소요될 것이다. 목적세를 한두 분야에만 선별적으로 적용하는 것도 이론적으로 정당화시키기 어렵다.
- 이 원칙을 엄격히 적용한다는 것은 특정년도에 목적세를 통한 세수가 감소하면 세출 또한 감소됨을 의미할 것이다.

2.4. '부의 공공재'(public bads)에 대한 과세

일반적으로 대중들은 승인받지 못하거나 사회적, 경제적으로 유해한 행동에 대한 세금부과를 인정할 것이다. 이는 노동당 정부가 첫 임기인 1997년~2000년 기간 동안 사용한 전략이었다. 예를 들어 흡연, 음주, 일산화탄소 배출, 도심혼잡통행료 징수 등이 여기에 속한다. 다음에서 논의하겠지만, 이러한 세금은 아주 효율적일 수 있다. 하지만 반드시 인기가 있는 것은 아니

22) 1978년 6월에 캘리포니아 주민이 통과시킨 것으로서 재산세의 한도를 설정하는 주민 발의안이다. 1970년대 후반 캘리포니아 주의 부동산 가격은 과열조짐을 보였다. 이에 맞춰 재산세도 급상승했다. 이 때문에 집을 갖고 있지만 고정수입이 많지 않았던 노령층이 큰 타격을 입었다. 따라서 이 수정안은 재산세의 과도한 증가와 주정부의 세수증가에 따른 주민들의 반발에 의한 것이었다. Proposition 13의 주요 내용은 부동산의 조세부과 평가금액을 1975년 시장가치로 후퇴시키며, 재산세율을 연간 부동산 평가액의 1% 미만으로 제한하고, 이를 인상하더라고 연간 2%를 넘지 못하게 한 것이다. 결국 미래의 재산세를 제한하는 것을 골자로 한 발의안으로서 전국적 조세저항운동의 이정표가 되었다.—역주

다. 환경문제를 고려하여 유류세를 높게 부과하는 것은 바람직해 보인다. 하지만 2000년 가을 상당수 유럽국가에서 이에 대한 강력한 반발이 나타났다.

2.5. 지방세

효율성의 측면에서 볼 때 지역주민이 지역단위의 결정을 통해 선호하는 조세를 명료화시켜야 한다. 유권자들은 자신이 부담하는 세금과 제공받는 서비스 질이 직접적으로 어떻게 연관되는지를 보다 명확히 파악할 수 있기 때문이다. 만약 지방정부가 서비스를 효과적으로 제공하지 못한다면 추가적인 세수는 발생하지 않을 것이다. 보다 많은 양질의 서비스를 원하는 사람들은 이를 제공하는 다른 지역으로 이주할 수 있기 때문이다. 일부 경제학자들은 이러한 위협 또한 지역 정치인 및 서비스 공급자들에게 서비스개선의 압력으로 작용할 수 있다고 생각한다(Tiebout, 1956). 전반적으로 세입과 세출에 대한 지역주민의 통제력이 강해질수록 유권자의 통제감과 신뢰성은 증가할 것이며, 납세의지도 강해질 것이다. 이렇게 되면 영국 전체의 조세에 대한 재무성의 장악력은 약해질 수 있다. 바로 이러한 이유 때문에 과거 재무성은 이러한 조치에 반대하였다. 하지만 현재의 지방세인 주민세(Council Tax)는 아주 인기가 없다. 따라서 이에 대한 의존도가 더 높아지면 서비스에 대한 우리의 재정부담 능력은 축소될 것이다. 모든 가구는 거주하는 주택의 가치에 따라 상이한 금액을 납부한다. 이것이 불만을 사는 이유는 주민들이 지불능력과 직접적으로 연관이 없다고 느끼기 때문이다. 다시 한 번 자가거주 노인을 대표적 예로 들 수 있다. 이는 특히 빈곤가정에게 많은 부담감을 주고 있다. 물론 이들은 주민세 면제(Council Tax Benefit)제도를 통해 이 비용의 전체 혹은 일부를 환급받을 수 있지만, 유자격자의 2/3가 지급받지 못하고 있다. 무엇보다도 이는 분할납부가 가능하지만 세금고지서는 일시납의 형태로 도착하기 때문이다. 만약 한 개인이 연간 납부해야 하는 부가가치세를 한 번에 고지 받는다면 즉, 각 고지항목에 따라 매번 징수되는 것이 아니라면 그 원성은 하늘을 찌를 것이다.

영국은 다른 대부분의 선진국에 비해 국세에 대한 의존율이 높다. 지방세가 차지하는 비율은 전체 세수의 5% 미만에 불과하다. 중앙집중도가 아주 높은 국가로 인식되는 프랑스의 경우 이는 11% 이상이며, 일본 같은 단일국가의 경우는 25% 이상, 스웨덴의 경우는 1/3에 달한다. 이러한 국가들에서는 군 단위에서 지방세가 징수되어 의료서비스의 재정을 조달하는 데 이용된다. 미국, 캐나다, 독일과 같이 복지급여에 대한 대부분의 책임이 분권화되어 있는 연방국가들의 경우 지방세는 중앙정부가 징수하는 조세의 50%에 거의 육박한다(〈표 3.3〉 참조). 결국, 영국에서 지역 유권자와 서비스 간에 일종의 '괴리감'이 존재하는 것은 당연한 일이다.[23)]

잉글랜드 지역에서는 지방정부의 재정을 재검토하기 위해 Lyons 위원회(Lyons Committee)가 설치되었다. 동 위원회의 보고서(Lyons Inquiry, 2007)는 조세부담이 중앙정부에서 지방정부로 급격히 변화되는 것을 반대하였다. 이와 더불어 지방정부가 소득세를 부과할 수 있는 방안을 즉시 도입하는 조치도 반대하였다. 극복해야 할 기술적인 문제가 여전히 남아있다고 보았기 때문이다. 그러나 이 보고서는 실제로 이러한 조세제도를 도입할 수 있는 '개연성이 있음'을 지적하였는데(para 18, p. 27), 이에 대해서는 Lyons Inquiry(2007)의 제6장과 제7장을 참조하기 바란다. Layfield 위원회(Layfield Committee, 1976) 역시 동일한 결론을 내렸다. 스코틀랜드 지역의 경우, 새로운 소수파 정부인 스코틀랜드 민족주의정당(Scottish Nationalist)은 조만간 주민세를 폐지하고 지방소득세로 대체하는 방안을 제시하였다.

---

23) 지방세 인상에 대한 논의로서 Commission on Taxation and Citizenship, 2000, Ch.9 참조하기 바람.

Layfield 위원회 다수의 견해처럼, 필자 역시 지방의 책임성과 서비스의 질을 개선하기 위해서는 지역에서 제공되는 서비스의 상당부분이 현지주민의 비용부담을 통해 이루어져야 한다고 생각한다. 이를 위해서는 지방세 체계가 보다 공정해져야 한다. 하지만 완전한 지방화는 어렵다. 재정자립도가 낮은 지역의 경우 세입은 많지 않은 반면 욕구는 높다. 만약 우리가 이러한 경로를 밟는다면 중앙정부는 욕구가 높은 지역에 보다 많은 세수를 배정할 수 있도록 상당한 재정능력을 유지해야 할 것이다(Glennerster et al, 2000).

〈표 3.3〉 세수구조의 국제비교: 2005년

	전체세수의 구성 (%)			
	연방세 / 국세	주세(州稅)	지방세	사회보장기여금
연방국가				
호주	69	28	3	-
벨기에	32	24	5	38
캐나다	45	38	8	8
독일	30	21	8	40
미국	41	20	14	25
단일국가				
프랑스	40	-	12	48
이탈리아	52	-	17	31
일본	38	-	25	37
한국	62	-	17	21
네덜란드	61	-	4	34
뉴질랜드	95	-	5	-
노르웨이	87	-	13	-
스페인	37	-	30	33
스웨덴	56	-	32	11
영국	75	-	5	19

참조: 비율은 반올림하였음.
출처: OECD(2007a).

노동당 정부는 지방정부의 지출 및 조세권에 대한 통제를 완화시켜 왔지만 폐지하지는 않았다. 스코틀랜드 정부는 분권화정책을 통해 조세징수와 관련된 약간의 자율성을 확보하였다. 1998년 제정된 스코틀랜드 법(Scotland Act)을 통해 의회는 기본소득세율을 1파운드당 3펜스의 범위 내에서 상향 혹은 하향조정할 수 있게 된 것이다. 2008년 현재 이 권한은 사용되지 않았다. 하지만 위에서 고찰한 바와 같이 스코틀랜드 민족주의당의 소수정부는 주민세를 폐지하고 상한선 3%의 지방소득세 도입을 제안했었다. 이것이 주민세를 폐지함으로써 발생하는 세수손실 전체를 대체하지는 못할 것이다(IFS, 2007). 웨일즈 의회나 북아일랜드 의회 모두 조세를 다양화시킬 수 있는 권한을 갖고 있지 않다. 런던 시정부는 2003년 초 특정 밀집지역에 진입하는 차량에 대해 도심통행료를 부과할 수 있는 권한을 행사하였다. 지역의 자율권 행사가 보다 확대되고는 있지만 반드시 전반적인 세입의 증대를 가져오지는 않을 것이다.

2.6. 납세자의 신뢰확보

사회적 목적을 위해 세금인상이 불가피하며, 이것이 효율적으로 지출될 것이라고 납세자를 설득하는 것은 해결하기 어려운 정치적 난제이다.

3. 공정성

유권자들이 불공평하다고 느끼는 조세를 지지할 가능성은 없다. 이를 입증하는 주목할 만한 사건이 최근 영국에서 발생하였다. 인두세는 각각의 시민들에게 동일한 금액을 징수하는 조세제도이다. 이는 단순히 각자가 납부한 금액의 총합으로서, 고대 그리스인시대부터 이용되었다. 하지만 이는 성안에 거주하는 영주가 성 밖에 거주하는 빈민과 동일한 금액을 납부함을 의미하였다. 이러한 불공정성으로 인해 1380년 Wat Tyler의 난[24]이 발발하였으며, 1980년대 Thatcher 수상은 일시적으로나마 이를 부활시키려다 몰락에 이르렀다. Butler et al(1994)은 현대정부가 어떻게 이러한 혼란 속에 발을 들여놓게 되었는지 자세하고 흥미롭게 설명하고 있다. 인두세는 다수의 중산층에게 유리함에도 불구하고 그러한 사람들에게서 조차도 인기를 누리지 못했다. Adam Smith(1776)는 만약 정부가 세금을 부과하고자 한다면 개인의 부담능력에 최대한 준거해야 한다고 주장하였다.[25] 이러한 이유 때문에 초기 세금은 자산가치를 기준으로 징수되었는데, 이것이 개인의 재산을 대략적으로나마 측정할 수 있는 방법이었기 때문이다. 현대사회에서 이와 동등한 개념으로 사용되는 것이 누진세 혹은 부유세이다. 소득이나 재산이 다른 사람보다 많으면 더 많은 몫을 징수하는 것이다. Adam Smith 역시 조세는 '확실'해야 하며, 임의적이어서는 안 된다고 역설하였다. 왕의 측근이나 집권당이 정당한 사유 없이 면세를 받아서는 안 되며, 조세관련 법률 역시 급격히 변화되어서는 안 된다. 사람들은 집을 구매할 것인지 혹은 특정의 직업을 가질 것인지를 결정해야 한다. 만약 조세제도가 끊임없이 변화함으로써 좌절감을 안겨준다면 이들은 자신의 결정을 실행에 옮길 수 없을 것이다. 이를 지나치게 강조할 경

24) 이는 흑사병, 기근, 인두세 등으로 수탈당한 농민들이 Tyler를 중심으로 일으킨 농민의 난이다. 이의 직접적 원인은 종래의 재산정도에 따른 누진세 대신 균등한 인두세를 전국적으로 거둬들이려 한 데 있었으며, 농노제의 폐지 등을 요구하였다. 이 난은 당시 Richard 왕이 직접 Tyler 등 폭동 지도자들을 만나 설득하는 한편 이들을 처형함으로써 진압되었다.—역주

25) 실제로 그는 소득에 대한 단일세율을 옹호하였는데, 오늘날 일부 미국사람들 역시 이 입장을 옹호한다.

우 조세정책의 변화는 전혀 불가능하겠지만, 오늘날 재무장관이 염두에 두어야 할 기본원칙임에는 틀림없다. Adam Smith의 주장처럼 조세는 또한 납부하기 편리해야 하며 징수비용이 많이 소요되어서도 안 된다.

많은 사람들은 조세하면 소득세를 연상한다. 따라서 소득이 많으면 더 많은 세금을 부담해야 된다고 생각하지만 이는 사실이 아니다. 전체 세입 중 소득세가 차지하는 비율은 28%로서 1/4을 약간 상회할 뿐이다. 국가세입의 상당부분은 간접세를 통해 확보된다. 하나의 예로서, 식료품 외에 우리가 구매하는 대부분의 상품가격에 17.5%가 부과되는 부가가치세(VAT)를 들 수 있다. 알코올이나 와인, 담배에는 별도의 세금이 부과되며, 기업은 자신이 벌어들인 이윤에 대한 세금을 납부한다. 또한 자산과 일정부분 관련되어 있는 거주 주택의 가치를 기준으로 주민세를 납부한다.

사회보험은 고용주와 개인 양자가 부담하는 기여금을 통해 재원이 마련된다(〈표 7.1〉 참조). 저소득 피용자는 기여금을 면제받거나 낮은 비율을 적용받으며, 고소득자의 기여금에는 상한선이 설정되어 있다. 이는 급여가 특정 수준을 넘어서면 소득과 연동하여 상승하지 않기 때문에 기여금도 상승하지 않아야 한다는 논리로 정당화된다. 하지만 우리가 사회보험의 기여금을 세금으로 간주한다면, 이는 상위 소득군에 속한 사람들에게 누진적으로 적용되지 않고 있다.

고용주가 부담하는 사회보험 기여금처럼 누가 세금을 납부하며, 어떻게 산정되어야 하는지를 놓고 경제학자들은 논쟁중이다. 합리적인 수준에서 가정하자면, 고용주는 상품의 가격을 높게 책정함으로써 자신이 부담해야 하는 세금을 전가시키며, 결국 저소득층이 과중한 부담을 지게 된다. 통계청(The Office of National Statistics)은 각 소득집단 별로 납부하는 조세의 총액을 정규적으로 산출하고 있다.

〈표 3.4〉 가계총소득[a] 대비 납세율: 소득집단별

(2005~2006년)

조 세	총소득대비 납세율				
	하위10분위	3rd	5th	8th	상위10분위
직접세					
소득세	2.3	6.1	9.5	14.0	19.2
사회보험	.4	2.2	3.7	5.7	4.2
주민세[b]	12.4	6.3	4.3	2.5	1.5
직접세 총계	10.5	12.5	16.0	21.6	24.8
간접세					
VAT	11.9	7.9	7.4	6.3	4.9
담배 및 주류세	4.9	3.2	2.7	1.8	0.8
자동차 및 연료세	3.3	2.1	2.2	1.9	1.3
고용주에 대한 세금[c]	8.1	5.0	4.1	3.1	2.3
기타(TV 수신료, 복권당첨부과세, 복권)	3.4	2.0	1.7	1.3	1.0
간접세총계	31.5	20.2	18.1	14.4	10.3
총조세	42.0	32.7	34.1	36.1	35.1
연간평균총소득 (현금급여 포함): £	(6,362)	(13,834)	(22,032)	(42,857)	(96,883)

a. 세전소득을 의미함.
b. 주민세면제(Council Tax Benefit)를 통해 빈곤가정 중 신청자에게는 주택비용이 제공됨. 이 수치는 주민세면제액을 공제한 순수금액임.
c. 고용주에 대한 세금은 상품가격을 통해 전가되는 것으로 판단됨.
출처: ONS(2007a)

〈표 3.4〉는 가장 최근의 결과를 보여주고 있는데, 주류와 담배에 부과되는 부가가치세와 같이 빈민들이 납부하는 간접세의 비중이 아주 높음을 알 수 있다. 결국, 극빈자들은 공공서비스의 재정을 부담하기 위해 상위 10%의 부유층 보다 소득대비 더 많은 세금을 납부하고 있다.

4. 효율성

4.1. 전통적 견해

경제학자들은 조세가 경제의 효율적 운영에 미치는 영향을 최소화시켜야 하며, 가능하다면 이를 증진시켜야 한다고 주장한다. 더 나아가 이들은 조세로 인해 소비자와 근로자, 생산자의 선호가 명확히 구분된다고 주장한다. 세금이 많을수록 이러한 구분은 명확해지며, 시장의 효율성은 약화된다. 이론적으로 볼 때, 일을 하고자 하는 여성이 자신의 근로시간에 대해 높은 한계세율을 적용받는다면 노동시장에 진입할 가능성은 낮다. 아니면 노동시장에 진입하더라도 근로시간을 단축하려 할 것이다. 대신 자녀와 함께하는 시간에 가치를 부여하게 된다. 결국, 그녀가 취업을 고려하려면 집으로 가져올 수 있는 실 수령액이 그러한 가치를 상회해야만 한다. 보다 많은 소득을 통해 자녀에게 보다 나은 의복이나 주택을 구입할 수 있을 것이라고 생각할 것이기 때문이다. 시간당 임금이 20파운드라면 그녀는 보육시설 비용을 지불하더라도 직업을 선택할 것이다. 만약 세금이 부과됨으로써 실 수령액이 시간당 20파운드가 아닌 15파운드가 된다면 그 결정은 번복될 것이다.

이 사람은 사회복지사가 되기 위해 교육을 받기로 결정할 수 있다. 이는 시간과 돈의 투자를 필요로 하며, 따라서 자녀와 함께하는 시간이 줄어들 것이다. 이렇게 미래에 대한 투자를 가치 있게 만드는 것은 바로 그녀가 알고 있는 사회복지사의 급여이다. 그런데 재무장관이 소득세를 급격히 인상한다면 그녀가 받고 있는 훈련의 가치는 현저히 감소한다. 일을 할 것인가? 아니면 자녀를 돌볼 것인가? 이것이 개인의 상충적 선택을 요구하는 유일한 문제는 아니다. 일과 여가사이에 하나를 선택하는 경우도 있다. 근로세가 높을수록 여가를 선택할 가능성은 높아진다. 이것이 조세의 '대체효과'(substitution effect)이다.

현실은 그렇게 단순하지 않다. 상당수의 근로자들은 한계세율이 변함에 따라 근로시간을 조정할 수 있는 균형능력이 없다. 이들은 자신의 노동을 임금보다 높게 평가한다. 일단 노동시장에 진입하여 양질을 직업을 갖게 되면 금전적 보상에는 상대적으로 영향을 받지 않을 수 있다. 이들에게 보다 큰 동기를 부여하는 것은 야망이나 권력 혹은 타인을 원조함으로써 얻는 순수한 만족감일 수 있다. 하지만 대부분의 근로자들은 노동이 그리 즐겁지 않다고 느끼는, 경제학자들이 전형적 근로자라고 생각하는 유형에 훨씬 가까울 것이다.

다른 하나의 관점으로서, 개인은 특정의 소득을 목표로 설정하고 있다. 그들은 특정 지역에 집을 소유하며, 특정의 자동차를 소유하겠다고 생각할 것이다. 그리고 이에 필요한 수입을 획득할 수 있을 때까지 일을 할 것이다. 만약 재무장관이 세율을 인상한다면 그들은 근로시간을 연장할 수 있다. 이를 소득효과(income effect)라고 부른다. 이러한 이유 때문에 근로시간을 연장하는 것이 바람직하며 경제적으로 효율적이라고 생각해서는 안 된다. 다시 한 번 말하지만, 개인이 희망하는 것과 실제행동은 명확히 구분되며, 이는 바로 조세 때문이다.

경제학자들은 이렇듯 조세가 가져오는 명백한 효과에 대해 많은 연구를 수행하였지만 자산조사의 효과에 대해서는 별다른 관심을 보이지 않았다. 만약 사회복지급여가 1파운드의 소득 당 50펜스의 비율로 감소된다면, 이는 개인에게 50펜스의 세금을 부과하는 것과 동일한 효과를 갖는다.[26] 정부가 자산조사의 규모를 확대하면 빈곤가정이 직면하는 실질세율도 증가한다. 이 비율은 80%로서 부유한 가정이 직면하는 것보다 훨씬 높다(Evans, 1998).

---

26) 이를 처음 언급한 글로서 Field and Piachaud(1971)를 참조하기 바람.

조세와 자산조사 모두는 개인의 저축에도 영향을 미칠 수 있다. 예금이자에 대한 과세는 저축보다 소비를 장려할 것이다. 한 개인에게 사적연금을 통한 수입이 증가되었다고 해서 공적연금을 축소한다면, 이를 지켜보는 사람들의 저축동기는 약화될 것이다(Boadway and Wildasin, 1996). 연금위원회(The Pensions Commission, 2005)는 이러한 정책을 실시함으로써 자산조사를 통한 연금수급자의 비율이 금세기 중반 경에 70% 이상으로 상승할 것으로 전망하였다. 이로 인해 노후를 대비한 개인의 저축의지는 약화될 것이다(Pensions Commissions, 2005, p.64).

4.2. 보다 복잡한 양상

조세에 관한 이러한 고전경제학이론은 때로 조세가 징수되는 목적을 간과하는 한계를 안고 있다. 조세는 사람들의 돈이 빨려 들어가 사라지는 일종의 블랙홀처럼 취급된다. 실제로 조세는 투표과정을 통해 결정된다. 빈민원조, 대기오염 감소, 혹은 공공재에 투자함으로써 경제의 효율성을 증진시키는 등 사람들이 희망하는 목적을 위해 사용되기 때문이다. 집합적 행동이나 소득재분배를 희망하는 사람이 많을수록 공적조세가 개인의 복지를 축소시킨다고 인식될 가능성은 낮다. James Mirrlees, Nic Stern, Tony Atkinson 등 유명 경제학자들은 다소 기술적인 논의를 통해 이것이 소위 '최적의 조세구조'에 어느 정도 영향을 미치는지 고심하고 있다.[27] 이 논의의 핵심은 이렇다: 만약 빈민의 소득이 개선되기를 원하는 사람들이 얼마나 많은가를 가정해 본다면, 그들의 전반적인 만족감은 세율이 높아짐에 따라 상승할 것임을 알 수 있다.

27) 이에 대한 구체적인 내용 고찰은 Heady(1996)를 통해 시작할 수 있다.

다음 장에서 살펴보겠지만, 조세는 국가개입으로 인해 시장이 왜곡되는 여러 현상 중 하나일 뿐이다. 이러한 개입에는 급여뿐만 아니라 비용도 있을 것이다. 다수의 경제학자들은 비용이 항상 급여를 초과할 것이라고 가정하는 경향이 있다. 다른 학자들은 사회보장 지출이 높은 국가에서 수행성이 낮게 나타나는지 여부를 연구하고 있다. Atkinson(1999)은 이에 관한 다수의 연구들을 종합적으로 검토하였다. GDP규모와 복지비 지출을 단순 비교할 경우 이들의 인과관계 방향을 파악하기가 어렵다. 고소득의 풍요로운 국가는 높은 복지지출과 이를 위한 높은 조세를 감당할 수 있다. 이들 국가의 풍요는 높은 세율에 기인한다고 볼 수 없다. 오히려, 전반적인 성장률과 더불어 노동시장 및 자본생산성 부분에서의 성장률을 분석하는 것이 보다 타당할 것이다. 이 부분에서 Atkinson은 어떠한 일관성 있는 결과도 찾지 못했다. 사회적 이전지출이 높은 국가들은 경제적 수행성이 낮다고 볼 수 없다. 그러나 급여구조는 여기에 영향을 미칠 수 있다. 높은 빈곤율과 실업의 덫 그리고 노동시장에 대한 유인의 부재는 번영의 장해가 될 수 있다. 스웨덴의 사회정책을 경제학적으로 면밀히 검토해 본 결과, 임금격차를 완화하고 급여를 높은 수준에서 유지하는 것이 높은 노동동기와 병행될 경우, 빈곤을 제거하는 장기적 방안일 수 있다. 하지만 국가의 강력한 개입과 높은 조세는 경제적 손실을 수반하는 것도 사실이다.

4.3. 조세를 통한 효율성 증진

앞 장에서 우리는 개인이나 기업의 행위가 다른 사람들에게 해로운 영향을 미칠 수 있음을 보았다. 예를 들어, 자동차를 운전하고 도심의 인구밀집지역으로 진입하는 것, 발전소에서 이산화탄소가 배출되는 것 등이다. 조세는 이러한 선택을 억제하기 위해 이용될 수 있다. 타인이 입은 복지손실액만큼을 서비스 소비자들에게 비용으로 징수하는 것이다. 예를 들어, 혼잡지역에 진입하는 자동차를 대상으로 혼잡통행료를 징수하고, 그 수입으로 대중교통의 재원을 충당할 수 있다. 마찬가지로, 지구온난화를 유발시키는 행동을 억제하기 위해 탄소세를 부과할 수 있으며, 이를 위해 방출권 거래제(tradable quotas)[28]를 활용할 수 있다(Stern, 2006, ch.14). 결국 조세는 경제적 효율성을 증진시키는 수단으로 이용될 수 있다.

4.4. 부유세

지금까지의 논의는 주로 개인의 소득이나 예금이자 혹은 구매하는 물건에 대한 과세를 중심으로 진행되었다. 왜 부(富)에는 세금을 부과하지 않는가? 미국은 개인 사망 시에 소유한 부에 세금을 부과하는 상속세(Estate Tax)를 폐지 중에 있다. 영국은 상속세를 부과하고 있으며, 일부 다른 국가들 역시 한 개인이 평생 동안 소유한 부에 대해 세금을 징수하고 있다.

부유세를 찬성하는 의견은 다음과 같다.

- 상속된 부는 당연한 것이 아니다. 이는 개인의 직접적인 노동이나 저축을

28) 영국에서는 방출권 거래제를 통해 개인에게 매달 일정량의 탄소단위를 배정한다. 탄소연료(예를 들어 휘발유)의 사용량에 따라 이산화탄소 방출량이 결정된다. 주유소 등 탄소를 함유한 연료를 사용할 때마다 그 사용량을 내역서의 차변에 기입한다. 자신이 배정받은 양보다 적게 사용한 사람은 남은 량을 공개시장에서 더 많이 사용하려는 사람에게 판매할 수 있다. 일단 탄소단위가 배정되면 시장이 움직이기 시작한다. 절연시설이 잘된 주택에 살거나 자동차를 사용하지 않는 가족은 판매할 탄소 단위가 남을 것이며, 개인제트기를 타고 다니는 기업주는 많은 단위를 구입해야할 것이다. 이렇게 함으로써 탄소오염을 유발하는 사람들에게서 그렇지 않은 사람들에게로 돈이 흘러들어가는 경제적 평등뿐만 아니라 기업과 개인이 탄소오염을 줄이는 경제적 동기가 유발된다.—역주

통해 형성된 것이 아니다.

- 부가 양극화되는 것은 불공정하다. 동등한 기회가 보장되지 않음으로써 권력의 불평등을 야기한다.
- 부에 대한 과세가 근로동기에 영향을 미치지는 않을 것이다.

이를 반대하는 의견은 다음과 같다.

- 자녀에게 유산을 물려주기 위해 열심히 저축하고 일한 사람들에게는 불공평하다.
- 이로 인해 저축동기가 약화될 것이다.
- 징수가 극도로 어렵다. 사람들은 자본을 다른 국가로 이전시키는 등 제도의 허점을 이용하려 한다.

2008년 상속세를 징수하는 출발점이 부부의 경우 750,000 파운드로 인상되었다. 이는 대부분의 사람들이 자손에게 물려줄 수 있어야 한다고 느끼는 주택가치보다 높은 것이었다. 야당인 보수당은 모든 유산에 대해 백만 파운드까지 면세혜택을 주어야 한다고 주장하였다. 그러나 세수를 증가시켜야 되는 입장에서 볼 때, 상속세의 진정한 문제는 대부분의 부유한 사람들이 이를 전혀 납부하지 않고 있다는 점이다. 상속세법에 너무 많은 허점이 있기 때문이다. 1930년대에 상속세는 전체 세입의 7% 이상을 차지할 정도로 중요한 조세였다. 2008년 이는 전체 세입의 0.5%에 불과하다. 이에 관한 보다 구체적인 논의는 the Commission on Taxation and Citizenship, 2002, ch.12를 참조하기 바란다. 이와 더불어 토지세를 포함한 논의는 Paxton and White, 2006, ch.3-5를 참조하기 바란다.

4.5. 조세의 대안은 있는가?

만약 정치인들이 세금인상을 어렵다고 판단하면 사회정책의 재원마련을 위한 대안은 존재하는가?

4.5.1. 요금부과

공적자금을 조달하는 방법으로서 종종 언급되는 것이 서비스에 대한 이용료를 부과이다. 이는 최근 유럽 국가들에서 의료보장과 관련하여 조세부담을 억제하는 주요한 방법 중 하나로 이용되고 있다.

이를 찬성하는 의견은 다음과 같다.

- 이는 조세격차(tax wedge)[29]를 경감시키기 때문에 보다 시장친화적이다.
- 이는 서비스나 의사진료시간의 불필요하거나 경박스런 이용을 감소시킨다.
- 사람들은 요금을 부담함으로써 자신이 제공받는 서비스를 소중하게 여긴다.

이를 반대하는 의견은 다음과 같다.

- 노인이나 아동, 장애인 혹은 상시이용자와 같은 집단에게 비용을 부과하는 것은 정치적으로 현실성이 낮다. 이로 인해 세입은 현저히 감소될 것이다. 잉글랜드 지역의 경우 처방전의 85%가 바로 이러한 이유 때문에 무료로 발급된다.

---

29) 고용주가 근로자에게 지급하는 금액과 근로자가 실제 받는 임금사이의 차이를 일컫는다.—역주

- 요금을 부과함으로써 조기진료가 필요한 사람들이 서비스를 받을 수 없게 되며, 결국에는 의료나 사회복지서비스의 비용이 보다 많이 소요될 수 있다.
- 요금을 부과함으로써 초기 무료서비스를 받을 수 있는 기회는 사라지며, 질병, 고령, 장애 등 소득이 가장 낮으나 욕구가 가장 높은 시기에 경제적 부담이 발생하는 경우가 많다.

이외 요금부과에 관한 보다 자세한 논의는 Parker(1976)와 Judge and Mattews(1980)를 참조하기 바란다.

4.5.2. 자선

개인으로 하여금 보다 많은 금전과 시간을 돌봄기관에 기부하도록 장려할 수 있다. 앞서 논의한 무임승차의 문제 때문에 금전기부의 규모는 조세에 비해 매우 작다. 영국에서 전체 기부금품은 GDP의 약 1%에 이른다. 여기에는 사회복지서비스뿐만 아니라 미술품, 환경 및 애견용품 등 모든 것이 포함된다. 기부에 대한 세제혜택이 큰 미국에서도 전체 기부금품은 GDP의 2%에 불과하다. 어떤 사회에서든 기부는 국가가 아닌 다른 기관이 서비스를 제공하는데 중요한 역할을 수행한다(Titmuss, 1970; Deakin, 2001). 하지만 조세는 여전히 사회정책의 재원을 마련하는 주요수단으로 남을 것이다. '민간부문'의 규모와 기부를 통한 소규모의 재정에 대한 보다 구체적인 논의는 Kendall and Knapp(1996)을 참조하기 바란다. 더불어, 자선의 경제학에 관한 입문서로서 Collard(1978)와 Jones and Posnett(1993)를 참조하기 바란다.

4.5.3. 준조세

최근 정부는 개인들에게 사적연금 가입을 유도하거나, 공적연금의 탈퇴를 위해 적극적인 조치를 취할 경우 이를 허용하고 있다.[30] 다음 장에서 살펴보겠지만 의료의 경우에도 민간보험의 가입을 유도하고 있다. 또한 대학졸업생은 조세제도를 통해 등록금을 상환토록 하고 있다.[31] 이러한 것들을 '준조세'(quasi-taxation)라고 부를 수 있다. 세금과 마찬가지로 이들은 의무적 혹은 의무에 가까운 기여를 필요로 한다. 하지만 급여는 당사자에게 직접 돌아간다.

4.5.4. 재정복지

지금까지 논의는 조세가 단순히 세수를 거둬들이는 기제와 같다는 인상을 주었다. 실제로 조세제도는 현금급여나 이와 동등한 것을 분배하는데도 이용될 수 있으며, 이러한 방식으로 활용되는 비중이 점차 높아지고 있다. Richard Titmuss(1958)는 어떻게 소득공제가 복지국가와 유사한 형태가 될 수 있는지를 최초로 보여주었다(Alcock et al, 2001). 소득공제(tax allowance)는 여러분의 소득 중 비과세 부문이다. Titmuss가 생활하던 시기 조세법은 다양한 공제제도를 통해 자녀가 있거나 사적연금에 가입한 개인이나 가구의 납세의무를 경감시켜 주었다. 예를 들어, 주택담보대출금에 대한 이자는 전액 비과세였다.

소득의 일부에 대해 면세혜택을 준다고 하더라도 모든 사람들이 동일

30) 제7장 '6. 영국의 연금개혁' 부분 참조 바람.
31) 제6장 '3.5 신노동당의 정책' 부분 참조 바람.

한 혜택을 받는 것은 아니었다. 명확한 예로서, 만약 여러분이 가난하여 소득세를 전혀 납부하지 않았다면 소득공제를 전혀 받을 수 없었다. 만약 1파운드당 20펜스의 세금을 납부했다면 소득공제는 1파운드 당 20펜스의 가치가 있었다. 만약 50펜스의 세금을 납부하였다면 그 효과는 정부가 담보대출금 이자의 50%를 여러분을 위해 지불한 것과 동일한 것이었다. 이로 인해 정부의 세입은 감소되었다. 이는 한때 정부가 공영주택 거주자를 대상으로 한 주택보조금과 주택수당(Housing Benefit) 양자에 대한 지출금액보다 더 많았다.[32] 이러한 이유 때문에 경제학자들은 이를 조세지출(tax expenditure)이라 부른다.

소득공제는 본질적으로 부유층에게 유리하였다. 실제 공적지출에서 이 부분이 차지하는 규모는 방대하였다. 하지만 이의 범위는 Titmuss와 동료학자들의 비판이 광범위하게 수용되면서 점차 축소되어 왔다. 아동에 대한 소득공제는 현금성의 아동수당(Child Benefit)으로 대체되었다. 이는 아동이 있는 모든 가정에 지급된다. 주택담보대출금에 대한 소득공제는 2000년 폐지되었다. 최근 야당인 보수당은 결혼을 장려하기 위해 결혼한 부부에게 세제혜택을 부활시키자고 제안하였다. 다음 장들에서는 이러한 변화들을 구체적으로 논의할 것이다.

다른 한편으로, 개인과 가구의 소득을 측정하는 행정체계와 급여를 지급하는 행정체계가 별도로 운영됨으로써 여러 가지 단점이 발생한다. 많은 비평가들은 두 시스템이 통합되어야 한다고 주장하였다. 빈민들에 대한 급여는 조세제도를 통해 지급되며, 가구의 소득이 상승함에 따라 다시 세금으로 회수할 수 있다. 이것이 역소득세(negative income tax)의 기본원리였다.[33] 이러한 접근은 내재된 실천상의 문제와 더불어 유인감소효과

---

32) 제8장 '4. 부유층에 대한 보조금' 부분 참조 바람.

33) 이에 대한 간단명료한 평가로서 Barr(2004a), pp.234-42를 참조하기 바람.

가 발생하는 문제가 있었다. 과세소득은 개개인을 기반으로 정산되며 고용주는 개인의 소득에 따라 이를 원천징수할 책임이 있다. 급여를 통한 수입은 일반적으로 가구단위로 산정된다. 여러분 배우자의 소득이 얼마이고 피부양자는 몇 명인가가 문제이다.

급여는 또한 긴급성을 요하는 경우가 많으며 가구의 소득과 환경은 갑작스럽게 변할 수 있다. 소득세 납부의무는 연단위로 계산되기 때문에 급여와 조세제도를 통합시키는 것은 현실적으로 한계가 있다. 하지만 최근 괄목할 만한 진전이 이루어지고 있다.

- 두 제도의 규칙과 용어들이 어느 정도 통합되고 있다.
- 관세청(HM Revenue & Customs)은 조직개편을 통해 유자격자에 대한 현금급여를 지급하기로 하였다. 근로가족에 대한 세액공제(Working Family Tax Credit)제도가 좋은 예이다. 이 제도는 현재 근로세액공제(Working Tax Credit)와 아동세액공제(Child Tax Credit)제도로 대체되었다(제7장 참조). 연단위로 산정되는 소득세제도에 의존하면서 수시로 변하는 빈민들의 소득을 반영해야 되기 때문에 발생하는 문제는 아동세액공제제도의 빈약한 행정시스템을 보면 알 수 있다(Hills et al, 2006).[34)]
- 소득공제의 부유층 친화적 요소들은 몇 가지 경우에서 세액공제로 대체되었다. 이는 여러분의 세금고지서에서 공제되거나, 면세자일 경우 직접 지

34) 2010년 선거에서 보수당과 자유당의 연합정부는 이러한 모든 세액공제제도를 폐지하며, 이를 포함하여 근로계층에 대한 다른 모든 소득관련 급여를 하나의 보편적 현금급여로 대체하겠다고 제안하였다. 신설될 급여에는 저소득 가정을 위한 기초급여가 포함되는데, 이는 소득증가에 따라 감액된다. 조세당국은 가구의 소득에 관한 정보를 매월 제공하며, 수급자는 급여신청 시 가구의 상황에 대한 정보를 제공하게 될 것이다. 현재의 상황에서 볼 때, 이는 연합정부의 정책의도를 반영한 것에 불과하다. 행정적으로 많은 변화가 있어야 하기 때문에 2017년에 이르러서야 전면적 실시가 가능할 것으로 보인다(The Stationery Office, 2010a).

급될 수 있는 금액의 절대총합이다. 이의 가치는 소득이 증가하더라고 상승하지 않으며, 오히려 소득상승에 따라 단계적으로 감소될 수 있다.

- 기업연금과 사적연금에는 여전히 부유층 친화적인 소득공제제도가 존속되고 있다. 연금저축에 대한 재무부의 보조금을 소득공제 기반에서 세액공제 기반으로 전환시킴으로써 빈민들에게 보다 효과적으로 집중시킬 수 있다(Le Grand and Agulnik, 1998). 이를 위해 정부는 모든 개인들에게 제공하는 보조금에 상한선을 설정할 것이다.

개관

- 세금인상은 결코 쉽지 않은 문제이다. 고용주에 대한 과세나 보이지 않는 형태의 세금은 경제적으로 한계가 있다.
- 목적세를 통해 서비스의 재정여건을 개선시킬 수 있다. 하지만 대중의 지지도가 낮은 서비스를 희생시켜야 한다.
- 환경오염을 일으키는 사람들에 대한 과세의 이면에는 강력한 경제적 이유가 존재한다. 하지만 이는 정치시장에서 유권자의 지지를 받지 못한 것으로 나타났다.
- 국민의 동의를 획득해야 하며, 만약 조건이 충분치 않다면 서비스의 수행성을 개선해야 한다. 시민들이 조세제도에 대해 느끼는 공평성 역시 마찬가지다.

논의

1. 영국에서 가장 중요한 조세는 무엇이며, 이의 조세구조는 다른 국가와 어떻게 다른가?
2. 세입을 증대시킬 수 있는 방안들을 제시하고, 이의 한계를 열거해 보시오.
3. 사회적 목적을 위한 대안적 자원으로서 자선과 기부의 한계는 무엇인가?
4. 조세가 급여제공체계로서 어느 정도 이용될 수 있는가? 이를 위한 최근의 조치들은 어떤 장단점을 가지고 있는가?

추천문헌

1. 여러분은 The Commission on Taxation and Citizenship(2002), *Paying for progress*의 결론이나 정치적 출발점에 동의하지 않을 수 있다. 하지만 본 장에서 다룬 쟁점들을 훌륭히 논의하고 있다. 여기에는 관련통계 및 현행의 조세관련 법들이 요약적으로 제시되어 있을 뿐만 아니라, 공공서비스의 재정조달을 위한 조세인상의 방법에 대한 논의도 담겨 있다.
2. 조세 경제학에 대한 입문서로서 재정연구회(the Institution of Fiscal Studies)와 공동으로 작업한 Devereux(1996), *the Econmoics of Tax Policy*을 참조하기 바란다. 이 책은 경제이론적 처방과 최근 영국의 조세정책을 연관시켜 논하고 있으며, 본 장에서도 많은 내용들을 인용하였다.

3. 매년 가을 발표되는 재무부의 '예산안제출 사전보고서'(pre-budget report)는 정부의 재정적 입장 및 변화될 세제에 관한 내용을 담고 있다. 확정된 입법안을 담고 있는 실질예산보고서는 매년 3월에 발표되는데, 재무부 홈페이지(www.hm-treasury.gov.uk)를 참조하기 바란다.
4. 재정연구회가 발행하는 '예산녹서'(Green Budget)는 항상 정부의 조세정책에 대한 양질의 비판과 더불어 기본적인 통계자료도 담고 있다(www. fs.org.uk). 재정연구회는 각 분야의 예산 및 '예산안 제출 사전보고서'에 대해서도 논평하고 있다. 더불어 이 기관이 발행하는 학술지인 *Fiscal Studies*를 참조하기 바란다.
5. 최근 영국의 조세정책을 가장 광범위하고 권위 있게 검토하고 있는 문헌으로서 Mirrlees Report(2008)를 참조하기 바란다. 이 보고서는 본서와 같은 시기에 출간되었다.

제4장

의료보장

요약

- 의료시장은 제2장에서 살펴본 실패를 심각하게 겪고 있다.(〈상자 4.1〉 참조)
- 영국의 의료보장제도 하에서 사적부담의 양은 다른 국가에 비해 적다.
- 역사적으로 볼 때 영국의 의료보장비 지출은 다른 선진국에 비해 현저히 낮았다. 하지만 이는 2000년 이후 점차 변하고 있다. 이제 GDP 대비 의료비 지출은 여전히 유럽 평균보다 낮지만 상당히 근접하였다.
- 지출에 필요한 재원을 마련하고 배정하는 방식은 비교적 친빈민적이며, 욕구가 가장 큰 사람들을 우선적 대상으로 삼는다.
- NHS의 주요약점으로서 비본질적 치료(non-essential treatment)를 받기 위한 대기자 명단이 길다는 점이 지적되곤 하였다. 하지만 이제 대기시간은 현저히 감소되었다.
- NHS는 여전히 증가하는 소비자의 욕구와 기대에 적절히 부응하지 못하고 있다. 이의 '생산성' 역시 감소해 왔다. 대규모 지출증가에도 불구하고 치료받은 환자의 수나 다른 질적 측면에서 이에 상응하는 개선이 이루어지지 않았다.
- 보수당정부 뿐만 아니라 노동당 정부 역시 의료서비스 공급자들 간의 경쟁을 더욱 강화시켰다. 이는 다른 국가의 의료보장제도에도 영향을 미쳤다.

〈상자 4.1.〉 의료에 있어 시장의 실패

- 개인은 자신의 의료상황에 대해 빈약한 정보를 갖고 있다. 자신의 상태를 스스로 진단하거나 치료제를 처방할 수 없다. 정보를 얻는 데는 비용이 소요되며, 위급 시 광범위한 조사를 행할 수 있는 기회가 없다. 시장은 소비자에 대한 양질의 정보를 필요로 한다.
- 시장에서 권력과 정보는 매우 불균등하게 분산되어 있다. 개인, 환자, 노인 그리고 건강한 사람들 사이에서 뿐만 아니라 의사와 환자 사이에도 마찬가지다.
- 미래에 발생할 욕구에 대한 불확실성이 강하다. 이 문제는 질병발생의 가능성뿐만 아니라 치료를 위한 의학적 지식이라는 양자의 경우에서 모두 나타난다. 의학은 항상 변화한다. 그렇다면 치료가 불분명한 상황에서 여러분은 소정의 자금을 준비해두어야 하는가?
- 여러분이 장기적으로 치료를 받아야 될 가능성이 크다면 즉, 만성질환이나 장애, 정신지체 혹은 노령의 문제를 갖고 있다면 민간보험에 가입할 수 없을 것이다. 치료를 받을 위험이 사실상 확실하기 때문이다.
- 개인은 자신의 신체나 사회적 습관, 치료의 경험에 대해 보험사보다 더 많은 정보를 갖고 있다.[35] 보험사는 이에 대응하기 위해 잠재적 위험을 가진 사람들을 배제시킨다. 즉 치료의 욕구가 가장 큰 사람들이 배제되는 것이다.
- 의료보험을 청구하는 개인과 의사 그리고 최종공급자 사이는 분리되어 있다. 각 단계에서 '도덕적 해이'의 문제가 발생한다.[36] 의사는 환자를 반드시 병원으로 의뢰할 필요가 없음에도 불구하고 이를 거부할 이유가 없다. 환자에게는 자신의 건강에 유념할 동기가 약화된다. 이에 대처하기 위해 보험사는 보험급여의 접근성을 제한하거나 배급하는 조치를 취할 것이다. 하지만 이러한 조치는 욕구에 기반을 두고 있지 않다.[37]

35) '역의 선택'의 문제임. 제2장 '2.4.2 판매자와 구매자간의 정보불균형' 부분 참조 바람.
36) 이것 역시 제2장 '2.4.2 판매자와 구매자간의 정보불균형' 부분 참조 바람.
37) 자세한 내용은 Barr(2004a), Ch.12 참조 바람.

1. 의료보장의 비용

1.1. 다른 국가와 비교

현재는 그렇지 않지만 전통적으로 영국은 다른 대부분의 선진국에 비해 의료비 지출이 낮은 국가였다(〈표 4.1〉 참조). 이렇게 의료비 지출이 낮은 데는 바람직한 이유와 그렇지 못한 이유가 함께 존재한다.

〈표 4.1〉 1인당 의료비 지출 및 GDP 대비 비율

(2005년)

국 가	1인당 총액[a]	GDP대비		
		총액	공적지출	사적지출
호주	2,984	9.5	6.4	3.1
캐나다	3,183	9.8	6.9	2.9
프랑스	3,273	11.1	8.9	2.2
독일	3,162	10.7	8.2	2.5
네덜란드	3,146	9.2	5.5	3.3
뉴질랜드	2,330	9.0	6.9	2.0
스웨덴	2,787	9.1	7.7	1.4
영국	2,559	8.3	7.2	1.1
EU-15 평균				
가중치 미부여	2,962	9.2	6.9	2.3
가중치 부여[b]	2,816	9.6	7.3	2.4
기 타				
미국	6,278	15.3	6.9	8.4
일본	2,303	8.0	6.6	1.5

참고: 영국의 1인당 지출은 OECD 자료가 없는 관계로 WHO의 2004년 측정치를 사용하였음. 영국은 다른 방법을 이용하고 있기 때문임. 다른 국가들의 경우 활용 가능한 가장 최근의 자료를 이용하였음. - 네덜란드는 2002년, 일본과 호주는 2004년 자료임.

a. US$ 경제권 구매력지수(purchasing power parties)로 표기되었음.

b. 1인당 의료비지출은 인구가중이며, GDP대비 의료비지출은 소득가중임.

출처: OECD(2007b)

먼저 '바람직한' 이유는 1948년 NHS 제도가 시행되기 훨씬 전으로 거슬러 올라가는데, 이를 '문지기'(gatekeeper)원칙이라고 부른다. 병원의 전문의를 만날 수 있으려면 응급사례가 아닌 경우에는 먼저 본인이 등록된 일반의(GP)의 의뢰서를 받아야 한다. 이들은 초기진단을 통해 여러분이 전문의의 진료를 받아야 하는지 여부를 결정한다. NHS가 체결한 모든 계약의 90%는 이들 일반의들과 맺어져 있다. 그럼에도 불구하고 이들은 NHS 예산의 불과 10%를 차지할 뿐이다. 의료비 지출이 상대적으로 낮은 다른 국가들 역시 이와 비슷한 장치를 갖고 있다.

바람직한 이유는 더 있다. 의료보장의 재원이 조세를 통해 마련되는 경우 중앙의 재무부처가 지출에 대해 강한 통제권을 행사할 수 있다. 이에 반해, 재원이 조세가 아닌 경우에는 다양한 공급자가 청구한 진료비를 수많은 기관이 지불하는 현상이 발생한다. 독일이 적절한 예이다. 영국은 1948년 재무부가 의료보장의 재정을 담당하게 된 이후 GDP대비 의료비 지출은 급격히 감소하였다. 2차 대전 이전까지 이는 개인, 지방 그리고 국가의 혼합적 의료보험제도를 통해 약 4%정도 수준에서 지출되었다. NHS 시행 첫해인 1948년 이 수치는 3.75%로 하락하였으며, 1953/4년에는 3.2%까지 감소하였다. NHS 병원에 대한 자본지출은 지역기관과 자선단체가 재원을 부담하던 1930년대에 비해 1/5 수준으로 감소하였다(Guillebaud Committee, 1956). 이후 반세기 동안 그 비율은 점증적으로 증가하였지만, 정부가 이를 유럽수준으로 증가시키겠다고 약속한 것은 아주 최근의 일이다[38](뒤 'Blair의 약속과 Wanless 보고서' 부분 참조).

일부 다른 국가들의 경우 환자는 자신이 등록된 일반의 혹은 전문병원을 자유롭게 선택할 수 있으며, 가입한 민간보험이나 사회보험 기금에 단

38) 여기에는 이렇게 엄격한 의료서비스의 배급체계가 가져온 사회적 혼란이 컸기 때문이다.

순히 진료비 영수증을 제출하면 된다. 이러한 '수요중심'적 제도는 아주 많은 비용을 필요로 한다. 1980년대 이후 이러한 무제한적 방식을 유지할 수 있는 나라는 전무했다. 결국 유럽과 미국에서 공보험과 사보험 모두는 요금부과 혹은 '본인부담금' 제도를 도입하였다. 그 형태가 치료비 부담이건 아니면 사보험이건 관계없이 이러한 사적 지출 때문에 다른 많은 국가의 의료비 지출은 영국보다 높게 나타나고 있다. 이에 따라 영국도 동일한 방향으로 나아가야 한다는 주장이 일부 제기되어 왔다.

간단히 말해, 한 국가의 의료비 지출수준이 낮은 데는 소득과 인구 등 다른 변수를 통제할 경우 4개의 제도적 요인이 결부되어 있다는 점을 국가 간 비교를 통해 알 수 있다(Gerdthan and Jonesson, 2000, Popper, 2001에서 재인용).

- 1차진료를 위한 '문지기'(gatekeeper)의 존재.
- 병원입원비, 처방전비 혹은 일반의 방문비 등 치료비 제도의 활용.
- 인두방식에 따른 지불방식의 활용. 일반의는 환자를 진료한 시간이나 처방한 약의 수가 아닌 자신에게 등록된 환자의 수에 따라 급여를 지급받는다.
- 공적 급여 및 재정의 규모.

영국의 NHS제도는 이러한 특징을 모두 갖추고 있지만 이용시점에서 비교적 낮은 이용료를 부과한다. 스칸디나비아의 조세기반 제도나 특히 유럽의 보험기반 제도는 서비스 이용시점에서 환자에게 비용을 직접 부과시키는 범위가 영국보다 훨씬 넓다. 결국 NHS는 유럽이나 미국의 제도에 비해 효율성이 높은 측면도 있지만 의사와 간호사, 의료장비의 공급은 열악하다(HM Treasury, 2001, 2002a, 2002b, 2002c; Propper, 2001; European Observatory on Health Care Systems and Policies, 2008).

1.2. 연령별 분석

의료비의 상당부분은 어린 아동이나 고령자에게 지출된다(〈그림 4.1〉 참조).

〈그림 4.1〉 병원 및 지역의료서비스에 대한 1인당 총경상지출

※ 잉글랜드 지역, 1999~200년, 단위(£)

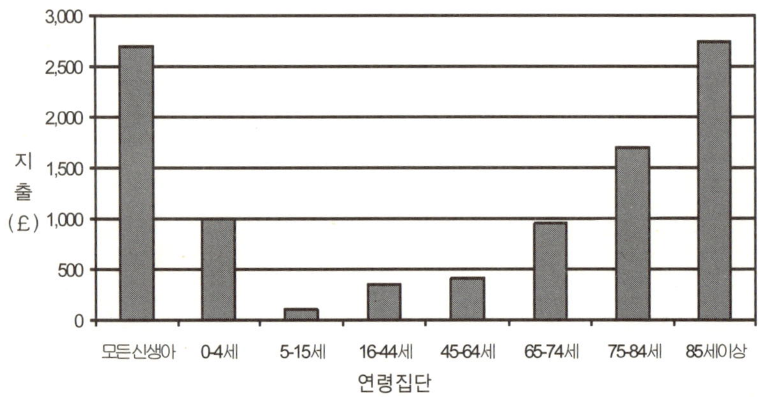

출처: DoH(2007)

일반적으로 80세 이상의 고령자에 대한 의료비가 다른 연령대에 비해 아주 높기 때문에 고령화가 NHS에 막대한 부담을 줄 것이라는 주장이 있다. 실제로 고령자에 대한 대부분의 추가지출은 사망관련 비용과 연관된다. 이제 대부분 사람들의 사망원인이 고령이기 때문이다. 재무장관에게는 희소식이 있다. 우리는 한번 죽는다는 것이다. 나이가 들어감에 따라 이렇게 높은 사망관련 비용이 증가하고 있다. NHS는 1998년부터 2008년 동안 단순히 현상을 유지하더라도 인구고령화로 인해 매년 0.4%씩 지출

을 확대시켜야 했다. 이는 이전 10년 동안보다 낮은 수치이다. 가장 중요한 압력으로서 의료보장제도에 대한 우리의 기대수준이 상승한 것을 들 수 있다. 환자들은 현대화된 시설에서 즉각적인 치료를 받기 원한다. 40년 전만 하더라도 이들은 무료치료에 감사하였다. 현대사회의 소비자들은 질병에 대한 조바심이 더 큰 것 같다.

세계의 모든 의료보장제도는 더욱 엄격하게 자원을 배급하고 있다. 미국의 경우 여러분이 치료를 받아야 한다는 의사의 판단을 수용할지 여부를 민간보험사가 결정한다. 일부 유럽 국가들은 보험적용을 받는 서비스와 환자가 추가비용을 부담해야 되는 서비스를 구분하고자 한다. 잉글랜드와 웨일즈 지역의 경우 NICE(National Institute for Health and Clinical Excellence)라는 기구[39]를 통해 장관이나 의료서비스 공급자, 임상전문가들을 대상으로 새로운 치료법이나 신약, 신기술의 비용효과적 측면을 자문한다[40]. NICE에 대한 설명과 더불어 다른 국가에서 의료자원이 배급되는 방식에 대한 비교 및 이의 윤리적 기반에 대한 논의는 Maclean(2007)을 참조하기 바란다. 배급에 대해서는 제9장에서 보다 자세히 다루기로 한다.

1.3. 기능별 분석

2003/04년 회계연도 동안 잉글랜드 지역의 보건의료예산은 거의 500억 파운드에 달했다. 이 중 4/5는 병원과 지역사회서비스에 배정되었으며, 1/5은 가족보건서비스[41]에 배정되었다. 전체예산의 2/5는 급성환자전문병원에, 1/7은 일반의가 처방한 의약품에 사용되었다(DoH, 2005a).

39) 스코틀랜드에도 이와 유사한 기구가 있으며, NICE와 협력적 관계에 있다.
40) 물론 기존 방식에 대한 자문도 제공한다.
41) 대부분이 1차 진료와 치과서비스이다.

1.4. Blair의 약속과 Wanless 보고서

1999년 겨울 독감사태의 여파로 Blair 수상은 NHS에 대한 지출을 실질적으로 증가시키겠다고 약속하였다. 유럽평균까지 올리겠다는 것이다. 이것이 국가지출의 단순평균을 의미하는지 아니면 규모에 따른 가중치를 의미하는지는 명확하게 밝히지는 않았다(〈표 4.1〉 참조).

Brown 재무장관은 선진화된 의료서비스를 제공하기 위해 필요한 지출규모가 어느 정도인지를 2022/23년까지 20년 동안의 장기적 관점에서 검토하도록 요청하였다. 최종보고서(HM Tresury, 2002a)는 노령화 및 질병패턴의 변화 등 기본적 요인들을 고려하였다. 보고서의 가장 중요한 내용으로서, 대기자 명단의 축소노력을 통해 2022년경에는 최대 대기시간이 2주를 넘지 않도록 하겠다는 것이었다. 이와 더불어 국민의료서비스기준(National Service Framework: NSF)이라는 새로운 정책을 도입함으로써 심장질환, 신장병, 정신보건, 당뇨, 암 치료 영역에서 최상의 진료방법을 권고토록 하였다. 연구팀은 다양한 시나리오를 통해 질병의 패턴뿐만 아니라 개인이 건강증진을 위해 새로운 생활습관을 시작할 수 있는 역량을 다각적으로 가정하였다.[42)]

이 보고서는 영국의 의료비지출이 2002/03년 GDP의 7.7%에서 2022/23년에는 10.6%~12.5%[43)]까지 증가해야 한다고 결론짓고 있다. 과소평가된 면이 있지만, 사적 지출은 GDP의 1.2%에서 머무르게 될 것이라고 추정하였다. 검토팀은 또한 8개국의 의료제도 및 이의 재정체계를 포함한 비용

---

42) 이렇듯 새로운 정책으로 인해 NHS에 얼마나 많은 비용압박이 가해질 것인지를 알고자 하는 독자는 보고서 전체를 읽어 보기 바란다.

43) 건강개선을 위한 우리의 생활습관 개선노력의 성공여부에 따라 이러한 차이가 나타날 것이라고 보고 있다.

변화 경향을 조사하도록 의뢰하였다. 이 연구는 런던정경대(LSE)의 학자들을 중심으로 수행되었는데(Dixon and Mossialos, 2002), 비교자료로서 아주 유용한 내용을 담고 있다.

Brown 장관은 2002년 4월 예산서(HM Treasury, 2002b)를 발표하면서 NHS 지출을 2002/03년부터 2007/08년까지 매년 7.4%씩 증가시켰다. 하지만 이러한 증가률은 2007년 지출재검토를 거치면서 이후 3년 동안 4%로 하향 조정되었다(HM Treasury, 2007a).

이 결과 2010/11년 공적부분과 사적부분을 포함한 영국의 총의료비 지출은 GDP의 약 9%에 이르게 되었다. 이는 현재의 유럽평균과 비슷한 수치이다(〈표 4.1〉 참조).

King's Fund는 이러한 지출증가의 결과를 다음과 같이 분석하였다.

- 인구 1인당 의사의 비율은 1999년부터 2004년의 기간 동안 1/5정도 증가하였다. 이로 인해 유럽과의 간극은 어느 정도 좁혀졌지만, 여전히 15개 EU 국가 중 가장 낮은 수준이다.
- 이제 영국은 스페인이나 이탈리아, 프랑스보다 인구 1인당 상담사의 비율이 더 높으며, 독일과도 큰 차이가 없다.
- 급여와 가격을 인상하는데 추가자금의 2/5가 소요되었으며, 자문의 및 일반의와 신규계약 체결로 의사고용비가 약 1/4정도 증가하였다.
- 건물, 장비, IT 시설이 개선되었다.
- 1997년 이후 대기시간은 현저히 축소되었다. 2007년 대기자 문제와 관련하여 다음의 것들이 모두 해결되었다.
    - 15개월 이상 대기자 10,000명,
    - 12개월 이상 대기자 60,000명,

- 9개월 이상 대기자 200,000명,
- 6개월 이상 대기자 400,000명.

- 치료나 진료를 받은 환자 수, 치료의 질적 향상 등 2006년 NHS의 전반적 성과는 실질적인 면에서 1995년에 비해 50% 향상되었다. 하지만, 치료받는 환자의 수나 전반적인 성과는 재정이 증가된 것에 필적하지 못했다. 질적인 측면은 향상되었지만, 생산성[44]은 2001년 이후 하락하였다[45](ONS, 2008).

2. 자금의 출처는?

NHS는 일반적으로 모든 재원이 조세인 것처럼 이야기된다. 엄격히 말해 이는 정확한 설명이 아니다. 전체적으로 볼 때, NHS 지출의 약 80%는 이러한 방식으로 재원이 마련된다. 이외 12%는 피용자와 사용자가 납부한 사회보험기여금으로부터 이전된다. 베버리지는 이렇듯 보험체계와 약간의 연결고리가 있어야 한다고 권고하였으며, 그 후 이 관계는 변하지 않았다. 2002년 4월 재무장관은 예산서를 통해 사회보험 기여금을 2003년 4월부터 인상하겠다고 발표하였다. 이에 따라 최저소득 이상의 모든 피용자는 1%가 추가된 11%를 기여하게 되었다. 재무장관은 또한 고용주의 기여금을 11.8%에서 12.8%로 인상하였다. 이는 소득하한선 이상의 모든 소득에 적용되었으며, 이를 통한 추가세입은 NHS를 위해 쓰일 것이라고 약속하였다. 이와 더불어 NHS 전체세입의 2%는 요금부과를 통해 충당되는데, 여기

44) 생산성=산출/투입비용.
45) 2005년 이후 하락속도는 둔화되었다.

에는 처방전 비용도 포함된다. 이는 폐지되었거나 앞으로 폐지될 예정이다. 웨일즈 지역에서는 2007년에, 북아일랜드 지역에서는 2010년에 폐지되었으며, 스코틀랜드 지역은 2011에 폐지할 예정이다.

3. NHS기금의 배정방법

정부는 이렇게 상이한 유형의 세입을 구분하지 않으며, 다양한 목적과 분야에 따라 배정하지만 마치 하나의 금고에 들어있는 자금처럼 취급한다. 실제로 NHS에는 '국가'라는 명칭이 붙어 있지만 4개의 서비스가 별개인 것처럼 운영된다. 잉글랜드, 웨일즈, 스코틀랜드, 북아일랜드의 제도가 별도로 운영되며, 예산 역시 서로 간에 다소 상이한 방식으로 배정된다. 각 지방은 각 영역이 얼마나 많은 자금을 필요로 하는지 결정하기 위해 별도의 공식들을 활용한다. 병원과 지역사회 서비스에 자금을 배정하는 체계가 있는가하면 일반의, 의사, 안경사에게 예산을 배정하는 체계가 존재한다. 여기에서는 후자의 경우를 살펴보기로 한다. 전자보다 단순하여 이해하기 쉽기 때문이다.

3.1. 일반의원

1948년 이후 일반의는 본인의 병원에 등록한 NHS 환자 각각에 따라 자금을 지급받았다. 인두방식의 요금이다. 이와 더불어, 일반의는 의원운영을 위해 고용한 직원의 임금뿐만 아니라 출산 등 추가진료에 해당하는 금액도 지급받았다. 이렇게 극도로 복잡한 원칙은 수백페이지에 달하는 '적서'(red book)에 정리되어 있었다. 여기에는 서비스의 질적 요건이나 예방 사업을 위한 유인책이 극히 제한적으로 언급되어 있었다. 의사들이 취약 지역에서 개업을 할 경우 약간의 금액을 추가로 지급받았다. 이러한 일반의와의 계약방식은 2003년에 재검토를 거쳐 2006년에 수정되었다. 새로운 계약제도 하에서 자금은 개별 의사가 아닌 의원에게 일시금으로 지급된다. 피계약자인 의원은 이를 활용하여 의사, 간호사 그리고 원하는 추가 인력을 자율적으로 구성, 운영할 수 있다. 자금은 다음의 3가지 항목에 따라 지급된다.

- 필수서비스를 보장하기 위한 총액계약지불(global sum). 의원은 등록된 환자 수에 따라 자금을 지급받는데, 여기에는 환자의 유형에 따라 다르게 발생할 수 있는 수요를 고려하여 가중치가 적용된다. 가중치를 부여하는 공식은 지난 몇 년 동안 일반의를 대상으로 전국표본을 추출하고, 이들의 환자방문횟수 및 진료지속기간을 연구함으로써 산출되었다. 이 공식은 환자의 연령과 성별뿐만 아니라 표본지역에 거주하는 사람들의 사망률, 만성질병률을 고려한다. 만약 인구밀도가 낮은 지역에 의원이 위치해 있거나 노동의 강도가 높아 직원들에게 더 많은 급여를 지급해야 할 경우 추가금이 지급된다.
- 부가(additional)서비스 자금. 대부분의 일반의들은 아동에게 예방주사를 접종하며, 심장병 등 특별한 위험에 처한 사람들을 파악하고 점검하는 서비스를 제공한다. 이 부분을 보장하기 위한 지불이다.
- 확대(enhanced)서비스 자금. 일상적이지는 않지만 다른 일반의에게 등록된 환자를 치료해야 하는 경우가 있다. 산전후조리, 아동전문보호, 소규모의 수술 등을 예로 들 수 있는데, 이 경우에 지급된다.

이러한 방식을 이용함으로써 비용은 많이 소요되었지만 일반의와의 계약은 현저히 개선되었다. 하지만, 여기에는 일반의가 주말이나 야간근무, 근무시간외 가정방문진료 등을 포함시키지 않았다. 이 결과, 별도의 기관이 제공하는 '근무시간 외' 서비스를 이용하는 경우가 보다 만연해 졌다. 이에 따라 의원의 진료시간을 연장하는 방안이 이 글을 쓰고 있는 시점에서 논의되고 있다.

3.2. 치과의사와 안경사

1948년 이후 치과의사와 안경사는 제공한 서비스 항목 각각에 따라 급여를 지급받고 있으며, 양자는 모두 사적 전문가로서 업무 전체 혹은 일부에 대해 NHS와 계약을 맺고 있다. 치과의사에게 예방적 사업을 권장하고 치아를 봉하거나 추출하는 것을 자제시키기 위해 정부는 계약사항을 변경하였다. 이러한 조치는 호응을 얻지 못해 많은 치과의사들이 NHS와 계약을 거부하였으며, 결국 여러 지역에서 인력부족의 문제를 야기했다. NHS가 실시된 지 얼마 지나지 않은 시기부터 안경과 틀니는 자산조사를 통해 지급되고 있다. 스코틀랜드 지역의 경우 모든 주민들에게, 이외 다른 지역에서는 청소년과 노인 그리고 욕구가 있는 집단에게 정부는 무료의 치아검진을 받을 수 있도록 예산을 배정하고 있다. 마찬가지로 시력검사는 스코틀랜드의 경우 무료이며, 그 외 다른 지역에서는 제한된 집단에게만 제공된다. 이외 다른 모든 치과 및 안경서비스는 시장원리에 의거 제공된다.

3.3. 병원 및 지역사회서비스: 역사적 개괄

NHS 예산의 상당부분은 지역보건국[46)]에 일시불로 배정되며, 이는 병원 및 지역사회서비스를 위해 지출된다. 지역사회서비스에는, 예를 들어 지역사회 간호와 방문보건이 포함된다. 배정된 예산과 더불어 다수의 중앙 지침 및 목표치가 함께 하달되지만, 이렇게 중앙에서 승인한 지역기관들은 예산을 지출하는데 있어 광범위한 수준의 자율성을 갖는다. 이러한 기관은 잉글랜드 지역의 경우 1차진료트러스트(primary care trust)라 불리며, 스코틀랜드 지역의 경우 지역보건위원회(regions), 웨일즈 지역의 경우 지방보건위원회(local health boards)로 불린다.[47] 북아일랜드 지역의 경우 의료와 대인서비스 예산은 통합되어 있으며, 지역이 자율적으로 관리한다. 그렇다면 각 지역은 얼마의 예산을 배정받아야 하는가?

1976년 이전까지 예산은 각각의 개별 병원을 통해 배정되었으며, 금액은 전년도 예산을 기준으로 약간을 추가해 주었다. 만약 한 지역이 새로운 시설을 건립하면 시설운영에 필요한 예산을 추가 배정해 주었으며, 그 다음해부터는 동일한 점증적 예산방식을 적용하였다. 이러한 예산배정 방식의 주요 수혜자는 NHS제도 출범이전에 대부분의 병원을 개업할 수 있었던 부유한 지역과 인구가 증가하는 지역이었다. 이 문제를 다루기 위해 '자원배정실무반'(Resource Allocation Working Party: RAWP)이 임명되었으며, 각 지역의 인구규모를 기준으로 하되 상대적 의료욕구를 측정하여 가중치를 부여하도록 제안하였다. 이러한 가중치는 인구의 연령, 지역의 평균사망률(SMR)에 기초한 상대적 의료수준 등을 고려하였다. 또한 특정연령에 질병으로 인한 사망자의 수를 전국평균과 비교하여 측정하였다. 결

46) 지역별로 다른 명칭을 갖고 있다.

47) 2010년에 당선된 연합정부는 1차진료트러스트를 폐지하고 일반의들이 관장하는 기구로 대체하겠다고 제안하였다. 이들 기구에 대한 예산은 중앙정부를 통해 배정될 것이며, 1차진료트러스트에 사용했던 것과 유산한 예산배정공식을 사용할 것이다. 이러한 예산이 어느 정도 분권화된 형태로 가정의사 단체 각각에게 배정될 것인지는 앞으로 지켜보아야 할 문제이다(The Stationery Office, 2010b). 이와 더불어 이러한 문제를 검토하는 Marmot 보고서가 2010년에 출판되었다(*Fair Society, Healthy Lives: Strategic Review of Health Inequalities in England post-2010* www.ucl.ac.uk/marmotreview).

국, 실무반은 지역주민의 건강수준뿐만 아니라 다른 지역과 비교를 통해 한 지역의 NHS에 대한 의료수요를 가장 근접하게 측정할 수 있었다. 이 공식은 잉글랜드 지역에 적용되었으며, 잉글랜드 북부지역이 주된 수혜자가 됨으로써 자원이 각각의 지역에 균등하게 배분되는 결과를 가져왔다. 유사한 공식이 영국의 다른 지역에도 적용되었다. 그렇지만 이 공식에 대한 비판이 지속적으로 제기되었다. 특히 사망률을 욕구의 측정수단으로 사용하고 있다는 점에 대해 강한 비판이 제기되었다. 이와 더불어, 외딴지역의 경우 의료서비스 전달비용이 다르거나 노동비용이 높은 지역이 있는데, 이러한 차이를 측정하지 못한다는 비판도 있었다. 일련의 변화를 거치면서 1990년대 초반 전혀 새로운 측정방법이 도입되었으며, 이는 다시 1997년 노동당 정부에 의해 수정되었다.[48] 보수당정부는 구매기관과 병원 등 실제 서비스 제공자를 분리하고자 했기 때문에 NHS 기금을 아주 작은 단위까지 공정하게 배정하는 방법을 절실히 찾고 있었다. York대학의 의료경제학센터(The Centre for Health Economics)는 새롭고 보다 진보된 방법을 제시했다. 새로운 공식은 기본적으로 소규모 지역의 인구학적 특성과 이들의 병원 및 지역사회 서비스에 대한 수요를 일치시켰다. 즉 40대의 결혼한 남성이나 젊은 편모보다 독거노인이 얼마나 더 많은 수요를 발생시킬 것인가를 측정하였다. 그런 다음 이러한 인구학적 특성을 혼합하여 각 소지역의 수요를 결정하였다.

이와는 별도로, 이 공식은 노동수요가 높은 지역에서는 동일한 수준의 직원확보를 위해, 예를 들어 실업률이 높은 지역에서보다 더 많은 비용을 지불해야 된다는 점을 고려하였다. 이를 시장력 요인(market forces factor)이라고 부른다. 이와 유사한 공식이 웨일즈, 북아일랜드, 스코틀랜드에도

48) 이의 역사에 관한 구체적 설명은 Glennerster et al(2000) 참조 바람.

도입되었다. 모든 사람들에게 거주지에 관계없이 동일한 치료의 기회를 제공하는 것이 명백하고 변함없는 목표이었다.

1976년 이후 25년 동안 이 목적은 상당부분 달성되었다. 2000/01년에 이 공식이 설정한 목표 값인 4% 이상의 자금을 배정받은 지역보건국은 잉글랜드 지역의 3곳뿐이었다. 지역 간 차이가 1976년은 물론 1993년보다 훨씬 더 좁혀진 것이다. Bramley(1998)는 구(區)단위의 소규모지역에 대한 면밀한 자료 분석을 통해, NHS 자금이 다른 공공서비스에 비해 욕구에 훨씬 부합되게 배분되고 있다고 결론지었다. 하지만 이러한 공식들은 미충족의 욕구가 아닌 상이한 집단들 사이에서 관찰되는 서비스수요에 근거하였다. 이들은 의료 자체가 아닌 서비스에 대한 수요를 측정한 것이다. 1997년 노동당 정부의 내무부장관은 주민이 열악한 건강문제로 고통을 받고 있는 지역에 보다 많은 자원을 할당할 수 있는 방안을 강구하도록 '자원배정실무반'의 후속기관인 '자원배정자문위원회'(the Advisory Committee on Resource Allocation: ACRA)에 요청하였다. 목표는 의료서비스에 대한 동등한 접근성을 보장하는 것과 더불어 의료불평등을 감소시키는 것이었다. 이는 매우 어려운 과제였다. 2001년부터 2003년 사이 조기사망률이 높은 지역을 원조하기 위해 자원배분 공식을 일시적으로 조정하였다. 당시 고안된 공식은 일부 사회집단과 민족집단의 의료서비스 이용률이 일반적인 특성에 비추어 볼 때 예상보다 낮다는 사실을 고려하였다. 결국 이러한 접근은 많은 비판을 받았다.

3.4. 최근공식(잉글랜드 지역)

2008년 자원배정자문위원회는 이용률에 근거한 단일공식으로는 의료서비스에 대한 동등한 접근성을 보장하고 의료결과의 평등성을 강화하는 두 가지 목표를 동시에 달성할 수 없다고 최종적으로 결론지었다(DoH, 2008). 이에 따라 위원회는 이중전략을 권고하였다. 과거에는 1차진료트러스트와 일반의원이 주민의 사회적 여건과 연령 때문에 발생하는 다양한 수요에 대응하도록 자금을 지원하는 것이 합리적이었다. 노인들은 다른 사람보다 의료서비스를 이용하는 빈도가 높다. 취약지역의 주민들 역시 마찬가지다. 이러한 지역에는 보다 많은 자원을 할당함으로써 이러한 집단이 발생시키는 추가수요에 부응해야 한다. 이것이 바로 동등한 욕구를 가진 사람들에게 동등한 접근성을 보장하는 것이다. 명백히, 의료수준이 아주 열악한 지역은 문제의 원인을 해결하기 위한 추가지원이 필요하다. 이러한 문제해결에 도움을 줄 수 있는 것이 바로 NHS이다. 과거의 경험을 통해 볼 때, 빈민가족이나 소수자 집단이 직면하고 있는 접근성의 장벽을 제거하고 의료정보를 개선하며, NHS를 통해 보다 나은 원조와 맞춤형 조언을 제공하며, 기타 개입에 필요한 조사연구를 수행함으로써 미충족의 욕구를 효과적으로 해결할 수 있었다. 자원배정자문위원회는 현재의 자금배분공식에서 별도의 요소를 포함시킴으로써 이러한 조직적 의료불평등 해소노력에 자금을 지원할 수 있도록 권고하였다. 이러한 접근을 통해 의료불평등의 원인 중 상당수는 NHS의 해결범주를 넘어서지만, 모든 것이 그렇지는 않다는 점을 확인할 수 있었다.

자원배정실무반의 공식을 오늘날 적용할 경우, 사회적 박탈의 정도가 높은 상위 10% 1차진료트러스트 주민들은 하위 10% 지역의 주민에 비해 1인당 24%의 자금을 더 배정받을 것이다. 1990년대에 적용된 요크대학의 공식을 따를 경우 이는 27%가 될 것이다. 2000년 이후 적용되고 있는 자원배정자문위원회의 공식을 따를 경우 이는 거의 40%에 달한다. 지난 40년 동안 박탈과 욕구가 큰 주민들에게 보다 높은 비율의 자원이 할당되어 왔으며, 오늘날에도 이러한 접근법을 더욱 발전시키기 위해 많은 노력이 경주되고 있다.

자금배분공식의 별도요소는 2009/10년부터 적용하기로 합의되었다. 이 요소는 의료불평등의 문제를 다루는 것으로서, 1차진료트러스트가 이 목적에 충실하고 개선책을 마련하는 데 보다 책임감 있게 움직일 수 있도록 자금이 지원되어야 한다. 이를 위해 어떠한 실질적 조치가 가능한지를 검토하도록 Michael Marmot 경을 위원장으로 위원회가 결성되었으며, 보고서는 2009년 말에 발표될 예정이다.

3.4.1. 자본재의 할당

과거 지방의 NHS는 일련의 자본금을 배정받아 승인된 건물에 지출하였다. 2007/08년 이후 잉글랜드 지역의 병원트러스트는 상환능력 범위[49] 내에서 자금을 대출받아 자본투자 사업을 실시할 수 있게 되었다. 이들은 토지와 건물을 매각하여 원하는 방향으로 재투자하거나 활용할 수 있다. 이로 인해 병원트러스트와 지역 당국의 관계는 보다 밀접해졌다. 1차진료트러스트는 과거와 마찬가지로 자본을 배정받아 새로운 사업을 실시하거나 환경을 개선한다.

3.5. 스코틀랜드와 웨일즈의 제도

스코틀랜드와 웨일즈 의회는 자체검토를 통해 상호간뿐만 아니라 잉글랜드 지역과도 다른 방법을 발전시켰다.

스코틀랜드는 'Arbuthontt 검토'(Arbuthontt' Review)를 통해 4개의 지표

49) 이를 건전대출상한제(Prudent Borrowing Limit)라 부른다.

를 결정하였다. 이 지표들은 의료보장 비용과 밀접히 관련되어 있을 뿐만 아니라 비가중평균을 이용하였다(Scottish Executive, 1999). 이는 잉글랜드 지방의 경우보다 훨씬 단순할 뿐만 아니라 정교하지도 않았다. 여기에는 아주 많은 요인들이 고려되지 않았지만, 잉글랜드의 경우처럼 단순히 상이한 인구유형에 따른 상이한 수요에 대처하기 보다는 충족되지 못한 욕구를 고려하였다. 이후 잉글랜드는 이러한 스코틀랜드의 자금배정 방식을 토대로 자체의 배정방식을 재검토하였다. '웨일즈 검토'(Welsh Review)는 Peter Townsend의 주도로 이루어졌으며, 스스로 보고된 질병뿐만 아니라 '웨일즈 보건조사'(Welsh Health Survey)를 통해 밝혀진 다양한 전염병 지표를 활용토록 권고하였다(National Assembly for Wales, Health and Social Services Committee, 2001). 이러한 '직접적 욕구모델'(direct needs model)이 (잉글랜드처럼) 1차적으로 상이한 의료서비스 수요에 의존하는 것보다 바람직하다고 생각하였으며, 2005년 웨일즈 정부는 이 모델의 활용경험을 평가하였다(Welsh Assembly Government, 2005). 이곳에서도 역시 사회적 불평등은 퇴치의 노력에도 불구하고 여전히 의료문제를 악화시키고 있다. 논쟁의 여지는 있지만, NHS가 이러한 문제해결을 위한 올바른 출발점은 아니다. 사회 내에서 보다 일반적인 불평등 해결방안이 필요할 것이다(Wilkinson, 1996, 2000; Acheson Report, 1998). 하지만 의료서비스는 여전히 과거 사회적 불평등이 발생시킨 문제들을 극복해야 한다. 우리는 공정성을 확보하기 위해 수요와 미충족의 욕구가 높은 지역에 보다 많은 자원을 배정하고 있다.[50)]

지금까지 우리는 '세입'을 할당하는 방식, 즉 건물이 아닌 급여와 재료에 대한 경상지출의 방법에 대해 논의하였다. 구체적인 내용에 있어서는

50) 여러 국가에서 의료자원 할당의 문제를 윤리적으로 고찰한 문헌으로서 Maclean(2007)을 참조하기 바란다.

차이를 보이지만, 각 지방정부는 경험주의적 자원배정 방식을 채택함으로써 소규모지역의 독특한 의료욕구에 대처하고 있다. 불행히, 자원배정 방식은 계속 정교해짐에도 불구하고 각 지방의 주민건강은 사회계급이 그러한 것처럼 여전히 다양하다(Acheson Report, 1998).

써리 동부(East Surrey), 킹스톤(Kingston), 리치몬드(Richmond) 등 런던 근교 부유층 지역에 거주하는 주민의 평균수명은 79세이다. 장애나 건강악화의 영향을 받지 않는 건강수명은 67세이다. 이에 비해 반슬리(Barnsley) 지역의 평균수명은 76세, 건강수명은 52세에 불과하다. 의료서비스에 대한 지출액의 문제를 넘어 훨씬 더 근본적인 요인들이 건강문제에 영향을 미치고 있다.

이렇게 신중히 산출된 욕구지표들 외에, 1997년 노동당 정부는 중앙차원의 특별유인책을 활성화시키기 위해 일련의 특별보조금제도 도입하였다. 여기에는 의료불평등의 문제를 해결하기 위해 혁신적 방법을 시험하고 있는 취약지역(보건우선투자지역, Health Action Zone)에 대한 보조금이 포함된다. 추가자금의 대부분은 현대화기금(Modernisation Fund)이라는 명칭으로 분류된다. 이 기금은 여러 개의 별도 자금으로 구성되어 있는데, 성인정신질환서비스 자금, 1차진료서비스 개선자금, 부인과 암관련 자금, IT 자금, 그리고 무엇보다도 대기자 명단 축소자금 등으로 분류된다. 정치인들에게 이러한 자금들은 발표 시 신문지면의 헤드라인을 장식할 수 있는 장점이 있다. 하지만, 이러한 구조 때문에 현지담당자들은 각각의 자금이 어떻게 사용되는지를 감시하고 보고하는데 심각한 어려움을 겪고 있다. 이러한 자금들은 지역이 인식하는 우선순위에 부합할 수도 있지만 그렇지 않을 수도 있다.

4. 대안적 재원확보 방안

NHS에 대한 기대가 상승하고 조세방식의 예산에 대한 압박이 가중되면서 많은 사람들은 조세를 통한 재원조달이 과연 올바른 방법인가에 대해 의문을 갖게 되었다. NHS를 사회보험 기반의 제도로 변모시키는 것과 민간보험의 역할을 증대시키는 것 등 두 가지가 주요대안으로 제시되는데, 아래에서 고찰한다. 지방세는 스웨덴과 덴마크에서 아주 효과적으로 이용되고 있지만 영국에서는 별로 논의되지 않았다. 하지만 이 방식 역시 또 하나의 대안으로 고려될 수 있을 것이다.

2002년 재무장관은 사회보험 기여금을 1% 포인트 인상시킴으로써 다소 급진성이 약한 선택을 하였다. 그리고 추가세입을 NHS에 할당하겠다고 말함으로써 자신의 행동을 정당화시켰다. 이는 단순히 조세를 다른 명칭으로 징수하는 것이며, 주로 정치적 입장의 문제였다. 동일한 개념을 보다 급진적으로 실현할 경우 NHS의 전체 예산을 목적세를 통해 마련하는 방법이 될 것이다. 이에 대해서는 앞장의 목적세부분에서 전체적으로 논의하였다.

4.1. 보험중심의 제도

유럽 본토의 의료보험체계에는 4개의 아주 상이한 제도들이 있다. 일부는 다른 나라에서도 적용할 수 있는 가능성이 높은데, 가장 빈번하게 인용되는 예로서 독일, 프랑스, 네덜란드를 들 수 있다.

4.1.1. 고용주/피용자 기여기반

하나의 공통된 특징으로서 고용주와 피용자가 급여의 일정비율을 의료보험기금에 기여하는 것이다. 역사적으로 이러한 방식은 세입을 확대하는 데 있어 몇 가지 장점을 보여주었다. 기여금의 수준은 고용주와 노동조합 간의 협상에 의해 결정되었다. 따라서 정부의 통제력은 상대적으로 약했다. 프랑스의 경우 결정된 기여수준을 의회가 반대하지 않았으며, 국가가 기금을 관할하지 않았다. 경제가 성장함으로써 노동비용이나 실업에 대한 우려가 적었던 시기에 이러한 방식이 의료예산에 가하는 압박은 상대적으로 낮았다. 하지만 1990년대에 모든 것이 변하였다. 정부는 징수되는 기여금액이 GDP의 10%에 이르고 실업률이 증가하게 되자 기여상한선을 설정하였다.

의료서비스에 대한 욕구가 가장 큰 사람들은 실업자가 아니다. 따라서 보험방식의 제도는 실업자, 노인, 그리고 다른 비근로자를 포괄할 수 있도록 확대되어야 했다. 기여금을 납부하지 않는 사람들을 위해서 기존의 제도를 확대하거나 조세방식의 별도장치를 마련해야 했다. 현재의 제도들은 정부가 기여수준과 예산의 상한선을 설정하고 있기 때문에 조세방식의 제도와 아주 유사하게 보인다. 이러한 제도들은 무한정 지출할 수 있는 능력을 상실하였으며, 누진적이지 못하고 근로자를 고용하는 것이 비용부담을 야기하는 것처럼 보이는 일종의 조세형태로 남아 있다. 이들 국가가 누리는 장점의 상당부분은 단순히 의료에 대한 지출이 더 많은 덕분이다. 이외 유럽제도의 다른 측면들은 모방할 만한 가치가 있다.

- 행위별수가제: 서비스공급자, 병원, 의원, 일반의 등은 자신이 제공한 서비스 항목 각각에 대해 비용을 지불받는다. 영국의 경우 치과의사와 안경사

가 이러한 형식을 따른다. 일부 영국병원도 1991-1997년 동안 협정에 의거 기금보유 일반의를 통해 이러한 방식으로 비용을 지불받았다. 환자는 자신이 등록한 의사를 방문할 때마다 요금을 지불하며, 이중 일부(프랑스의 경우 75%)를 보험기금으로부터 상환 받는다. 의료보험이나 상병기금은 여러분의 병원방문을 먼저 승인한 다음 비용을 지불할 것이며, 통상적으로 이용자 역시 일부 비용을 부담한다. 이러한 방식을 통해 병원이나 의사는 환자를 신속하게 치료하려는 유인을 얻게 된다. 이러한 시스템 하에서는 대기자가 발생하지 않는다. 치료한 환자 수가 많을수록 공급자의 소득은 높아지기 때문이다. 반면, 이러한 방식은 과잉진료, 불필요하게 반복되는 진료 혹은 장기입원 등의 문제를 낳는다. 또한 프랑스와 독일의 사례에서 보듯이, 제한된 혹은 '총액예산제'와 병립하기 어렵다. 치료를 기다리는 환자는 아직 남아 있는데 기관의 예산은 한계에 이르기 때문이다. 돈이 문제가 되면 기관들은 자신의 예산목표를 파기하는 경향이 있다. 이러한 긴장을 해결하기 위해 환자들에게 상당금액을 부담케 함으로써 수요를 억제하고 있다. 앞으로 살펴보겠지만, 프랑스는 이러한 비용의 상당부분을 중산층의 추가보험 가입을 통해 충당하고 있다.

- 구매자와 공급자의 분리 및 소비자의 공급자 선택. 이는 보험중심제도의 특징이지만 반드시 여기에 국한되지는 않는다. 스웨덴을 포함하여 다른 조세중심의 제도들이 이러한 패턴으로 변화하고 있다. 보험사나 상병기금은 치료서비스를 제공하는 다양한 기관에 비용을 지불한다. 이들은 종교재단이 운영하는 비영리병원이나 영리병원 혹은 독립된 공공병원일 수도 있다. 독일의 경우 병원의 40%가 비영리단체이며, 5%는 민간, 50%는 독립된 공공기관이다. 환자 혹은 프랑스의 경우처럼 환자가 등록한 일반의는 소속된 상병클럽이 설정한 범위 내에서 서비스 공급자를 선택할 수 있다. 독일과 네덜란드의 경우, 사람들은 어느 상병기금에 가입할 것인지

를 선택할 수 있으며, 불만이 있을 경우 변경할 수 있다. 이는 일반의, 병원 그리고 비용을 지불할 기관을 개인 본인이 선택할 수 있음을 의미한다.

간단히 말해, 보험방식의 제도에는 다양한 특성들이 결합되어 있다. 일부는 경제적 측면에서 바람직하지 않으며, 일부는 모방할 가치가 있으며, 일부는 이미 조세기반제도에서 채택하여 활용하고 있다. 특히 스웨덴의 일부 군청은 병원이 치료하는 환자 수에 따라 비용을 지불하고 있다. 조세기반의 재정방식이 영국에서처럼 반드시 공급에 대한 중앙화된 명령과 통제를 수반하는 것은 아니다. 최근 정부 내에서 나타나는 변화는 이러한 점을 인지하고 있다.[51]

4.2. 민간보험

일부 사회보험 중심제도는 핵심서비스와 더불어 자발적 민간보험을 추가로 활용할 수 있다는 특징이 있다(Mossialos and Thomson, 2001). 독일의 경우 고소득자는 사회보험에서 탈퇴할 경우 반드시 민간보험에 가입해야 한다.

2006년 네덜란드는 새롭고 주요한 조치들을 민간보험에 도입하였다. 모든 민간보험에 상당량의 공적 보조금을 지급하는 것이다. 모든 시민은 민간의료보험에 가입해야 한다. 18세 이하 아동은 모두 보험료가 면제되며, 정부가 대신 지불한다. 모든 민간의료보험회사는 정부가 결정한 기본적 서비스 수준을 보장해야하며, 동일한 보험료를 납부하는 모든 가입자들에게 이를 제공해야 한다. 보험사들은 이러한 전국적 서비스에 부합하게 보험료를 책정하며, 서로의 경쟁을 통해 보험료를 평균보다 약간 낮거나 높게 책정할 수 있다. 이들은 또한 추가보장을 제공할 수 있으며, 개인

51) 뒤 '5. 선택과 효율의 증진' 부분 참조 바람

이 일부 자부담을 선택한다면 보험료를 약간 낮게 책정할 수 있다. 보다 건강한 가입자만을 선택하는 '크림스키밍'의 유혹문제[52]에 대처하기 위해 정부는 병력이 있거나 노령 혹은 다른 위험요소를 갖고 있는 사람들에 대한 보험료를 보다 높게 지불한다. 정부는 또한 자산조사를 기반으로 빈민 각자에게 치료수당을 지급함으로써 그들이 납부하는 보험료를 보전시켜 준다. 이러한 보조금의 비용은 보험에 가입한 피용자와 고용주가 부담하는 소득비례 기여금으로 충당된다. 보험회사는 어느 의료서비스 공급자와 계약을 맺을 것인지 결정하며, 환자는 어느 공급자를 이용할 것인지를 결정한다. 서비스 공급자는 가입고객에게 제공한 서비스에 따라 비용을 지급받는다. 이러한 제도를 통해 치료의 비용을 부담하는 보험회사들 사이에서 뿐만 아니라 의료서비스를 제공하는 공급자 사이에서도 경쟁이 유지된다. 이러한 방식은 또한 크림스키밍의 문제를 해결하며 균등하고 기본적인 접근성을 보장해 준다.

미국 메사추세츠주와 캘리포니아주의 시민들은 빈민을 위한 메디케어(Medicare)나 노인을 위한 메디케이드(Medicaid)의 대상자가 아니라면 인가된 민간보험에 가입해야 한다. 여기에서도 역시 영세사업장의 고용주와 빈민 각자에게 보조금이 지급된다. 2008년 대선당시 일부 후보자들은 이러한 아이디어를 미국 전역으로 확대시키겠다고 공약했다.

프랑스 등의 국가들은 3층 보장방식을 취하고 있다. 사회보험 프로그램은 서비스를 다양하게 보장하지 않으며, 입원비나 다수의 의사에게 진료를 받아 기준을 초과한 비용을 상환하지 않는다. 따라서 개인 및 기업에 기반을 둔 집단은 별도의 보험가입을 통해 이러한 비용을 충당해야 하는데, 이 비용의 상당부분은 세제혜택을 받는 비영리 협동조합을 통해 마련된다. 이와 더불어 제3층에는 영리를 추구하는 민간공급자들이 존재한다.

---

52) 제2장 '2.4.2 판매자와 구매자간의 정보불균형' 부분 참조 바람.

모든 유럽국가에는 민간이 독자적으로 운영하는 사적보험이 존재한다. 아일랜드 등 일부국가의 경우 이는 조세를 통해 막대한 보조금을 지급받는다. 대부분의 유럽국가에서는 조세감면이 전혀 없으며, 독일과 네덜란드는 매우 제한적인 수준에서 세금을 보조한다.

민간의료보험에 대한 세제지원을 옹호하는 입장은 다음과 같다.

- 개인의 민간의료시설 이용률을 높임으로써 과부담이 걸려 있는 NHS에 대한 수요를 감소시킬 것이다.
- 납세자의 추가부담 없이 영국의 전체 의료비지출 수준을 향상시킬 것이다.
- 가용한 민간시설에 대한 선택의 범위가 넓어질 것이다.
- 양질의 경쟁자가 등장함으로써 NHS는 수행성 향상을 위한 압박을 더 크게 느낄 것이다.
- 가족들이 보다 자주적이며, 자신의 건강 및 생활양식을 더욱 신중히 생각하도록 유도할 것이다.

이를 반대하는 입장은 다음과 같다.

- 대부분의 사적 이용자들은 응급성이 없으며 상대적으로 저렴한 치료를 선택한다. 따라서 NHS에 대한 수요감소는 단기적이며 소규모에 지나지 않을 것이다. 중증환자나 장기질환자, 장기요양보호를 필요로 하는 노인 등은 여전히 NHS 제도에 남게 될 것이다. 이들에 대한 비용이 NHS 전체지출의 상당부분을 차지한다.
- 많은 사람들이 NHS를 탈퇴할 경우 납세자의 지지는 하락할 것이다. 보다 많은 세금을 납부해야 하기 때문이며, 결국 제도 자체가 붕괴될 수 있다. 서비스가 악화되면 보다 많은 사람들이 탈퇴할 것이며, 세금을 통해 지원

되는 재원의 양은 축소될 것이다. Propper(2001)는 사회조사를 통해 이러한 주장을 검토하였다. 그 결과 사적보험을 이용하기 위해 NHS를 탈퇴한 사람들 역시 이의 서비스가 개선되고, 이를 위해 보다 많은 세금을 납부하겠다는 기존의 지지적 입장에는 변화가 없었다. 하지만, 사적 서비스를 선택하는 사람들은 1차적으로 높은 세율과 NHS 지출에 대한 지지가 낮았다.

- 여러 국가들의 사례를 통해 볼 때 사적부문은 열악한 비용관리라는 문제를 안고 있다. 이들에게 보조금을 지급함으로써 비효율의 문제가 발생할 것이다.
- 이는 제2장에서 고찰한 시장실패의 여러 가지 문제와 동일한 맥락에서 이해된다.

4.3. 지방세

덴마크와 스웨덴의 의료보장제도는 조세를 기반으로 하며, 대중의 지지 또한 높다(European Observatory on Health Care Systems and Policies, 2008). 그러나 이의 재원은 1차적으로 지방세를 통해 마련된다.[53] 양 국가에 있어 세금을 징수하고 관리하는 단위는 군청이며, 중앙정부는 공급되는 서비스의 패턴과 접근성에 관한 일반적 책임을 맡는다. 스웨덴의 지방소득세율은 평균 소득의 11%로서, 이를 통해 의료비지출의 70%를 조달한다.

4.4. 균형

조세를 기반으로 재원을 마련하고 욕구에 기반하여 서비스를 공급하는 의료

---

53) 이에 관한 내용은 앞장에서 논의하였다.

보장제도는 사회보험 기여금을 통해 재원을 마련하는 제도보다 원칙적으로 친빈민적이어야 한다. 하지만 이는 조세제도가 얼마나 친빈민적인가의 문제에 달려있다. 여러 가지 증거를 통해서 볼 때 영국의 의료보장제도는 재원이 가장 누진적으로 마련되며, 가장 공평한 전달체계를 갖추고 있는 것 중 하나이다(Propper, 2001). NHS의 재정방식에 대한 Wanless 보고서(MH Tresury, 2001)는 가용한 증거들을 검토함으로써 다음과 같이 결론짓고 있다.

- 일반조세를 통한 재원마련은 다른 수단에 비해 보다 효율적이라고 일반적으로 간주된다. 강력한 비용통제와 우선순위 결정이 용이할 뿐만 아니라 경제적 왜곡 및 동기약화를 최소화할 수 있기 때문이다.
- 일반조세를 통해 재원을 마련함으로써 각 개인이 재정적으로 얼마나 기여하고 어느 정도 의료서비스를 이용하는지를 최대한 구분할 수 있다.
- 의료보장의 상당부분은 개선된 의료결과와 연관된다.
- 일반적으로 환자가 필수적인 진료를 받으면서 본인부담금을 내지 않는 것이 … 공정한 것이다. 또한 그렇게 함으로써 사람들이 치료를 받으려는 동기가 약화되지 않는다.(p.57)

그러나 네덜란드는 의료보장의 재원마련을 위해 새로운 공사혼합 패턴을 도입하였는데, 아주 흥미로운 결과를 보여주고 있다. 이의 목적은 공정하고 기본적인 서비스를 제공하는 데 필요한 재원을 마련하고, 선택의 범위를 넓히며, 공급자들의 효율성을 증진시키는 데 있다. 이 제도의 운영결과를 면밀하게 지켜볼 필요가 있다.

5. 선택과 효율의 증진

미국의 경험을 통해 보듯이 의료예산의 규모가 제도의 효율성이나 대중의 만족도와 직결되지는 않는다. 세입을 서비스 공급자에게 할당하는 방식은 공정성뿐만 아니라 즉각적이고 효과적인 치료를 유도한다는 측면에서도 중요하다.

앞에서 살펴본 바와 같이 조세방식을 포함한 다른 재정방식은 영국의 제도보다 이용자에게 더 많은 선택권을 부여하며, 공급자를 보다 강력한 경쟁체계로 끌어들인다. 행위별수가제는 공급자의 민첩한 반응을 조장시키지만 특별히 비용 효과적이거나 공정성을 담보하지는 않는다. 영국정부는 서비스 공급자에게 보수를 지급함으로써 공정성을 유지하고 보다 소비자 친화적인 서비스를 촉진할 수 있는 방안을 마련할 수 있을 것인가? 1990년 이후 보수당 정부와 노동당 정부 모두는 명백히 이러한 노력을 경주해 오고 있다. 보수당정부는 1989년 백서(DoH, 1989)에서 NHS가 제3장에서 고찰한 정부실패의 모든 요소들을 담고 있다고 진단하였다.

병원과 지역사회 보건서비스는 처음부터 독점상태에 놓여 있었다. 환자들은 사실상 이 제도를 벗어나 다른 대안적 공급자를 선택할 수 있는 역량이 없었다. 서비스 공급자들은 수행성의 높고 낮음에 관계없이 정해진 예산[54]을 제공받았다. 실제로 대기자가 많은 경우 이를 축소하기 위해 보다 많은 자금을 배정해야 하였다. 이 결과 수행성이 열악한 경우가 오히려 보상을 받았다.

1991년부터 1997년 기간 동안 시도한 해결책은 두 종류의 구매자, 즉 자신의 환자를 위해 서비스를 구매하는 지역보건국과 일반의들에게 자금을

54) 일반적으로 약간씩 인상되었다.

제공하는 것이었다. 지역보건국은 규모가 가장 큰 의료서비스 구매자로서, 매년 경쟁을 통해 병원 및 기타 서비스 공급자들과 계약을 체결하는 책임을 맡았다. 이론적으로 볼 때, 한 병원의 수행성이 낮으면 재계약은 이루어지지 않는다. 규모가 큰 일반의들은 비응급성 치료 및 상대적으로 치료비가 저렴한 일부 진료서비스에 대해 독자적인 계약을 체결할 수 있었다. 이들이 배정받는 예산에는 자신이 처방한 의약품비뿐만 아니라 최종적으로는 지역사회 서비스에 대한 비용을 커버하는 자금도 포함되었다. 이러한 기금보유일반의(GP fundholding) 제도는 지역보건국을 중심으로 서비스를 구매할 수 있도록 한 조치보다 훨씬 급진적인 변화였다(Glennerster et al, 1994).

지역보건국에 부여된 자유재량권은 훨씬 제한적이었다. 따라서 현실적으로 경쟁적 준시장은 여러 가지 측면에서 작동할 수 없었다(Le Grand, 1999).

- 정부는 지역보건국이 피계약자를 변경할 경우 병원이 문을 닫을 수도 있다는 염려 하에 계약변경 횟수를 최소화하도록 강제하였다. 이로 인해 많은 지역에서는 동일한 병원이 자금을 지원받아 다양한 기능을 수행하는 일종의 총액계약제 현상이 나타났다. 결과는 과거와 크게 다를 바가 없었다. 수행성이 낮은 병원에 대한 자금삭감이라는 궁극적인 제제조치는 결코 실현되지 못했다.
- 병원트러스트와 지역보건국은 자신들이 창출한 잉여금을 보유할 수 없었다. 이에 반해 기금보유일반의는 이것이 가능했다.
- 일반의는 소액이지만 직접적인 관심을 통해 잉여금을 창출하며, 이를 병원환경개선에 활용할 수 있었다. 하지만 병원트러스트에는 그러한 유인책이 없었다.

- 지역보건국 직원들은 이러한 '시장지향적' 개혁에 극도로 회의적이었다. 그들은 기업가로서 훈련받은 것이 아니었다. 지역 내 서비스 공급자들에게 엄격한 태도를 취함으로써 얻는 이득은 없었으며, 오히려 시간소요, 충돌, 관계악화 등의 손실이 발생하였다.

이러한 실험으로 인해 흥미로운 연구문헌들이 방대하게 출간되었다[55]. 초기 이러한 개혁을 지지했던 한 옹호자는 이것이 어떠한 주목할 만한 변화도 가져오지 못했으며, 다만 기금보유일반의 제도에서 일부 예외적인 현상들이 나타났다고 결론 내렸다(Le Grand, 1999). 그러나 기금보유제도에 내재된 유인강화책은 특히 다음과 같은 효과를 가져왔다는 증거도 있다.

- 혁신을 유도하였으며 일부 병원활동을 1차진료 중심으로 방향전환 시켰다(Glennerster et al, 1994; Audit Commission, 1996).
- 환자의 퇴원시기가 단축되었다(Raftery and McLeod, 1998).
- 약제비 예산의 증가율이 감소되었다. 특히 이러한 현상은 예산절감을 위한 유인책들이 상대적으로 많았던 초기 몇 년 동안에 나타났다(Wilson and Walley, 1995' Harris and Scrivener, 1996; Rafferty et al, 1997).
- 병원 대기자 수뿐만 아니라 병원으로 의뢰되는 환자의 수가 감소되었다 (Dowling, 2000; Gravelle et al, 2002; Propper et al, 2002).

이러한 모든 변화의 규모는 크지 않았지만 고무적이었다. 이와 더불어, 보다 넓은 지역을 중심으로 일반의 집단에게 예산권과 의사결정권을

55) 수백편의 연구결과물을 검토한 것으로서 Le Grand et al(1998) 참조 바람.

위임한 중간단계적 조치 역시 긍정적인 결과를 가져왔다는 증거도 있다(Glennerster et al, 1998).

5.1. 잉글랜드지역의 1차진료트러스트

1997년 노동당 정부는 잉글랜드 지역에서 기금보유제도의 일부 장점을 유지시킴과 동시에 고부담의 진료비와 행정비용의 문제를 해결하고자 했다. 더불어 이 제도에 일부 일반의들만 참여하고 다른 일반의들은 참여하지 않음으로써 발생하는 분열적 결과를 해결하고자 했다.

그 결과 1차진료트러스트의 대상 인구가 훨씬 확대되었다.

- 이들은 병원, 지역사회, 약제비 지출에 대한 비용을 커버할 수 있도록 정해진 공식에 의거 자금을 지원받는다. 이론적으로, 이러한 서비스 영역간의 전통적 경계는 이제는 모호해질 것이다.
- 이들은 필요시 민간공급자를 포함하여 여러 공급자와 계약을 맺고 감독할 책임이 있다. 또한 계약을 종료하거나 자금지원기관을 변경함으로써 지역의 서비스공급자들이 효율적으로 활동할 수 있도록 유인하며, 소비자들에게는 선택권을 부여한다.

노동당 정부는 재정적 지원보다는 관료적 제재조치에 기반을 둔 몇 가지 강력한 중앙통제적 조정장치도 도입하였다. 여기에는 병원 및 기타 지역서비스 공급자들을 대상으로 한 수행성 지표의 도입, 전국적 감독기관[56]의 설치, 전국단위의 기준을 설정하기 위한 NICE의 설립 등이 해당된다.

56) 실제 명칭은 보건증진위원회(the Commission for Health Improvement: CHI)이며, 현재 잉글랜드 지역에서는 보건위원회(the Health Commission)로 불린다.

1991년부터 1997년 동안 실시되었던 효율성 강화책들은 실효성이 약했으며, 결국 포기하기에 이르렀다. 이로 인한 초기 결과는 다소 우려스러웠다. 1997/98년과 1998/99년 내부시장과 경쟁이 폐지된 이후 NHS의 수행성은 현저히 하락하였다. 내부시장은 많은 사람들이 생각했던 것 이상으로 효과적이었음을 입증한 것이다(Le Grand, 2002). 노동당 정부의 장관들은 이 점에 관심을 기울여야만 했다. 지출의 증대와 더불어 전달체계의 문제가 절실하게 다가왔다. 장관들은 유인책을 강화시킬 수 있는 특정의 준시장 체계로 회귀해야 됨을 인식하였다.[57] 2002년 예산안과 함께 발표된 한 문건은(DoH, 2002, Ch.4) 노동당 정부가 내부시장 정책을 수정하여 다시 실시할 것을 제안하였다.

5.2. 잉글랜드 지역의 준시장

2008년 잉글랜드 지역에 재도입된 준시장 모델은 1989년 보수당정부가 시도했던 것보다 훨씬 발전된 것이었다.

- 결과에 의거한 지불. 이제 병원들은 치료를 완료한 각각의 건수에 따라 비용을 지급받는다. 이들이 지급받는 '요금'은 지역 내 비의료 노동력의 고가에 따라 다르게 적용된다. 즉 '시장력 요인'을 적용하고 있다. 이는 또한 치료의 종류 및 난이도에 따라 차등 지급된다. 환자는 응급을 요하지 않는 일반적 치료나 수술을 받기 위해 여러 병원 중 한 곳을 선택할 수 있다. 따라서 병원이 더 많은 수입을 올리려면 보다 매력적으로 변모하여 더 많은 고객을 확보해야 한다. 하지만 이를 위한 금액의 양은 1차진료트러스트가

57) 당시 보건부장관이었던 Alan Milburn과의 인터뷰 내용은 Timmins, 2002를 참조 바람.

활용할 수 있는 그리고 해당 치료에 할당코자 하는 자금에 따라 제한될 수 있다. 이 결과 잉글랜드의 준시장 유인책은 일부 유럽국가나 미국이 활용하던 순수한 수요중심의 제도보다 훨씬 축소되면서도 복잡한 특징을 갖게 되었다.

- 일반의원 중심의 위탁. 정부는 1차진료트러스트가 예산의 상당부분을 일반의에게 이양하도록 권장하고 있다. 일반의는 이렇게 이양된 예산의 범위 내에서 공급자와 자체적인 계약을 통해 환자의 치료비용을 지불할 수 있다. 이를 통해 일반의는 어떤 병원을 이용할 것인지 그리고 어떤 서비스를 직접 공급할 것인지를 결정할 수 있게 되었다. 기금보유일반의에 대한 조사연구에서 밝혀진 바와 같이, 일반의는 경우에 따라 1차진료트러스트에 비해 병원치료의 질에 대한 정보를 더 정확히 획득한다. 결국 보다 우위적 위치에서 계약을 체결할 수 있게 되었다. 이들은 또한 자신에게 등록된 환자의 대기시간을 축소시키는데 직접적인 관심을 보였다.[58]
- 민간공급자의 활용. Blair 정부는 NHS 병원과 다른 서비스 공급자들이 서로 경쟁하기를 원했다. 이를 위해 잉글랜드 지역에 소재한 1차진료트러스트는 민간공급자도 계약경쟁에 참여시키도록 조치하였다. 이러한 조치로 인해 NHS 병원들은 생산성을 현저히 증대시켜야 했던 것으로 알려졌다. 이후 Brown 정부는 이 전략을 상당부분 약화시켰다(Financial Times, 6 February 2008, p 3).

58) 앞에서 언급한 바와 같이 2010년 연합정부의 발표에 따라 1차진료트러스트는 단계적으로 폐지되며, 일반의로 구성된 대규모의 새로운 연합들이 등장하게 될 것이다. 과거의 기금보유일반의들이 구매할 수 있는 서비스의 범주는 상당히 제한되었지만, 새로운 연합은 자신이 직접 제공하지 못하는 거의 모든 의료서비스를 구매할 수 있을 것이다. 재원지원방식 자체는 1차진료트러스트 때와 거의 유사할 것이다.

5.3. 상이한 스코틀랜드의 제도

스코틀랜드는 1948년에 형성된 모델과 유사한 방향으로 회귀함으로써 전혀 다른 경로를 밟아 왔다. 병원들은 결과에 따른 차등방식이 아닌 확정방식을 통해 자금을 배정받는다. 따라서 이들은 지역사회를 위해 활동하지만 보다 많은 자금을 확보하기 위해 서로 경쟁하지 않는다.[59] 지역 내 일반의들은 다른 전문직과 협력을 통해 통합적 서비스를 제공하도록 권장받으며, 약사들에게는 간단한 질병을 치료하거나 조언을 제공토록 하고 있다. 스코틀랜드는 지금까지 보다 관대한 자금조달에도 불구하고 대기자 명단을 축소시키는 데 있어 잉글랜드만큼 성공적이지 못했다(〈표9-1〉 참조). 이렇게 아주 상이한 접근법들을 장기간 면밀히 비교해봄으로써 많은 시사점을 얻을 수 있을 것이다.

5.4. 북아일랜드

북아일랜드의 제도는 영국 내에서도 독특한 방식으로 운영되고 있다. 보건 및 사회적 돌봄과 관련된 하나의 단일예산만이 존재한다. 이 예산은 보건 및 사회적 돌봄국 책임 하에 현지의 5개 위탁단체를 통해 위임 관리된다.

---

59) 정치적 상호경쟁은 존재한다.

개관

- 과거 영국의 의료비지출은 대부분의 선진국에 비해 낮았다. 하지만 현재는 유럽평균에 가까운 비용을 지출하고 있다.
- 이러한 지출의 대부분은 중앙정부가 징수하는 조세를 통해 재원이 마련된다.
- 영국의 각 지방정부는 의료보장 프로그램과 관련하여 각기 상이한 운영방식을 채택하고 있다.
- 각 지방정부는 중앙정부가 제공한 자원을 지역에 할당하는데, 여기에는 주민의 의료상황, 연령, 사회적 조건에 따라 지역별로 상이한 서비스욕구가 반영된다.
- 지난 10년 동안 지출증가 덕분에 NHS의 산출은 50%가량 증가하였지만, 지출한 1파운드 당 생산성은 하락하였다.
- 1997년 노동당정부는 대기시간을 단축하고 기타 생산성을 높이기 위한 목표를 처음으로 활용하였다. 최근 들어 잉글랜드 지방은 책임 및 예산의 분권화와 더불어 서비스 공급자에 대한 환자의 선택권을 강화시켰다. 병원들에게는 수행한 치료에 근거하여 비용을 지불함으로써 효율성을 증진시키고자 노력하고 있다. 또한 스코틀랜드나 웨일즈 지방과 달리 잉글랜드의 일반의들은 자신의 활동범위에 따라 자금을 배정받는다.

논의

1. NHS의 자금조달방식은 다른 국가와 비교하여 어느 정도 차이가 있는가?
2. 의료서비스 공급자에 대한 자금할당방식의 문제에 있어 영국은 다른 국가로부터 무엇을 배울 수 있는가? 또한 그들로부터 얼마나 많은 것을 배웠는가?
3. NHS 기금을 의료욕구가 각기 다른 지역들에게 공정하게 할당하기 위해 영국은 어떠한 노력을 기울이고 있는가?

추천문헌

1. Le Grand and Vizard(1998)은 1974년~1996년 동안 지출의 추이와 결과를 검토하고 있다.
2. Wanless Report(중간 및 최종보고서: HM Treasury, 2001, 2002a)는 향후 NHS에 가해질 재정압박 및 이를 해결하기 위해 얼마의 현금이 필요한지를 요약해서 보여주고 있다. 또한 King' Fund(2007)는 이러한 추가지출로 인해 얼마의 비용이 소요되었으며, 무엇을 성취하였는지 검토하고 있다.
3. Dixon and Mossialos(2002)는 여러 국가의 재정방식을 비교 검토하고 있다.
4. Maclean(2007)은 영국, 미국 그리고 호주를 대상으로 의료자원 할당의 윤리적 기반을 검토할 뿐만 아니라, 실제로 이것이 할당되는 방식을 설명하고 있다.

5. Propper and Green(2001)은 민간부분의 활용 및 사적 재정방식의 확대에 대한 찬반논쟁을 정리하고 있다.
6. Propper et al(2006)은 선택과 경쟁이 잉글랜드 의료보장제도 개선을 위해 어떤 역할을 하는지 비판적으로 검토하고 있다.

제5장

사회적 돌봄

요약

- 의료보장과 사회적 돌봄, 재택보호간의 경계를 구분하기란 쉽지 않으며, 공식적인 제도적 돌봄과 가족돌봄을 구분하는 것 역시 어렵다. 실제로 최상의 사회적 돌봄은 이러한 모든 종류의 공급자들이 민감하게 혼합되어 있다. 이렇게 유연한 혼합방식을 촉진할 수 있도록 재정방식을 고안해 내지 못한 것은 영국 사회정책의 커다란 실패 중 하나이다. 돌봄서비스 공급자들에 대한 재원은 각기 다르다. 이로 인해 취약계층과 그들 가족은 복잡하고 혼란스러운 문제를 겪고 있다.
- 급여의 대부분을 차지하는 것은 가족의 비공식적 돌봄이다. 이는 직접적인 돌봄뿐만 아니라 독립적일 삶을 원하는 사람들에 대한 정서적 지원, 보호자에 대한 지원까지 확대 포함된다. 공식적인 비영리기관을 통해 제공되는 자원봉사자의 역할 또한 다른 서비스 분야에 비해 크다.
- 의료보장 분야와 마찬가지로 이 분야 역시 시장의 실패를 특징으로 한다(〈상자 5-1〉 참조). 하지만 이러한 시장의 실패는 위험에 처한 집단에 따라 전혀 다르게 적용된다. 학대받는 아동은 모든 정보를 제공받더라도 올바른 선택을 할 수는 없다. 하지만 상당수 노인이나 장애인의 경우 충분한 재원과 정보를 주어지면 올바른 선택을 내릴 수 있다. 이를 실현하기 위해 '직접지불' 방식과 개별예산제가 시작되었다.

〈상자 5.1.〉 장기요양보호에 있어 시장의 실패

- 사회적 돌봄이 필요한 대부분의 사람들은 이에 대한 정보가 존재하더라도 활용할 역량이 없다. 예로서 아동이나 일부 노인, 정신질환자 등을 들 수 있다.
- 일부 사람들은 선택권을 박탈당한다. 예를 들어, 보호관찰대상자들이 '관대한' 보호관찰관을 구매하거나 자신의 형량을 결정할 수 없다.
- 하지만 다수의 개인이나 그들 가족은 장애인 혹은 노인으로서 자신에게 필요한 돌봄의 질에 대해 완벽한 판단을 내릴 수 있다. 이들에게 있어 선택과 시장은 원활히 작동할 것이다.
- 취약한 계층일수록 시장에서의 권력불평등 문제가 두드러진다. 이들에게 선택이 가능하고, 착취로부터 보호받기 위해서는 도움이 필요하다.
- 향후 장기요양보호 '기술'이 어떻게 발전할 것이며, 장애율은 어떻게 변할 것인지에 대한 불확실성이 존재한다. 이러한 두 가지 요인 때문에 비용예측이 어렵다. 이에 따라 보험자들은 신중을 기함과 동시에 보험료를 높게 책정한다.
- 장기요양보호 역시 역의선택의 문제에 노출되어 있다.[60] 사람들은 오랜 경험을 통해 자신의 가족력 및 의료, 사회적 상황에 대해 잘 알고 있다. 특히 노인의 경우는 장기요양보호 욕구의 개연성을 보험회사보다 더 잘 알 것이다. 이러한 이유 때문에 민간보험사는 신중을 기하며 보험료를 높게 책정한다.
- 대부분의 사람들은 젊은 시절에 장기요양보호를 필요로 할 것이라고 생각하지 않는다(경제학자들은 이를 '근시안'이라고 칭한다). 따라서 나이가 들어 이를 필요로 할 가능성이 높아졌을 때야 비로소 보험에 가입하는 경향이 있다. 결국 아주 높은 비용을 지불해야 한다.
- 요양 받을 거주시설이 확정되면 이를 변경하기란 쉽지 않다. 거주시설을 옮기는 것은 높은 사망률과 관계되기 때문에 탈출(exit)이 어렵다.
- 도덕적 해이의 문제가 특히 심각하게 발생한다. 대부분의 돌봄서비스는 가족을 통해 제공된다. 따라서 일단 보험에 가입하게 되면 가족들은 관대한 민간보험(공적보험도 마찬가지임)에 과도하게 의존함으로써 가족의 역할을 포기할 가능성이 있다. 이를 예측하기 어렵기 때문에 민간보험사들은 장기요양보호의 적용범위에 대해 극도로 신중하게 된다.[61]

---

60) 제2장 '2.4.2 판매자와 구매자간 정보불균형' 부분 참조 바람.

61) 보다 구체적인 내용은 Burchardt et al(1999)와 Royal Commission on Long-Term Care (1999) Ch.5를 참조하기 바람.

1. 사회적 돌봄의 비용

1.1. 비공식적 돌봄

아동이나 노인, 기타 피부양자를 돌보는 데 있어 가장 많은 비용을 지불하는 것은 가족이다. 여기에는 주로 부모와 배우자가 해당되지만 다른 가족 성원도 포함된다. 이러한 비용은 대개 여성에게 무차별적으로 부과되는데, 이는 특히 아동보호의 영역에서 두드러진다. 환자나 장애인 혹은 노인을 돌보는 일은 과거에 비해 남성과 여성 모두에게 보다 균등하게 분산되어 있지만, 여성들은 여전히 직접적인 대인서비스 영역에서 남성보다 많은 역할을 수행하고 있다(Parker and Lawton, 1994l Arber and Ginn, 1995; Maher and Green, 2002). 이러한 돌봄관련 활동은 '기회비용'의 문제를 발생시킨다. 이 시간을 소득활동에 이용할 수 있었기 때문이다. 이와 더불어 피돌보미가 돌보미와 동일한 장소에 거주할 경우 주거비, 식료품비, 난방비 등 보다 실질적인 비용의 문제가 발생한다. 이러한 '비공식적' 비용을 산출하기 위해 많은 노력들이 있어 왔다(예를 들어, Parker, 1990; Netten, 1991; Pickard, 2004).[62] 이제 정부의 통계학자들은 이러한 활동을 국민계정에 포함시키고자 한다. 하나의 접근법으로서 임금으로 계산된 시간과 계산되지 않은 시간비용, 주거비, 식료품비 등 투입가치를 계산하는 것이다. Richards et al(1996)은 노인에 대한 전체 비공식 비용이 1995년에 180억 파운드로서, GDP의 2.5%에 달한 것으로 계측하였다.[63] 정부 통계학자들

---

62) 이를 요약설명한 것으로서 Wanless Report(2006). pp 142-51 참조 바람. 또한 이 문제를 기획주제로 다루고 있는 *Social Policy and Society*, July 2007, Vol. 6, part 3 참조 바람.

63) 이는 공적으로 제공되는 대인사회서비스 전체비용의 2배에 달한다.

은 이와 다른 접근방식을 취한다. 즉, 동일한 수준의 돌봄서비스를 시장에서 구매할 경우 얼마의 비용이 소요될 것인가를 고려하는 비공식 돌봄의 산출가치를 측정한 것이다. 통계청 소속의 Holloway 와 Tamplin(2001)은 아동이 부모와 친척 그리고 보육시설, 놀이집단, 학교의 교사와 직원 등에 의해 보살핌을 받는 총 시간을 측정하였다. 공적 및 사적 재정방식 양자를 포괄하는 공식적 아동보호서비스는 규모면에서 성장해 왔을 뿐만 아니라 비용 또한 상승하였다.[64] 이는 부모 및 조부모가 제공하는 돌봄서비스의 가치가 상승했음을 의미한다. Holloway 와 Tamplin은 비공식적으로 제공되는 아동돌봄의 총가치가 GDP의 19%~25%에 이른다고 평가하였다. 이는 지방정부가 아동돌봄에 GDP의 0.5%에도 미치지 못하는 비용을 지출하는 것과 대비된다.

직접적인 돌봄서비스는 본 논의의 일부에 불과하다. 다수의 노인들은 독립적인 생활을 유지하고 있으며, 어려움이 있는 경우를 제외하곤 양로원이나 요양원을 원하지 않는다. 이러한 독립적 생활을 유지하는 데 있어 배우자나 가족 그리고 주변의 정서적 지지가 중요할 것이다. 직접적인 돌봄서비스를 제공하는 사람들에게도 동일한 정서적 지지가 필요하다. 정부는 현재 주말비번이나 (아주 드물게) 연가보장 등 소규모의 지원책만을 실시하고 있다. 이러한 '지원'기능은 경제적으로 중요한 의미를 가짐에도 불구하고 기본적으로 측정되지 않았다.

노인인구의 증가에 따라 비공식 돌봄의 규모가 축소될 것이라는 주장이 종종 제기되고 있다. 이러한 주장의 근저에는 보다 많은 여성이 노동시장에 참여하고, 보다 많은 시간을 근무하며, 자녀를 출산하지 않는 경우가 늘어나는 현상이 존재한다. 이와 더불어 이혼율은 증가하고 있으며, 자녀

64) 보모의 임금이 상승하였기 때문이다!

와 함께 거주하는 노인의 수는 감소하며, 친족 간 의무는 약화되는 현상도 존재한다(Allen and Perkins, 1995; Clarke, 1995; Finch, 1995; Grundy, 1995; Evandrou, 1998). 하지만 이러한 견해는 최근의 경향분석을 통해 바뀌고 있다. 남성 노인들 중 보호자로서 역할을 하는 수가 증가하고 있으며, 평균수명도 증가하였다. 또한 함께 거주하는 부부의 수도 증가하였다. 이러한 경향을 통해서 볼 때, 향후 30년 동안 배우자의 보호를 받는 장애노인의 수가 실질적으로 증가하여 약 85%에 이를 것으로 전망된다. 이는 자녀보다 배우자의 보호를 받는 노인의 수가 증가할 것임을 의미한다(Pickard et al, 2007).

지금까지 진행된 연구를 통해 볼 때, 사회적 돌봄의 비용은 가족의 효과적인 지지기능에 많은 것이 달려 있다. 비공식적 돌봄의 규모가 약간만 축소되더라도 사회적 돌봄에 대한 수요는 2배 혹은 3배로 쉽사리 증가할 것이다.

1.2. 사적 재원을 통한 돌봄

개인 혹은 가족이 개인비용으로 집을 소유하는 것은 자신의 노후를 위해서이다. 가족은 취약한 가족성원을 가정 내에서 돌보기 위해 민간업체에 채용된 돌보미를 고용한다. 뒤에서 살펴보겠지만, 이렇게 가족 스스로가 부담하는 재원은 국가를 통한 재원과 통합될 것이며, 가족은 이러한 통합재원을 통해 자신이 필요로 하는 돌봄서비스를 구매할 수 있을 것이다.

장기요양보호에 관한 왕립위원회(The Royal Commission on Long-term Care, 1999)의 평가에 따르면, 영국은 노인장기요양보호에 총 110억 파운드를 지출하였는데 이 중 23억 파운드는 사적 서비스에 지출되었다. 또한 이중 20억 파운드는 양로원이나 요양원을 통한 돌봄서비스에, 나머지는 가정 내 돌봄에 지출되었다.

이와 더불어 지방정부는 서비스를 이용하는 노인들에게 자산조사에 근거하여 요금을 부담시키고 있다. 이는 1948년 이후 혹은 그 이전부터 행해져 오던 관행이다. 이렇게 개인이 부담하는 요금의 규모는 막대하다. 왕립위원회가 활동하던 시기에 이 액수는 17억 파운드에 달했다. 따라서 장기요양보호에 대한 전체지출 110억 파운드 중 1/3 이상인 40억 파운드가 사적부담으로 충당된 것이다.

1999년 이후 사적 지출은 약간의 불확실한 경향을 보이고 있다. 민간이 운영하는 생활시설의 수는 크게 변화하지 않았지만 가정 내에서 보호를 받는 사람들을 위해 지방정부가 부담하는 추가비용은 증가하였다. 일부 자료에 의하면 사적으로 구매하는 가정 내 돌봄의 규모가 증가하고 있는 것으로 나타났다. 하지만 다른 자료에 따르면 이는 감소하고 있다.[65] King's Fund의 Wanless팀이 평가한 바에 따르면, 2003/04년에 시설 돌봄 및 가정 내 돌봄에 대한 사적 지출의 총량은 여전히 40억 파운드에 달했다.

1.3. 비영리 공급자

장기요양보호에서 비영리 공급자는 이 책에서 다루는 다른 어느 분야보다 중요하며, 그들의 기여도는 지난 10년 동안 지속적으로 증가하였다. 이들 수입의 약 40%는 정부로부터 나오며, 나머지는 개인이 지불하는 요금과 자발적 기부를 통해 균등하게 충당된다. Kendall with Almond(1998)의 연구는 비영리 부분이 담당하는 범위와 재정방식을 비교적 관점에서 검토하고 있는데, 요약부분을 살펴보면 다음과 같다.

---

65) 이에 대한 논의는 Wanless(2006). Ch. 6 참조 바람.

> 전통적으로 영국에서 제3(자발적) 섹터와 정부 간의 관계는 실용적이고 사안(事案) 중심적 방식으로 발전해 왔다. … 이 때문에 특히 대부분의 북유럽국가와는 다른 특징을 갖게 되었다. 가톨릭 전통이 강한 북유럽의 경우 보완성이라는 개념이 사회복지 서비스 전달체계에 있어 노동의 역할분담을 결정하는데 핵심이기 때문이다. (그곳의) 정책결정자들은 오랫동안 이 개념을 종교단체가 제공하는 복지서비스에 우선권을 부여하는 합리적 근거로 해석하였다. 교회가 국가보다 신도들에게 밀접히 관계되어 있으며, 따라서 보다 많은 책임을 져야한다고 이해하기 때문이다. 이러한 가정은 (이제 점차 의심을 받고 있지만) 여전히 정책 전반에 깊은 영향을 미치면서 영국과는 다른 결과를 낳고 있다(p.11).

Kendall et al(2003)은 서구 선진국에서 비영리부문의 역할이 왜 다른 사회복지서비스 분야에 비해 사회적 돌봄의 영역에서 이렇게 두드러지는지를 논하고 있다. 예를 들어, 유럽연합 국가에서 사회적 돌봄영역에 종사하는 전체 피용자의 50% 이상이 비정부, 비영리단체에서 소속되어 있다. 보건 및 교육의 경우 이 수치는 약 25%이다.

이들의 주장에 따르면, 사회적 돌봄 분야는 예를 들어 교육 분야에 비해 지배엘리트의 관여정도가 낮다. 의료분야와 달리 고위전문가가 자신의 주장을 관철시키는 현상도 없다. 교회가 깊이 관여하고 있지만 경제학자들 역시 특정의 역할을 수행하고 있다. 사회적 돌봄은 자본집약도가 낮기 때문에 소규모 기업도 비교적 쉽게 시장에 진입할 수 있다. 규모가 작고 적응력이 높은 조직들이 다양한 욕구에 민감하게 대응할 수 있으며, 개별적으로 활동하는 요양보호사와도 쉽게 연계할 수 있을 것이다. 비영리부문은 영리부문 혹은 국가에 비해 신뢰를 구축하기가 쉬우며, 자원봉사자를 쉽게 활용할 수 있기 때문에 영리기관에 비해 비교우위를 갖는다. 어떤 이유에서건 장기요양보호 분야에서 비영리부문의 역할은 중요하다.

그럼에도 불구하고 가장 어려운 사례들은 국가가 해결해야 한다.

1.4. 지방정부 서비스

영국에서 법정 사회돌봄서비스는 지방정부의 담당부서 책임 하에 공급되고 있는데, 이의 명칭은 지방에 따라 다르다. 잉글랜드와 웨일즈 지방에서는 1970년 이후 단일한 사회사업부서인 지역사회서비스국(local social services departments)이 이를 담당하였다. 지방당국은 2004년 제정된 아동법(Children's Act)에 의거 2006년부터 기존에 맡고 있던 학교교육 및 취학전 교육에 대한 책임과 함께 "아동복지를 보장하고 증진하는" 책임을 맡게 되었다. 아동서비스국장은 최고책임자로서 이러한 일련의 서비스를 감독하고 체계화시킴으로써 Victoria Climbie[66]와 같은 취약아동이 서비스의 사각지대에 놓이지 않도록 해야 할 의무를 갖게 되었다. 위기에 처한 아동은 지방당국이 책임지게 되었으며, 감독관의 관리 하에 자신의 가정에서 양육되거나 입양 혹은 생활시설에 입소할 수 있다. 이러한 서비스는 민간

66) 최근 영국에서 논란을 일으킨 대표적 아동학대사건이자 영국의 아동복지체계를 총체적으로 재검토하게 된 계기가 된 사건이다. Victoria는 1999년 보다 나은 삶을 위해 Ivory Coast에서 영국의 이모에게 입양되었다. 하지만 이모는 이 아동을 국영주택, 소득지원, 아동수당 등을 수급 받는 데 이용하면서 10개월간의 학대와 유기 끝에 저체온증 및 영양실조로 사망하게 만들었다. 이 사건이 영국사회에 충격을 준 것은 이 아이가 장장 10개월간 학대를 받는 과정에서 경찰, 사회복지사, 의료전문가들이 아동을 구할 수 있는 12번의 기회가 있었음에도 불구하고 관련 공무원끼리 서로 미루다 결국 사망에 이르게 했다는 사실 때문이다. 이 사건으로 인해 국회에서는 Laming 백작을 수장으로 하는 조사위원회가 구성되었으며, 2003년 1월 'Laming 백작보고서', 2003년 9 'Every Child Matters', 2005년 9월 'Extended School' 등을 통해 아동복지 시스템을 재정비하게 된다. 새로운 시스템은 아동복지에 관한 전반적 업무를 지방정부 단위에서 이루어지도록 하였다. 아동복지와 관련된 업무를 수행하는 실무진인 의료, 경찰, 사회복지사 등은 각각 독립된 지휘체계로 움직이지만, 지방정부 내에 총괄부서인 사회서비스국을 둠으로써 이를 체계적이고 총괄적으로 관리하도록 하였다. 교육 역시 지방교육청이 아닌 사회서비스국에서 담당하도록 편제되었다.—역주

혹은 지방정부를 통해 운영될 수 있지만, 어떤 경우이건 지방당국은 감독자로서 책임을 진다. 성인에 대한 사회적 돌봄서비는 성인서비스국장이 책임지게 됨으로써 사회서비스국장의 역할을 대체하였다. 여기에는 지역사회에 거주하는 지체장애, 학습장애, 정신장애 성인에 대한 서비스가 해당된다. 이 부서는 서비스를 직접으로 제공할 뿐만 아니라 다른 기관과 계약을 맺고 비용을 지불한다. 또한 아동돌봄을 위해 양부모 등 개인에게 비용을 지불할 수도 있다. 잉글랜드 지방의 경우 대부분의 지방당국은 서비스의 직접제공자에서 다른 기관과 계약을 맺고 비용을 지불하는 입장으로 변화하였다(〈그림 5-2〉 참조).

잉글랜드의 경우, 지방정부의 주요재원은 중앙정부의 교부금이며 주민세(Council tax) 및 특정 서비스에 대한 이용료를 통해 보충된다. 웨일즈 지방은 중앙정부가 위임한 재원을 지방의회를 통해 지역의 관계당국에 할당하며, 이는 소비자에게 부과하는 이용료와 지방세입을 통해 보충된다.

스코틀랜드 지방의 경우 사회사업국은 지역에 거주하는 위기아동, 학습장애, 지적장애와 더불어 보호관찰서비스에 대한 책임을 맡고 있다. 이러한 서비스의 법적 기반은 여전히 1968년 제정된 스코틀랜드 사회사업법(Social Work Scotland Act)이다. 지방정부는 빈곤 및 박탈의 퇴치를 포함하여 시민의 '복리'를 향상시킬 수 있도록 새로운 권한을 부여받았다. 32개 지방당국의 재원은 주로 스코틀랜드의회의 감독을 받는 스코틀랜드 행정부(Scottish Executive)를 통해 마련된다. 이의 재원은 주로 중앙정부의 교부금이며, 지방주민세를 통해서도 마련된다. 제3장 '2.5 지방세' 부분에서 보았듯이, 이를 지방소득세로 대체하자는 제안도 있다. 서비스에 대해 이용료를 부과하지만 부담수준은 잉글랜드 지방보다 낮다. 북아일랜드의 경우는 제4장 '3.3 병원 및 지역사회서비스: 역사적 개괄' 부분에서 살펴본 바와 같이 사회서비스와 의료의 기능이 하나로 통합되어 있다.

전체적으로, 영국은 지방당국이 관장하는 사회서비스에 GDP의 약 1.6%(2005/06년 기준)를 지출하며, 이의 재원은 조세를 통해 마련된다. 이 수치는 이용자들이 부담하는 요금까지 포함한 '총지출'의 개념으로 보면 1.8%로 증가한다. 이는 본서에서 다루는 공적재원의 복지서비스 중 규모가 가장 작은 부분이며, 비공식적 보호자의 기여 또한 소규모에 불과하다. 지난 몇 십 년 동안 이 부분은 성장하였다. 1973/74 회계연도에 이에 대한 순조세지출은 GDP의 0.8%이었지만 1995/96회계연도에는 1.2%로 증가한 것이다(Evandrou and Falkingham, 1998).

〈그림 5.1〉은 잉글랜드 지방의 사회서비스 총지출 중 각 부분이 차지하는 비중을 보여준다.

〈그림 5.1〉 사회복지서비스 예산(2006/07)

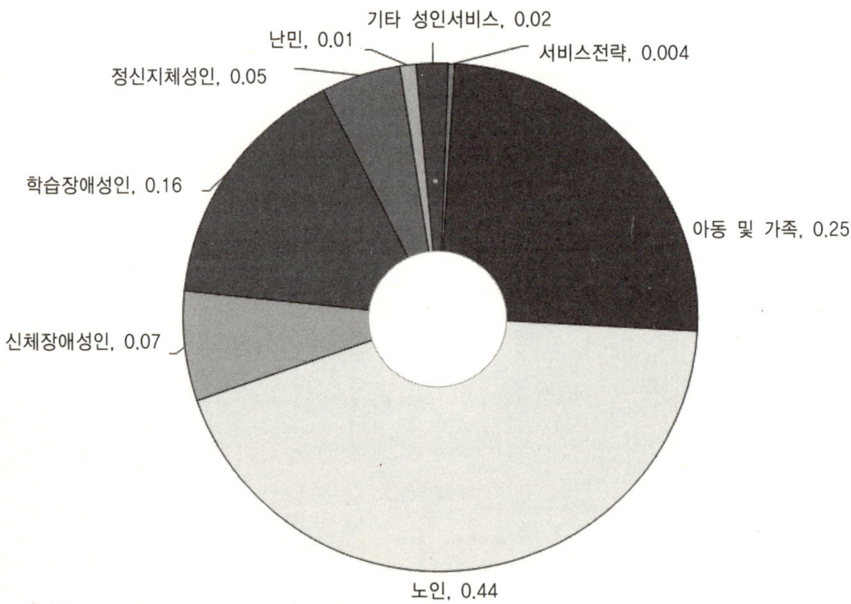

출처: NHS Information Centre(2008)

위 그림에서 보는 바와 같이 과거 사회서비스국 시기 전체지출 중 노인을 위한 것이 2/5를 차지하였으며, 아동과 가족을 위한 서비스가 1/4을 차지하였다. 현재는 이들 각 부분이 별도의 부서를 통해 지출되고 있다.

2. 사회적 돌봄의 재원할당방식

2.1. 현재의 지출구조

잉글랜드, 스코틀랜드, 웨일즈 지방에서 이러한 서비스의 전달책임은 현지에서 선출된 지방정부에 있다.[67] 스코틀랜드와 웨일즈 지방의 경우 국세를 통해 마련된 재원은 지방의회로 이관되어 검토를 받는데, 이의 구체적인 방법은 제9장에서 살펴보기로 한다. 이러한 차이 외에 다양한 지역당국들에게 예산을 할당하는 방법은 3개 지방 모두 본질적으로 유사하다. 각 지역당국은 관할구역 내에 거주하는 노인이나 위기아동의 수에 비례하여 예산을 배정받는다. 하지만 일부 지역의 아동은 위험에 처할 가능성이 높다는 점도 고려된다. 마찬가지로 방식은 약간 다르지만 노인인구가 많은 지역은 돌봄의 욕구도 크다는 사실 역시 반영된다. 지방당국이 각각 배정받는 자금의 총액에는 다른 목적을 위한 예산도 포함된다. 이렇게 함으로써 각 지방당국은 아동과 노인, 도로나 공원 등의 문제를 놓고 우선순위를 자율적으로 결정할 수 있다. 이와 더불어 중앙정부가 규정한 목적에만 사용할 수 있는 특별교부금이 지급된다.

잉글랜드 지방의 경우 지방정부부(地方政府部, Communities and Local

---

67) 물론 이 중 일부는 다른 기관에 위임되어 제공되기도 한다.

Government Department)는 '지방정부재정지원확정서'(Local Government Finance Settlement)라고 불리는 문서를 작성하는데, 여기에는 지방정부가 중앙으로부터 지원받는 모든 재원이 총망라된다. 이는 3년 단위로 작성되며, 가장 최근의 것은 2008/09회계 연도부터 2010/11년 기간을 담고 있다(CLG, 2008a). 지방 내 자치정부 역시 기간은 서로 다르지만 이와 유사한 확정서를 작성한다.

잉글랜드 지방에서 지방정부가 받는 교부금 중 가장 높은 비중을 차지하는 것은 비교적 최근에 신설된 '학교전용교부금'(Dedicated Schools Grant)이다. 이는 약 300억 파운드에 달하며 학교와 관련된 사업에만 지출되어야 한다(제6장 참조). 다음으로 많은 비중을 차지하는 것은 법정교부금(Formular Grant)으로서, 이는 약 280억에 달하며 지방정부가 자율적으로 사용할 수 있는 일반교부금이다. 하지만 각 지방정부가 받는 전체 교부금은 각 지출항목별로 세분화되며, 이는 명확한 공식에 의거 각 인구계층의 '욕구'를 반영한다. 즉 경찰, 소방서, 고속도로, 환경, 그리고 가장 큰 부분을 차지하는 것으로서 성인을 위한 대인사회서비스, 아동복지서비스 등으로 구분된다.

각각의 공식은 잠재적 클라이언트 인구 1인당 기본합을 바탕으로 작성된다. 예를 들어, 노인이나 아동이라는 요소를 고려한 다음 지역요소[68]를 반영한 금액이 추가된다.

부유한 지역은 주민세를 상대적으로 많이 징수할 수 있기 때문에 중앙정부의 교부금은 축소된다. '상대적 자원량'의 개념이 적용되는 것이다. 중앙정부는 또한 '상한제'(capping)를 통해 지방정부가 주민세를 인상할 수 있는 금액의 한계를 설정하고 있는데, 현재 1년에 5% 미만이다.

68) 여기에는 두 가지 종류가 있다. 하나는 직원고용에 따른 상이한 비용이며 다른 하나는 박탈과 같은 욕구요소들이다.

법정교부금은 아동복지서비스의 수요증가를 고려하는데, 이를 위해 다음과 같은 요소들이 반영된다.

- 소득지원(Income Support) 및 기타 사회보장급여를 신청하는 저소득 가정에 거주하는 아동의 비율
- 건강상태가 양호하지 않은 아동의 비율
- 흑인아동의 비율

청장년층의 서비스 욕구를 반영하기 위해 다음의 요소들이 고려된다.

- 장애인주거수당(Disability Living Allowance)을 수급하는 청장년층의 비율
- 무직 혹은 장기실업자의 비율
- 저숙련직 종사자 비율
- 가족을 구성하지 못한 가구비율

노인에 대한 욕구를 반영하기 위해 다음의 요소들이 반영된다.

- 90세 이상 노인인구
- 소득지원 혹은 연금크레딧(Pension Credit)[69] 수급자 수

---

69) 이는 1997년에 도입된 최저소득보장제도(Minimum Income Guarantee)를 대체하면서 2003년부터 실시 중인 제도로서, 극빈층 노인을 빈곤으로부터 구제하기 위해 마련되었다. 여기에는 두 가지 프로그램이 있는데, 하나는 Guarantee Credit이며 다른 하나는 Saving Credit이다. 전자는 신청자와 배우자의 소득이 특정수준 이하(2010/11년도 기준으로 독신인 경우 132.60 파운드, 부부인 경우 202.40 파운드임)인 경우 지급하는 소득기반 급여이며, 수급연령은 현재 60세이지만 2020년 4월부터 65세로 상향될 예정이다. 후자는 신청자나 배우자 중 한 사람이 65세에 이르면 지급받는 것으로서, 근로활동 기간 동안 연금에 가입하였던 사람들을 소위 '보상'하기 위한 것이다. 따라서 이는 은퇴자 중 저소득층이지만 저축이나 개인연금에 가입함으로써 Guarantee Credit을 전

- 노인간병수당 수급자수
- 임대주택거주자 수
- 독신노인 수

이와 더불어 소량의 교부금이 자본투자 등 구체적인 목적을 위해 지급되는데, 예를 들어 AIDS환자를 위한 예산 등이 여기에 포함된다. 과거 조건부 교부금(specific grant)의 상당수는 지역기반교부금(Area-based Grant)제도를 통해 정비됨으로써 특별한 욕구를 가진 지역들에게 배정되고 있다.

2.2. 자본지출

지금까지 우리가 살펴본 것은 세입에 근거한 재원방식이었다. 지방정부는 건물을 신축하기 위해 공개시장에서 자금을 대출받을 수 있다. 하지만 중앙정부는 지방정부가 너무 많은 자금을 차용하여 어려움에 처할 경우 이를 구제해야 한다. 따라서 대출을 제한할 수 있는 권한을 항상 갖는다. 과거 이는 지방채승인(loan sanction)방식을 통해 한 번에 하나의 프로젝트에만 적용했으며, 이후 개별서비스 단위별로 신용승인(credit approvals)을 제공함으로써 효과성을 발휘하였다. 보다 최근에 중앙정부는 '지방정부 재정안정체제'(Local Prudential Regime)라는 제도를 도입하였다. 이를 통해 지방정부는 서비스 전체를 위해 총 얼마의 자금을 대출할 것이며, 총 얼마의 부채를 안을 것인지 스스로 결정할 수 있는 권한을 갖게 되었다. 일단 이러한 한계점들이 결정되면 세입의 급격한 증가와 같은 환경변화가 발생하지 않는 한 반드시 준수하여야 한다. 지방정부는 향후 3년 혹은 그 이상의 기간 동안 어떤 건축공사를 착수할 것인지, 그 비용은 어떻게

액 지급받을 수 없는 노인들에게 지급되는 부가급여이다.—역주

조달할 것인지를 설명하는 자본운영계획서를 제시하여야 한다. 공공재정회계협회(The Chartered Institute of Public Finance and Accountancy)는 이 계획서의 '안정성'을 보증하기 위해 실행규칙을 작성할 것이다. 감사원은 지방정부가 과도한 지출과 건축공사에 빠져들지 않도록 감시해야 하지만, 이러한 제도를 통해 지방정부의 자율성과 책임이 한층 강화되었다. 중앙정부는 지방정부 전체의 총자본지출이 국가경제 차원에서 수용가능한 수준을 넘어설 경우 지출계획을 억제할 권한을 여전히 갖고 있다.

대인사회서비스 담당부서들의 경우 민간회사를 이용하여 자본개발에 착수하는 공-사 재정파트너십 제도를 이용하는 빈도가 상대적으로 낮다. 만약 민간부분을 이용하고자 할 경우 서비스를 구매하는 형태를 취한다.

2.3. 재정지원의 역효과

우리는 일반적으로 재정지원을 긍정적인 측면에서 생각하는 경향이 있다. 이 자금을 통해 조직이 무엇인가를 할 수 있도록 역량을 부여한다고 생각한다. 하지만 재정은 아동의 욕구해결을 위한 여러 단체들의 협력을 저해하는 방식으로 제공될 수 있다. 이러한 경우가 대인사회 서비스 분야에서 빈번히 발생한다.

예를 들어 의료와 사회적 돌봄의 분야는 재정과 조직의 측면에서 분리되어 있다. NHS는 중앙의 재무부를 통해 자금을 제공받으며, 지역에서 제공되는 사회서비스는 주민세를 통해 일부 재원이 마련된다. 따라서 지방정부가 가급적 환자들을 병원에 오랫동안 입원하도록 강제할 수 있다면, 사회서비스 수요가 감소함으로써 주민세 부담도 낮아질 것이다. 하지만 병원입원비가 훨씬 비싸기 때문에 납세자들은 결국 더 많은 세금을 부담하게 된다. 지방정부는 노인환자가 급성병동에 장기간 입원함으로써 부적절하게 '병상을 점령'하고 있더라도 이를 예방하기 위해 NHS와 협력할 동기를 갖지 않는다. 실제로 지방정부는 이러한 '병상점령'을 중앙정부가 예산을 동결하고 주민세를 낮게 유지하도록 압박을 가하는 시기에 자금 절약의 수단으로 이용하였다. 이러한 역효과의 문제를 처음 언급한 것은 1956년 Guillebaud 위원회(Guillebaud Committee)이었으며, 지난 30년 동안 이의 해결을 위해 소규모의 다양한 조치들이 취해져 왔다. 1970년대 중반 노동당 정부는 연합재정(joint finance)제도를 도입하였다. 이는 NHS가 지방정부에게 제공할 수 있는 자금으로서 퇴원율을 높이고 NHS 자원에 대한 수요를 감소시키는 사업에 착수할 경우 지급되었다. 하지만 이러한 자금은 사업을 중심으로 한 단기교부금으로서 몇 년 후에는 그 비용을 지방정부가 떠맡아야 했다(Glennerster et al, 1983). 총액 또한 많지 않아 1980년대 대인사회서비스 전체예산의 5%까지 증가하는 데 그쳤다.

1999년 보건법(Health Act)을 통해 연합예산제가 도입됨으로써 노인, 정신질환자 혹은 장애인을 위한 서비스를 NHS와 지방정부가 하나의 단일체로서 관리하게 되었다. 이를 통해 두 기관은 각자에게 문제를 경쟁적으로 '떠맡기는' 대신 가장 효율적으로 자원을 할당할 수 있는 방법을 고민하게 되었다. 이와 더불어, 각자는 예산을 공식적으로 공유하지 않더라도 서로를 대신하여 특정 서비스를 위탁하는 데 주도권을 가질 수 있으며, 공동의 재정부담 하에 서비스를 통합함으로써 '원스톱' 서비스를 제공할 수 있게 되었다.

재정지원이 역효과를 낳은 또 하나의 예가 1980년대에 발생하였다. 이는 민간 양로시설에 거주하는 빈곤노인들이 추가급여를 받을 수 있도록 사회보장제도를 변화시키면서 나타난 부산물이었다. 따라서 우연이던 의도하였던 간에 소득이 낮고 자산이 없는 노인들도 정해진 상한선까지 지급되는 이 급여를 통해 민간 양로원을 이용할 수 있게 되었다. 이와 관련된 자금은 1979년 1,000만 파운드에서 1992년에 25억 파운드로 증가하였다. 한편에서는 지방정부로 하여금 재가노인을 지원하도록 권유하면서 다른 한편에서는 정부기관들이 많은 돈을 들여 노인들의 민간 양로원 이용을 권장하고 있었다. 이러한 역진성을 최초로 비판한 것이 감사원이었다(Audit Commission, 1986). 이어 발표된 Roy Griffiths(DoH, 1988) 경의 보고서는 당시 사회보장제도를 통해 지출되는 금액이 지방정부로 이전되어야 하며, 사회보장제도를 통한 더 이상의 재정지원은 중단되어야 한다고 권고하였다. 1993년 4월 정부는 민간양로시설의 신규입소자 중 저소득층에게 지급하는 소득지원 급여의 추가금을 폐지하였다. 그리고 이 자금을 지방정부에 이전함으로써 지방정부의 예산을 실질적으로 증대시킴과 동시에 저소득 노인에 대한 책임을 강화시켰다. 1993/94년, 1994/95년, 1995/96년 동안 지방정부는 20억 파운드에 이르는 일종의 특별전환교부금(special transitional grant)을 지급받았다. 이 자금의 용도는 노인과 청소년 돌봄에 국한되었으며, 85%가 민간부문인 제3섹터에서 지출되었다. 1996/97년에 이 자금은 일반세입교부금에 흡수됨으로써 더 이상 독립적으로 지급되지 않게 되었다. 노동당 정부 들어 '제3섹터'라는 요건은 삭제되었지만, 이 부문은 여전히 중요한 역할을 수행하고 있다.[70] 또한 1993년 이전에 양로원에 입소한 저소득 노인들은 2002년 4월까지만 추가급여를 지급받았다.

2.4. 요금부과

NHS와 공립학교에서는 요금부과가 불법인 반면 대인사회서비스에서는 이를 오랜 동안 인정해 왔다. 시설보호의 경우 지방정부는 반드시 국가규정에 의거 이용료를 부과해야 한다. 가사보조서비스, 식사배달서비스, 주간보호센터, 양로원의 경우에는 요금을 부과할 수 있지만 이에 대한 전국

70) 이 시기에 대한 설명은 Lewis and Glennerster(1996), Chapter 2 참조 바람.

적 지침이 공식적으로 존재한다. 사회사업 서비스에 대해서는 지방정부가 요금을 부과하지 않을 수 있다. 또한 병원에서 퇴원한 환자에 대한 중간보호 서비스에 대해서는 요금부과가 폐지될 예정이다.

요금부과를 정당화하려는 주장들이 다양하게 제시되어 왔다. Bevan은 시설보호를 이용하는데 요금을 부과하는 것은 민간 호텔을 이용할 때 비용을 부과하는 것과 동일한 것으로서, 낙인제거에 도움이 된다고 보았다. 부모로부터 이탈된 아동의 돌봄비용을 부과하는 것은 부모의 아동유기 동기를 약화시킨다는 이유로 정당화되었다. 하지만 무엇보다도 중요한 이유는 이용료를 부과함으로써 재정압박에 시달리는 지방정부의 재원을 보충할 수 있으며, 따라서 이용료를 부과하지 않을 경우 축소될 서비스를 지속시킬 수 있다는 점이다.[71] 실제로 서비스가 필요한 노인들 대부분은 너무 가난하기 때문에 요금을 부과하는 소득기준 범위에 포함될 수 없다. 그럼에도 불구하고, 잉글랜드 지방의 경우 다수의 빈곤층 노인들이 비용을 지불하고 있으며, 보다 많은 노인들이 자기 집을 소유하고 있다는 이유로 무료서비스 대상에서 제외되고 있다.[72]

3. 선택과 효율의 증진

의료보장분야에 준시장의 원리를 도입하게 된 것과 동일한 이유로 대인사회서비스 분야에서도 유사한 움직임이 나타났다. 하지만 대인사회서비스 분야에서의 변화는 훨씬 광범위하고 속도도 빨랐다. 이 분야에는 항상 규모가 상대적으로 크고 독립된 돌봄영역이 존재하였기 때문이다. 1990

71) 이 문제에 대한 역사적 분석으로서 Judge and Matthews(1980) 참조 바람.
72) 뒤 '재원의 복잡한 흐름' 부분 참조.

년에 제정된 'NHS 및 지역사회돌봄에 관한 법'(NHS and Community Care Act)을 통해 공급자로서 국가는 후퇴한 반면 고도의 혼합시장이 발전하게 되었다. 사회서비스 관련부서들은 더 이상 서비스의 주된 공급자가 아닌 '능력부여자' 혹은 다양한 기관으로부터 서비스를 구매하는 구매자로서 역할하게 되었다. 이 모델은 동일한 법률에 의거 NHS 제도를 대상으로도 실험되었지만, 사회서비스분야에서 훨씬 더 성공적이었다. 일부 지역은 이 모델을 기꺼이 수용하였지만 초기에 주저함을 보인 지역도 많았다(Lewis and Glennerster, 1996). 하지만 결국에는 커다란 변화가 발생하였다. 의료시장과 달리 영리를 추구하는 민간 공급자뿐만 아니라 비영리 공급자들도 대대적으로 시장에 진출한 것이다.

이러한 현상이 나타나게 된 데는 여러 가지 이유가 있다. 한편으로는 기존에 이미 다양한 공급자들이 존재했기 때문이며, 다른 한편으로는 신규공급자들의 진출이 훨씬 수월했기 때문이다. 실제로 규모가 큰 민간회사뿐만 아니라 소규모의 가족기업들도 양로원 사업에 진출할 수 있었다. 제3섹터 역시 1990년대 초반 위에서 언급한 사회보장급여에 고무되어 급격히 성장하였다. 이 무렵 지방당국은 경쟁관계에 있는 민간 공급자들이 시설 및 재가보호 서비스를 보다 저렴하게 제공하고 있음을 알게 되었다. 이에 따라 지적장애 및 학습장애인을 위한 서비스를 대규모로 위탁하였으며, 여기에는 종종 비영리 공급자도 포함되었다. 민간단체나 지역의 MIND[73] 혹은 다른 이용자 주도 단체들은 자본에 대한 큰 어려움 없이 새로운 병원이나 의료시설을 건축하고 있다.[74]

1990년대에는 노인들에 대한 독립서비스(지원금을 받지 않고 독자적으로 운영하는—역주) 규모가 전례 없이 성장하게 되었다. 이로 인해 지난

73) 영국의 대표적인 정신지체자 단체임.—역주
74) Knapp et al(2001)은 이러한 변화를 개괄적으로 설명하고 있다.

50년간 양로원 공급과 더불어 지적장애 및 학습장애인을 위한 위탁서비스의 증가률은 하락하기 시작하였다. 여러 학자들이 주장하는 바와 같이 노동당정부의 정책기조는 이러한 방향 전환을 유지하는 것이었다(DoH, 1998, 1999).

노동당정부는 보수당 정부가 설정한 영리목적의 독립공급자에 대한 자금지원 요건을 폐지하였다. 지방정부에게는 최상의 가치를 증명할 수 있는 한 공급자를 자유롭게 선택할 수 있도록 하였다. 다양성과 선택의 범위를 넓히는 수단으로서 자발적 부문을 활용하고자 하는 단순한 목적 때문이었다. 이 결과 지방당국이 관할하는 양로원의 비율은 1980년 65%에서 2007년 불과 10%로 하락하였다(〈그림 5.2a〉, 〈그림 5.2b〉 참조).

〈그림 5.2a〉 잉글랜드 지방의 노인보호시설 총수: 1980~2001

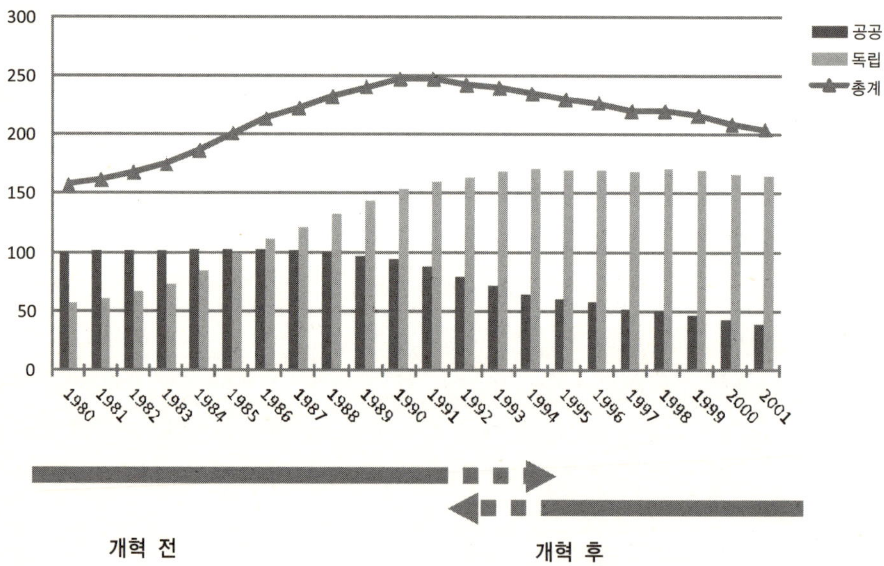

출처: Knapp et al(2001)을 바탕으로 저자와 면담을 통해 갱신함.

〈그림 5.2b〉 지방정부 지원을 받는 생활인 수:
주거유형 및 클라이언트 집단별(2003~2007)

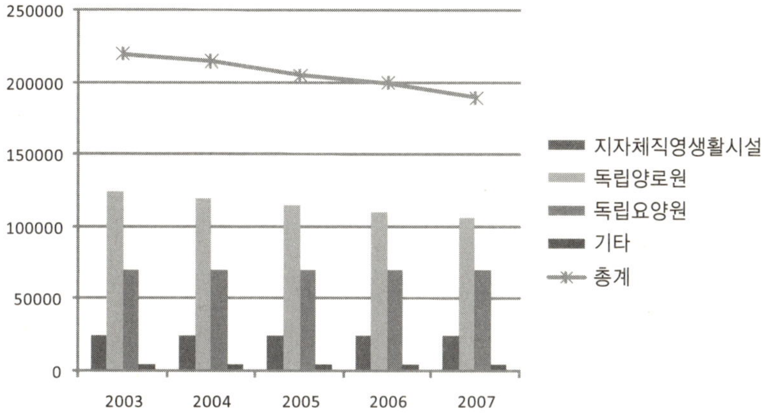

출처: the adult Social Services Statistics of NHS Information Centre(2008)

이후 보다 급진적인 변화가 뒤따랐다. 주로 지방당국에 의해 결정되던 재정지원이 점차 이용자와 그들의 가족이 '통제'하는 형태로 변화된 것이다. Knapp(2007)에 따르면 여기에는 다음의 것들이 포함된다.

- 지역시장의 활성화를 통해 보다 광범위한 선택권의 부여.
- 잠재적 이용자와 보호자에게 가용한 서비스에 대한 양질의 정보 제공.
- 이러한 정보를 효과적으로 이용할 수 있도록 이용자의 권한을 강화시킴.
- 이용자가 다양한 돌봄서비스 중 본인에게 필요한 것들을 체계적으로 이용할 수 있도록 관리능력 부여.

이러한 마지막 과정은 1996년 보수당 정부가 '지역사회돌봄(직접지불)

법'[Community Care(Direct Payments) Act]을 통과시키면서 시작되었다. 하지만 이후 노동당 정부가 집권하면서 이러한 움직임은 더욱 강화되었다. 지체장애인들 역시 지방당국이 제공한 자금으로 본인이 직접 서비스를 선택할 수 있도록 한 것이다. 이러한 권한은 2000년 노인들에게까지 확대되었으며, 이후 모든 '합당한' 이용자들에게까지 확대되었다. 이의 초기 흡수력은 약했지만 시민들의 자신감이 증가하고 양질의 정보가 제공됨에 따라 점차 가속화되었다. 그럼에도 불구하고 이의 효과는 여전히 미온적이다. 지방당국이 지원하는 장애인 10명 중 1명 미만이, 그리고 노인 100명 중 불과 1명 정도만이 이러한 권한을 행사할 뿐이다. 이에 따라 정부는 시범사업을 13개 지역으로 확대시켜 이러한 권한행사를 확대할 것이라고 발표하였다(DoH, 2005b, 2006). 중앙정부는 '2008년 지방정부 재정지원 확정안'에서 별도의 예산을 편성함으로써 지방정부가 이러한 접근을 발전시키는데 활용할 수 있도록 하였다. 정부는 궁극적으로 대부분의 사람들이 이를 활용할 수 있기를 원했다(Hansard, 8 February 2008, col 781). 개별적인 돌봄예산은 시범사업을 통해 이전의 성인을 위한 사회적 돌봄예산, 가정의 기능보강 및 개보수비, 그리고 노동연금부(Department of Work and Pension)가 출원하는 취업지원금 등과 통합되었다. 이러한 예산이 갖는 한 가지 한계는 지역사회보호의 중요한 요소인 NHS 서비스를 구매할 수 없다는 점이다. 본인이 선택한 NHS 서비스에 대해 통제력을 행사할 수 없다면, 이를 이용하기 꺼려할 것이다. 이러한 주장 때문에 NHS 서비스에 대한 비용지불도 포함될 수 있도록 원칙을 확대해야 한다는 압력이 가해졌다.

전반적으로, 대인사회서비스는 이용자 선택 및 통제권 행사의 측면에서 NHS 보다 훨씬 발전된 모습을 갖추게 되었다(Knapp, 2007). 이러한 현상이 나타난 것은 양자가 경제학적으로 서로 다른 특질을 갖기 때문이다.

- 이용자와 공급자간 정보와 힘의 균형이 의료보장분야와는 전혀 다르다. 일반인들은 어떠한 면에서 특정의 양로원이 자신의 환자에게 적합한지 혹은 장애인으로서 본인에게 어떤 서비스가 편리한지를 판단할 수 있다고 느낀다. 하지만 의료서비스의 경우 이렇게 편안한 선택을 내리기란 쉽지 않다.
- 의료보장의 경우 시장진출 비용이 막대할 수 있지만 대인사회서비스의 경우에는 그렇지 않다. 지역에 병원을 설립하고 기존의 공급자들과 경쟁하기 위해서는 수백만 파운드의 비용이 소요될 것이며, 위험부담 또한 높다. 전문치료센터를 건립하더라도 많은 비용이 소요되며, 이미 다른 시설을 이용하고 있는 환자들을 끌어들이기란 쉽지 않다. 하지만 소규모의 양로원을 건립하는 것은 약간의 자산이 있는 부부라면 충분히 가능하다. 규모가 더 큰 양로원을 건축하거나 요양보호사를 파견하는 서비스 역시 소규모 사업으로 운영할 수 있다.
- 특정 클라이언트 집단의 욕구에 대해 충분한 지식을 갖고 있는 비영리 기관은 헌신적인 서비스를 제공하는데 유리한 위치를 점한다. 하지만 보다 규모가 큰 사업자가 시장에 진출함으로써 이러한 상황은 바뀔 수 있다.
- 하지만 지방당국은 소규모 공급자들이 주류를 이루는 시장에서 강력한 영향력을 행사하는 관리자로서 시장을 형성하고 발전시킬 수 있다. 이에 반해 급성병원과 같이 규모가 크고 영향력이 강한 공급자를 상대해야 하는 1차진료 트러스트의 경우에는 정반대의 현상이 나타났다.

이러한 것들이 어떤 변화를 가져오고 있는가? Knapp(2001)과 Hatton (2004)은 여러 가지 증거를 통해 클라이언트에게는 많은 변화가 발생하지 않았을 것이라고 주장한다. 돌봄서비스 관리자는 여전히 어떤 서비스가 가용한지를 결정하는 데 있어 막강한 권한을 행사하고 있다.

4. 영국 장기요양보호제도의 재정과 조직

영국 장기요양보호제도의 재정방식에 관한 최근 역사를 살펴보면 이 장에서 논의한 일반적 문제들을 예증할 뿐만 아니라, 이것이 얼마나 해결하기 어려운 문제인가를 보여준다. 영국의 장기요양보호제도는 최근 네덜란드와 독일 그리고 스코틀랜드에서 개혁이 진행되기 전까지 유럽 및 다른 영어권 국가들과 많은 유사점을 보였다. 병약한 초고령자에 대한 서비스는 지방의 공공부조제도를 통해 단편적으로 발전하였으며, 그 결과는 다음과 같았다.

- 서비스는 의료보장과 상당부분 중첩됨에도 불구하고 별도의 조직과 재정을 통해 운영되었다. 의학의 발전으로 인해 평균수명이 연장됨에 따라 의료와 간호 그리고 대인돌봄의 경계가 모호한 욕구를 가진 사람들의 수가 증가하였다.
- 비의료적 서비스는 보통 (부분적이나마) 지방세를 통해 재원이 마련되며 따라서 지방정부가 운영한다.
- 공적급여는 자산조사를 통하기 때문에 소득이 낮고 자산이나 저축이 실질적으로 전무한 사람들에게만 무료로 제공된다.

4.1. 복잡한 재정흐름

영국에서는 선거를 통해 선출된 지방정부가 공식적으로 제공되는 장기요양보호 비용의 대부분을 부담한다. 대신 지방정부는 중앙정부로부터 많은 교부금을 받게 되는데, 이중 일부는 현지의 재산세를 통해 보충된다.

지방정부는 재가노인들을 위해 대인돌봄, 집안청소, 쇼핑도우미 등의 서비스를 제공한다. 또한 가정 내 식사배달, 기동능력이 있는 노인을 위한 무료급식, 그리고 사교시설과 조직화된 활동프로그램을 갖춘 주간보호서비스도 운영한다. 이와 더불어 약 5%의 노인이 관리인이 있는 보호생활시설에 거주하고 있는데, 이것이 주거예산의 일부를 차지한다. 지방당국은 또한 자원봉사단체들에게 재정을 지원함으로써 노인을 위한 활동프로그램을 제공할 수 있다. 마지막으로 의존도가 상대적으로 높은 노인들을 위해 양로원이나 요양원에 자리를 마련해 줄 수 있다.75)

앞에서 살펴본 바와 같이 이러한 서비스는 통상적으로 노인의 소득과 자산에 연동하여 요금을 부과한다. 지방당국이 양로원이나 요양원 보호를 마련해주는 경우 개인이 부담해야 되는 요금의 수준은 법률에 의거 결정된다. 자산조사 시 국가연금을 포함하여 개인의 거의 모든 소득이 고려된다. 다만 '쌈짓돈' 수준의 개인생활비는 제외된다. 만약 장기요양급여의 재원이 NHS를 통해 마련될 경우 개인이 부담해야 되는 음식과 주거비용은 국가연금에서 차감된다. 그러나 개인의 자본은 자산조사 시 고려대상이 되지 않는다. 다만 개인이 지방당국에서 운영하는 시설을 이용할 경우에는 대상이 된다. 한 개인이 돌봄의 욕구를 갖고 있다고 진단받을 경우, 다음 단계로서 지방정부는 대상자의 재정상태를 판단한다. 이렇게 함으로써 클라이언트가 가사도우미나 식사배달 서비스 혹은 1개월 양로원 비용 중 얼마를 부담해야 되는지 결정한다. 이러한 판단을 내리는 데는 2가지 요소가 고려된다. 하나는 소득이며 다른 하나는 재산이다. 소득조사는 대부분의 다른 자산조사와 마찬가지로 진행된다. 주어진 하한선까지는 서비스가 무료이며, 그 이상을 넘을 경우 점차로 많은 비용을 부담한다.

75) 물론 본인의 부담능력이 있는 사람들은 이를 자유롭게 선택할 수 있다.

일부 소득은 자산조사에서 제외되는데, 예를 들어 특정의 정부급여 및 배우자가 있어 연금을 분할할 경우 직업연금의 절반 등이다. 다른 하나의 요소인 재산조사는 논쟁의 여지가 상대적으로 많은 단계이다. 여기에는 주택을 포함한 재산가치가 포함된다. 제외되는 경우는 여러 가지가 있다. 예를 들어 당신은 요양원에서 생활하지만, 배우자는 당신이 소유주인 집에서 생활하고 있다면 이 재산은 포함되지 않는다. 재산가치가 아주 낮게 책정된 기준금액을 초과하게 되면 어떠한 돌봄비용도 지원받을 수 없다. 2007/2008년에 이러한 재산가치 기준은 잉글랜드와 북아일랜드지방의 경우 21,500 파운드였으며, 웨일즈 지방의 경우 22,000 파운드, 스코틀랜드지방의 경우 20,750 파운드였다. 세 지방 모두에서 소유주가 거주하지 않는 주택은 재산 가치를 거의 인정하지 않는다. 잉글랜드 지방의 경우, 한 개인의 저축액이 13,000파운드 이상이면 이는 소득으로 간주되어 위에서 언급한 기타 자산에 포함된다. 다른 지방의 경우에는 약간 상이한 기준이 적용되는데, 보다 자세한 내용은 Help the Aged (www.helptheaged.org.uk)를 참조하기 바란다.

지방정부는 개인이 자신의 주택을 매도하도록 강제할 수 없다. 하지만 요금납부 기한을 연장시켜 사망 시 재산에서 미납된 금액을 징수할 수는 있다. 바로 이러한 재정방식 때문에 장기요양보호제도는 지난 10년 이상동안 시민들의 원성을 받아 왔다.

그럼에도 불구하고 시민들에게 좌절감을 안겨준 것은 지방정부가 관장하는 돌봄서비스와 NHS가 운영하는 돌봄서비스 간의 모호한 경계구분이었다. 전자는 자산조사를 통해 비용을 부과하지만 후자는 모두 무료이기 때문이다. 이는 사람들이 병원에서 무료의 서비스를 받다가 병원이 아닌 다른 곳에서는 비용을 지불하고 서비스를 받아야 함으로써 불공평하게 처우 받는다고 느끼게 됨을 의미한다.

다음으로 장기간의 도움이 필요하거나 거동이 불편한 사람들에게는 사회보장제도를 통한 현금급여가 지급된다. 전자는 노인간병보조금(Attendance Allowance)이며 후자는 장애생활수당(Disability Living Allowance)이다. 이들은 자산조사의 대상이 아니기 때문에 용도가 돌봄비용의 지출에 국한되지는 않는다. 따라서 이는 배우자나 부모를 부양하는 보호자를 보상하기 위한 것이다. 이러한 이유 때문에 서비스의 경계가 모호하며 전혀 다른 지불체계와 논리가 발생한 것이다.

4.2. 왕립위원회

이러한 일련의 문제를 논의하기 위해 장기요양보호에 관한 왕립위원회(the Royal Commission on Long-Term Care)가 설치되었으며, 1999년 한권의 보고서를 출간하였다. 이 다수파 보고서(Majority Report)에 따르면, 장기간의 집중적인 돌봄욕구를 가진 사람들은 서비스를 제공받는 기관에 관계없이 효율성과 수평적 공평성에 입각하여 장기간의 의료욕구를 지닌 사람들과 동일하게 처우 받아야 한다고 결론짓고 있다. 다른 두 형태의 서비스 간에 명확한 경계선을 긋기란 불가능하였다. 근본적으로 다른 재원조달 원칙을 정당화시키기에는 의료기관과 돌봄기관 간 기능중복이 너무 컸다.

따라서 보고서는 NHS에 적용되는 조세기반, 욕구중심, 무료의 서비스라는 원칙들이 장기요양과 대인돌봄서비스에도 동일하게 적용되어야 한다고 결론지었다. 이를 위해 보고서는 대인돌봄을 용변, 의복, 목욕, 식사보조, 약복용 보조, 개인적인 안전보조 등으로 세분화시켰다. 의료와 대인돌봄에 대한 재정을 동일한 방식으로 지원함으로써 누가 무엇을 하는지에 대해 합리적이고 효율적인 결정을 내릴 수 있을 것이다. 또한 이렇게 함으로써 임의적 관행으로 인한 불공평의 문제가 해소되며, 공동의 예산 운영을 통해 간편하고 효과적인 원스톱(one-stop)서비스 전달체계가 구축될 수 있을 것이다.

보고서는 한편으로 돌봄서비스와 다른 한편으로는 음식 및 주거비용을 구분함으로써 재정지원방식의 적절한 경계선으로서 긋고자 하였다. 이는 현재 다른 국가들도 준용하고 있는 구분선이다(본 장의 뒷부분 참조). 개인이 자신의 집에서 생활하는 경우 본인의 연금이나 다른 수입을 통해 음식 및 주거비용을 부담할 것이다. 만약 가난하다면 주위의 도움을 받을 것이지만, 대부분 사람들에게 있어 이는 개인책임으로 남을 것이다. 이와 더불어 이들의 생활영역은 외부전문가의 결정이 아니라 개인의 선택과 생활습관에 깊은 영향을 받는다. 이러한 맥락에서, 생활시설에 거주하는 사람들도 자신의 집에 거주하는 것처럼 본인의 연금을 통해 음식과 주거비용을 지불해야 한다. 만약 영국이 이러한 제안들을 실행에 옮긴다면 모든 측면에서 독일 장기요양보험의 새로운 재정지원제도와 아주 유사해 질 것이다.

위원회는 이러한 제안들을 실시하는 데 그리 많은 비용이 들지 않을 것이라고 주장한다. 위원회는 향후 50년 동안 GDP 대비 장기요양보호에 소요될 모든 경제적 비용을 측정하는 모델을 고안하였다. 이 모델은 기본적으로 연령 및 성 의존율이 변하지 않을 것이며, 따라서 돌봄의 패턴도 변하지 않을 것이라고 가정하였다. 단위비용 역시 과거와 동일한 비율로 증가할 것이라고 가정하였다. 이와 더불어 GDP 성장률 또한 기존과 동일하며, 어떠한 정책변화도 없고, 연령, 가족구성, 가족소득에 있어서 기존의 경향이 유지될 것이라고 가정하였다. 이러한 전제하에 장기요양보호서비스에 소요되는 비용 중 공적재원은 향후 20년간 큰 변화가 없을 것이지만, 이후에는 GDP의 1.0%에서 1.1%로 상승할 것으로 예측하였다.

이렇게 명백히 낮은 비용이 산출된 데는 인구학적인 이유와 더불어 구조적인 이유도 부분적으로 존재한다. 영국은 효과적인 예산억제를 통해 공적 장기요양보호 및 의료비용을 강력히 통제해 왔다. 실제로 지난 20년 동안 돌봄비용의 연간 상승률은 GDP 증가율의 절반에 이를 정도로 낮았다. 공적 혹은 사적 지원에 의존하지 않고 자신의 배우자를 직접 돌보는 사람들의 수가 증가하고 있다. 공공부분에서 소요되는 비용에 대한 사적 기여 역시 계속 증가하고 있다. 이는 70세에 도달한 노인인구가 많아지고 그들 주택의 자산가치가 상승하였기 때문이다. 이는 정부가 그들에게 서비스 요금을 부과할 수 있음을 의미한다. 이러한 두 가지 요인을 통해 완만한 고령화속도로 인한 공공부분의 점증적 비용증가는 충분히 상쇄될 수 있었다. 하지만 시민들은 자신의 자산을 통해 돌봄비용을 지불하는 방식을 원치 않았다. 이러한 이유로 왕립위원회가 다루어야 할 정치적 문제가 발생한 것이다. 뿐만 아니라 비평가들은 비용이 과거처럼 억제될 수 있을 것이라는 모델의 기본전제가 기대수준의 상승과 함께 무너질 수 있음을 지적하였다.

왕립위원회가 제안한 바와 같이 무료의 돌봄서비스를 확대하고 보호자들에게 추가지원을 제공할 경우, 납세자들의 부담은 증가하여 2015년에는 GDP의 0.3%에 이를 것이다. 보다 최근에 발표된 자료는 이러한 수치가 일련의 인구학적 가정 및 기타 전제에 따라 변화될 수 있음을 강조한다 (Wittenberg et al, 2004).

소수파 보고서(Minority Report)는 이러한 다수파 보고서의 제안에 반대한다. 이들의 비판은 주로 비용과 혜택을 받게 될 사람들의 문제에 초점을 맞추고 있다. 이들은 다수파가 자신의 제안들을 실천하는데 소요되는 비용을 과소평가하였다고 주장한다. 기대수준의 상승으로 인해 지출은 과거보다 빠르게 증가할 것이다. 돌봄서비스가 무료화 되면 수요는 증가할 것이다. 이로 인해 '미비한 지출증가'라는 다수파의 주장은 근거를 상실할 것이다. 대인돌봄과 관련하여 자산 및 재산조사를 폐지할 경우 재정적으로 가장 많은 혜택을 보는 것은 중산층일 것이다. 방대한 양의 소수파 보고서를 면밀히 검토해 보고 주 저자와 개인적으로 이야기를 나누어 본 결과 이것이 가장 핵심적인 쟁점이었다.

소수파 보고서는 단순하게 재산조사의 한계선을 30,000파운드로 약간 상향조정할 것을 권고하였지만 두 개의 다른 아이디어도 제시하였다. 첫 번째는 사람들이 돌봄비용을 지불하기 위해 자신의 주택을 매각하지 않아도 되도록 보장해 주는 것이다. 돌봄비용의 지출로 인해 재산이 상한선인 30,000파운드 이하로 하락하면 먼저 정부가 이의 부족분을 지원해 준다. 그런 다음 노인이 사망하게 되면 이 지원금을 노인의 재산을 통해 상환 받는 것이다. 실제로 이는 개인이나 가족에게 사망 시까지 제공되는 대부금이라고 할 수 있다. 반대의견서에 제시된 다른 하나의 아이디어는 정부가 보장의 범위를 극도로 제한시킴으로써 사적보험을 장려하는 것이다. 이 안에 따르면 정부가 제공하는 서비스는 기존에 민간서비스를 4년 이상 받은 사람들에게만 제공될 것이다.

노동당정부는 대인돌봄서비스를 무료화시킬 경우 지나치게 많은 비용이 소요된다는 소수파 보고서의 견해를 수용하였다. 대신 무료의 '간병보호'(nursing care)를 제안하였다. 중간단계의 보호서비스에 보다 많은 재정을 할당함으로써 병원치료에서 지역사회 보호로의 복귀를 쉽게 하려는 의도였다(DoH, 2000). 정부는 부적절한 병원입원과 불필요한 요양원 입소의 사례를 줄이고자 하였으며, NHS 혹은 지방당국이 재원을 부담하는 시설에 10,000개 이상의 추가공간 마련을 계획하였다. 또한 현재 제공되는 돌봄서비스를 규제하기 위해 '돌봄서비스전국표준위원회'(a National Care Standards Commission)를 설치해야 한다는 위원회의 요청을 수용하였다.

이 기구는 나중에 사회서비스감독원(the Social Service Inspectorate)의 기능과 통합되어 사회적돌봄서비스감독위원회(the Commission for Social Care Inspection)로 거듭나게 되었다.

간병보호는 서비스가 제공되는 장소에 관계없이 비용을 지원하되 대인돌봄을 제외시킨다는 정부의 결정은 새로운 문제를 발생시켰다. 정부는 간병보호의 개념을 '장소에 관계없이 간병보호를 제공, 위탁 혹은 감독하는데 보내는 등록된 간병시간'으로 규정하였다(DoH, 2000, para 2.9). 잉글랜드 지방은 주민들을 평가하여 3개의 등급으로 구분하였다. 이에 따라 각 가정에 대한 주간지급액은 평가등급에 따라 차이가 났다. 웨일즈와 북아일랜드 지방에는 단일지급방식이 적용되었다. 하지만 새로운 스코틀랜드 의회는 독자적인 방법을 채택함으로써 중앙정부의 입장을 거부하였다. 2002년 스코틀랜드 지역사회돌봄 및 보건법[2002 Community Care and Health (Scotland) Act]의 제정을 통해 왕립위원회의 제안을 정책화시킴으로써 간병보호뿐만 아니라 대인돌봄도 '무료화' 시킨 것이다. 이는 스코틀랜드 정부가 간병보호 비용 지원을 위해 단일의 정액지원제를 운영하며, 대인돌봄비용 지원을 위해 또 하나의 단일정액지원제를 운영함을 의미한다. 간병보호서비스를 제공하는 요양원의 경우 65파운드를 정액으로 지급하는데, 이는 잉글랜드 지방에서 욕구등급이 높은 사람들에게 지급되는 금액의 50% 수준이며 잉글랜드 지방 평균지급액보다 약 1/4정도 적었다. 대인돌봄에 대한 비용지원은 두 가지 종류이다. 하나는 본인부담을 통해 요양원을 이용하는 사람들에게 주당 145파운드를 지급하는 것이며, 다른 하나는 거택요양자에게 비용충당을 위해 일정금액을 지급하는 것이다. 이는 지역당국이 클라이언트를 대신하여 지불한다. 스코틀랜드에서는 지역당국이 직접지불방식을 선호하지 않았기 때문이다. 스코틀랜드 정부는 지역당국에 대한 교부금 증액을 통해 대인돌봄의 무료화로 인한 추가비용을 감당할 수 있도록 하였다.

영국의 사회보장에 대해 광범위한 책임을 맡고 있는 런던의 중앙정부는 원래의 규정변화를 거부하였다. 따라서 입소자에 대해 노인간병보조금을 지급받던 요양원은 이를 받지 못하게 되었다. 이 규정에 따르면, 한 개인이 지방당국을 통해 지원을 받고 있을 경우 사회보장기금으로부터 지원을 받지 못하기 때문이다. 하지만 거택요양을 하는 사람들에게는 신설된 대인돌봄비용에 대한 보조금과 더불어 노인간병보조금도 계속 지급되었다. 뿐만 아니라, '무료의 대인돌봄'이라는 슬로건이 완전무료인 것처럼 해석되어서는 안 된다고 중앙정부는 역설한다. 스코틀랜드 지방에서 요양원을 이용할 경우 평균비용은 주당 400파운드 이상이다. 따라서 2006년도 기준으로 주당 210파운드의 보조금을 받더라도 이는 총비용의 절반에 불과하다. 이는 결국 스코틀랜드에서 조차도 복잡성과 불공평의 문제가 해결되지 않았음을 의미한다(Bell and Bowes, 2006).

결국 왕립위원회의 설치를 통해 해결하고자 했던 문제들은 10년 가까운 세월이 지났지만 여전해 해결되지 않았다. King's Fund는 2006년 이 문제를 심층적으로 재검토하였으며(Wanless, 2006), 런던정경대 학자들과 공동연구를 통해 새로운 접근법을 제시하였다. 이 접근법은 보수당과 자유민주당으로부터 지지를 받았을 뿐만 아니라 노동당정부 역시 신중하지만 환영의 뜻을 표했다.

4.3. 개인과 국가 간의 새로운 협력관계?

King's Fund의 보고서는 현재 정액의 배급제인 보조금 지급방식을 유지하되 단순히 인구학적 변화만을 고려할 경우 향후 잠재적 지출규모가 어떻게 변할 것인지를 모델링함으로써 시작한다. 이것만으로도 지출규모는 현재 GDP의 1.1%에서 2026년 1.5%로 상승할 것으로 예상되었다. 그런 다음 보고서는 노인들의 상이한 건강 및 장애수준 때문에 다르게 나타날 수 있는 돌봄욕구 수준들을 측정하였다. 다음으로 서로 다른 수준 및 종류의 돌봄을 통해 혜택을 받을 수 있는 개인의 역량을 조사하였다. 이러한 혜택에는 노인들이 제공받는 대인돌봄서비스 차원을 넘어 사회적으로 보다 수용되고 자신의 삶을 통제할 수 있도록 해 주는 종류의 보호까지 포함시켰다. 마지막으로 이러한 급여의 양이 비용보다 낮아 보이는 지점에 지출 상한선을 설정하였다. 이러한 모델링 결과 최소한 GDP의 2% 정도를 돌봄서비스에 지출하게 될 것이며, 기존의 최저기준이 한번 상승된 것을 고려한다면 더 많은 비용지출이 필요할 것으로 예상되었다. 그렇다면 이 비용을 어떻게 조달할 것인가?

이 보고서는 사적보험을 장려하는 방법과 더불어 스코틀랜드 및 다른 국가들에서 운영되고 있는 방법들을 포함하여 여러 가지 방안들을 검토하였다. 또한 이러한 방안들은 공정성, 효율성, 반응성, 융통성 등을 담보할 수 있는 일련의 기준에 의거 가중값을 부여했다. 사보험과 개인저축 그리고 (주택을 담보로 한) 대부 등의 방법은 본 장의 앞부분과 제2장에서 논의했던 시장의 실패 및 불확실성의 문제를 발생시켰다. 자산조사의 방법은 대중의 수용성, 선택, 낙인, 그리고 무료의 NHS 서비스와 역진적 상호작용이라는 측면에서 낮은 점수를 기록하였다. 이러한 모든 측면에서 이 보고서는 왕립위원회의 소수파 보고서와 동일한 결론에 도달하였다. 대인돌봄과 집중적인 사회적 돌봄을 비용효과가 최소수준에 이를 때까지 무료로 제공하는 것이 비용을 제외한 다른 대부분의 항목에서 최고점수를 기록하였다. 여기까지의 결과 역시 다시 한 번 왕립위원회의 결론을 뒷받침한다. 다음으로, 이 보고서는 보다 복잡한 중도적 방법을 시도하였다. 소위 '병행 모델'(partnership model)을 개발함으로써 무료의 보편적 돌봄서비스가 갖고 있는 대부분의 장점을 취하되 비용을 최소화시키며, 개인이 자신에게 적합한 돌봄서비스를 직접 설계할 수 있도록 보다 많은 권한을 부여한 것이다.

이 모델에 따르면, 모든 사람들은 최소한의 기본적 돌봄서비스를 무료 혹은 직접적인 현금보조를 통해 비용을 지불하는 형태로 이용하거나, 아니면 양자병행의 방법을 택할 수 있다. 만약 이러한 보편적 서비스 혹은 현금보조의 방법이 도입된다면 현재의 사회보장급여인 노인간병보조금 제도는 어느 하나에 통합되어야 할 것이다. 이 방법은 전국적으로 동일하게 적용되어야 하며 재원은 지방정부에 대한 재정지원 확정안의 일부로서 마련되어야 한다. 스코틀랜드와 다른 지방은 자체적인 방법을 선택할 수 있다. 하지만 서비스나 현금지원의 수준은 비용절감을 위해 이 보고서가 설정한 돌봄서비스의 이상적 기준선 이하에서 결정되어야 할 것이다. 이하의 수준이 어느 정도인지는 정치적으로 결정될 것이다. 그런 다음 지방당국은 사람들의 대응자금[76]에 따라 비용부담을 요하는 서비스를 추가로 제공할 수 있다. 소득이 높을수록 가족의 부담액은 많아질 것이다. 고소득 집단의 경우 이러한 대응자금은 특정시점에 도달하면 단계적으로 감소될 것이다. 잠정소득은 재산의 규모를 통해 산정될 수 있다.

이 모델은 명백히 자산조사의 특징을 일부 담고 있지만 모든 사람들에게 혜택이 돌아가도록 고안되었다. 보고서는 이러한 중도적 방법의 장단점에 대해 논의하고 있지만(Wanless, 2006, ch. 13 and 14), 재무장관은 2007년 사전예산보고(pre-budget report)를 통해 별도의 장기요양보호 재정방법을 발표하였다. 아마도 이에 관한 논란은 계속될 것 같다.[77]

---

76) 지방당국이 비용의 일부를 부담하면 나머지는 개인이나 가족이 부담하는 방식.

77) 장기요양보호의 재정조달에 관한 조사위원회가 경제학자 Andrew Dilnot을 의장으로 구성되었으며, 2011년 여름에 보고서가 발표될 예정이다.

5. 외국의 사례

다른 선진국들도 영국과 상당히 유사한 딜레마에 빠져 있다.

- 고령화로 인한 비용증가를 누가 부담해야 하는가? 개인과 가족이 증가하는 책임을 떠맡아야 하는가? 국가가 더 많은 역할을 할 수 있을까? 그렇다면 얼마나 더 많은 역할을 해야 하는가? 민간보험은 어떤 역할을 수행해야 하는가?
- 국가의 역할은 어디까지인가? 재원조달에 국한되어야 하는가 아니면 서비스제공까지 확대되어야 하는가?
- 국가의 지원은 소득 및 재산에 대한 자산조사를 통해 배급제로 제공되어야 하는가 아니면 보편적 자격으로 주어져야 하는가?
- 국가의 재정지원은 일반조세를 통해 마련되어야 하는가 아니면 목적세적 성격의 사회보장세를 통해 마련되어야 하는가?
- 서비스와 재정을 중앙정부가 책임져야 하는가 아니면 지방정부가 맡아야 하는가?
- 대인적, 비의료적 돌봄서비스는 일반적으로 상이한 재정과 행정체계를 통해 제공되는 의료보장과 어떻게 상호작용하는가?

어느 국가도 이러한 문제에 대해 아주 만족스러운 해답을 찾지 못했다. 하지만 다양한 접근법들이 존재하며 대부분의 국가들은 주목할 만한 개혁과정을 거치고 있다(Glendinning et al, 2004; OECD, 2005). 이와 관련된 비용은 GDP 대비 소량이지만 점차 증가하고 있다(〈표 5.1〉 참조).

〈표 5.1〉 주요7개국 장기요양보호 급여 및 지출

(단위: %)

국 가	65세 이상 시설 생활자	공식적 원조를 받는 65세 이상 거택 돌보미	노인 중 80세 이상 비율	65세 이상 남성의 비장애 평균수명	장기요양 보호 총지출	공적장기 요양보호 지출
호주	5.7	21	23.6	6.6	1.19	0.86
캐나다	3.7	17	23.6	10.9	1.23	0.99
독일	3.9	7	22.3	12.2	1.35	0.95
일본	3.2	8	22.0	14.9	0.83	0.76
뉴질랜드	5.9	na	23.8	7.5	0.68	0.45
영국	5.1	4	25.4	8.8	1.37	0.89
미국	4.3	9	26.4	7.4	1029	0.74
OECD 평균	na	na	21.7	na	1.25	0.99

※ 참고

1. 각 국가에 대한 수치는 아래 출처에 제시된 가장 최근의 것을 활용하였지만, 연도는 각 국가별로 상이함.
2. 영국의 경우 65세 이상 노인 중 자택에서 요양을 하면서 공식적 원조를 받는 인구비율은 잉글랜드 지방만을 의미함.
3. 프랑스에 대해서는 활용 가능한 자료가 없음.
4. na는 활용 가능한 자료가 없음을 의미함.

출처: OECD(2005); Wanless(2006)

5.1. 가족지원과 독립심 증진

지중해연안 국가들과 한국은 전통적으로 확대가족의 지지에 높이 의존함으로써 공식적 서비스에 대한 의존도는 낮았다. 하지만 최근 들어 이러한 상황은 일본에서 보는 바와 같이 변하고 있다(아래 참조). 비공식 돌봄은 모든 국가에서 여전히 중요한 위치를 점하고 있다. 따라서 대부분의 국가에서는 피돌보미보다 돌보미를 지원하려는 노력이 증가하고 있다. 마찬가지로, 노인들이 자신의 가정에서 독립적으로 생활할 수 있도록 능력을 부여하는 방안들이 늘어나고 있다. 이를 위해 많은 국가에서는 주거지와 비상서비스 및 지원체계를 연결하는 기술이 발전하고 있다.

5.2. 민간보험

어느 나라도 민간보험이 지배적인 모델인 곳은 없다. 의료에 있어 민간보험이 중요한 미국에서 조차도 장기요양보호만큼은 예외이다. 10년 전 장기요양보호에 소요되는 지출 중 민간보험을 통해 재원이 마련된 비율은 불과 7% 정도였으며(Feder et al, 2000), 오늘날에도 10% 미만에 이를 것으로 보인다. 여기에는 앞서 논의한 시장의 실패라는 문제가 하나의 원인이다. 보다 중요한 원인으로서, 사람들은 자신의 재산수준이 기준이하로 하락하면 메디케이드(Medicaid)의 대상자가 될 수 있다는 점을 알기 때문이다(아래 참조). 본인지출을 축소하는 방법을 모색하는 것인데, 도덕적 해이의 전형적 현상이라고 할 수 있다.

하지만 상당수의 국가들은 개인들이 사적대책을 마련하도록 장려하고 있다. 독일의 경우 민간보험에 가입한 고소득 가정은 민간 장기요양보험에도 가입해야 한다. 이렇게 함으로써 그들이 국가에 의존하는 것을 예방하고 있다. 미국의 많은 주에서는 개인들이 다년간 민간보험에 가입해 있을 경우 메디케이드 수급자로 선정될 수 있는 재산기준을 보다 관대히 적용하고 있다. 하지만 이러한 방법에 대해 대중적 호응이 높지는 않다.

네덜란드는 모든 시민들의 민간 장기요양보험 가입을 의무화함으로써 보다 강력한 접근을 취하고 있다. 의료보장의 경우 저소득 근로자들은 국가의 기여금을 통해 보조를 받는다. 현재의 노인계층을 위한 서비스 역시 여전히 공적 재원을 통해 많은 지원을 받고 있다.

5.3. 자산조사를 통한 급여

이 방법은 대부분의 국가에서 여전히 중요하게 간주되고 있다. 미국은 메디케이드를 통해 소득수준이 낮고 재산이 전혀 없거나 많지 않은 사람들에게 장기요양보호(시설 및 재가보호) 비용을 지급한다. 전체적으로 미국에서 장기요양보호에 지출되는 비용의 약 40%는 이러한 방식을 통해 재원이 마련되며, 이중 대부분은 시설보호에 지출된다. 캐나다에서는 지역기반의 서비스가 자산조사를 통해 제공되며, 자산의 기준은 지역에 따라 상이하다. 호주연방정부의 프로그램은 생활시설 및 요양원에 대한 비용을 지원하는데, 이는 자산조사에 기반하며 대부분의 서비스는 영리 및 비영리 기관을 통해 제공된다. 생활시설의 경우 주거비용과 돌봄비용은 서로 구분되어 있다. 스칸디나비아 국가들의 경우 지역기반의 서비스가 활성화되어 있으며, 이는 자산조사를 통한 기여를 필요로 한다. 따라서 자산조사와 관련된 모든 문제들이 발생한다.

5.4. 사회보험을 통한 자격부여

이의 극단에는 1994년 독일에서 도입된 사회보험 중심의 프로그램이 존재한다(Cuellar and Wiener, 2000; Glendinning, 2007). 모든 피용자들은 고용주와 공동으로 소득의 1.7%에 달하는 금액을 기여해야 한다. 실업자는 실업보험을 통해 기여금을 부담한다. 2004년 이후 은퇴자 역시 소득의

1.7%를 부담해야 한다. 자격여부 및 어떤 수준의 지원이 필요한지는 욕구사정을 통해 결정된다. 소득조사는 없으며 서비스에는 재가 및 시설 돌봄 모두가 포함된다. 개인은 서비스를 직접 제공받을 것인지 아니면 현금급여를 받을 것인지 선택할 수 있다. 또한 현금지급을 선택하였다면 이를 서비스 구매에 활용할 것인지 아니면 가족구성원을 활용할 것인지도 스스로 결정할 수 있다. 지급되는 현금은 사정된 욕구에 따라 세 등급으로 구분되며, 비과세이다. 하지만 현금총액은 직접서비스를 선택할 경우 받을 수 있는 서비스 가치의 절반수준이다. 이와 더불어 급여수준은 본 제도의 도입이후 상한제를 통해 제한되고 있으며, 실질가치는 하락해 왔다. 따라서 가족들은 이러한 부족분을 스스로 보충해야 했으며, 그 규모는 점차 커지고 있다. 보험기금을 통한 현금급여로는 시설돌봄 비용의 절반정도만을 충당할 수 있기 때문에 가족들이 기여하거나 자산을 처분하여 이러한 차이를 메워야 한다. 이러한 비용문제 때문에 경제학자들은 많은 비판을 가해 왔으며, 제도 자체의 유인성 또한 약화되고 있다. 그럼에도 불구하고 이러한 사회보험 방식의 장기요양보호제도는 세간의 주목을 받고 있다. Glendinning은 다음과 같이 설명한다.

> 현재의 상태로 볼 때 독일의 장기요양보험은 지속이 어려울 수 있다. 하지만 적격성을 갖춘 모든 수혜자들에게 거주지역이나 재정상태 그리고 어느 정도는 이용하는 돌봄유형에 관계없이 일정의 현금급여를 보장한다. 사실상 전체인구가 적용대상이다. 또한 이것이 위험분산의 수준을 결정하기 때문에 고도의 효율적인 체제(regime)를 창출하고 있다. 적격성은 전국적으로 적용되는 단일기준에 의해 결정되기 때문에 비교적 일관성 있는 관리체계를 갖추고 있다. 이 결과, 서로 비슷한 수준의 의존성을 갖는 노인들은 재정적, 사회적 상황에 관계없이 높은 수준의 수평적 공평성을 누린다. 무엇보다도 적격성을 갖추면 명

확한 수준의 공적 재정지원을 받는다는 점에 주목할 필요가 있다(Glendinning, 2007, pp. 417-18).

일본은 몇 가지 측면에서 명백히 독일의 전철을 밟았다(Gampbell and Ikegami, 2000, 2003; Ikegami, 2007). 여기에서의 문제는 장기요양보호와 의료보장의 재정방식을 명확히 분리시킴으로써 발생하였다. 병원에서 돌봄을 받는 노인의 비율이 항상 높았으며, 1970년 이후 노인인구의 가파른 증가가 시작되면서 급격히 상승하였다. 병원 밖에서 제공되는 장기요양보호에는 요금을 부과한 반면 병원 내 노인들에게는 무료이었기 때문이다. 결국 병원 내 노인의 수는 폭발적으로 증가하였다. 이를 해결하기 위해 65세 이상 노인을 대상으로 한 노인성 질환과 장기요양보호를 통합시켰으며, 이의 재원조달을 위해 장기요양보험이라고 불리지만 내용은 독일과 전혀 다른 제도를 마련하였다.

시민들은 65세에 이르면 권리로서 장기요양보호에 대한 욕구가 있는지를 평가받는다. 이와 더불어 40세 이상으로서 특별한 장기요양의 조건을 갖춘 사람들도 평가대상이 된다. 욕구평가는 지역단위로 실시되는데, 먼저 간호사 등 공무원이나 조사원이 긴 평가서를 작성한다. 그런 다음 의사의 소견서가 첨부되며, 최종적으로 위원회가 판결한다. 자격은 7개 등급으로 구분되며, 이에 따라 개인이 받게 될 급여의 상한액과 돌봄계획이 결정된다. 서비스는 현지 기관을 통해 제공되는데, 개인의 선택이 가능하다. 최근의 경향을 보면, 서비스 공급자는 지방자치단체에서 상호 경쟁하는 계약자들로 이동하고 있다. 개인이 현금급여를 택할 수 있는 선택권은 없다. 뿐만 아니라 본인부담제가 있기 때문에 사례관리를 제외한 모든 서비스는 총비용의 10%에 해당하는 금액을 지불해야 한다.

지방정부는 예산을 책정하는 과정에서 이렇게 지역에서 평가된 욕구를 충족시키기 위해 필요한 비용을 반영한다. 그런 다음 지역에 거주하는 65세 이상 모든 사람들에게 부과할 세금(즉, '보험료')을 결정한다. 장기요양보호의 예산은 중앙정부에서 지급하는 보조금과 더불어 이러한 방식을 통해 마련된다. 하지만 정부 보조금의 규모가 상당히 커서 평균적으로 전체비용의 거의 85%에 달한다. 이의 절반은 지방세와 국세로 구성된 일반조세를 통해 마련되며, 나머지 절반은 40~64세에게 부과된 목적세를 통해 충당된다. 유권자들은 40세에 도달할 시기가 되면 자신이 어느 날 노인이 될 것이라는 사실을 체감하기 시작한다.

이러한 모든 것은 명료함을 특징으로 하는 독일의 제도와 전적으로 다르며, 진정한 사회보험모델은 아니다. 이는 또한 경제적, 재정적 압박에 대응하기 위해 관대함의 측면에서 수정, 축소되어야 했다. 자산조사를 기반으로 주거비용을 징수하게 되었으며, 2005년부터는 최소한의 욕구를 가진 사람들이 이용할 수 있는 재가돌봄 서비스의 범위가 축소되었다.

5.5. 사적부담과 선택

이는 네덜란드, 노르웨이, 스웨덴, 캐나다 혹은 미국 등 공식적인 급여나 재원조달의 형태가 공적인 국가는 결코 취하지 않은 방법이다. 하지만 많은 사람들은 집에서 돌봄서비스를 받으면서 이에 대한 비용을 지불한다. 일부 국가에서는 노인과 장애인이 제공받는 서비스에 대해 보다 많은 통제권을 행사할 수 있는 방향으로 움직이고 있다. 일부 국가의 경우 이는 돌봄서비스 공급자에게 선택범위를 확대해 주는 것을 의미하며, 일부 다른 국가의 경우에는 현금예산을 제공하는 방법을 의미한다. 이러한 현상은 실제로 영국뿐만 아니라 호주, 오스트리아, 독일, 아일랜드, 룩셈부르크 등에서 나타나고 있다(OECD, 2005). 스칸디나비아 국가들에서도 이러한 움직임이 나타나고 있는데, 그 유형은 다소 상이하다.

- 친척을 포함하여 돌봄보조인을 고용하는 데 소요될 수 있는 예산
- 개인의 원하는 바에 따라 지출할 수 있지만 반드시 권장수준까지 전액 지출해야 하는 예산
- 돌보미에 대해 공공부조인 소득지원(Income Support) 급여 제공

개관

- 장기요양보호비용의 상당부분은 돌봄을 직접 제공하는 가족과 부모가 부담하고 있다. 가족은 또한 돌봄서비스를 사적으로 그리고 지방정부를 통해 구매한다. 노인은 자신의 주택을 매각할 수 있다.
- 다양한 클라이언트 집단에게 제공되는 법정 돌봄의 재정은 NHS와 지방당국이 공동으로 부담한다. 급여의 상당부분은 비영리뿐만 아니라 영리기관을 통해 제공된다. 복지의 혼합경제이다.
- 노인장기요양보호의 재원마련방식은 오랫동안 논쟁의 대상이었으며, 이는 특히 자산 및 재산조사의 역할을 중심으로 전개되었다. 스코틀랜드와 잉글랜드는 서로 다른 재정방식을 취하고 있다.
- 다른 국가들, 특히 독일과 일본은 이용자들이 사회보험에 기초하여 자격을 획득할 수 있도록 장기요양보호제도를 개혁하였다. 일부 다른 국가들은 사적 대책을 강조하되 이를 국가가 지원을 하는 방향으로 움직이고 있다.
- 많은 국가들은 개인에게 자율적으로 활용할 수 있는 예산을 제공함으로써 자신이 원하는 돌봄서비스를 구매할 수 있도록 하고 있다.

논의

1. 만약 새로 취임한 장관에게 잉글랜드이나 스코틀랜드에서 사회적 돌봄서비스의 재정방식을 개선할 수 있는 방안을 조언할 기회가 있다면, 무엇이 가장 중요한 쟁점이라고 말하겠는가?
2. 제공받는 돌봄서비스에 대해 개인의 통제력을 증진시킬 수 있는 최상의 방법은 무엇인가?
3. 장기요양보호를 사적 시장에서 제공할 경우 시장의 실패문제가 발생할 수 있는 주요원인은 무엇인가? 이에 대한 해결책은 있는가?
4. 장기요양보호의 재정방식을 놓고 다른 국가들이 시도하고 있는 개혁들이 우리에게 주는 함의는 무엇인가?

추천문헌

1. Knapp(1984)은 사회적 돌봄의 경제학에 대한 입문서로서 유용하다.
2. Evandrou and Falkingham(1998)은 1974~95년 동안 사회적 돌봄서비스의 정책, 지출 그리고 결과를 다루고 있다.
3. Lewis and Glennerster(1996)은 1990년대 초 재정정책의 변화를 설명하고 있다.
4. Knapp(2007)은 잉글랜드 지방이 이용자에게 보다 많은 선택과 통제력을 부여한 조치에 대해 평가하고 있다.

5. Wanless(2006)는 사회적돌봄의 재원방식에 대한 미래의 대안들을 제시하고 있다.
6. *Social Policy and Society*, 2007, Vol 6, part 3에는 돌보미의 기여, 향후 비용, 새로운 정책들을 중심으로 다른 국가들의 사례를 논하는 다수의 논문이 담겨 있다.

제6장

교육

요약

- 인적자본을 생산하기 위해서는 공식적인 학교교육이 중요하지만 이에 못지않게 중요한 것은 부모가 자녀에 대해 투자하는 시간과 기술이다. 이는 특히 아동이 유년기일 때 강조된다.
- 어떠한 요소들이 '양질'의 교육을 구성하는가? 이 질문을 놓고 논란이 많다. 일부 부모들은 종교교육을 강조하며 타종교를 가진 아동과 분리된 교육을 희망한다. 일부는 엄격한 규율을 갖춘 비혼성학교(single-sex school)와 전통적인 교육기법을 원한다. 어떤 부모들은 보다 자유로운 남녀공학을 선호한다. 많은 사람들은 재정방식이 이러한 부모의 선택을 존중하고 증진시키는 방향으로 운영되어야 한다고 주장한다.
- 일부는 공평한 기회를 보장하고 사회적 연대를 달성하기 위해 아동들이 서로 분리되어서는 안 되며, 통합교육을 통해 다양성을 갖춘 삶을 영위하도록 교육받아야 된다고 주장한다. 재정방식 또한 이러한 목표를 증진하기 위해 운영되어야 한다고 생각한다.
- 교육의 역할에 관한 이러한 이견 때문에 재원방식에 대한 대립적 견해들이 제기되었다. 그럼에도 불구하고 시장의 실패와 정부의 실패라는 친숙한 쟁점들은 마찬가지로 적용된다. 시장의 실패(〈상자 6.1〉 참조) 문제는 고등교육으로 올라갈수록 심각성이 완화된다. 18세에 이르면 제공된 정보에 따라 선택을 할 수 있는 능력이 있기 때문이다.
- 영국의 GDP 대비 교육비 지출은 선진국의 평균과 비슷하다. 영국보다 지출이 많은 국가로는 스칸디나비아 국가들과 정도는 조금 약하지만 프랑스가 유일하다.

1. 교육이란?

아동의 미래에 대한 투자는 출생 그 이전부터 시작된다. 우리는 아동의 조기 경험과 부모의 개입, 보육의 질이 중요하다는 점을 잘 알고 있다(Feinstein, 2003, Waldfogel, 2004). 양친 혹은 부모 중 한 사람이 일찍부터 전일제 유급 노동에 종사할 경우 가족의 소득은 높겠지만 아동의 미래에 대한 투자는 소홀해질 것이다(Ruhm, 2004). 스칸디나비아 국가들은 양질의 보육에 대한 보편적 접근이 가능하도록 투자함으로써 부모의 열악한 상황이 자녀의 낮은 미래소득을 가져오는 연결고리를 차단할 수 있었다(Esping-Andersen, 2007).

어떠한 요소들이 양질의 학교교육을 구성하는지에 대한 견해는 부모마다 다르다. 어떤 부모들은 미션스쿨을 희망하며, 일부는 자녀들이 특정 종교에 전적으로 귀속된 학교에서 교육을 받아야 한다고 믿는다. 다른 부모들은 이러한 방식이 사회의 유산을 공유하고 응집력을 높여야 하는 국가의 의무에 위배된다고 믿는다. 일부는 엄격한 규율을 원하지만, 일부는 그렇지 않다. 일부는 전통적인 교육방법과 읽기 및 수리 같은 기초기술교육에 전념하기를 원하지만 일부는 학생들이 보다 개성적인 교육을 받기를 원한다. 일부는 비혼성학교를 원하지만 일부는 남녀공학을 선호한다. 이러한 특징들 때문에 교육은 의료보장과 구분된다. 의료보장의 경우 대부분 주류의학이 권고하는 하나의 방법으로 신속하게 치료받기를 원하기 때문이다.[78] 이렇게 다양한 견해 때문에 많은 사람들은 부모가 학교를 선택할 수 있도록 능력을 부여하는 것이 중요하다고 주장한다. 다른 사람들은 학교에 대한 선택권을 다양화시키는 것이 위험하다고 생각한다. 이러한 문제에 대한 여러분의 입장에 따라 선호하는 재원방식이 다를 것이다.

---

78) 물론 이러한 태도는 변하고 있다.

〈상자 6.1.〉 교육에 있어 시장의 실패

- 아동은 정보를 완벽하게 제공받는 소비자가 아니다. 부모와 아동의 이해관계는 상충될 수 있다(예를 들어, 교육비 절감을 통해 가족의 소득을 높이기 위해 자녀에게 조기졸업을 권유할 수 있다). 모든 부모가 자녀에 대해 높은 기대를 갖고 있지만 무언가를 해줄 수 있는 능력은 매우 불균등하게 배분되어 있다. 이로 인해 교육의 소비부족 문제가 발생할 수 있다. 따라서 정부는 출석을 의무화시키고, 전국단위의 커리큘럼을 설정하며, 아동들을 테스트하여 현 연령대비 발달정도를 부모들에게 통지하고, 학교를 감독한다.
- 지방의 경우 현지학교는 부모들이 이용할 수 있는 유일한 선택일 수 있다. 이에 따라 지역독점 현상이 발생하며, 이러한 독점은 가중된다. 도시지역에 거주하는 노동계층 부모들만이 가끔 지방학교를 고려하기 때문이다.
- 교육은 부분적이나마 공공재이다. 지식의 혜택이 전 세계로 확산되기 때문이다. 교육받은 사람을 통해 보다 넓은 공동체가 수혜를 받으며, 이는 사적 이익의 차원을 넘어선다. 교육이 없다면 사회에서 이루어지는 논쟁에 관한 정보를 얻을 수 없으며, 사회적 결속과 법질서의 유지는 더욱 힘들어진다. 한 개인이 자녀교육에 얼마를 지출할 것이지 결정하는 과정에서 이러한 결과까지 고려하지 않는다.
- 교육의 부수효과가 긍정적인 것만은 아니다. 공동체를 분열시킬 수도 있다. 단순히 직업이나 지위경쟁에서 타인에 비해 유리한 입장을 획득하기 위해 교육을 구매할 수 있다. 소위 '지위재'(positional good)[79]이다(Hirsh, 1977).
- 개인은 졸업 후 잠재적으로 고소득을 보장받을 수 있다. 하지만 민간은행은 안전이 보장되지 않는 한 이 학생에게 많은 자금을 대여하지 않을 것이다. 가난한 학생은 소유한 자산이 없거나 부모가 부유하지 않기 때문에 이러한 은행의 위험을 감소시키지 못한다. 결국 투자부족의 문제가 발생한다. 자본시장은 불완전하다.
- 하지만 학년이 높아질수록 교과과정의 내용과 질에 대한 양질의 정보를 획득할 수 있기 때문에 효율적인 선택을 내릴 수 있다.
  교육경제학 및 재정에 관한 일련의 핵심 논문들로서 Marshall and Peters(1999)를 참조하기 바란다.

79) 이는 소수가 점유함으로써 가치가 증가하는 재화를 말한다.—역주

2. 교육비

현재 영국의 교육비 지출은 주요선진국들과 비슷하다. 단지 인구수가 많은 국가에 가중 값을 높게 주는 인구기반적 접근을 취할 경우에는 이들 국가에 비해 약간 낮은 편이다(〈표 6.1〉 참조).

〈표 6.1〉 GDP 대비 교육비 지출

(2004년, 단위: %)

국 가	공 적	사 적	총 계
오스트리아	4.3	1.6	5.9
벨기에	5.8	0.2	6.1
덴마크	6.9	0.3	7.2
프랑스	5.7	0.4	6.1
독일	4.3	0.9	5.2
그리스	3.3	0.2	3.4
아일랜드	4.3	0.3	4.6
이탈리아	4.4	0.5	4.9
일본	3.5	1.2	4.8
네덜란드	4.6	0.5	5.1
노르웨이	6.2	0.1	6.3
스페인	4.2	0.6	4.7
스웨덴	6.5	0.2	6.7
영국	5.0	1.0	5.9
미국	5.1	2.3	7.4
OECD 평균	5.0	0.7	5.7
OECD 전체	4.7	1.4	6.2

※ 참고

1. 각 수치는 반올림한 값임.
2. OECD 평균에는 표에 포함되지 않은 일부 소규모 국가들의 지출도 포함되어 있음.
3. OECD 전체 수치는 국가의 규모에 따라 가중값을 부여한 것임.

출처: OCED(2007c)

영국의 평균 순위는 최근에 들어서야 회복되었다. 전후 교육지출이 정점에 이른 시기는 1975년으로서 학생 수 역시 최고점에 이르렀을 때였다(Glennerster, 1998). 이후 GDP의 7% 정도가 교육에 지출되었으며, 대부분은 공적기금을 통해 이루어졌다(〈표 6.2〉 참조).

〈표 6.2〉 영국의 GDP대비 교육비 지출: 1975-2006

(단위: %)

년 도	공 적	사 적	총 계
1975/76	6.5	0.3	6.8
1979/80	5.2	0.5	5.7
1989/90	4.8	0.5	5.3
1995/96	5.1	1.0	6.1
1999/2000	4.5	1.0	5.5
2003/04	5.4	0.9	6.3
2006/07	5.7	0.8	6.5

출처: Glennerster (2002); HM Treasury (2007b); ONS (2007b)

이후 불과 20년 동안 GDP 대비 공교육비 지출은 6.5%에서 4.5%로 하락하였다. 이의 반대급부로서 사립학교를 위한 사적 지출은 상승하기 시작했으며, 이는 상위소득자의 수입증가에 따라 더욱 가속화되었다. 지난 10년 동안 사립학교의 수업료는 매년 6% 정도 증가해 왔다. 그럼에도 불구하고 2000년 국민소득에서 공과 사를 포함한 교육비 지출액은 5.3%로 하락하였다. 하지만 이후 다시 상승하였는데, 이번에는 국가지출 부문이 높아진 결과였다. 2006년 정부지출은 GDP의 5.7%까지 상승하였으며, 사적 지출을 포함한 총지출은 6.5%에 이르렀다. 2000년 이후 잉글랜드 지방에서 학생 1인당 지출은 실질가치의 측면에서 무려 40%가 증가하였으며, 스코틀랜드 지방은 더 높은 상승률을 보였다(〈표 6.3〉[80] 참조).

〈표 6.3〉 학생1인당 재정지출: 실질가치지수 2000/01~2007/08년

	2000/01	2001/02	2002/03	2003/04	2004/05	2005/06	2006/07	2007/08
잉글랜드	100	105	109	117	121	128	135	140
스코틀랜드								
초 등	100	109	128	144	157	168		
중 등	100	109	129	140	150	160		

출처: DCSF (2007); Scottish Government(2007a)

현재 공교육비의 대부분은 학교에 지출된다. 초등교육과 중등교육이 균등한 몫을 차지하며, 1/4 정도만이 고등교육과 직업훈련 이상의 교육에 지출된다(〈그림 6.1〉 참조).

〈그림 6.1〉 영역별 공교육비 지출: 2005/06

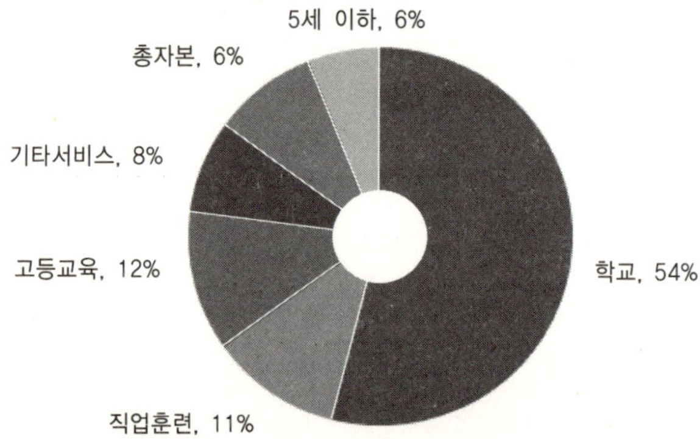

출처: DCSF(2007)

80) 이 표에서 실질가치란 경제전체의 평균물가상승률을 기준으로 디플레이트 된 deflated 지출을 의미한다. 하지만 교육비용은 훨씬 빠르게 증가하였다. 교사의 급여와 연금비용의 상승률이 물가상승률보다 높았기 때문이다. 따라서 학교는 이러한 추가지출의 규모를 인정하지 않으려는 경향이 있다. 하지만 이를 통해 교사채용의 문제는 개선되었다.

3. 교육재정의 할당방법

영국은 공적 재정을 할당하기 위해 재정체계를 학교,[81] 직업훈련학교, 대학이라는 3가지로 구분하고 있다. 이러한 패턴 또한 지방에 따라 다르다.

3.1. 학교

사립학교는 기본적으로 부모들이 부담하는 수업료를 통해 재원을 마련한다. 이러한 현상은 특히 1970년대 중반 정부보조 사립학교(direct grammar schools)[82]가 폐지될 때까지 두드러졌다(Glennerster and Wilson, 1970). Thatcher정부는 국가지원제도를 재도입하였다. 이번에는 자녀를 사립학교에 보내고자 하는 저소득층 부모들을 지원하는 방식이었다. 이를 지원받기 위해서는 자산조사를 거쳐야 했기 때문에 수혜학생의 수는 극히 적었으며, 일부 학교에서만 선별적으로 실시되었다. Blair정부는 이를 폐지하였다.

1944년 교육법(Education Act) 제정 이후 정부는 종교재단이 운영하는 학교로서 국가교육에 참여하고 싶지만, 독립적인 종교교육을 희망하는 학교들을 지원하고 있다. 여기에는 특히 성공회재단 학교와 로만가톨릭재단 학교들이 해당된다. 정부는 이러한 '자발적' 학교의 경상비를 전액 지원하지만, 재단인 교회(일부 경우 비영리재단)는 10%의 자본비를 부담

---

81) 초·중등학교를 통칭함.—역주

82) 이는 잉글랜드와 웨일즈 지방에서 1945년부터 1976년까지 운영되었던 중등학교이다. 재원은 국가가 일부 보조하고 나머지는 개인의 수업료를 통해 마련되었다. 평균적으로 이러한 학교가 정부로부터 받는 보조금은 전체수입의 절반을 약간 상회하였다.—역주

한다. 이 비율은 1944년 합의당시 50%였다. 이러한 학교에는 자체의 종교적 특성을 반영하는 운영위원회가 설치되어 있다. 비기독교계열의 일부 학교들 역시 이러한 체제하에서 재정을 지원받는다. 이들 학교 대부분은 미사참여 등의 신앙생활을 증명할 수 있는 자료나 학습능력, 부모의 관심 등을 입학조건으로 요구한다. 합격의 여부가 사회적으로 편향되어 있다는 점을 확실히 알 수 있다(Gibbons and Silva, 2006). 노동당 정부는 또한 설립초기 사적 기부를 필요로 하는 전문학교(academies)라는 새로운 부류의 학교를 창설하였다.

지역공립학교(local state schools)는 재정의 대부분을 두 단계의 과정을 통해 지원받는다. 물론 이는 교육의 지방분권화로 인해 지방에 따라 차이가 있기는 하다. 각 단계에서 지방정부의 관련행정부서는 지역당국에게 재정을 할당하며, 지역당국은 이를 다시 학교에 배정한다. 이러한 두 개의 단계에 대해서는 아래에서 논한다.

하지만 잉글랜드 지방에서 볼 수 있는 특수한 부류인 전문학교는 중앙정부로부터 교부금을 직접 지원받는다. 초기 자본비의 일부인 200만 파운드는 개인 기부자를 통해 마련되는데, 이에 대한 급부로서 기부자는 학교 운영에 대한 특정의 권리를 갖는다. 이들 전문학교의 운영비는 연간교부금을 통해 마련되는데, 이는 현지 공립학교가 받을 수 있는 금액에 준하여 책정된다. 이들 학교는 일반적으로 기존의 학교들이 실패하였다고 판단되는 저소득층 밀집지역에 설립되어 왔다. 이들은 교육정책에 있어 새로운 아이디어와 접근법을 유도하는 것으로 간주되지만 논란의 대상이기도 하다. 2007년을 기준을 볼 때 이러한 학교가 80개 이상 설립되었으며, 2010년까지는 200개로 확대할 예정이었다. 감사원은 이들의 지출과 성과를 추적한 평가서를 발간하였다(The National Audit Office, 2007).

3.1.1. 지방공립학교에 대한 중앙정부의 지원

1959년 이전까지 자치단체에 소재한 지방교육청이 중앙정부로부터 받는 교부금에는 구체적인 항목이 정해져 있었다. 정부는 지방교육청의 예산을 승인하기 전에 조정과정을 거쳤으며, 그런 다음 학생 1인당으로 결정된 예산을 지급하였다. 이와 더불어 합의된 예산에서 지방세를 통해 충당할 수 있는 금액을 제외한 나머지의 60%를 추가로 지급하였다.

1958년 지방교육청의 재정방식에 커다란 개혁이 이루어졌다. 이제는 하나의 포괄보조금을 통해 재원이 제공되며, 여기에 자체기금을 추가하게 되었다. 이러한 '포괄보조금'은 지방교육청의 규모와 상대적 욕구를 고려하여 결정되었다. 노인이나 아동의 인구가 많으면 더 많은 금액을 받게 되는 것이다. 만약 지방교육청이 특정연도에 이 보조금보다 더 많은 지출을 하고자 한다면 현지의 지방세 납세자가 모든 추가부담을 떠맡게 되었다. 주택이나 경찰서비스와 달리 교육예산은 구체적인 용도를 지정하지 않았다. 따라서 지방교육청의 전체예산을 결정하는 욕구공식에는 교육욕구가 하나의 중요한 요소로 포함되었다. 포괄보조금제도의 명칭은 몇 차례 바뀌었지만 이러한 지급패턴은 2006/07년까지 지속되었다.

하지만 2003년 어려움에 직면한 정부는 잉글랜드 지방에 소재한 학교에 대한 재정지원 방식을 변경하였다. 특히 빈곤의 정도가 심각한 지역의 학교를 지원하기 위해 보조금산정 공식의 교육요소를 변경하였다. 이로 인해 각 학교가 신청할 수 있는 소액예산들 중 상당수가 삭제되었다. 정부는 가용기금의 양을 현저히 증가시켰지만 동시에 학교들은 교사급여와 연금기여금 인상으로 인해 비용문제에 직면하였다. 정부는 모든 학교들이 훨씬 더 많은 자금을 배정받게 될 것이라고 예상하였다. 대부분의 학교는 예상대로 되었다. 하지만 일부는 산정공식의 변화폭을 고려할 때 전혀 얻은 것이 없었으며, 소수 학교에서는 오히려 감소하였다. 이는 심각한 정치적 논쟁을 불러일으켰다. 장관은 지방당국을 비난하고, 지방당국은 중앙정부를 비난하였다. 결국 중앙정부는 앞으로 학교들이 과거 정부로부터 받았던 교부금을 다시 받도록 보장할 것이며, 이의 총액은 3년 앞서 결정될 것이라고 발표하기에 이르렀다. 어느 학교가 얼마를 받아야 하는지를 결정할 권한은 여전히 지방교육청에 있지만, 중앙정부가 학교를 위해 포함시킨 금액은 반드시 학교에 배정해야 했다.

이 결과 2006년 4월에부터 학교전용교부금(Dedicated Schools Grant)제도가 실시되었다. 또한 지방교육청은 다른 세입을 통해 이를 자유롭게 보충할 수 있다.

2008~2010년 기간에 이 교부금의 산정기준은 다음과 같다.

- 먼저 기본금이 있다. 이는 해당연도에 각 학교로 지급하게 될 금액을 3~15세의 학생 1인당 기준으로 산정한다(3세 아동의 경우는 절반금액이다). 이러한 확정지원금은 2008년에 학생 1인당 4,000파운드를 약간 상회하였으며, 2010년에는 4,400파운드로 상승하였다. 만약 지역에 '전문학교'가 있다면 여기에 재학하는 학생 수는 지방교육청으로 보내는 보조금에서 제외하되 해당 전문학교로 직접 지원한다.
- 다음으로 지정보조금이 있다. 이는 부가지원금으로서 아래와 같은 정해진 목적을 위해 지출되어야 한다.
  - '개별적' 지원. 이는 초등학교에서 진도가 뒤처지거나 특별한 재능을 가진 학생들에게 제공된다. 또한 14세에 치르는 '단계 3'(Key Stage 3)[83] 시

83) 영국은 초중등학교를 Key Stage 1~4로 구분한다. 초등학교는 Key Stage 1(1~2학년), Key Stage 2(3~6학년)로, 중등학교는 Key Stage 3(7~9학년), Key Stage 4(10~11학년)로 구

험을 준비하는 데 도움이 필요한 학생에게도 제공된다.

- 14세~16세의 학생들을 대상으로 한 실습 혹은 직업훈련과정 비용.
- 조기교육 확대를 위한 비용

• 마지막으로 추가보조금이다. 이는 박탈된 가정이나 지역출신 아동들에게 동등한 기회를 보장함으로써 이들의 수행성을 증진시키고자 추가적으로 노력하는 학교들을 보상하기 위해 지급되었다. 이 아이디어를 처음 제시하였거나 최소한 공식적으로 지지한 것은 Plowden 보고서(Plowden Report)였는데(DES, 1967), 이후 여러 차례 외양이 바뀌면서 반대자들도 생겨났다. 하지만 과거의 공식에 담겨진 '추가적 교육욕구'의 요소는 현재에도 여전히 일부 지정보조금에 반영되고 있다(West, 2007). 2008년, 이러한 교육불이익의 요소를 반영하는 데 소요된 총비용은 전체 학교보조금의 12%에 달했다.[84]

이러한 일련의 보조금과 더불어 각 학교는 소액이지만 정부 각료가 원하는 구체적인 환경개선을 위해 별도의 보조금을 지급받을 수 있다. 이러한 자금을 통해 각료들은 높은 평판을 받지만 학교장 및 직원 등 다수는 이러한 정책을 파악하고 실천하는데 많은 시간을 소비한다. 이 지원금의 명칭은 표준기금(Standard Fund)이며, 여기에는 급식개선, 소수민족자녀 성취도개선, 수행성이 낮거나 특별재능이 있는 학생들에 대한 지출, 교육과정 확대, 음악서비스, IT 환경개선 등의 항목이 포함된다.[85][86]

성된다. 따라서 'Key Stage 3'은 중등 3학년 때 실시하는데 영어, 수학, 과학을 대상으로 한다.—역주

84) 위에서 언급한 모든 사항에 관한 보다 구체적인 내용은 www.teachersnet.gov.uk를 참조하기 바란다.

85) 이에 관한 구체적인 내용 역시 위 웹사이트를 참조하기 바란다.

86) 잉글랜드지방 학교의 경우 중앙정부가 특별활동을 위해 추가적으로 제공하던 소액의 특별교부금은 이제 상당수가 폐지되었으며, 공립학교는 중앙정부로부터 단일교부

2008년에 지급된 학교전용교부금 총액은 300억 파운드에 달했으며, 소규모의 특별보조금(표준기금)은 10억 파운드에 약간 미치지 못하였다. 이러한 보조금제도와 수치들은 잉글랜드 지방의 경우에 국한된다.

스코트랜드지방의 경우 학교에 대한 재정지원은 최근의 변화가 있기 전까지 잉글랜드와 유사하였다. 스코틀랜드 행정부는 지방교육청에게 일반세입을 통한 지원교부금(Revenue Support Grant)을 지급한다. 이 교부금은 공식에 근거하여 결정되는데, 가장 중요한 요소는 지역 내 학교의 재학생수이다. 이렇게 결정된 교부금에 대해서는 용도에 제한을 두지 않는다. 이와 더불어 지방세입[87]을 통해 전체교육비를 보충한다.

웨일즈지방의 학교들 역시 유사한 방식으로 재정을 지원받는다. 지방교육청은 공식에 의거 결정된 일반교부금을 지급받은 다음 일선학교에 얼마를 배정할 것인지 결정한다. 웨일즈지방의회는 최근 이를 재검토하여 잉글랜드지방과 다른 방식을 이용하기로 결정하였다(the National Assembly for Wales, 2006).

3.1.2. 각 학교에 대한 지방교육청의 할당

지금까지 우리는 지방교육청이 교부금을 지원받는 방식에 관해 살펴보았다. 1988년에 제정된 교육개혁법(Education Reform Act)은 각 학교가 지방교육청으로부터 보조금을 지원받는 방식을 근본적으로 변화시켰다. 학교들이 갖는 자율적 행동범위가 변한 것이다. 전통적으로 지방교육청이 학교

금만을 받게 될 것이다. 여기에는 빈곤가정 아동 개개인을 위해 추가적으로 지급되는 '할증지원금'(pupil premium)이 포함된다. 사립학교들 중 수업료를 징수하지 않아 '지역 교육시장'에 진출을 인가받은 학교들 역시 이러한 교부금을 받을 수 있다. 이러한 새로운 특징은 뒤에서 논하는 스웨덴의 제도를 직접적으로 모방한 것이다.

87) 2008년 현재에도 여전히 주민세(Council Tax)이다.

에 부여한 자유재량권은 극히 제한적이었다. 운영위원회가 직원을 고용하기 위해서는 교육청의 동의를 받아야 했다. 급여가 교육청으로부터 나왔기 때문이다. 이는 여러 가지 바람직하지 못한 결과를 가져왔다.

- 사람들이 선호하는 도시근교의 학교는 일반적으로 이직율이 낮으며, 이에 따라 직원의 임금규모가 증가하였다. 이들 학교에 대한 총지출은 직원의 연령이 상대적으로 낮고 이직률이 높은 빈곤지역 학교들보다 훨씬 높았다.
- 교장이나 교감, 운영위원들은 학교의 자원을 관리하고 직원과 설비 그리고 건물간의 우선순위를 결정할 수 있는 기회를 거의 갖지 못했다. 이러한 것들을 지방교육청이 결정하기 때문이다.
- 건물유지보수 등의 서비스를 제공하는 사람은 학교경영과 별도였으며, 이들 간의 의사소통은 빈약했다. 그 결과 단순한 보수작업에도 몇 개월이 소요되었다.

런던시내와 캠브리지 등 다수의 지방교육청은 시범사업을 통해 예산을 학교에 위임함으로써 운영위원과 교장이 지출에 대한 책임을 지도록 하였다. 1988년법 하에서 모든 지방교육청은 예산의 대부분을 학교자치관리기구(Local Management of School)라고 불리는 운영위원회에 위임하게 되었다. 이 기구의 대의원은 학교직원, 부모, 지역사회주민과 더불어 지방교육청에서 정치적으로 임명한 인물들로 구성되었다. 지방교육청이 학교에 보조금을 배정하기 위해 사용하는 공식은 중앙의 교육기술부(Department for Education and Skills)승인을 받아야 했다. 하지만 여기에는 통상 재학생의 수와 연령이 반영되었으며, 무료급식과 같은 사회적 욕구요소 및 특별한 욕구가 있는 학생들을 위한 지원금 등이 추가로 반영되었다.

영국의 모든 지방에서 지방교육청은 중앙으로부터 받는 교부금과 자체 세입을 각 학교에 배정하는 책임을 맡고 있다. 하지만 방법은 서로 다르다. 이러한 방법들에 대해 재무부와 교육기술부는 잉글랜드 지방을 대상으로 공동조사를 실시하였으며, 지방교육청이 자유재량을 활용하는 방식에 대해 비판적 의견을 제시하였다(HM Treasury/DfES, 2005). 현재 중앙정부는 중앙보조금을 지방교육청에 배정하는 공식에 있어 사회적 박탈을 강조하고 있다. 하지만 지방교육청은 각 학교에 예산을 배정하는 데 있어 이를 신중히 고려하지 않는다. 그들은 박탈된 학교에 대한 의도적 특별대우를 '시시하게' 생각한다(Sibieta et al, 2008). 이의 부분적인 이유로서 정부 스스로가 과거부터 각 학교에 시행해 온 '최저보조금 보장제'(minimum funding guarantees)를 들 수 있다. 이를 통해 모든 학교는 환경변화에 관계없이 매년 주어진 양만큼 인상된 금액을 지원받았다. 하지만 이 원칙은 그동안 완화되었으며, 정부는 박탈된 가정의 학생이 있는 학교에 보다 많은 보조금을 지급할 수 있는 방법을 권고하고 있다(DCSF, 2008).[88]

3.2. 직업전문학교

전통적으로 직업전문학교는 지방교육청의 자금지원과 관리감독을 받았다. 하지만 Thatcher정부에 이르러 독립기관으로 탈바꿈되면서 교부금을 자체의 재정위원회를 통해 중앙정부로부터 직접 지원받게 되었다. 여기서 주목해야 할 점이 있다. 이러한 수입은 학생들이 부담하는 학비에 의해 보충되며, 따라서 직업전문학교의 재정은 등록학생 수에 따라 결정된다는 사실이다. 얼마나 다양한 종류의 과정을 개설하고 성공적으로 졸업한 학생의 비율이 얼마나 높으냐에 따라 보조금의 수준이 결정된다. 이러한

88) 앞에서 언급한 바와 같이 잉글랜드지방의 경우 이렇게 박탈의 정도가 높은 학생들을 위한 추가보조금은 이제 중앙정부가 학교로 직접 배정한다.

전문학교들의 1차적 관심은 교육에 있기 때문에 기금모금을 위한 연구사업에는 관심을 두지 않는다. 학생 대부분은 직업과 학습을 겸하고 있기 때문에 퇴근 후 야간강의를 수강한다.

잉글랜드는 이제 16세 이상을 대상으로 하는 모든 교육과정[89]의 재정을 학습 및 기술협의회(Learning and Skills Council)를 통해 배정한다. 2008년 8월 이후 재원배정은 '수요중심'에 기반하고 있다(LSC, 2008, 2008). 학교나 직업전문학교 그리고 인가받은 독립공급자 등 서비스제공기관에 대한 보조금은 1차적으로 등록기간이 지난 후 최종적으로 재학하고 있는 학생 수에 따라 결정된다. 다음으로 이 금액에 과정관련 가격 및 지역비용(area cost), 재등록률, 자격증취득률, 지역의 박탈 정도 그리고 특정 학생을 위한 보충수업비용 등 해당 학교의 특수요인 등을 곱합으로써 최종지원금이 결정된다.

스코틀랜드 지방의 경우 전문학교에 대한 재정지원은 예상되는 활동수준에 기반한다. 성인 및 고등교육을 위해 별도로 운영하던 재정협의회는 2005년 스코틀랜드 재정협의회(the Scottish Funding Council)로 통합되었으며, 재정지원전략을 재검토하는 작업에 착수하였다.

3.3. 대학

고등교육의 비용은 네 가지로 정리된다.

- 교육비 : 여기에는 강사료, 기자재 및 건물이 해당된다.
- 연구비 : 이는 또한 교육의 질에 기여한다. 특히 대학원이 깊은 영향을 받

89) 여기에는 16~18세를 대상으로 한 2년간의 대학입시 준비과정, 수습사원 및 기타 고용관련 직업훈련 그리고 성인교육도 포함된다.

는다.

- 기회비용 : 이는 학생들이 일을 할 수 없음으로써 발생한다. 특히 전일제 학생의 경우에 해당한다.
- 생활비 : 이는 학생들이 집을 떠나 유학을 하는 경우 직면하는 비용으로서 식료품 및 주거비용 등이 포함된다.

각각의 비용은 다른 방식을 통해 재원이 마련된다. 1980년대까지 대학들은 포괄보조금을 지급받아 교육 및 연구에 사용할 수 있었다. 모든 대학들은 교육과 연구가 하나라는 원칙하에 양자를 병행할 수 있도록 균등하게 재정을 지원받았다. 다만 특별 프로젝트 수행을 통해 확보된 재정은 예외였다. 제약회사나 정부기관 혹은 경제사회연구원(Economic and Social Research Council) 등의 연구기관이 특정 주제에 대한 연구를 의뢰하면서 지불한 비용이었기 때문이다. 2차 대전 이후, 특히 1962년 이후부터 학생들은 부모가 가난하더라도 생활에 어려움을 겪지 않을 정도의 생활지원금(maintenance grant)을 받았다. 부모가 부유한 경우 이는 감액되었다.

1980년대 후반 이후 고등교육은 급속히 팽창하였다. 이로 인해 상대적으로 부유하여 대학에 진학할 수 있었던 학생들에게 많은 혜택을 주던 이 안락한 세계는 혼란에 빠졌다. 1960년대에 대학생 한 명당 지출은 일반학생 한명에게 초등부터 중등까지 전 기간에 걸쳐 지출되는 양과 비슷하였다(Glennerster, 1972, Glennerster et al, 1995). 1962년 이러한 재정지원 패턴이 관대함의 정점에 달했을 때 고등학교 졸업자의 4%가 대학에 진학하였다. 2002년 잉글랜드 지방에서 18세~30세 성인 중 대학에 진학하는 비율은 43%로 증가하였으며, 실제 목표치는 50%이었다(DfES, 2003). 이후에 집권한 정부는 고등교육의 급속한 팽창이 이렇게 관대한 재정지원방식과 부합하지 않는다는 사실을 받아들여야 했다. 이는 과거의 패턴에 대한 변화

없이 학교보다 대학에 몇 배 더 많은 비용을 지출하게 됨을 의미할 수도 있었다. 하지만 이는 정치적으로 현실성이 결여될 뿐만 아니라 사회적으로도 공평한 것이 아니었다. 영국대학이 해외의 선진대학과 경쟁하기 위해서는 많은 연구비를 필요로 하지만 정부가 모든 대학들에게 이를 지원해 줄 수는 없었다. 세계적인 대학과의 경쟁에서 살아남을 곳들에 연구비를 집중시켜야 했다. 이러한 주장이 1980년대 말 보수당 정부의 정책방향을 유도했다. 그 결과 다음의 변화가 나타났다.

- 재정지원이 교육과 연구로 분리되었다.
- 생활지원금제도는 폐지되고 학자금대출제도가 시행되었다.

이제 대학들은 고등교육재정지원협의회(the Higher Education Funding Council)를 통해 두 가지 방식으로 보조금을 지원받게 되었다. 교육의 질 평가(the Teaching Quality Review)과정을 통해 교육수준이 적절하다고 판단되면 내국인 학생 및 유럽연합 학생 각자에 대해 고등교육재정협의회가 규정한 상한선까지 보조금을 지급받는다. 이는 학생의 전공에 따라 차등 지급된다. 의학이나 과학을 전공하는 학생에 대해서는 사회과학이나 인문학을 전공하는 학생에 비해 몇 배 더 많은 금액이 지급된다. 동일한 전공에 속한 각 내국인 학생에 대해서는 모든 대학이 동일한 금액을 배정받으며, 외국인 학생에 대해서는 지급되지 않는다.

이와 더불어 일부 대학들에게는 보조금이 추가로 지급된다. 이는 고등교육재정지원협의회가 임명한 연구업적심사위원회(Research Assessment Review Panel)를 통해 연구업적을 평가받는 교원 수에 따라 결정된다. 대학 내 각 학과의 연구업적은 지난 몇 년 동안 다양한 방식으로 등급이 결정되었다. 2008년을 포함한 최근의 평가는 각 교수의 연구업적 중 4편을

심사대상으로 하였으며, 학과의 과거 및 향후의 연구조직, 연구전략 등에 대한 자료도 대상이었다. 이전에 있었던 2001년 심사에서는 ★1개에서 ★5개의 등급으로 구분하여 학과들을 평가하였다. 1등급을 받은 각 학과교수에게는 더 많은 연구비를 지원하였으며, 등급별 차이는 매우 컸다. 현재의 평가에서부터 적용 될 등급판정 요소는 훨씬 복잡할 것이며, 지원금은 아직 공개되지 않았다. 앞으로는 소위 '매트릭스'를 보다 많이 활용함으로써 출판물의 편수나 유명 학술지에서 교수논문의 피인용 횟수 등도 측정할 것이다. 연구업적이 뛰어난 소수 상위권 대학에 보다 많은 연구비를 집중해 줌으로써 자연스럽게 논란이 일어났다. 하지만 다른 국가들 역시 방식은 다르지만 이러한 원칙을 논의, 적용하고 있다.

두 번째 정책흐름은 교육에 대한 보조금과 관련되는데, Friedman(1962)부터 시작하여 다수의 경제학자들뿐만 아니라 Glennerster et al,(1968)이 오랫동안 제기해 온 주장에 근거하였다. 이들은 고등교육에 대한 재정지원 패턴이 영국뿐만 아니라 다른 국가들에서도 비효율적이며 극도로 불공평하다고 주장한다.

3.4. 변화를 위한 변론

- 정부가 교육세를 인상할 수 있다는 이야기는 그만 두자. 대부분의 사람들은 자녀의 대학진학 가능성이 없는 유권자들로부터 돈이 나올 것이라고 주장한다. 추가지출의 우선순위는 반드시 교육과정을 개선하고 교육을 취학 전 아동까지 확대하는데 두어야 한다.
- 하지만 경제는 더 많은 대학졸업자를 필요로 하며, 더 많은 사람들의 대학진학을 희망한다. 이 결과 고등교육의 수준은 유럽 전역에 걸쳐 하락하였다. 1980년대와 90년대 영국에서 학생 1인당 지출은 절반정도 감소하였다.

미국은 GDP의 약 2.5%를 고등교육에 지출한다. 이에 반해 영국은 1%를 약간 상회할 뿐이다. 미국이 상대적으로 많은 돈을 지출하는 것은 사적 재원조달, 특히 수업료를 통해 대부분의 재원이 마련되기 때문이다.

- 고등교육에서도 시장의 실패문제가 발생한다. 주된 이유는 자본시장의 실패에 있다. 즉, 학생들은 자산이 전혀 없어 대출을 받을 수 없기 때문이다. 하지만 정부는 이러한 기능을 이용하여 생애소득이 낮은 사람들에게서 발생하는 파산 혹은 낮은 상환율의 문제에 대처할 수 있다.
- 평균적으로 학생들은 고등교육에 투자함으로써 개인적으로 높은 보상을 받는다(Blundell et al, 1999). 대학을 졸업함으로써 취업과 보다 많은 소득, 그리고 보다 오랫동안 소득활동을 할 수 있는 가능성이 높아진다. 영국에서 대학을 졸업한 일반 남학생은 자신이 지불한 비용의 17%를 매년 보상받는다[90](여학생의 경우에는 15%이다). 이에 비해 다른 모든 선진국에서 이 비율은 12%이며, 영국에 가장 근접한 미국에서는 15%에 약간 미치지 못한다(OECD, 2001a). 이렇게 영국대학생들이 더 많은 보상을 받는 것은 상대적으로 짧은 학위과정과 공적지원의 규모 때문이다.
- 고등교육이 제공하는 혜택 중 일부를 다른 사람들도 공유한다.[91] 따라서 일부 고등교육은 반드시 일반세입을 통해 재정이 지원되어야 한다. 하지만 오직 일부만이다.
- 따라서 정부의 추가적 역할은 대학에 입학한 모든 학생들에게 교육비용을 대출해 주고, 능력이 되었을 때 소득능력을 고려하여 일부를 상환 받는 것이다.
- 이러한 맥락에서 개인의 상환능력을 고려하는 소득연동상환 대출제도(income

90) 여기에는 교육기회 때문에 포기한 소득인 기회비용으로서 유실소득(foregone earnings)이 포함되며, 과세 후 소득이다.
91) 제2장 '2.2 외부성' 부분 참조 바람.

contingent loan)가 가장 바람직한 형태이다. 이렇게 해야만 급여수준이 낮은 직장에 취업하거나 가족을 부양하고자 원하는 사람들도 이 제도를 이용할 수 있을 것이다. 대부는 민간회사를 통해 이루어지지만 상환은 조세제도를 통해 이루어져야 한다. 이는 대출을 통한 지출이 공적지출의 일부로 계산되지 않음을 의미한다.

- 학생들은 반드시 공급비용에 따라 상이한 수업료가 부과되는 전공들 사이에서 선택을 해야 한다. 공학과정은 비용이 많이 들더라도 보다 저렴한 수학이나 사회과학 학위에 비해 미래의 경력에 대한 전망이 밝지 않을 수 있다. 정액의 수업료를 통해 이를 감추거나 무료교육을 실시할 경우 비효율성의 문제가 발생한다.

비판가들은 대부분의 젊은이가 채무자가 되는 것을 두려워한다는 사실을 경제학자들이 간과하고 있다고 주장한다. 노동계급가정 출신의 학생은 위험을 감수할 가능성이 가장 낮은 집단이다. 따라서 대학에서 탈락할 위험이 다른 학생들에 비해 크다(Scott et al, 2001; Naylor et al 2002; Callender and Jackson 2005). 노동계층의 학생들에게는 생활보조금이나 무료학비보다 대출금이 훨씬 높은 장벽이다. 진정으로 문제가 되는 것은 학생이 갖는 재정문제의 사회적, 심리적 측면이다. 경제학자들은 이에 반박할지 모른다. 하지만 가장 중요한 문제는 접근성을 확대해 주는 것이다. 접근성이 약화됨으로써 가장 피해를 입는 집단은 노동계층의 학생들이다. 따라서 경제적, 정치적 현실이 어렵다는 것은 세입의 원천이 되는 조세에 의존하는 것이 결국 기회의 창을 좁히는 결과를 낳게 됨을 의미한다.

보수당정부가 임명한 Dearing 위원회(the Dearing Committee)는 1997년 신노동당 집권직후 한편의 보고서를 제출하였다. 이는 다양한 대안들을 제시하고 있지만 전체적으로 위에서 제시한 논리를 따르고 있다.

3.5. '신' 노동당의 정책: 제1단계

'신' 노동당은 어려운 선택의 문제에 직면하였다. 2년 동안 보수당정부보다 지출을 증가시키지 않겠다고 이미 약속한 상태였다. 그러나 대학은 심각한 재정난에 시달리고 있었다. 학생들이 상환한 대출금이 가까운 장래에 세입을 증가시켜줄 것 같지 않았다. 재무부는 공적 지출이 계산되는 방식의 변화를 거부했다. 따라서 대출금은 여전히 공적지출로서 계산되었다. 정부는 타협점을 찾고자 했다. 대학들은 즉각적인 자금지원을 필요로 하였지만 정부는 도움을 주지 못한 채 자금을 움켜쥐고 있었다. 결국 부유한 학생들은 학비를 부담해야 되는 상황에 이르렀다. 1988년부터 내국인 학부생들은 부모의 소득이 특정금액 이상일 경우 수업료를 납부하게 되었다. 만약 부모의 소득이 그 이하일 경우에는 수업료의 절반을, 아주 낮을 경우에는 면제를 받았다. 이러한 수업료의 최고금액은 원래 1,000파운드이었으며, 2002/03년에는 1,100 파운드로 인상되었다. 부모의 '실수입'이 30,502파운드 이상인 학생들은 전액을 납부해야 하며, 20,480파운드 이하인 자녀들은 면제를 받았다. 잉글랜드 지방에서 이렇게 수업료를 면제받은 학생은 전체의 42%이었다. 대학들은 위에서 언급한 추가보조금을 지급하였지만, 이러한 수업료 정책은 대중의 지지를 받지 못했다.

스코틀랜드 의회는 접근성을 제한한다는 이유로 이 정책을 거부하였다. 하지만 대학생들이 졸업 후 무엇인가를 상환하도록 해야 한다는 아이디어는 거부하지 않았다. 즉, 수업료후불제인 '졸업생기부제'(graduate endowment)를 지속시켰다. 북아일랜드와 웨일즈의회 역시 이러한 수업료 정책을 거부하였다.[92]

---

92) 노동당정부의 제1단계 정책에 대한 비판으로는 Callender(2002)를 참조 바람. 이와 더불어 the House of Commons Education and Skills Committee(2002)도 참조 바람.

노동당정부는 생활비 부분에서는 경제학자들의 주장을 수용하였다. 가용한 보조금의 수준은 상향되었지만 보조금을 받은 학생들은 소득연동의 원칙에 따라 향후 소득이 발생하면 소득세에 부가되는 형태로 이를 상환하게 될 것이다. 실제로 노동당정부의 정책은 양측 주장 모두를 만족시키지 못했다.

3.6. 제2단계: 잉글랜드 지방

2001년 선거에서 신승을 한 이후 Blair는 고등교육 재정지원정책을 전면 재검토하도록 지시하였다. 그 결과 새로운 재정지원 방식을 권고하는 백서가 출간되었으며 (DfES, 2003), 여기에 담긴 내용들이 2006년 이후 잉글랜드 지방에서 실시되고 있다. 이를 요약하면 다음과 같다.

- 선불방식의 수업료는 접근성을 약화시킨다. 금액은 항상 낮게 책정되어야 하기 때문에 세입에도 도움을 주지 못한다. 따라서 폐지해야 한다.
- 대신 학생들은 일반적으로 졸업 후 소득에 연동하여 수업료를 지불해야 할 것이다. 이는 반드시 소득세 체계를 통해 실시되어야 한다. 이 방식은 생활보조금을 상환 받는 과정에서 무리가 없음이 입증되었다.
- 현 의회의 임기가 만료되는 2010년까지 수업료의 상한액은 실질가치로 3,000파운드이다. 이후 실제 수업료는 인플레이션을 반영하여 인상될 것이다.
- 대학들은 수업료를 징수할 수 있게 된 대가로 저소득층 학생들이 받게 될 충격을 최소화시켜야 한다. 장학제도를 통해 수업료를 면제시켜줄 수 있으며, 공립학교나 빈곤가정 출신의 신입생 수를 증가시킬 수 있다. 이러한 조건들에 대한 감시는 입학감독관(Access Regulator)이 수행한다.
- 저소득층 학생을 위한 생활지원금제도가 재도입되었다.

- 학생들이 생활지원금과 수업료 상환을 시작하는 소득분기점이 15,000파운드로 상향되었으며, 이는 소득증가에 따라 높아질 것이다. 이러한 분기점 이상의 소득을 가진 졸업생들은 수업료를 전액 상환할 때까지 9%의 세금을 추가로 부담하게 될 것이다. 조기상환도 가능하다.
- 학생들은 여전히 '대출금'에 대한 이자를 면제받는다. 따라서 전반적으로 이 보조금은 공적지출로 계산되면서도 지원되는 재원의 양은 감소된다(Barr, 2004b).

전반적인 결과는 상당수준의 재분배적 효과를 가져 온 것으로 나타났다(Dearden et al, 2008). 저소득층 학생들의 경우 고등교육을 위한 생애비용은 과거정책에 비해 감소할 것이지만, 중산층과 고소득층 배경의 학생들에게는 증가할 것이다. 전체 생애 중 소득기간이 가장 짧은 여성들의 경우에도 이 비용은 감소할 것이다. 이 비용이 여성들에게 특히 낮은 것은 상환기간이 25세까지로 한정되어 있기 때문이다.

2006년 이후 새로운 재정지원 방식이 도입되었지만 고등교육에 대한 수요를 감소시키지는 않았다. 잉글랜드 지방의 경우 전반적인 대학지원의 경향은 스코틀랜드와 상당히 유사하다. 실제로 2002년부터 2007년까지 5년 동안 4년 연속 지원율이 증가한 곳은 잉글랜드뿐이었으며, 2007년에는 가장 높은 상승률을 보였다. 사회계층별 경향은 거의 변하지 않았다. 2006년부터 2007년 기간 동안 잉글랜드 소재 대학의 지원율은 사회경제적 지위가 낮은 하위 세 집단 모두에서 증가하였다. 유사한 재정지원 방식을 사용하는 북아일랜드만이 잉글랜드 지방을 능가하였을 뿐이다(Barr and Johnson, 2008년 3월, UCAS data base 분석자료, 개별면담을 통한 자료).

전국총학생회는 이렇게 잉글랜드 지방을 대상으로 전개된 변화뿐만 아니라 수업료가 인상되거나 대부금에 무이자라는 특징이 제거되는 것도 반대하였다. 한편 OECD(2004)는 다른 유럽 국가들에게 이 정책을 권장하고 있다.

하지만 이 정책의 효과를 극대화하려면 추가적인 변화가 필요하다.

- 수업료의 상한선이 인상되어야 한다. 이는 도입당시 대학 교육비의 1/4 정도이었는데, 최소한 대학비용증가와 연계될 필요가 있다. 논란이 많겠지만 수업료 인상을 통해 교육비에 충당되는 비중이 증가해야 할 것이다.
- 이 제도에 내재된 장점 중 일부가 '대출금'에 대한 무이자라는 특징 때문에 상쇄되고 있다. 이 보조금이 국가회계에서 공공지출의 일부로 계산되기 때문이다. 또한 이로 인해 수업료 선납이 가능한 부유층 학생과 부모도 무이자 대출을 받고 있다.
- 이 제도의 대상을 학부생에게만 제한시켜야 하는 근거는 없다. 대학원이나 18세 이후 성인과정에 진학하고 싶은 사람들도 이러한 기회를 이용함으로써 자신의 인적자본에 투자할 수 있어야 한다.[93)]

---

93) 노동당정부는 실각에 앞서 이러한 정책을 재검토하는 Browne 보고서를 출간하였다(The Browne Review, Securing a Sustainable Future for Higher Education, www.independent.gov.uk/browne-report). 이 보고서에 의거 새로이 입각한 연립정부는 위에서 언급된 처음 두 가지 권고사항을 정책화시켰을 뿐만 아니라 다른 것들도 변화시켰다. 구체적으로 살펴보면 다음과 같다,

- 2011년 이후부터 잉글랜드지방 대학들이 징수할 수 있는 수업료의 상한선은 연간 3,000파운드에서 6,000파운드로 인상될 것이다. 또한 모든 대학들은 저소득층 학생의 입학기회 확대 등 특정의 조건에 대해 재무기구와 합의만 이루어지면 추가인상도 가능하다. 이에 따라 대학이 징수할 수 있는 수업료의 최고상한액은 1년에 9,000파운드이다.
- 예술, 인문학, 사회과학의 경우 수업료보조를 위한 모든 직접적인 재정지원은 중단된다. 과학 및 의학의 경우에는 일부보조금이 계속 지원될 것이다.
- 대부금에 대한 이자보조는 대부분 유지될 것이다. 학생들은 졸업 후 소득에 따라 차등적으로 이자를 지급하게 될 것이다. 졸업생 중 저소득자에게는 이자가 면제되며, 평균소득자는 정부가 규정한 대출비용, 고소득자는 대출비용 이상을 정부에 반환해야 할 것이다. 이렇게 함으로써 고소득 졸업자가 저소득의 동료를 효과적으로

앞에서 고찰한 바와 같이 스코틀랜드의회는 수업료를 징수하지 않되 저소득층 학생들에게는 자산조사를 통해 보조금을 지급하는 일종의 타협점을 도출하였다. 하지만 이의 비용 마련을 위해 졸업 후 납부하는 '졸업생기부제'(graduate endowment)라는 일종의 졸업세를 실시하였다. 그렇지만 2008년 2월 스코틀랜드의회는 투표를 통해 이를 폐지하였다.

4. 선택과 효율의 증진

1988년 교육개혁법 이후 학교재정지원방식이 변화되면서 경제학자들이 오랫동안 옹호해 온 내용들이 다수 포함되었다.

- 학교자원에 대한 관리감독이 학교로 이관되면서 학부모, 교사, 지역사회 주민으로 구성된 학교운영위원회가 설치되었다.
- 전국단위의 표준과 교과과정이 만들어 졌다. 학부모와 지역사회 대표들은 이를 바탕으로 정보공시를 통해 공개된 학교의 수행성을 판단할 수 있게 되었다.
- 학교수준을 향상시키기 위해 교사들에게 재정적 유인책을 제공하고 있다. 교사들은 입학하는 학생들이 있어야만 해당 보조금을 받을 수 있다.

보조할 수 있을 것이다.
- 과거와 마찬가지로 대출금은 소득세제도를 통해 상환될 것이다. 연간소득이 약 19,000파운드 이상인 졸업생은 매년 소득의 9%를 상환해야 된다. 평균소득은 매년 상향조정될 것이다.
- 졸업 후 30년이 지나도 상환하지 못한 수업료는 면제될 것이다.
- 이러한 대부제도는 먼저 파트타임 학생들에게 적용되며, 대학원생은 해당되지 않을 것이다.
- 연구 성과가 탁월한 대학들은 계속해서 연구비를 지원받게 될 것이다.

- 문해력과 수리능력의 목표를 극대화시킬 수 있는 방법을 담은 전국지침이 개발되었다.[94]

여기에는 준시장 원리의 모든 요소들이 담겨 있었다.[95] 다수의 바우처 제도가 실시되었지만 오직 국가제도의 범주 내에서만 운영된 것이다. 학교가 아닌 학생에 대한 재정지원이라는 아이디어는 오랜 논쟁의 역사를 담고 있다(Paine, 1791/92, 1969; Friedman, 1962; Maynard, 1975; Coons and Sugarman, 1978; Chubb and Moe, 1990).

이들 개혁가 중 상당수는 이 아이디어를 더욱 발전시킬 수 있었을 것이다. 이들은 국가가 아동 당 일정금액을 부모에게 지급함으로써 공립 혹은 사립에 관계없이 희망하는 학교에 지출할 수 있도록 해야 한다고 주장한다. 부모는 이러한 바우처의 가치를 보충함으로써 정부 즉, 유권자가 지원해준 금액보다 더 많은 비용을 들여 '보다 나은' 학교에 자녀를 보낼 수 있다. 이렇게 함으로써 교육에 대한 열망이 강하지만 정부의 지원 없이는 비용을 감당할 수 없는 부모들도 희망하는 평균이상의 교육을 자녀에게 지원할 수 있을 것이다.

전체적으로, 이러한 두 개의 요소로 인해 학교교육의 전면적 시장화가 발생할 것이다. 경제학자들의 주장에 따르면, 이는 공립학교를 준시장보다 더 강력한 경쟁에 노출시킬 것이며, 전국단위의 교과과정을 따르지 않는 등 부모의 선택범위를 넓혀줄 것이다. 그러나 이러한 준시장 및 완전시장화의 주장에 대한 비판도 있다.

- 노동계층의 부모들은 특히 학교교육을 시장으로 인식하지 않는다. 그들이

94) 이 아이디어는 1997년 이전에 시도되었지만 노동당정부 하에서 보편화되었다.
95) 제2장 '4. 민영화와 준시장' 부분 참조 바람.

지역 내 학교로 진학을 선호하며 그 학교가 좋을 것이라고 기대하는 행동을 '선택'이라고 생각하지 않는다. 그들은 탈출(exit)의 권한을 행사하지 않는다. 하지만 중산층은 다르다. 따라서 이러한 효율성의 지렛대는 중산층에게 도움을 주는 방식으로 이용된다(Gerwirtz et al, 1995; Ball, 2002).

- 학교들은 순위평가에 기여할 수 있는 학생들을 끌어들이기 위해 경쟁한다. 이러한 순위평가는 일부 학교들이 직면하고 있는 어려움들을 반영하지 않는다. 입학만 측정하지 졸업은 측정하지 않기 때문이다. 따라서 학교는 본인들에게 유리하도록 크림스키밍(cream skiming)을 할 것이다.[96] 우수하거나 근면한 학생을 선택하는 것은 학교의 효율성보다 수행성을 높이기에 훨씬 쉬운 방법이다(Glennerster, 1991).
- 우수한 공립학교에는 여유 자리가 부족하거나 시장이 현실적으로 존재하도록 확장할 수 있는 능력이 부족하다.
- 바우처 제도를 사립학교로 확대하는 것은 공적지출의 증가를 의미할 것이다. 평균적으로 볼 때 고소득자로서 이미 사립교육을 선택한 사람들에게도 보조금을 지급하기 때문이다. 이를 공립학교 개선에 지출하는 것이 보다 바람직할 것이다.
- 부모들에게 바우처를 '보충'하여 사립학교를 선택할 수 있게 함으로써 학교교육에 있어 기회의 불평등은 심화될 것이며, 결국 사회적, 민족적 분열은 더 깊어질 것이다.

이러한 주장의 일부는 교육제도의 가치와 목적에 있어 입장 차이를 보인다. 이와 더불어 효과를 입증하는 증거들 역시 상충적이다. 잉글랜드 지방을 대상으로 한 연례학교조사(Annual School Census of English)에 근거

96) 제2장 "2.4.2 판매자와 구매자간의 정보불균형" 부분 참조 바람.

한 최근 자료에 따르면, 1996년과 2002년 사이 학생들의 능력에 따른 분열에는 미세한 변화가 있었을 뿐이다(Gibbons and Telhaj, 2007). 하지만 실제 선택의 문제에 있어서는 변화가 없었다. 지금까지 대부분의 학교에서는 미충원의 문제가 발생하지 않았다. 하지만 학생 수가 감소함에 따라 일부 학교를 폐쇄하지 않는다면 학교 간 경쟁이 가속화될 수 있다. 따라서 이는 장기간의 관찰을 통해 보다 명확한 답을 찾을 수 있을 것이다. 만약 이러한 크림스키밍의 증거가 불확정적이라면 교육의 결과에 대한 증거가 보다 일관적인 것임을 의미한다.

1995년 이전 30년 동안 우리는 학생들의 수행성을 측정하기 위해 절대평가의 방법만을 사용하였으며, 수학과 과학 성취도에 관한 국제조사자료를 위해 수집된 표본에 의존하였다. 우리는 GCSE 및 A레벨[97] 등 졸업시험결과를 확보하고 있지만, 이 자료는 학교수행성처럼 학생들의 계속적인 학업여부를 결정하는 데 반영된다. 따라서 이 시험제도 자체의 본질은 변하였다. 1960년대 중반 이후 지속된 조사를 통해서 볼 때 13세 아동들의 수학성적은 전혀 개선되지 않았으며, 심지어 약간 하락하였다. 다른 OECD 국가들에서는 이러한 현상이 발견되지 않았다. 학교에 대한 지출은 증가하였지만 지난 25년 동안 결과는 전혀 개선되지 않았다. 학교의 생산성이 하락한 것이다. Gundlach et al(2001)은 이의 원인을 공립학교제도에 있어 유인과 경쟁의 부재에서 찾는다. 1988년과 2008년 사이 잉글랜드 지방의 학교는 위에서 고찰한 다양한 유인책을 제공받았으며, 논란의 여지가 있음에도 불구하고 놀라운 결과를 보여주었다.

97) GCSE는 고등학교 1학년 때 응시하는 시험이며, A level은 2, 3학년 과정으로서 한국의 수학능력시험과 비슷한 것이다. GCSE에서 B학점 이상을 받지 못하면 해당 과목에서 A level에 응시할 수 없다. 즉 1학년 과정을 이수하지 못하면 2, 3학년으로 진학하여 대학시험에 응시할 수 없다.—역주

- 7세, 11세, 14세 학생들이 영어, 수학, 과학과목을 대상으로 치루는 전국수학능력평가에서 초기에 커다란 진전을 보였다. 이러한 발전은 2000년 이후 속도는 완화되었지만 여전히 계속되고 있다. 수학의 경우 1995년에 '기대된' 혹은 목표수준에 도달한 학생이 45%이었지만 2006년에는 76%에 이르렀다. 이는 과거 30년간 개선이 전혀 이루어지지 않았거나 혹은 약간 후퇴한 이후에 나타난 현상이었다.
- 극빈층 자녀들의 학교수행성은 평균이상 향상되었다.
- 가장 극빈층의 자녀들이 다니는 학교(무료급식자가 40% 이상인 학교)의 수행성이 평균이상 향상되었다. 하지만 이 학교들 내에서 빈곤학생의 향상도는 다른 학생들에 미치지 못했다(Glennerster, 2002).

이러한 결과에 대해 다양한 논의들이 이루어졌다(Tymms, 2004). 초기에 커다란 진전이 있었던 것은 부분적으로 선생님들이 학생들에게 보다 철저히 시험을 준비시킨 결과일 수 있다. 하지만 비판가들조차도 시험대상 과목에서 놀라운 진전이 있었으며, 시험범위 또한 광범위하다는 점을 인정한다. 이러한 시험에 준비가 잘 된 학생이라면 누구든지 그 과목에 대해서도 준비가 잘된 학생이다! 비판가들은 이러한 시험제도 때문에 시험을 보지 않는 과목들은 우선순위가 낮아졌다고 주장한다(Wyse et al, 2008). 구체적인 증거는 없지만 이러한 주장이 보다 설득력이 있을 것이다. 국제적인 조사자료를 보면 이러한 효과는 양면적이다.

진전이 있었다면 이것이 시험제도의 결과인지 아니면 경쟁, 전국표준의 교과과정, 혹은 문해 및 수리교육 전담시간제도(Literacy and Numeracy Hours) 등 다른 제도 덕분인지 밝혀져야 한다. 다시 한 번 논란이 발생한다. Bradley and Taylor(2000), Bradley et al(1999)은 1993년부터 97년까지 영국 내 모든 중등학교를 대상으로 시험성적과 출석율을 조사하였다. 그들은 각 학교의 신입생충원률과 독특한 상황을 표준화한 다음 시험성적에 있어 상대적 효율성을 측정하였다. 결과는 명확했다. 인근학교와 경쟁이 가장 치열한 학교들의 향상도가 가장 높았다. 경쟁이 치열할수록, 그리고 이러한 경쟁이 오래 지속될수록 향상도가 높았다.

다른 연구에 따르면, 중등학교들은 보다 치열한 경쟁과 높은 수행성 지표에 직면할수록 민첩한 반응을 보였다(Levacic, 2004). 초등학교의 경우 경쟁이 주요한 요인이라는 증거는 다소 불확실하다. 이러한 현상은 잉글랜드 남동부에 위치한 기독교 계통의 학교를 제외한 다른 학교에서는 나타나지 않았기 때문이다(Gibbons et al, 2006).

학교에 대한 평가지표가 중요해졌다. GCSE 등급을 A부터 C까지 5개로 구분하자는 압력 때문에 학교들은 최소한의 가능성이 있는 학생들에게 집중하되, 능력이 뒤처지는 학생들은 도외시할 수 있다. 저자는 과거 학교들이 효율성을 위해 경쟁하는 것이 아니라 크림스키밍의 유혹에 빠져들 수 있다는 두려움을 제기했었다(Glennerster, 1991). 이러한 우려가 어느 정도 현실로 드러났다(West, 2007). 이로 인해 2006년 교육감사법(Education and Inspection Act) 논의 당시 노동당의 일부 강성의원들은 입학규정을 강화시킬 뿐만 아니라 이를 감독할 감독관제도도 도입해야 한다고 주장하였다.

전반적으로 영국 및 국제자료를 통해서 볼 때(DfEs and PMSU, 2006), 보상제도가 신중하게 구축될 경우 학교간의 경쟁을 통해 수행성을 증진시킬 수 있다는 견해가 타당해 보인다. 학교들은 박탈감이 높거나 어려운 학생들을 받아들이기 위해 커다란 유인책을 필요로 하며, 수행성이 가장 낮은 학생들을 끌어올리기 위해 보상이 필요하다. 그러나 현실적으로 영국에서 진행된 학교선택의 실험은 완전한 성공을 거두지 못했다. 전면적으로 시도되지 않았기 때문이다. 그러한 모델은 다음의 것들을 필요로 한다.

- 보조금 중심의 학생배정이 아닌 학생중심의 보조금지급이 필요하다. 이러한 접근은 현재 잉글랜드 지방 소재 공립학교를 대상으로 실제 실시되고 있다.
- 신규 학교가 시장에 진입함으로써 기존의 학교에 위기감을 줄 수 있어야 한다. 아직까지 잉글랜드 지방에서 이것이 허락된 적은 없다.
- 부모가 실제로 선택권을 행사하기 위해서는 학교에 여분의 자리가 남아있어야 한다. 재무부는 아직까지 이의 승인을 주저하고 있다.
- 학교가 업무를 원하는 방향으로 추진할 수 있도록 자율권이 부여되어야 한다. 이는 현재 정치적 농간으로 인해 제한받고 있다.

4.1. 고등교육에 있어 유인책

앞에서 살펴본 바와 같이 잉글랜드 지방에서 고등교육에 대한 재정지원은 동일한 원칙을 적용한다. 학생들은 대학 및 전공에 따라 차이가 있지만 최소한 본인 교육비의 일부를 수업료로 부담해야 한다. 학생들은 제공된 정보에 따라 선택이 가능하며, 대학은 학생의 선호와 요구에 보다 적극적으로 반응할 것이다! 잉글랜드 고등교육은 생산적 측면뿐만 아니라 자원배분의 측면에서 효율성이 증가할 것이며, 이 결과는 많은 교훈을 줄 것이다.

5. 외국의 사례

5.1. 학교

영국과 마찬가지로 다른 국가에서도 학교재정지원방식에 변화가 있었다. 지배적인 모델은 조세를 통한 직접적 재정지원이다. 국세와 지방세 간의 균형은 국가에 따라 다양하며, 프랑스와 미국이 양극단에 위치한다. 그러나 오랫동안 다른 유형의 모델도 존재해 왔다. 독립된 때로는 종교재단이 운영하는 비영리기관이 정부지원을 통해 학교를 운영하는 모델이다. 이는 종교적, 문화적, 언어적으로 분리된 일부 국가들에서 지배적인 모델로서, 벨기에와 네덜란드를 대표적인 예로 들 수 있다.

하지만 보다 최근에는 스웨덴과 같이 전혀 예상치 못했던 국가들에서 선택을 둘러싼 논쟁이 발발하면서 학교재정지원 정책에 영향을 주고 있다. 전통적으로 미국은 학교선택의 문제에 보다 단호한 입장을 취해 왔다. 부모가 지역이주 등의 방법을 통해 선택권을 행사하는 것이 일상화되어 있다. 하지만 공립(주립)학교를 사회적 결속력의 수단으로서 바라보는 시각은 여전히 정치적으로 강력한 지지를 받고 있다. 한 극단에 위치한 프랑스의 경우는 여전히 중앙집중도가 가장 높은 재정지원과 조직패턴을 가지고 있다. 프랑스 교육문화부(The French Ministry of Education and Culture)는 지역학교를 통해 교육의 모든 단계에 재정을 지원하는 주된 공급자이다. 1982년 이후 교육문화부와 지역당국은 공동으로 학교를 감독해 오고 있다. 교육문화부는 학교에 대한 교사배정을 포함하여 주요 사안을 결정한다. 또한 교과과정, 각 학교의 특성, 8세와 11세 아동을 대상으로 필수과목을 점검하는 국가시험제도에 대한 결정을 내린다. 교사는 중앙정부 소속의 공무원이다.

다른 한 극단에 미국이 있다. 여기에서는 연방정부가 1965년 빈곤과의 전쟁 프로그램을 통해 저소득층 자녀가 많은 학교들을 지원할 수 있게 되었다. 그 이전까지는 학교재정에 있어 연방정부의 역할이 전면적으로 거부되었다. 현재에도 연방정부의 지원은 학교 전체지출의 약 10% 정도로 여전히 제한적이다. Bush대통령이 단행한 최근의 개혁을 통해 성취도가 지속적으로 낮은 학교에 자녀가 있는 부모들은 이러한 연방지원금을 받아 원하는 학교로 전학시킬 수 있게 되었다. 제한적 바우처 제도의 실험이라고 할 수 있다. 지역교육청은 재산을 기준으로 별도의 교육세를 징수하며, 이는 주단위의 재정지원을 통해 보충된다. 미국의 학교는 여전히 전통적 관리방식을 고수하고 있다. 따라서 학교에 대한 재정위임은 제한적이며, 학교선택권 역시 제한되어 있다. 학교선택의 문제가 여러 주와 도시에서 실험되고 있지만 자신의 거주지가 진학할 학교를 결정하는 가장 주요한 기준이다. 학군의 규모가 작기 때문에 부모들은 이사 등의 방법을 통해 선택권을 행사한다. Hoxby(2000)의 연구에 따르면, 학군이 작은 지역에 위치한 학교들은 부모들이 보다 쉽게 지리적 선택을 할 수 있기 때문에 효율성이 높은 것으로 나타났다. 적은 양의 자원으로 보다 나은 결과를 성취하고 있는 것이다. 이는 앞에서 논의한 영국의 증거를 입증한다. 미국의 헌법은 현재 영국에서 찾아 볼 수 있는, 즉 연방정부가 재정을 지원하는 종교학교를 금하고 있다. 이 결과, 미국의 일부지역에서는 전체학생의 거의 1/5이 등록되어 있을 정도로 사적 영역의 규모가 아주 커졌다. 이들 사립학교 중 대부분은 가톨릭 학교와 공적지원을 거의 받지 않는 도심의 학교들이다.

2001년 '낙제학생방지법'(No Child Left Behind)이 제정되면서 전국수학능력평가를 매년 실시하게 되었다. 주정부는 이를 결정하고 결과를 공표해야 한다. 빈곤아동을 원조하기 위해 연방정부의 지원을 받는 학교들을 대상으로 성과목표가 설정되었다. 만약 학교가 2년 안에 그러한 목표를 달성하지 못하면 부모들은 다른 공립학교를 선택할 수 있는 권리를 갖는다. 플로리다에서는 학교가 성과목표를 계속 달성하지 못할 경우 부모가 희망하면 바우처를 지급받아 사립학교를 선택할 수 있다.

차터스쿨(charter schools)은 공립학교로서 주정부의 재정지원을 받지만 지방교육청의 감독을 받지 않고 독립적으로 운영된다. 이는 영국에서 지방교육청의 관할밖에 있는 다양한 학교유형을 옹호하거나 도입하고자 할 때 전형적인 예로서 인용된다. 이들 학교에 대한 비교결과는 격렬한 논쟁을 불러일으키고 있다. 이와 더불어 현재 시험 중인 다양한 바우처 유형도 그 결과를 놓고 많은 논쟁이 일고 있다(Hoxby, 2005, 2006; Lubiensky and Lubiensky, 2006).

벨기에와 네덜란드는 2차 대전 이후 학교교육에 있어 준시장 원리를 적용해 왔다. 이는 효율성 때문이 아니라 종교나 민족이 다른 집단들에게 자신이 원하는 학교를 선택할 수 있도록 하기 위해서였다. 네덜란드의 경우 전체 학교의 70%가 사립이다. 부모는 자녀를 개인이나 종교단체가 설립하였더라도 정부가 승인한 곳이라면 어느 학교든지 입학시킬 수 있다. 학교는 등록학생 각자에 대해 보조금을 지원받는다. Vandenberghe(1996, 1998)은 벨기에 교육제도의 효과성에 대한 조사를 통해 학습능력이 우수한 학생들에 대한 크림스키밍의 증거가 발견되었다고 결론지었다. 효율성의 결과를 조사한 연구는 아직 발표되지 않았다.

뉴질랜드는 정부는 부모의 선택권을 인정하지 않으며, 지방교육청이 학교에 예산권을 전혀 위임하지 않은 또 하나의 국가이다. 이러한 정책은 반발을 불러 일으켰다. 이 결과 1989/90년에 학군제가 폐지되었으며, 1991년에는 입학감독권도 폐지하였다. 학교들은 일정 정도의 예산[98]을 위임받아 사용할 수 있게 되었다. 하지만 크림스키밍의 문제가 심각하고 수행성이 높은 학교와 낮은 학교간의 차이가 커지고 있다는 증거들이 나타났다(Fiske and Ladd, 2000; Le Grand, 2003). 이로 인해 부분적이나마 원래의 정책으로 회귀하게 되었다. 원래의 개혁들은 입학정원보다 지원자 수가 더 많을 경우 학교가 행사하는 대응방법에 대한 모든 통제권을 폐지하였

98) 교사급여가 포함되지는 않는다.

었다. 2000년 제정된 새로운 법률에서는 특정의 학생들, 즉 학교와 아주 가까운 거리에 거주하거나 인근에 친척이 있는 학생들에게 우선권을 주기 위한 규정들이 도입되었다. 하지만 이 외에는 추첨을 통해 입학하는 학교가 결정된다.

스웨덴은 '학교선택'의 문제가 쟁점화 될 가능성이 가장 낮은 국가 중 하나이다. 1992년 학교개혁이 실시된 이후 스웨덴의 부모들은 국립학교와 정부가 보조금을 지원하는 독립사립학교 사이에서 선택이 가능하다. 원래 사립학교는 정부가 학생 1인당 지원하는 보조금을 보충하기 위해 수업료를 부과할 수 있었다. 그리고 이는 전액바우처 제도를 통해 운영되었다. 1997년 정권이 바뀌면서 지방교육청은 이들 학교에 대한 보조금을 소속학교들과 동일한 수준에서 지원하게 되었으며, 수업료는 폐지되었다. 하지만 이들 학교가 재정지원을 받기 위해서는 정부가 제시한 교과과정을 준수하며, 능력, 종교, 민족에 관계없이 모든 학생들을 받아들여야 한다.

신생 학교들이 시장에 진입할 수 있도록 공적자금을 지원한 사례는 없으며, 대부분의 지방교육청은 이러한 움직임에 대해 적대적이다. 상당수의 지역에서는 인구밀도가 아주 낮기 때문에 학교간의 경쟁을 유도할 수 없다. 그럼에도 불구하고 정부보조금을 지원받는 독립학교들이 현재 6세에서 15세 전체 학생의 9%, 16세에서 18세의 경우 17%를 담당하고 있다. 이는 20년 전 전체 민간부분이 차지하던 0.2%에서 증가한 것이다.

따라서 스웨덴은 경쟁과 부모의 선택 그리고 사립학교에 대한 정부지원을 도입하는 방향으로 움직여 왔으며, 영국보다 훨씬 더 빠른 진도를 보이고 있다. 하지만 학교선택은 스웨덴의 전통적 가치인 평등주의와 상충되면서 극도로 제한되고 있다(Helgoy and Homme, 2006).

5.2. 고등교육

Dearing 보고서(Dearing Report, 1997, Appendix5)는 교육의 재정 및 비용구조뿐만 아니라 다른 국가에서의 고등교육 사례들도 기술하고 있다. EU 웹사이트 또한 국가별 사례를 설명하고 있다(www.eurydice.org). Barr(2001b)는 학생 및 대학의 재정방식과 관련된 최근의 개혁노력에 초점을 맞춤으로써 보다 분석적이고 비교적 관점에서 설명하고 있다.

스펙트럼의 한쪽 끝에는 프랑스, 독일, 이탈리아와 같은 유럽국가들이 위치해 있다. 이들 국가에서는 전통적으로 고등교육이 (사실상) 무료이며, 누구든지 대학입학자격시험[99]을 통과하면 대학에 진학할 수 있는 권리가 있다. (실제로 이는 더욱 복잡하다. 독일의 경우 Abitur 시험에 합격하면 "Zeugnis der Allgemeine Hochschulreife"라는 증서가 발행되는데, 이를 소지해야만 모든 고등교육기관의 모든 전공에 입학할 수 있다. 그럼에도 불구하고 약학 등 수요가 높은 과정에 대한 지원은 제한된다).

프랑스의 경우 "Baccalaureate"를 획득한 학생들의 90%가 최소한 일정기간이나마 고등교육기관에 진학한다. 하지만 학생들의 생활비에 대한 지원은 빈약하다. 부모소득에 대한 자산조사를 통해 재정지원이 가능하지만 지급되는 보조금의 금액만큼 소득기준도 낮다. 이러한 보조금을 받는 학생은 전체의 1/5에 미치지 못한다.

독일의 경우 '전일제' 학생 대부분은 대학수업료를 납부하기 위해 부모로부터 도움을 받지만 일도 하고 있다. 연방정부는 저소득층 학생들에게 보조금을 지급하지만 금액은 제한적이다. 프랑스와 독일 모두 대학등록 기간은 영국보다 길다. 따라서 많은 학생들이 중도탈락하게 되는데 프

---

99) 이는 프랑스 및 일부 국가의 경우 바카로레아 Baccalaureate, 독일의 경우 아비투어 Abitur로 불린다.

랑스의 경우는 약 1/4의 학생이 첫해에 탈락한다. 2년으로 예정된 준학사 과정을 완료하는 학생들은 전체의 1/4에 불과하다.

대학입학자격시험에 합격한 학생 수가 증가함에 따라 입학자도 급격히 증가하였다. 하지만 이에 대한 재정지원은 증가하는 수요에 부합하지 못하고 있다. 이러한 문제는 학생과밀과 대형강의라는 결과를 낳았다. 독일의 대학은 주로 주정부를 통해 재정을 지원받는다. 이러한 보조금은 기본적으로 학생 수를 기준으로 지급되지만 신입여학생 수 및 졸업생 수를 늘리기 위한 유인책과 더불어 재학생의 조기졸업을 유도하기 위한 유인책 등 다른 지표들도 고려된다. 이에 비해 프랑스 대학은 대부분의 재정을 교육부를 통해 지원받는다. 대학들은 예상학생 수를 계측하고 등급과 기능에 따라 필요한 직원 수를 산정함으로써 교육부와 계약을 맺는다. 교직원의 급여는 교육부가 직접 지급한다. 양국은 학생 및 대학의 재정과 관련하여 심각하지만 해결되지 않은 문제를 안고 있다.

독일의 주정부는 이러한 재정지원 위기에 대응하기 위해 수업료를 징수하기 시작했다. 초기에는 이를 보다 보편적으로 적용하려고 하였지만 대학수업료를 불법으로 규정한 사회주의 연방정부에 의해 좌절되었다. 이 법은 2005년 대법원에 의해 기각되었다. 이에 연방정부는 수업료를 부과하기 시작했지만 그 수준은 영국의 기준에 비해 상당히 낮다.[100] 그러나 독일에는 영국에서처럼 졸업 후에 대부금을 상환해야 되는 제도는 없다. 수업료는 선불제로서 매 학기가 시작될 때 납부한다.

네덜란드는 높은 수업료를 부과하지만 저소득층 학생들에 대한 지원제도도 갖추고 있다. 모든 학생들은 매달 기본금액을 지급받아 통학비, 서적, 학용품, 수업료, 의료비 등에 지출한다. 이와 더불어 저소득층 자녀들은 자산조사를 통해 추가금을 지원받는다. 이 두 개의 지원금은 원래 대출

100) 예를 들어 2008년 대부분의 학생들은 학기당 500유로를 납부하였다.

금 형태로 제공되었으며 이자율은 시장과 동일하게 설정된다. 중도 탈락한 학생의 경우에는 이를 상환해야 한다. 만약 정해진 기간 내에 졸업을 하게 되면 전체금액을 상환하지 않아도 된다. 이와 더불어 학생들은 정부로부터 추가자금을 대출받을 수 있는데, 이자율은 국가장기채권 이율보다 약 2% 높다. 모든 대출금에 대한 상환은 졸업 2년 후에 시작되며 소득연동 방식을 따른다. 소득이 낮은 졸업생은 상환액이 낮거나 전액 면제받는다. 상환기간은 25년이며 수수료는 없다.

호주는 졸업세(graduate tax)라는 아이디어를 처음 도입한 국가이다(Glennerster et al, 1968). 1989년 노동당 정부는 폭증하는 대학의 재정을 마련하기 위해 고등교육기여금(Higher Education Contribution)제도를 도입하였다. 이는 기본적으로 1년에 평균 교육비의 1/4에 해당하는 2,000 호주달러를 정액납부하는 것이다. 학생들은 이 금액을 입학 시 납부함으로써 할인을 받거나, 납부시기를 연기할 수도 있다. 상환은 졸업 후 조세제도를 통해 이루어 질 수 있다. 상환금은 인플레이션과 연동되지만 이자를 지불하지는 않는다. 1995년 경 이러한 상환금을 통해 마련된 추가세입이 고등교육 재정지원금에서 차지하는 비율은 10%에 달했으며, 가까운 장래에 20%로 상승할 것이다. 이러한 대출금에는 생활비가 포함되지 않는다. 이는 단지 납부가 연기된 수업료일 뿐이다. 상당수의 연구에 따르면 이 제도는 대학입학의 사회계급적 균형에 영향을 미치지 못했으며, 확대를 했지만 기존의 불이익을 상쇄하지 못한 것으로 나타났다(Chapman, 1997).

이 제도는 1996년에 변화되었다. 수업료는 평균적으로 전체 교육비의 25%에서 37%로 인상되었다. 이는 전공에 따라 상이한데 농학을 전공하는 학생은 교육비의 26%를, 법학을 전공하는 학생은 80%를 납부하였다. 교육비 전액을 납부하는 사립학생(private student)이라는 범주가 별도로 설정됨으로써 대학들은 점차 부유한 가정 출신의 학생들에게 우선권을 주게 되었다. 이러한 후기변화는 대중의 지지를 받지 못했으며, 결국 영국의 Dearing 위원회와 비슷한 조사에 착수하게 되었다(Commonwealth of Australia, 1997). 이 보고서의 권고에 따르면, 대학들은 운영 중인 과정에 대해 비용을 자유롭게 결정할 수 있어야 한다. 하지만 어떤 학생에게도 이를 '선불'로 지급하도록 요구해서는 안 된다. 학생들은 모든 수업료에 대해 소득연동상환대출금제도를 활용할 수 있어야 한다.

호주연방정부는 2007년부터 실시하고 있는 개혁에 따라 일부 대학의 일부 과정에 대한 입학정원제를 지지하고 있다. 이는 경쟁의 원리를 기반으로 대학이 당해 배출한 졸업생 수에 따라 결정된다. 연방정부는 신입생 각자에 대한 보조금을 대학에 지급한다. 하지만 이것만으로는 전체비용을 충족시키지 못한다. 부족한 부분은 학생들이 납부하는 수업료로 충당해야 한다. 이러한 수업료는 부분적으로 과정에 소요되는 교육비를 근거로 산정되지만, 전공에 따라 차이가 나는 미래소득도 기준이 된다. 사범대생과 간호학과생들의 수업료는 네 번째로 낮은 등급에 속한다. 이들은 수업료 선납을 통해 20%의 할인을 받거나 특별대부금제도를 통해 납부를 연기할 수 있다.

연방정부가 지원하는 과정에 입학하지 못한 학생은 대학이 추천하는 다른 전공에 진학할 수 있다. 이 경우 모든 비용을 본인이 부담해야 한다. 정부는 이러한 비용에 상한선을 설정하고 있는데, 2008년의 경우 대부분의 전공은 80,000달러였다. 이 학생들을 위해 HELP라는 대부제도가 운영되고 있으며, 세무기관이 관리한다. 졸업 후 상환을 시작하는 소득분기점이 설정되어 있으며, 2008년에는 약 40,000달러였다. 이 분기점을 넘어서면 4%의 세율로 상환을 시작하는데, 소득의 증가에 따라 8%까지 인상된다. 이 부채는 인플레이션에 연동되며 무이자지만 수수료는 부과된다. 이 제도는 과거에 비해 형평성과 효율성이 하락하였다.

뉴질랜드의 제도는 호주와 비슷하지만 몇 가지 중요한 점에서 차이를 보인다. 교육비의 약 25%에 달하는 금액을 납부해야 하는 수업료제도가 도입되었지만, 이는 대학들이 설정한 것이었다. 2004년부터는 최고액제도가 도입되었다. 학생들은 대부금제도를 통해 수업료와 생활비를 마련하며, 저소득층 자녀들에게는 생활보조금이 지급된다. 대부금에는 시장이율이 적용되었다. 상환을 시작하는 소득분기점은 아주 낮으며, 소득의 10%를 징수하였다. 이자율은 7%에 약간 미치지 못하였다. 새로운 노동당 정부는 2006년 신입생부터 대부금에 대한 이자를 금지하였다. 이러한 이자보조를 통해 제도의 비용편익은 감소하였다. 일부 예외가 적용되고 있지만 이전 졸업생들은 여전히 자신이 과거에 대출받은 금액에 대해 이자를 지불해야 한다.

미국은 위에서 예로 든 모든 국가들과 다르다. 여기에서는 많은 대학들이 사립이거나 대부분의 재원을 사적으로 마련한다. 이들은 하버드대학처럼 국제적으로 유명한 대학으로서 연방정부로부터 막대한 연구비를 지원받는 곳부터 지원을 전혀 받지 못하는 소규모 문리과대학에 이르기까지 다양하다. 교육비는 수업료와 동문회 등을 통한 기부금으로 마련된다. 다음으로, 공립으로서 주정부로부터 막대한 재정지원을 받는 대규모 주립대학들이 있다. 미국 내 거의 절반에 이르는 고등교육기관이 공적영역에 속하며, 이들은 해당 주출신의 학생들에게 저렴한 수업료를 받고 있다. 다른 주출신이거나 외국학생인 경우에는 보다 많은 수업료를 부담한다. 모든 주요대학들은 광범위한 장학제도를 통해 저소득층학생이나 우수학생 그리고 체육특기생 등을 지원한다. 따라서 일반화가 불가능하다. 수업료가 차지하는 부분은 공립대학의 경우 수입의 약 20%, 사립대학의 경우 10%~40%이다. 연방정부를 포함한 다양한 기관들이 자금을 대출해주지만 거의 모두가 '담보금'의 형태이기 때문에 관대함이 약하다. 학생들은 졸업 후 소득에 관계없이 이를 상환해야 한다. 대출금 이자에 대해서는 보조금이 지급된다. 상환은 조세제도가 아닌 단순한 법적 수단을 통해 이루어지며, 채무불이행율이 높다. 이러한 시스템은 공평성이 약하지만 많은 학생들과 수익이 높은 양질의 대학들이 이용하고 있다.

개관

- 영국의 GDP 대비 교육비지출은 현재 다른 OECD 국가들과 비슷한 수준이다. 하지만 미국보다는 낮다. 이는 전적으로 미국의 고등교육에서 사적 지출이 많은 결과이다. 현재 영국의 경우에도 이 부분의 지출은 증가하고 있다.
- 잉글랜드 지방의 공립학교는 현재 중앙정부의 특별보조금을 통해 재원을 마련한다. 그 외 지방에서는 중앙정부가 지방교육청에게 지급하는 일반교부금과 지방세입을 통한 전입금으로 재원이 마련된다.
- 1988년 이후 잉글랜드 지방은 '학교선택'제도를 도입하였다. 이에 따라 학교는 학생 수에 의거 재원을 확보하며 예산을 자체적으로 관리한다. 일부 다른 국가들도 이러한 패턴을 밟거나 확대하고 있는데, 대표적인 예로서 스웨덴과 뉴질랜드를 들 수 있다. 스웨덴은 입학자격을 강력히 통제함으로써 크림스키밍의 위험을 부분적으로 해결하였다. 뉴질랜드와 영국의 경우 이 문제가 초기에 발생하였으며, 입학규정을 보다 강력히 적용하고 있다. 미국은 일부 저소득층 자녀들에게 선택을 확대하는 방향으로 초점을 맞추고 있다.
- 지난 20년 동안 영국의 대학재정지원시스템은 큰 폭의 변화를 겪어왔다. 연구지원금은 분리되어 연구중심의 상위권대학들에게 집중되었다. 수업료는 교육비의 약 1/4 수준에서 설정되었다. 대부분의 저소득층 학생들은 이를 상환할 필요가 없지만 다른 학생들은 졸업 후 소득세에 추가하여 상환해야 한다. 다른 국가들도 점차 이 제도를 수용하거나 비슷한 방안을 강구하고 있다. 호주 및 뉴질랜드의 제도와 같은 초창기 프로그램은 장기적으로 정치적 압박을 받을 정도로 효과성과 공평성이 낮은 것으로 나타났다.

논의

1. 잉글랜드지방에서 실시하고 있는 학교재정지원 방식은 다른 지방 및 국가들과 어떤 특징적 차이를 보이는가?
2. 잉글랜드지방에서 선택 지향적 학교교육제도가 어느 정도 실현되고 있으며, 원활한 작동을 위해 어떠한 조치들이 필요한가?
3. 대학생들이 졸업 후 고등교육의 비용을 부담하는 방안에 대해 찬성과 반대의 의견을 제시해 보시오. 특정 과정에 대해서는 비용을 반영하여 수업료가 상이하게 적용되고 있는데, 이에 대해 옹호의 의견을 제시해 보시오. 다른 국가들의 경험이 우리에게 주는 함의는 무엇인가?
4. 여러분이 교육에 보다 많은 비용을 지출하고자 한다면 어떤 수준의 교육을 희망하며, 그 목적은 무엇인가?

추천문헌

1. Marshall and Peters(1999)는 교육경제학에 대한 고전적 문헌들을 종합적으로 정리하고 있다.
2. Glennerster et al(2001)의 Travers가 집필한 장은 잉글랜드 지방에서 학교 재정지원의 역사를 기술하고 있다.

3. Sibieta et al(2008)은 현재의 학교재정지원 메커니즘을 자세히 분석함으로써 진정한 준시장원리에 어느 정도 부합하는지를 보여준다.
4. Glennerster(1998)은 1973/74~95년까지 교육지출 및 정책을 구체적으로 설명하고 있으며, West(2007)는 최근의 변화를 논하고 있다.
5. Barr(2001b)는 고등교육재정의 개혁에 관한 여러 국가들의 사례를 명쾌하게 논하고 있다. Barr and Crawford(2005)는 잉글랜드 지방에서의 변화에 대한 찬성의 입장을, Callender and Jackson(2005)는 반대의 견해를 제시하고 있다.

제7장

소득보장

요약

- 선진국에서 개인이 가장 기본적인 욕구를 구매하고 존엄성을 유지하는 1차적 수단은 노동을 통한 정규소득이다. 하지만 대부분의 사람들은 인생에서 오랜 기간을 노동시장에 의존할 수 없다.
- 상당수의 사람들은 일생에서 특정기간 동안 빈곤을 경험한다. 영국의 경우 3명 중 1명은 평균소득의 50% 이하로 하락하는 '가난'의 문제에 4년에 한 번 정도 직면한다(Burgess and Propper, 2002 참조).
- 좋은 직장에 오랫동안 근무하는 사람은 은퇴에 대비해 저축할 수 있는 능력이 있다. 건강하고 능력 있는 사람은 자구적인 방법을 통해 의료비용 혹은 일을 할 수 없을 때 발생하는 소득의 간극을 메울 수 있다. '가난한' 사람은 보험회사나 은행의 도움조차 받을 수 없다. 고소득집단 조차도 상대적으로 안정된 소득을 전체 생애 동안 유지하기는 쉽지 않다. 일부 위험은 민간보험을 통해 대처할 수 있지만 그렇게 할 수 없는 것들도 많다(〈상자 7.1〉 참조). 가족을 제외하면 도움을 줄 수 있는 유일한 기관은 정부이지만 정부도 실패할 수 있다.
- 민간보험이나 연금시장이 존재하더라도 개인이 이를 이용하는 경우는 드물며, 미루다가 이용 시기를 놓치게 된다. 이러한 이유 때문에 국가에 따라 상이하지만 정부가 주요한 역할을 수행한다.
- 평균수명의 증가로 인해 공적 연금과 사적 연금 모두 재정과 관계된 심각한 정치적 도전을 받고 있다.

〈상자 7.1.〉 시장의 실패와 소득지원제도

실업

지구상 어디에도 사적부문이 실업보험을 제공하는 사회는 없다. 예외적으로 담보를 가진 사람들을 일시적으로 보장하는 경우는 있지만 완전한 보장을 제공한다는 것은 모든 민간보험회사에게 너무 위험하다. 왜냐하면;

- 한 개인이 실업에 빠질 수 있는 위험은 다른 사람의 위험과 연관되어 있기 때문이다. 경기침체는 보험사를 파산에 이르게 할 수 있다.
- 저숙련 근로자 등 일부 사람들은 장기실업에 빠질 위험이 매우 높다. 이들에 대한 보험료는 높게 책정되겠지만 납부할 능력은 낮다.
- 직업소유의 여부는 상당부분 개인의 결정에 달려 있다(도덕적 해이).

장기질환

어떠한 민간보험회사나 고용주도 상병급여를 무한정 제공하지 않을 것이다.

- 평생 동안 지급해야 되는 비용은 높지만, 기여금은 적을 것이다.
- 직장복귀를 늦추는 도덕적 해이가 높게 발생한다.

연금

사람들의 평균수명에 대해 충분한 정보를 가지고 있으며 은퇴 후 기간은 비교적 짧다. 따라서 역의 선택의 문제가 거의 발생하지 않는다. 조기은퇴자에게 지급되는 연금은 수준이 낮다. 영국민의 50% 이상이 사적연금에 가입해 있기 때문에 시장도 대체적으로 원활히 작동하는 편이다. 그럼에도 불구하고 이것이 완벽하게 작동하는 것은 아니다.

- 얼마나 많은 연금을 어떤 형태로 받을 것인지를 실제 지급이 시작되는 시점보다 훨씬 이전에 결정해야 한다. 30년 혹은 40년 앞을 내다보면서 미래의 선호를 예견하기란 어렵다. 사람들은 현재의 지출을 보다 중요시함으로써 저축의 필요성을 느끼지 못할 수 있다. 경제학자들이 '근시안'이라고 부르는 현상이다. 사람들은 단순히 은퇴 후 욕구를 직접 경험할 때까지 깨닫지 못할 수 있다.

- 심지어 본인이 직면한 여러 가지 선택을 이해할 수 있을지라도 의사결정을 체계적으로 연기한다. 과거의 경제학 서적들은 개인이 20년 혹은 30년 후의 합리적 소득을 보장받기 위해 현재의 소비를 억제할 준비가 되어 있다고 추상적으로 주장한다. 하지만 실제로 사람들은 미래보다는 현재의 소비를 훨씬 중요시 하며, 의사결정을 내년으로 미룬다고 해서 잃을 것은 없다. 따라서 의사결정을 미루는 것이 항상 합리적 행동으로 보인다.

- 사람들이 서로 다른 위험을 개념적으로 이해하고 이들간의 우선순위를 판단하기란 쉽지 않다. 대부분의 사람들은 은퇴 시 현금을 선택한다. 비록 그 현금 소득액이 연금액보다 낮더라도 그러한 선택을 한다(Pensions Commission, 2004, ch. 6 참조).

- 인플레이션은 예측불가능하기 때문에 모든 연금수급자들이 동시에 고통을 받을 수 있다. 따라서 사적 연금은 완벽한 인플레이션 보완책이 되지 못한다. 이러한 보완책은 미국 등 일부 국가에서만 제한적으로 실시되고 있다.

- 사적연금은 보험료를 지불하거나 배당금을 구매하는 시점에서 형성된 주식의 가치에 따라 지불된다. 하지만 주식시장은 변동이 심하다.

- 고용주 중심의 기업연금은 개인을 회사와 결부시키도록 고안되었기 때문에 노동이동성을 약화시킨다.

- 계약내용이 아주 복잡하기 때문에 개인들은 불이익을 받거나 착취 혹은 기만당할 수 있다. Enron사의 경우, 직원의 연금자산을 회사주식에 투자하는 바람에 회사가 도산하자 피용자의 연금수급권도 함께 붕괴되었다. 영국은 고용주가 회사의 파산을 막기 위해 피용자의 연기금을 전용하였던 맥스웰(Maxwell) 사건 이후 엄격하고 복잡한 규정을 적용하고 있다. 하지만 정기적인 안전장치를 운영하는 것 역시 많은 비용이 소요된다.

1. 정부의 역할: 소득대체인가?, 빈곤완화인가?

정부의 기능이 빈곤예방에 국한되어야 한다고 믿는 사람과 역경의 시기에 (고소득자일지라도) 과거소득을 대체하는 역할을 해야 한다고 믿는 사람들 간에는 근본적인 목적의 차이가 있다. 예를 들어 전자를 믿는 사람들은 개인의 노후소득으로 얼마를 대체해야 할지를 결정하는 것은 정부의 업무가 아니라고 주장한다. 여러분의 생활수준을 과거의 80%에서 유지할 것인지 그렇지 않으면 50% 혹은 30%에서 유지할 것인지는 개인선택의 문제이자 고용주와 피용자간의 단체협상의 문제이다.

하지만 대부분의 유럽 국가에서 연금 및 사회보험제도가 운영되는 것을 보면, 소득이 상실되거나 중단되었을 때 한 개인의 생활수준을 유지시키는 것이 이러한 제도의 역할이라고 전제하고 있다. 이러한 논리는 정부가 운영하는 제도에도 동일하게 적용된다. 사적 프로그램을 선호하는 일부 사람들조차도 개인들이 소득대체에 충분한 양을 저축하도록 강제해야 된다고 믿는다.

이는 Beveridge의 견해도 아니며 호주와 덴마크 등에서 초기 연금제도를 설계했던 사람들의 견해와도 다르다. Beveridge는 국가의 역할이 시민들의 생활을 빈곤선 혹은 그보다 약간 위에 위치할 수 있도록 높여주는 것에 국한되며, 그 이상은 개인들의 결정에 달려 있다고 믿었다. 다른 사람들은 이것조차도 국가에게 너무나 큰 역할을 주고 있다고 주장한다. 이들은 정부가 빈곤선 이하로 하락한 사람들만을 지원해야 하며, 소득보전 역시 그 수준까지만 이루어져야 한다고 믿는다.

여러 국가에서 실시되고 있는 공공부조제도는 이렇게 다양한 입장을 반영하고 있다. 이러한 견해차는 원래부터 다른 재원공급체계에 뿌리를 두는 경우가 많다. 이러한 다양한 전통에 대해서는 본장의 뒷부분에서 구체적으로 살펴볼 것이다. 하지만 모든 제도들은 시장의 실패라는 근본적 특징을 고려하면서도, 다른 한편으로는 현재의 소비와 장기적 시각에서의 보장을 놓고 개인 간 상이한 선호도를 반영하는 데 있어 시장이 갖는 장점을 함께 고민해야 한다. 〈상자 7.1〉은 이 분야의 시장실패 특징을 요약제시하고 있다.

2. 보험시장을 위한 변론

민간보험시장은 여러 가지 약점에도 불구하고 주목할 만한 장점들을 가지고 있다.

- 대부분의 사람들은 어느 정도 '위험회피'적 조치를 취한다. 갑작스런 소득의 감소나 화재로 인한 주택전소 등의 이유로 많은 양의 지출이 필요하며, 이는 일상생활에 영향을 미칠 수 있다. 사람들은 이러한 위험으로부터 보호받고자 한다. 이에 대비하여 비용충당이 가능할 정도의 보장성이 담보된 보험을 구매할 것이다.
- 위험회피적 행동은 일부 사람들에게 특히 강하게 나타난다. 즉, 보장성이 높은 연금이나 화재보험을 선택한다. 어떤 사람들은 이러한 행동성향을 상대적으로 약하게 표출한다. 따라서 정부가 화재보험이나 생명보험의 보험료로 얼마를 징수해야 하는지 결정하는 것은 비효율적이다. 위험회피적 성향이 강한 사람들은 보장이 불충분하다고 느낄 것이지만 낙관적인 사람들은 보장이 과도하다고 생각할 것이다. 우리가 원하는 위험선호도와 그 비용을 일치시키는 것은 시장에서 가능하다. 이러한 방식을 통해

주택보험이 작동하며, 연금도 마찬가지라고 할 수 있다. 방탕한 젊은 시절과 상대적으로 궁핍한 노후를 보낼 것인지, 그렇지 않으며 저축한 돈을 자녀와 손자에게 지출함으로써 호화스럽지 않은 노후를 보낼 것인지는 전적으로 개인이 결정해야 한다.

- 은퇴 혹은 직장생활 스타일에 따라 상이하게 발생하는 욕구에 부합한 다양한 선택을 할 수 있는 것은 보험사들이 서로 경쟁하기 때문이다. 정부가 제공하는 프로그램은 단일한 형태를 취하는 경향이 있다.
- 보험에 가입하지 않음으로써 다른 사람들에게 비용을 부과할 수 있다. 만약 자동차보험에 가입하지 않았다면 사고가 났을 경우 상대편 부상자는 치료를 받지 못할 수 있다. 따라서 정부는 그러한 '제3의' 보장을 필요로 하는데, 이는 시장이 정상적으로 작동할 수 없음을 의미하지 않는다. 정부는 그러한 보험을 위해 시장을 필요로 한다. 연금이나 상병급여도 마찬가지이며, 많은 국가들이 점차 이러한 방향으로 움직이고 있다. 우리는 은퇴 후 생활을 위해 특정금액에 도달할 때까지 저축을 해야만 할 것이다. 하지만 서로 경쟁관계에 있는 연금공급자를 이용할 수 있다.

결국, 소득보장의 영역에서 시장은 논란의 여지가 있지만 막대한 역할을 할 수 있다. 그럼에도 불구하고 그 범주는 제한적이다. 평생을 가난하게 생활한 빈민은 구매력이 없으며, 보험시장은 이들에게 원활히 작동할 수 없다.

3. 소득보장의 비용

3.1. 공공지출

소득유지는 두 종류의 지출을 포괄한다. 하나는 조세를 재원으로 하며 다른 하나는 사회보험기여금을 재원으로 한다. 이러한 구분에는 오랜 역사적 전통과 더불어 신화적 오해도 결부되어 있다.

영국에는 다양한 종류의 연금급여가 있지만 특히 기초연금은 국민보험기금(National Insurance Fund)이라는 별도의 정부기금을 통해 지급된다.[101] 이 기금은 고용주와 피용자의 기여금을 통해 재원이 마련되며, 자영업자는 전액 본인부담이다. 급여에 필요한 전체비용은 당해 총 기여금을 통해 충당될 수 있도록 기여율이 설정되어 있다. 실업 및 질병은 예측이 어렵다. 따라서 이러한 위험에 대처하기 위해 이 기금에는 예비금 즉, 비상금이 준비되어 있다(〈표 7.1〉 참조). 실제로 이러한 예비금의 규모는 현재 기여성 급여에 소요되는 연간지출액보다 크다. 기여성 급여는 개인이 특정기간 동안 보험료를 납부한 경우에만 지급받을 수 있다.

어떤 측면에서 보면 이러한 급여는 민간보험과 유사하다. 흔히 주장되는 바와 같이, 이는 조세를 재원으로 하는 자산조사성 급여과 달리 기여를 통해 급여에 대한 '권리'를 갖기 때문이다.

- 그러나 급여에 대한 권리는 전적으로 정치적 결정에 따른다. 1980년대 대처정부는 임금기반의 상병 및 실업급여를 전면 폐지하였으며, 이들을 소득이 아닌 물가와 연동시킴으로써 타 급여와의 차이를 점차적으로 축소시켰다.
- 아동수당과 같이 조세를 통해 재원이 마련되지만 비자산조사성으로서 부모의 권리를 인정해주는 급여도 많다.
- 특정연도에 납부하는 금액은 급여액과 동일하다. 만약 정부가 파산하거나 더 이상 기여금을 걷지 않기로 결정한다면, 혹은 근로자들이 그만큼의 기

101) 과거에는 여러 개였지만 통합되었다.

여금을 납부하지 않기로 결의한다면 잉여금이 남는다고 하더라도 미래의 연금을 보장하기에는 충분치 않다. 제도가 부과방식으로 운영되기 때문이다.[102)]

- 기여는 강제적이다. 기여금이라는 표현에는 자발성의 의미가 있지만 실제는 다르므로 경제학자들은 이를 세금으로 간주한다. 영국의 연금제도는 근로자들이 자발적으로 계약을 해지하고 사적연금에 가입할 수 있도록 하고 있다. 이 경우 정부가 운영하는 프로그램에 대한 그들의 기여금은 감소된다. 조세로서의 성격이 약화되는 것이다.

3.2. 세액공제(tax credits)

1997년 이후, 특히 Gordon Brown이 재무장관이던 시절에, 저소득층 가정에 대한 지원은 점차 세액공제의 형태를 취해오고 있다. 이는 근로자의 세금을 경감해주거나 세금을 납부하지 않는 근로자의 소득을 보완해주는 제도이다. 이는 근로자의 소득이 정해진 분기점을 통과하면서 점차 감소한다. 이러한 정책은 일자리 복지(make work pay)라는 일반전략의 일부로 활용되고 있다. 이는 자산조사를 통한 현금급여와 동일한 효과를 갖지만 관리는 세입청(HM Revenue & Customs)소관업무이다.

1999년 Brown장관이 도입한 첫 번째 세액공제제도는 근로가정세액공제제도(Working Family Tax Credit: WFTC)와 장애인세액공제제도(Disabled Person's Tax Credit: DPCT)였다.

---

102) 보다 구체적인 내용은 아래 참조 바람.

〈표 7.1〉 영국의 국민보험기금

(2005/06년, 10억 파운드)

수 입	
전년도이월금	29.804
고용주 및 피용자 기여금	67.786
조세전입금	0.185
정리공채기금(consolidated fund)으로부터의 보조금 (상병급여를 지급하게 될 경우 고용주가 부담하는 소득상실 보상금)	1.397
투자이익	1.399
정부기여금 및 잉여수입	0.155
기타	0.66
총 계	100.787

지 출	
장애연금 Incapacity benefit	7.028
모성급여	0.128
미망인연금	0.093
보호자수당 및 아동특별수당	0.002
퇴직연금	52.578
퇴직금 일시반환금	0.168
기타	0.033
관리비	1.464
북아일랜드 전출금	0.185
잉여지출	0.295
구직자수당 (기여성)	0.497
양도, 퇴직수당 및 개인연금	3.046
총 계	65.847
예비금	34.94

출처: ONS, 2007c

근로가정세액공제제도는 가족세액공제제도(Family Credit)를 대체하였다. 이는 현금급여로서 세액공제제도와 동일한 기능을 수행하였지만, 철회율을 보다 엄격히 적용함으로써 급여액이 상대적으로 낮았다. 아동양육세액공제제도(Child Care Tax Credit: CCTC)가 도입되면서 부양아동이 있는 근로가구는 법률이 정하는 상한선까지 아동양육비를 신청할 수 있게 되었다. 2004년 이후 이 두 제도는 아동세액공제제도(Child Tax Credit)와 근로세액공제제도(Working Tax Credit)로 대체되었다.[103)]

아동세액공제제도는 저소득 및 중간소득 가정 중 16세 이하 혹은 전일제 교육이나 직업훈련을 받는 아동이 있는 경우 지급된다. 부부 양자의 소득이 모두 고려되지만 공제는 '주보호자'만 받는다. 한 가구가 받을 수 있는 공제총액은 소득이 '상한선' 이상을 통과하면 감소하게 되는데, 감액율은 상한선 이상 수입의 37%이다. 세입청은 연간소득을 기준으로 공제액을 지급하는데, 첫해에는 가구의 전년도 소득을 기준으로 한다. 이 제도의 적용을 받는 가구, 특히 빈곤정도가 높은 가구의 수입은 단기간에 많은 변화를 겪었다(Hills et al, 2006). 이로 인해 공제액이 축소 혹은 초과될 수 있다. 이러한 문제는 자산조사를 통한 전통적 급여체계와 달리 조세제도를 이용함에 따라 주기를 연단위로 산정하기 때문에 발생한다.

근로세액공제제도 역시 비슷한 방법으로 운영되지만 대상자는 주당 16시간 이상 근로하는 가구이며, 30시간 이상 근로가구에 대해서는 보다 높은 공제율을 적용한다. 여기에는 아동양육 요소가 포함되어 있다. 이를 통해 양육비의 80%를 보조하며, 상한선이 설정되어 있다.

이러한 세액공제는 명백히 정부재원을 필요로 한다. 가장 큰 쟁점은 이러한 비용을 어떻게 계산하고 국민계정에 반영시키는가이다. 이는 징수되지 않은 조세 즉, 조세지출(tax expenditure)로 간주될 수 있으나(제1장 참조), 다른 한편으로는 현금급여의 비용으로도 간주될 수 있다. 통계청과

---

103) 이에 관한 보다 구체적인 내용은 CPAG, 2008, Section 6과 제1장의 역주 참조 바람.

OECD는 오랜 논의 끝에 "공제금액이 가구의 납세의무 수준 이하이거나 동일할 경우에는 부적 소득세(negative tax)로, 그리고 납세의무선을 초과하였을 때에는 공공지출로 간주하기로 합의하였다"(HM Treasury, 2002b, p. 216).

따라서 한 가구가 현금급여를 지급받으면서 세금을 납부하지 않을 경우 이 금액은 공공지출로 계산된다. 가구의 납세액이 경감된다면 이는 공공지출로 계산되지 않는다. 이러한 이유 때문에 실제로 어떠한 변화가 발생하고 있는지 혹은 이렇게 커다란 변화가 실제로 얼마의 비용을 필요로 하는지를 추적하기란 극도로 어렵다. 2007/08년에 재무부가 세액공제제도에 지출한 비용은 47억 파운드에 달했다.[104][105]

3.3. 소득공제(tax allowance)

이는 납세자에 대한 또 하나의 소득지원제도이다. 사적연금에 가입한 사람은 이 제도를 통해 과세소득을 경감 받을 수 있다. 이에 관한 규정은 2006년 이후 바뀌었다. 개인은 가입한 연금개수에 관계없이 소득의 100%

---

104) 소득공제 및 세액공제 전체에 대한 비용은 HM Treasury(2008c), Appendix A.3 참조 바람.

105) 앞에서 언급한 바와 같이, 아동 및 근로가정을 위한 세액공제제도는 폐지되고 있다. 이들 뿐만 아니라 기존에 은퇴연령 이하의 사람들에게 자산조사를 통해 지급되던 현금급여들은 '보편적 공제'(universal credit)라는 하나의 현금급여체계로 통합될 것이다. 급여액은 조세당국이 제공한 가구의 월소득에 근거하여 결정될 것이다. 가구소득에 대한 정보는 고용주들의 신고를 통해 파악되는데, 가구 내에 납세의무자가 여러 명일 경우에는 수입정보를 제공하는 고용주도 여러 명이어야 할 것이다. 이러한 소득정보는 수급신청 시 가구가 제공한 가구현황정보와 함께 고려된다. 책임부서인 고용연금부는 이를 종합적으로 판단하여 급여액을 결정할 것이다. 이렇게 방대한 양의 정보를 처리할 수 있도록 기술을 개발함으로써 급여가 계획된 시간에 제공될 수 있을지의 여부는 지켜보아야 할 문제이다.

까지 기여할 수 있으며, 2010~11년을 기준으로 총 255,000파운드까지 세금을 면제받을 수 있다. 일생동안 저축을 통해 조세를 감면받을 수 있는 금액은 제한되어 있으며, 이는 2010년에 1,800만 파운드로 상향되었다. 하지만 소득이 세금을 납부할 만큼 충분치 않더라도 정부는 여러분을 대신하여 연금보험료를 납부해 줄 것이다. 이러한 특징에도 불구하고, 이 제도는 전반적으로 고소득자로서 보다 많은 보험료를 납부할 능력이 있는 사람들에게 더 많은 세제혜택을 주고 있다. 여러분이 가입한 연금에 대해서는 여러 가지 제한사항이 적용된다. 예를 들어, 질병 때문에 은퇴하지 않는 한 55세 이전에 연금을 수급할 수 없다. 1999/2000년을 기준으로 볼 때, 과거의 규정 하에서 재무부가 부담한 전체비용과 국가연금을 탈퇴하고 사적연금으로 이동한 사람들에 대한 지원금 양자를 포함한 총비용은 영국 전체 연금지출의 약 1/5에 달했다.

3.4. 순수한 사적 기여

마지막으로 민간보험과 퇴직프로그램 등 개인 스스로 기여하는 소득분산책이 있다. 전체연금 재원의 1/4 이상은 이렇게 개인이 비용 전체를 부담하는 사적 프로그램을 통해 마련된다. 〈표 7.2〉는 1999/2000년을 기준으로 이러한 모든 형태의 재정공급방식을 종합한 것이다. 자료는 런던정경대 사회배제연구소(Centre for Analysis of Social Exclusion)에서 동료 학자들이 연구한 것을 활용하였으며, 제1장에서 설명한 Burchardt et al(1999)이 제시한 기준을 따라 구분하였다.

〈표 7.2〉 영국 소득보장제도의 재정구조

(1999/2000년, 10억파운드)

<table>
<tr><th>구 분</th><th>연금단독</th><th>금 액</th><th>전체
연금지출
대비 %</th></tr>
<tr><td>공적 급여, 재정, 결정</td><td>국가기초연금</td><td>39.16</td><td>45</td></tr>
<tr><td>공적 급여 및 재정,
회원자격에 의한
사적결정</td><td>SERPS(현재 국가2차연금)</td><td>5.73</td><td>7</td></tr>
<tr><td rowspan="3">사적 급여, 공적 재정,
사적 결정</td><td>국가연금을 탈퇴하고 기업연금에
가입한 사람들에 대한 공제액</td><td>5.96</td><td rowspan="3">21</td></tr>
<tr><td>조세감면</td><td>9.39</td></tr>
<tr><td>사적연금 가입자에 대한 장려금</td><td>3.05</td></tr>
<tr><td colspan="2">소계</td><td>63.29</td><td></td></tr>
<tr><td rowspan="2">사적 급여, 재정, 결정</td><td>고용주와 피용자의 직업연금 기여금</td><td>19.93</td><td rowspan="2">27</td></tr>
<tr><td>개인연금</td><td>3.92</td></tr>
<tr><td colspan="2">소계</td><td>23.85</td><td></td></tr>
<tr><td colspan="2">연금 전체</td><td>87.15</td><td>100</td></tr>
<tr><th></th><th>소득보장 전체</th><th></th><th>소득보장
대비 %</th></tr>
<tr><td rowspan="3">공적 급여, 재정, 결정</td><td>국가기초연금</td><td>39.16</td><td></td></tr>
<tr><td>기타 사회보장</td><td>49.64</td><td></td></tr>
<tr><td>아동지원</td><td>0.16</td><td></td></tr>
<tr><td colspan="2">소계</td><td>88.96</td><td>64</td></tr>
<tr><td>공적 급여 및 재정,
사적 결정</td><td>SERPS(현재 국가 2차연금)</td><td>5.73</td><td>4</td></tr>
<tr><td>공적 급여, 사적 재정,
공적 결정</td><td>대부분 전남편이 아동지원국을
통해 지불하는 비용</td><td>0.32</td><td>0</td></tr>
<tr><td>사적 급여, 공적 재정,
사적 결정</td><td>국가연금 탈퇴자에 대한
공제액과 조세감면</td><td>18.41</td><td>13</td></tr>
<tr><td>사적 급여, 재정, 결정</td><td>기업연금 및 사적연금 기여금</td><td>23.85</td><td>17</td></tr>
<tr><td></td><td>기타 사보험(예를 들어, 의료보험,
실업자 주택담보 보증보험)</td><td>0.88</td><td>1</td></tr>
<tr><td colspan="2">소계</td><td>49.19</td><td>36</td></tr>
<tr><td colspan="2">소득보장프로그램 전체</td><td>138.15</td><td>100</td></tr>
</table>

3.5. 외국의 사례

아동지원, 특히 연금에 대한 영국정부의 공적지출은 다른 대부분의 선진국에 비해 낮은 수준이다. 급여수준은 평균소득 혹은 과거소득에 비해 낮지만, 잠재적으로 영향을 받을 노동력 비율은 상대적으로 높다. 급여수준이 낮은 것이 부분적인 이유이지만, 다른 한편으로는 사적 연금에 대한 세제지원액이 다른 대부분의 국가에 비해 높기 때문이다. 영국에서 65~74세 노인의 평균소득은 41~50세 인구층의 약 65%이다. OECD(2001c) 자료에 따르면 1990년대 중반 다른 국가들에서 이 수치는 80%에 근접했다. 연금의 재원은 국가에 따라 아주 다양하다(〈표 7.3〉 참조).

〈표 7.3〉 공·사 연금혼합의 국제비교: 65~69세 비근로 남성기준

	수급자 비율(%)		근로인구 평균가처분소득 대비 연금소득비율(%)	
	공적연금	사적연금	공적연금	사적연금
캐나다	99.8	60.7	41.0	30.6
핀란드	100.0	3.3	95.2	-
독일	100.0	16.4	79.3	4.6
이탈리아	97.5	5.2	75.0	4.2
일본	99.3	12.8	65.2	2.5
네덜란드	95.0	82.7	50.2	52.5
스웨덴	100	88.2	87.8	25.8
영국	99.0	80.7	27.2	36.6
미국	96.8	54.4	39.6	27.8

출처: OECD, 2001c

4. 영국의 사회보장기금 할당방법

앞에서 살펴본 다른 서비스와 달리 이 부문에서는 지역에 따른 배정이 없다. 개인은 자신의 기여기록 및 처한 상황에 근거하여 급여를 청구한다. 몸이 불편하면 의사의 소견서를 필요로 한다. 은퇴연령이 지났고 정규직 일자리를 그만 두었다면 출생증명서를 제출해야 한다. 편부모 혹은 청년 실업자는 공공부조인 소득지원제도를 신청할 수 있다. 이 경우 자신의 소득이 기준선 이하로서 급여자격이 있음을 증명할 수 있어야 한다. 따라서 의료 혹은 교육담당 부서와 달리 고용연금부(Department of Work and Pension)의 예산은 확정되어 있지 않다.[106] 이의 예산은 수요중심으로서 당해 연도 유자격자의 수에 의거 결정된다. 그럼에도 불구하고, 재무부는 급여수준을 결정할 때 중요한 발언권을 갖는다. 따라서 지출에 대한 통제권을 부분적으로 행사한다. 급여수준은 합의된 법적 규정을 염두에 두고서 결정된다. 예를 들어 주어진 시기에 인플레이션을 측정하여 급여율을 인상하는 것 등이다. 하지만 이러한 규정은 정치적 압박을 받으면서 변화되고 있다. 1945년 이후 최소한 10년에 1회 혹은 2회 정도 급여율과 사회보장지출에 대한 대대적 재검토가 이루어졌으며, 소규모의 조정횟수는 더 많았다. 의회는 매년 예산심의 과정에서 사회보장지출 예산도 다루는데, 기본전제는 실업률과 미래의 경제상황을 고려할 경우 소득지원제도의 급여를 받을 것으로 예상되는 수급자 수이다.

106) 부처지출한도(departmental expenditure limit) 제도로서 제9장 참조 바람.

5. 선택과 효율의 증진

소득보장 프로그램에 있어서 소비자 선택 및 경제적 효율성에 관한 논쟁은 의료, 돌봄, 교육 분야와 부분적으로 유사하다. 연금 혹은 상병급여 프로그램들 간에 경쟁을 조장함으로써 단일한 국가연금제도에 의존하는 것보다 높은 효율성과 소비자선택권을 담보할 수 있는가? 시장의 실패 문제가 심각하게 발생하는가? 효율성에 관한 논쟁은 사회보장의 영역에서 보다 광범위하게 발생한다. 관대한 소득보장제도가 노동 및 저축동기를 약화시키는가? 만약 그렇다면 이는 경제 전체에 중대한 영향을 미친다. 결과적으로 경제적 손실이 더 크다.

5.1. 근로유인

빈민에 대한 국가지원수준이 관대하면 개인들이 일을 하지 않는다는 견해는 새로운 것이 아니다. 1770년부터 1884년까지 진행된 빈민법에 대한 논쟁은 바로 이 문제에 관한 것이었다. “작업장 입소가 시장에서의 최저임금으로 생활하는 것보다 매력적이어서는 안 된다”는 작업장심사의 원칙은 당시 새롭게 등장한 자유주의 경제학자들이 직접 제기하였다. 이 원칙은 19세기를 거쳐 20세기 논쟁에서도 지속적으로 등장한다. 빈민에 대한 억압이 종종 이 때문에 강화되었다는 사실은 이러한 두려움의 초점이 명확히 잡혀있음을 의미한다. 1980년대 연구결과에 따르면, 높은 장기실업률이 발생한 주요원인은 상대적으로 관대한 소득지원제도와 더불어 근로가능한 사람들의 노동시장복귀를 유도하는 정책이 느슨했기 때문이었다 (Layard, 1997).

1970년대와 1980년대는 계층 간 소득격차가 과거에 비해 훨씬 커짐으로써 문제는 더욱 악화되었다. 1975년과 1999년 사이에 하위 10% 저소득층의 실질임금가치는 거의 변하지 않았다. 반면에 상위 10%의 소득은 지속적으로 증가하였다. 또한 최저임금으로 생활하는 사람들에게 있어서 노동의 가치는 공공부조 급여에 비해 점차 하락하였다(MaKnight, 2002). 이러한 딜레마에 직면한 정부는 다음과 같은 조치를 취할 수 있다.

- 급여수준을 낮게 유지함으로써 사람들을 노동시장에 복귀시키며, 수급자가 취업을 거부하면 급여를 철회한다.
- 더욱 많은 사람들이 공공부조제도에 의존하더라도 이는 사회통합을 위해 지불할 가치가 있는 비용이라는 사실을 받아들인다.
- 최저임금을 인상하거나 조세 혹은 급여체계를 통해 임금을 보완해줌으로써 저임금계층의 생활수준을 향상시키도록 노력한다.

1990년대 각국은 이러한 전략들을 각자의 방식에 따라 혼합적으로 사용하였다(Evans, 2001; Lodemel and Trickey, 2001). 영국정부는 급여수급자들에 대한 근로요건을 강화시켰으며, 최저임금제를 도입하고 세제급여를 통해 저임금을 보완함으로써 '일자리복지'(make work to pay)를 위한 조치를 단행하였다. 구체적인 프로그램을 통해 노동을 '강요'받은 사람들의 수는 극히 일부였지만, 노동경제학자들은 이러한 조치들 덕분에 장기실업률이 하락하였으며 경제가 인플레이션으로 빠져드는 시기가 늦춰졌다고 주장한다. 1980년대 영국경제는 거의 10%에 육박하는 실업률에도 불구하고 이자율을 인상하는 디플레이션 처방을 내려야 했다. 2001년에는 실업률이 5%에 가까웠지만 경제는 인플레이션에 대한 걱정 없이 운영되었다(Nickell and Quintini, 2002). 이러한 것이 공공부조제도를 개편하고 '일자리복지'를 선택한 결과라면, 이로 인한 거시경제적 혜택은 막대하다. Atkinson은 지난 수년 동안 급여체계의 구조가 개인들의 구직활동을 결정하는 중요한 요소라고 주장해 왔다(Atkinson and Micklewright, 1991). 하지만 McKnight(2002)가 보여주는 바와 같이, 노동을 통해 빈민을 가난으로부터 해방시킬 수 있는 가능성이 낮은 것도 여전한 사실이다. 특히 1970년대 경제적 변화가 발생하기 이전의 시기와 비교하면 이러한 현상은 더욱 두드러진다. 빈곤완화에 가장 성공적인 국가들을 보면, 교육, 훈련, 임금정책 등 저임금 노동시장을 바로잡는 적극적 조치를 취하고 있다. 2008년 정부발표에 따르면, 수급자를 노동시장으로 복귀시키는 지역단위 프로그램이 일반적인 입찰을 통해 제공될 예정이다. 여기에는 민간단체들이 경쟁을 통해 참여하게 되며, 급여절감액의 일부를 보유할 수 있는 유인책도 제공될 것이다.

5.2. 저축동기

경제학자들에 따르면 개인은 생애기간 동안 자신의 소득을 안정화시키고자 한다. 사람들이 저축을 하는 것은 질병이나 예기치 못한 소득의 상실 등 소득충격으로부터 자신을 보호하기 위해서이다. 예를 들면 노령으로 인해 노동시장에서 효과적으로 경쟁할 수 없게 될 때, 자신이 보유한 기술이나 건강이 쇠퇴하는 시기 등이다(Modigliani and Brumberg, 1954; Burtless, 1999). 사람들은 자신의 생애소득을 설계하는 데 있어 국가의 역할도 고려한다. 만약 정부가 적정수준의 연금을 제공한다면 이로 인해 저축의 동기는 감소한다. 이러한 방식을 통해 그들의 소득은 안정화되는 것이다. 개인은 정부의 역할이 충분한지도 고려할 것이다. 영국처럼 정부의 역할이 약한 경우 개인의 저축동기나 사적연금에 가입하려는 성향은 강해질 것이다. 만약 정부가 연금을 부과방식으로 운영함으로써 기여금을 통한 수익과 급여지출이 매년 같아지면,[107] 기금적립을 통해 저축액을 늘리는 것은 불가능해질 것이다. 따라서 전체 경제에서 저축액이 차지하는 비율은 정부가 연금을 제공하지 않는 경우보다 더 낮을 것이다. 저축액의 수준이 낮으면 경제성장률도 하락할 것이다. 저축은 투자의 재원으로 사용되기 때문이다. 미국의 경제학자 Martin Feldstein(1974, 1980)은 이러한 견해를 뒷받침하는 고전적 설명과 국제자료를 통해 사람들이 국가연금에서 사적연금으로 이동해야 된다고 주장한다. 이러한 주장에 대해 다른 경제학자들은 이것이 그렇게 단순하지 않다고 주장한다.

- 이론상으로도 적립금을 통한 저축액의 증가는 사적연금을 시행한 초기 기반확충기 동안만 발생할 뿐이다. 제도가 성숙하면 연금수급자에게 지급됨으로써 감소되는 연기금의 액수와 근로세대의 납부를 통해 새로이 발생하는 적립액은 같아질 것이다.
- 노후를 대비하여 저축을 많이 하면 다른 부분을 위한 저축액은 감소할 수 있다. 사람들에게는 현재의 목표소득이 있으며, 이는 좀처럼 바뀌지 않는다. 사적연금은 단순히 사람들이 저축하는 금액에 따라 변화된다. 여러 가지 증거들 또한 이러한 견해를 뒷받침하고 있다(Lusardi, 1999).
- 적립금이 많아진다고 해서 이것이 반드시 높은 투자로 연결되지는 않는다.
- 부과방식에서 적립방식으로의 전환은 문제가 있다. 원래 지급받기로 했던 연금이 취소됨으로써 연금수급자가 거대한 소득손실을 입게 된다면 저축은 전반적으로 증가할 것이다. 하지만 정부가 이것을 불가능하다고 느낀다면 연금지급을 위해 세금을 인상해야만 한다. 반면 현재의 근로세대는 국가연금에서 탈퇴하여 사적연금으로 이동할 것이다. 세금이 많아지면 근로자는 저축을 줄이게 된다.

---

107) 현재 대부분의 정부프로그램이 이러한 형태로 운영되고 있음.

이러한 문제점들을 고려해 볼 때, 새로이 적립된 기금을 통해 전체 저축액이 증가한다는 주장은 타당성이 약해 보인다. "모든 증거를 통해서 볼 때, 부과방식에서 적립방식으로의 전환이 저축액의 증가를 가져온다는 주장은 미국을 제외한 다른 모든 국가에서 확실하게 입증되지 않았다. 이와 더불어 미국의 사례는 논란의 여지가 많다"(Barr, 2001b, p.103). 영국의 사례에서 보면(Disney et al, 2001), 사적연금에 대한 유인책은 저축률을 증가시켰지만 그 폭은 1990년대 말에 0.2% 정도로 그리 높지 않다. 이러한 저축성향 또한 소득집단에 따라 상이하게 나타난다. 저소득 집단의 경우 불과 40%만이 합리적 연금을 받기에 '충분할' 정도의 저축을 하였을 뿐이다. 이에 반해 고소득집단은 75%가 이러한 경향을 보였다.

5.3. 적립할 것인가, 않을 것인가?

연기금의 적립과 비적립의 문제는 저축의 차원을 넘어 연금의 정치경제학적 문제로 연결된다. 대부분의 국가연금은 반드시 그럴 필요는 없지만 부과방식을 따르고 있으며, 사적연금은 적립방식을 따른다. 미래 수급자에게 연금을 지급할 수 있도록 충분한 자금이 적립되어 있어야 한다. 확정급여연금은 약속한 급여를 보장하기에 충분한 기금이 적립되어야 함을 의미한다. 이 경우 연금액은 가입자의 최종임금 혹은 생애소득과 연계될 수 있다. 확정기여연금은 단순히 개인 급여 중 일정 비율의 금액이 기금으로 적립되는 것을 필요로 한다. 연금급여는 기금관리자가 주식이나 지분 혹은 정부채권에 투자함으로써 획득한 기금운용수익을 통해 지급된다.

국가연금이 시행된 초기에 부과방식에 대해 정치적으로 많은 논쟁이 있었다. 초기에는 가입자가 소수였으며 이후 새로운 유형의 근로자들이 포함되었다. 기여자 수의 증가율이 수급자 수의 증가율을 앞섰다. 경제성장률 역시 연금수급연령 인구의 증가율 보다 높았으며, 소득은 연금액보다 빠르게 상승하였다. 정치인들은 기여율을 높이지 않더라도 급여율 인상이 가능했기 때문에 이에 쉽게 동의할 수 있었다. 따라서 이는 대중들로부터 높은 지지를 받을 수 있는 정치게임이었다. 〈상자 7.2〉는 이 과정을 자세히 설명함과 동시에 몇 가지 경고를 던지고 있다.

〈상자 7.2.〉 비적립식 사회보장의 Ponzi Game[108]적 특징

사회보장기금 운영을 놓고 적립방식과 비적립방식 간의 상대적 장점을 논하는 많은 분석들은 제도가 소위 Aaron-Samuelson의 조건[109]을 만족시키고 있는지에 관심을 갖는다. Samuelson이 생각한 경제는 재화가 고갈되고 사람들은 노후에 은퇴함으로써 자신에게 필요한 소비재 생산을 중단하는 것이었다. 그의 주장의 요점은 다음과 같다. 만약 각 세대가 이전세대에게 지급되는 연금의 비용을 부담한다는 일종의 '사회계약'이 체결되고, 이러한 계약에 따른 잠재적 보상이 인구성장률과 동등해 진다면 한 개인의 일생동안의 효용성은 극대화될 수 있다. 고갈되기 쉬운 재화를 저장함으로써 얻게 되는 보상은 부(負)적이지만, 인구성장의 가능성은 정(正)적이다. 따라서 '적립방식을 사용하지 않는' 제도가 사회적 최적을 가져올 수 있다. Aaron은 이 '원칙'의 일반화를 통해 적립방식을 사용하지 않음으로써 얻게 되는 균형적 '보상'을 소득증가율과 연결시켰다. 즉 1인당 소득증가액과 인구성장률의 관계를 살펴본 것이다.

자본의 세계에서 이 '조건'을 기계적으로 적용할 경우 자본에 대한 보상률(적립방식의 사용에 따른 보상)과 위에서 추론한 비적립방식에 따른 보상을 비교할 수 있다. 후자가 높았던 곳에서 비적립방식은 각 세대가 단순히 자신의 저축에 의존하는 것보다 유리하였다.

108) 이자율이 수익률을 앞지르는 일이 계속되는 상황. 이자율과 수익률의 차이는 부채가 되는데 이 현상이 계속되면 부채는 축소되지 않고 커져만 간다. 마침내 부채의 이자를 갚기 위해 다시 빚을 내야 하는 지경에 이르면 파산할 수밖에 없다.—역주

109) 이는 Aaron(1966)과 Samuelson(1958)의 세미나 발제를 따라 명명되었다.

Samuelson의 글, 특히 이러한 '사회계약'이 어떻게 유지될 수 있는가의 문제를 논하는 부분의 해석은 신중함이 요구된다. 이러한 계약이 다음 세대에서도 유지되고 실행될 수 있는 실질적 메카니즘을 구체화시키기란 극도로 어렵다. 거래비용의 특질(Esteban and Sakovics, 1993)이나 행위자(agent)의 행동(Hansson and Stuart, 1989)에 대한 가정들을 고려해야 하기 때문이다. 비적립식 사회보장의 핵심은 보험계리상의 재정책임을 미래세대에게 떠넘기는 것이다. 이 방식은 자금을 모으기 위해 행운의 편지를 최초로 사용한 Charles Ponzi의 방법과 아주 흡사한 특징을 갖는다.

특히 비적립방식을 사용하는 첫 세대가 자신의 기여금에 대한 보상을 Aaron-Samuelson의 '규칙'을 초과하여 얻게 되면, 후속세대들은 제도의 안정성 유지를 위해 더 낮은 보상을 수용해야 할 것이다. 하지만 후속세대는 본인에게 지급되는 급여수준을 지나칠 정도로 관대하게 책정함으로써 높았던 초기보상률을 유지하려고 할 것이다. 이렇게 되면 책임은 또다시 그 다음세대로 전가된다. 이러한 책임전가의 악순환을 끊기 위해서는 이전 세대가 설정한 미래의 약속을 후속세대가 간단하게 위반할 것이라고 한 세대는 믿어주어야 한다. 이러한 약속위반의 행동은 고령화와 관련된 분야에서 발생할 가능성이 높다. 근로자들에게 부과되는 추가부담이 크기 때문에 다른 제도보다 연금제도에서 개혁이 발생할 가능성이 높은 이유가 여기에 있다.

출처: Disney(2000, pp.F12-13)

이러한 설명에 대해 몇 가지 주의할 점이 있다. 이러한 게임이 위험한 데는 두 가지 기본적인 이유가 있다. 이는 지켜질 수 없는 약속을 기반으로 하고 있으며, 자발적이기 때문에 상황이 잘못되면 약속을 지키지 않는 사람들이 나타나게 된다. 부과방식의 국가연금은 관리책임이 명확하고 강제적이라면 반드시 지속가능성을 담보하지 않아도 되지만, 그러한 강제성을 부과하기 위해서는 유권자의 지지가 필요하다.

노인인구가 증가하고 경제성장률이 하락하면서 이러한 균형은 깨졌다. 이제 대부분의 국가에서 국가연금은 재정마련을 위해 근로인구가 더 많은 보험료를 부담해야 한다.

재정운영방식이 고령화문제의 해결책이 될 수 있는가? 이에 대한 대답은 다시 한 번 '아니오'이다. 혹은 기껏해야 부분적인 해답이 될 뿐이다. 연금제도 본연의 임무는 근로인구가 생산한 자원을 통해 비소득 인구의 소득을 보장하는 것으로 재정운영방식과 관계없는 것이다. 부과방식은 정부가 단순히 근로인구층에게 보험료를 징수하면 된다. 이는 정치적으로 어려울 수 있다. 근로자들은 자신의 노동 대가를 간직하고 싶기 때문이다. 하지만 정확히 동일한 문제가 적립방식에서도 발생한다. 비소득계층은 동일한 방식으로 근로계층의 생산물을 획득해야 한다. 적립방식의 경우 이 과정은 연기금이 투자된 기업의 이윤을 챙김으로써 달성된다. 해당 기업의 근로자들은 이전 세대가 받는 연금의 비용을 부담하기 위해 자신의 노동대가를 포기해야 한다. 이들은 납세자들처럼 이에 반대할 수 있다. 이러한 저항이 성공하면 임금이 상승한다. 이에 따라 물가는 오르고 연금의 실질가치는 하락한다.

지금까지 우리가 가정한 것은 폐쇄된 경제체제였다. 즉 국제투자라는 변수를 고려하지 않았다. 적립방식의 한 가지 매력은 기금을 성장률이 높은 국가에 투자할 수 있다는 점이다. 하지만 동아시아 사태가 보여주듯이 여기에는 위험이 따른다. Barr(2001b)의 연구는 적립방식의 장점에 대한 10가지 오해를 폭로하고 있다. 최근 영국의 경험은 사적연금의 보장성이 확실치 않다는 점을 보여준다. 주식시장에 대한 투자수익이 약해지고 평균수명이 연장됨에 따라 사적연금의 예상수준이 감소하고 있다. 1980년대와 1990년대 주식시장이 활성화되었을 당시 기업들은 '적립금납부 일시정지'(contribution holiday)의 방법을 사용할 정도였다. 자본가치의 상승덕분에 고용주가 기여를 하지 않더라도 연금을 지급하기에 충분한 기금이 마련되어 있었기 때문에 기여를 중단한 것이다. 그러나 자본가치의 하락과 경기침체로 인해 기업들은 어려운 상황에 처하게 되었다. 그러한 '일시정지'의 방법이 실제로 허용되어야하는지에 대한 의문이 제기되었다. 기업들은 또한 확정급여를 확정기여방식으로 전환시킴으로써 자신의 부담을 완화시켜 왔다. 따라서 사적연금의 적립방식이나 국가연금의 부과방식 모두 위험요소를 담고 있다. 고령화에 따른 재정문제를 해결하기 위해 양자 모두 고통을 감내해야 한다.

5.4. 대상의 선별화 혹은 보편화?

언뜻 보기에, 조세능력에 한계가 있는 상황에서 가장 효율적인 전략은 이러한 세입을 가장 빈곤한 사람들에게 집중시키는 것일 수도 있다. 이렇게 되면 정부는 빈곤선을 보다 관대하게 설정하거나, 혹은 예를 들어 NHS와 같은 제도에 보다 많은 돈을 지출할 수 있다. 현재의 기초연금이 웨스트민스터 공작에게 무슨 소용이 있는가? 뿐만 아니라 과도한 급여는 예를 들어 저소득층 학생과 부유층 학생을 함께 교육시키는 것보다 효과가 낮다. 그러나 대상자를 선별화시키면 거시경제학적으로 다음과 같은 단점이 있다.

- 저축동기의 약화. 개인은 노후대책으로 민간연금이나 저축연금에 가입한다. 하지만 자신의 저축액에 따라 국가연금이 축소될 것이라는 사실을 알게 되면 저축을 하지 않는 것이 이들이 취할 수 있는 합리적 선택이다. 특히 사적 수입이 적어서 국가연금부분의 감소액에 의해 사실상 제로의 상태가 될 경우, 이러한 선택을 내리게 된다. 대상자의 선별화나 자산조사는 열심히 일해서 저축한 사람들에게 일종의 불이익으로 간주된다.

- 복잡성, 무지 혹은 낙인으로 인한 신청포기. 정부통계에 따르면 연금수급가구 중 30~40%가 연금크레딧(Pension Credit)을 수혜 받지 않는데, 이는 상당히 높은 수치이다.
- 관대한 연금에 대한 정치적 지지의 약화. 대부분의 연금수급자들이 국가연금을 받지 못한다면 급여수준을 관대하게 유지시키려는 정치적 관심은 퇴색될 것이다. 영국의 기초연금 수준이 아주 낮은 것은 대부분의 연금수급자들이 현재 다른 소득을 가지고 있다는 사실과 관련될 것이다. 이러한 상황에서 기여수준이 높은 강제적 국가보험으로 복귀는 전혀 불가능하다.

이 외에도 여러 가지 주장들이 있다. 만약 이러한 '저축의 덫'과 결부된 소득의 규모가 작을수록 저축으로 인한 손실액은 아주 적을 것이다. 호주와 칠레처럼 모든 가구가 연금에 기여하도록 강제할 수 있다. 빈곤가구의 저축금을 보호하기 위한 조치를 취할 수 있다. 예를 들어 저축소득에 대해 특정 한도까지 비과세 혜택을 줄 수 있다.

그러나 저축동기의 약화라는 경제학자들의 염려, 고객감소라는 보험사의 불안, 제도의 복잡성과 대중이 느끼는 불공평성 등 이러한 제반 문제 때문에 정부는 결국 연금정책을 재고할 수밖에 없다.

6. 영국의 연금개혁

한 국가의 연금제도가 전면적으로 개편된 사례는 찾아보기 힘들다. 영국의 연금제도는 그동안 수차례 개정을 통해 초기의 모습과 완전히 달라졌다 (Pemberton et al, 2006; Glennerster, 2007). 현재의 제도는 1942년 Beveridge가 옹호하였지만 출발은 수십 년 이전으로 거슬러 올라가는 고용주-피용자

기여기반의 정액급여방식을 취하고 있다. 현재 이 부분이 차지하는 비중은 크지 않다. 여기에 국가의 소득비례 프로그램이 추가되었으며, 이를 통해 사람들은 본인의 근로활동 기간 중 상이한 단계에서 발생하는 연금수급권을 보장받게 되었다. 이는 초기 모습에서 약간 발전한 것이다. 다음으로 빈민법의 원외구조 전통에서 출발한 국가부조제도(National Assistance)가 있었다. 현재 여기에는 자산조사를 통해 제공되는 연금크레딧 제도가 추가되었다. 이와 더불어 불완전하지만 개인들이 가입할 수 있는 사적연금이 있었다. 이러한 구조는 금세기 초에 근본적인 구조적 결함을 노출하였으며, 현재의 모든 제도들은 결과적으로 실질적인 기반강화를 필요로 한다.

연금위원회(Pensions Commission)가 발표한 두 개의 보고서(2004, 2005)는 영국 연금제도의 재정지원의 문제점을 근본적으로 재검토하고 있다. 영국정부는 자발적 가입형태인 민간 및 직업연금을 미래연금정책의 주요 수단으로 간주하지만, 이와 동시에 적정수준의 민간연금을 취득할 수 없는 사람들을 위해 자산조사를 통한 연금에도 의존하였다. 지금까지 이 책을 읽은 독자라면 바로 이것이 궁극적인 몰락을 가져오는 원인이라는 사실을 알 수 있을 것이다.

- 상당수의 사람들은 1980년대 대규모 세제지원정책에 따라 국가연금에서 사적연금으로 전환하였지만 경제적 상황이 더욱 악화된 사실을 알게 되었다. 이러한 초기 '성공' 이후 저소득층에게 연금을 판매하고자하는 시도는 중단되었다. 실제로 연금회사들은 저소득층에 대한 연금판매가 자신의 관심사가 아니었다고 결론 내렸다.
- 보험사들은 연금제도의 운영비를 낮추기 위해 치열한 경쟁을 치러야 했다. 이 때문에 확정급여방식을 포기하고 위험을 피용자에게 전가하기 시작했다. 신규 근로자들에게는 확정기여방식의 연금만을 제안함으로써

기여금은 감소하였다. 민간회사들은 예상 평균수명을 비현실적일 정도로 낮게 책정함으로써 개인이나 지나치게 낙관적인 정부처럼 '근시안'이라는 문제를 안고 있었다.

- 자산조사에 의존하는 비율이 높아짐으로써 '저축의 덫'은 더욱 넓어지고 깊어졌다. 영국민의 3/4은 결국 자산조사를 통해 지급되는 국가연금을 받게 될 것이다(Pensions Commission, 2005). 이는 많은 사람들이 저축동기를 상실하게 됨을 의미하였다.
- 연금재원 방식에 있어 순수한 자발적 모델은 붕괴되고 있었다. 하지만 영국은 지금까지 사적 모델을 향해 나아가고 있다. 따라서 전체 국민을 대상으로 한 강제적 부과방식으로의 전환은 기존의 수많은 민간연금들을 파괴할 것이다. 이는 정치적으로 논의가 불가능한 사안이다.

연금위원회는 행동경제학이 제시하는 새로운 시각 및 미국의 경험을(Choi et al, 2004, 2006) 근거로 다음과 같은 결론을 내렸다. 만약 피용자들이 정부가 승인한 저축성 연금에서 탈퇴함으로써 부담을 안게 된다면 대부분은 그러한 선택을 하지 않을 것이라는 점이다. 미국에서도 80%가 탈퇴하지 않았다. 따라서 위원회는 다음과 같이 권고한다. 개인이 정부가 승인한 민간연금에 가입하지 않으면 특정 금액 이상의 소득에 대해 세금을 부과해야 되며, 이렇게 징수된 돈은 당사자를 대신하여 중앙에서 관리하는 기금으로 전입되어야 한다. 이에 대해 고용주와 정부기금은 대응자금을 지불할 것이다. 개인은 이를 거부하거나 탈퇴할 수 있다. 하지만 그렇지 않을 경우 최종 기금은 정부가 승인한 특정의 적립식 민간연금 중 하나에 투자될 것이다.

하지만 이와 더불어 그동안 정부의 자산조사 정책으로 인한 '저축의 덫' 문제를 해결해야 했다. 위원회는 정부의 기초연금이 평균소득과 연계하여

가능한 빨리 인상되어야 한다고 제안하였다. 이와 더불어 국가2차연금은 정액방식을 통해 추가적으로 지급될 것이다. 이 두 개의 급여는 시간이 지나면 Beveridge가 생각하였던 것처럼 사적연금이 안전하게 자리 잡을 수 있는 일종의 디딤돌이 될 것이다. 위원회는 이것이 기여기록보다는 거주여건에 따라 권리가 보장되는 일종의 시민연금이 될 수 있을 것이라고 제안하였다. 2007년 의회는 이 계획(DWP, 2006a)의 핵심사항을 승인하였다.

- 기초연금은 2012년부터 소득과 연계하여 인상될 것이다. 이 계획은 최종적으로 '부담능력에 달려 있지만 무슨 일이 있더라도 다음 회기가 끝나는 무렵에는 실행될 것이다.'
- 새롭고 보다 단순해진 자격요건을 충족시키는 사람은 누구든지 기초연금을 통해 중위소득의 약 20%를 지급받게 될 것이다. 근로활동이나 돌봄기간이 40년이면 기초연금액은 중위소득의 약 30%로 높아진다.
- 이 비용조달을 위해서 국가연금의 수급연령은 2024년 이후 남녀 모두에게 있어 지속적으로 상향될 것이며, 기본적으로 평균수명의 예상증가률이 반영될 것이다.
- 5,000 파운드 이상부터 33,000 파운드까지의 소득을 가진 피용자는 소득의 4%를 자동적으로 자신의 사적연금계좌나 고용주가 운영하는 기업연금에 기여하게 될 것이며, 탈퇴도 가능하다.
- 탈퇴하지 않을 경우 고용주는 피용자 소득의 3%를 부담해야 하며, 나머지 1%는 조세감면을 통해 보충하게 된다.
- 그런 다음 각 개인은 승인받은 민간보험 중 하나를 선택하고 자신의 기금을 투자할 수 있다. 혹은 개인이 아무런 조치를 취하지 않으면 이 기금은 자동적으로 신설된 개인계좌전달청(Personal Account Delivery Authority)이 관리하는 '보증'(default)기금에 투자될 것이다(DWP, 2006b). 과거 영국과

스웨덴의 경험에서 볼 때 소득이 낮은 사람들은 이러한 결정을 내리는 데 있어 특히, 초기에 주저하는 경향이 있다는 사실을 정부가 인식한 결과이다[110].

정부는 기여원칙에서 탈피하여 거주기간에 기초한 권리인 시민연금으로 전환시키자는 의견을 거부하였지만 실제 움직임은 이러한 방향으로 진행되었다.

- 이러한 개혁으로 완전기초연금을 받기 위해 필요한 기여기간이 단축되었다. 기존에는 남자 44년, 여자 39년이었지만, 2010년부터는 남녀 모두 30년으로 단축된다.
- 돌보미 크레딧(Carer's Credit)제도가 신설되었다. 이는 1주일에 20시간 이상 환자나 중증장애인을 돌보는 사람들을 대상으로 한다.
- 전체 기여년도를 고려하게 됨으로써 '최소기여조건' 즉, 개인이 연금을 지급받기 전에 최소한의 기여횟수를 충족시켜야 된다는 규정은 폐지될 것이다.

---

110) 2010년에 입각한 연립정부는 이전 정부에서 통과된 이러한 개혁안을 수용하였으며, 실제로 이를 정착시켰다.

- 새로운 제도 하에서 기여금은 기업연금을 통하지 않고 정부가 모든 근로자에게 직접 징수하게 된다. 근로자가 의도적으로 탈퇴한 경우에만 예외이다. 고용주 역시 일부 기여금을 부담해야 할 것이다. 이를 통해 모아진 기금은 공인된 사적 적립프로그램 중 개인이 선택한 곳에 투자될 것이다. 이는 2012년부터 실시된다.
- 이제 국가기초연금은 물가보다 빠르게 인상되기 시작할 것이다.
- 완전노령연금을 받을 수 있는 연령이 상향되기 시작할 것이다. 첫 단계로서 66세로 조정되는데, 이는 Turner가 제안했던 것보다 빠른 연령이다. 이러한 연령인상은 2020년까지 남녀 모두에게 단계적으로 적용될 것이다. 정부는 현재 완전노령연금의 수급시기를 68세까지 상향시키기 위한 시기조절을 고심 중이다.

이 결과, 국가연금을 일부라도 받을 수 있는 권리를 갖게 되는 인구가 현저히 증가할 것이다. 이는 모든 장기거주 시민들에게 연금을 제공하는 것과는 아직 거리가 멀지만 그러한 방향으로 이동하고 있는 것만은 확실하다.

이는 영국의 연금제도가 정액의 국가연금 위에 강제적 사적연금을 추가하는 방향으로 이동하게 될 것임을 의미한다. 일종의 '유연한 강제'라고 할 수 있다. 이러한 맥락에서 볼 때, 영국의 연금제도는 이제 네덜란드, 스위스, 호주의 제도와 유사할 뿐만 아니라 새롭게 시행된 칠레의 제도와도 비슷하다(아래 참조). 영국의 국가연금은 돌보미들에게 특별한 혜택을 주고 있다. 하지만 이러한 혜택이 새로운 사적연금에는 적용되지 않는다. 기혼여성 특히, 부양아동이 있고 경력단절의 경험이 많은 여성들은 앞으로도 계속 소액의 연금을 받게 될 것이다.

7. 외국의 사례

연금의 목적. 앞에서 고찰한 바와 같이 연금은 두 개의 뚜렷한 목적을 가지고 있다. 노후 빈곤을 예방하는 것과 소득을 생애기간 전체에 걸쳐 평준화시킴으로써 은퇴로 인한 생활수준의 현저한 하락을 예방하는 것이다. 전체 시민을 대상으로 전자를 보장할 수 있는 것은 국가뿐이지만, 소득평준화를 위해 개인들이 선호하는 방법은 서로 다를 수 있다. 하지만 여기에서도 시장실패의 문제가 발생함으로써 개인들은 정확한 정보를 제공받거나 올바른 선택을 할 수 없게 된다. 각국은 이러한 두 가지 목적을 조화시키기 위해 각기 다른 방법을 활용하고 있다. 따라서 이를 달성하기 위한 국가와 시장의 역할도 서로 다르다.

연금압박. 이렇게 연금제도는 국가에 따라 여전히 뚜렷한 차이를 보이고 있다. 하지만 모든 나라는 유사한 사회, 경제적 압박에 직면함으로써 다른 국가의 제도를 연구하며, 변화를 모색하고 있다. 몇 가지 공통점을 살펴보면 다음과 같다(Barr and Diamond, 2008).

- 지속적인 평균수명의 증가와 출산율의 감소는 연금수급 인구를 부양할 노동인구의 감소를 의미한다. 이를 보충하기 위해 근로활동기간을 연장하지 않는 한 연금을 삭감해야 한다.
- 2차 대전 이후 출현한 베이비붐 세대는 연금보험료를 납부할 수 있는 근로자의 증가를 의미했지만 이제 그들은 수급자로 바뀌었다.
- 근로패턴의 변화에 따라 사람들은 일을 그만두는 시기가 빨라지고 있다. 이러한 현상은 지난 세기 대부분의 기간 동안 나타났으며, 최근 들어 더욱 현저하다. 이들이 이러한 선택을 할 수 있었던 것은 연금 덕택이다.
- 1940년대 모든 종류의 연금제도는 장기간의 안정적인 결혼생활 속에서 여성이 남편의 연금에 의존하는 것을 전제로 하였다. 다수의 국가에서는 이러한 가족패턴이 변하고 있다. 편부모의 증가, 이혼율의 상승, 법적 효력을 갖지 못하는 동거율의 증가 등이 원인이다. 영국은 전체 어머니의 2/5가 일생의 한 시점에서 편모가 될 가능성이 있으며, 따라서 이들의 소득능력과 연금에 대한 전망은 밝지 않다. 거의 모든 여성들이 어느 정도 불이익을 받고 있다. 연금설계자들은 정치적인 이유와 더불어 연금수금자로서 여성의 지위 때문에 이러한 문제를 고려해야 한다.
- 인플레이션은 공적연금뿐만 아니라 사적연금에서도 연금약속을 침식할 만큼 심각하고 예측불가능한 문제가 되었다.
- 선진국과 더불어 특히 경제상황이 열악한 국가들에서 심각한 시장실패 및 자본시장 실패가 감지되고 있다(World Bank, 2006).

- 개인들이 가입한 사적계좌에서 높은 관리비의 문제가 심각히 대두되고 있다.

각국의 연금제도는 독특한 특징에도 불구하고 이러한 변화에 적응해야 했다. 연금위원회의 보고서는 이를 간략하고 명확하게 설명하고 있으며(Pensions Commission, 2004, Appendix D), OECD(2007d)는 최근의 변화를 다루고 있다. Barr and Diamond(2008)는 이를 포괄적으로 분석하고 있으며, 미국의 사회보장청(Social Security Administration)은 각국의 사회보장제도를 요약해서 제시하고 있다. 특히 Social Security Systems throughout the World는 웹사이트를 통해 6개월 단위로 자료를 갱신하고 있다. Clark et al(2006)은 각국의 연금제도에 관한 비교역사뿐만 아니라 현재의 쟁점들을 광범위하게 다루고 있다. 다음에서는 새롭게 등장하는 연금모델을 개괄적으로 살펴본다.

7.1. 이중의 목적, 포섭적, 기여적 부과방식

이 방식이 순수하게 적용되는 모델의 경우 모든 근로자와 고용주는 국가가 운영하는 연금에 기여해야 한다. 이들의 기여금과 연금 양자는 최소한 정해진 수준까지 소득과 연동된다. 한 해에 징수된 기여금으로 당해 연도에 지급할 연금을 충분히 충당할 수 있다. 즉, 부과방식이다. 따라서 개인은 본인의 연금이 은퇴 전 실소득의, 예를 들어 2/3 혹은 그 이상이 될 것이라는 점을 미리 알 수 있다. 이러한 방식을 통해 연금제도의 소득평준화기능을 수행한다.

하지만 이러한 방식은 생애 기여수준이 낮은 사람들에게도 빈곤선 이상의 생활이 가능한 연금을 수급받도록 연금산정공식을 설정할 수 있다. 예를 들어, 일반 근로자가 이전소득의 2/3에 해당하는 연금을 받는 것에 반해 3/4을 받도록 할 수 있다. 고소득자들은 은퇴 시 국가연금을 통해 이전 소득의 50%만을 지급받으며, 나머지는 사적 저축연금을 통해 보충해야 할 것이다. 이러한 연금제도 자체는 재분배적 요소를 담고 있다. 정부는 자녀나 친지를 돌봐야 하는 이유로 소득활동을 할 수 없는 사람들을 위해 기여기록을 보충해줄 수 있다. 혹은 연금을 결정하는데 있어 예를 들어, 전체 기여기간 중 최고 20년만을 고려해 줄 수도 있다. 이렇게 함으로써 소득활동기간이 짧은 여성이나 만년에 소득이 감소하는 사람들이 도움을 받을 수 있을 것이다. 이 모델에 해당하는 연금제도들은 외관은 서로 비슷하더라도 이렇게 재분배와 관련된 구체적인 내용들은 커다란 차이를 보인다.

직장가입자의 기여금에만 의존하는 연금제도로는 은퇴 후 빈곤선 이상의 연금을 전체 인구에게 보장해 줄 수 없다. 개인들은 여러 가지 이유로 경력단절을 경험할 수 있으며, 그 기간 동안 기여금을 납부할 수 없을 것이다. 따라서 이렇게 포섭적인(inclusive) 연금제도조차도 자산조사를 통한 특정의 안전망을 갖추게 된다. 이는 노인을 구체적 대상으로 하는 형태로 운영되거나 단순히 일반 공공부조 급여의 일부로서 운영될 수 있지만, 어떠한 근로조건도 요구하지 않는다.

이렇게 기여에 근거한 국가단위의 모델은 일반적으로 그 기원을 1889년 프러시아 입법에서 찾는다. 이는 종종 당시 재상이었던 Bismack 이름으로 지칭된다. 실제로 그는 이를 추진할 당시 정액제의 조세기반 제도를 염두에 두었다(Ritter, 1983). 이후 다른 모든 국가와 마찬가지로 이 제도는 산업체 및 다른 저임금 근로자들을 대상으로 시작하여 점차 확대되었다. 이에 앞서 벨기에 및 이탈리아에서 소규모의 유사한 제도들이 시행되었다. 뿐만 아니라, 이 제도는 초기에 완전적립방식으로 시작되었다. 이러한 기금운영방식은 1930년대에 이르러서 사실상의 부과방식으로 전환되었으며, 1957년이 지나서야 비로소 완전한 공식적 부과방식으로 바뀌었다.

이러한 연금제도 덕분에 많은 근로자들이 빈곤에서 벗어날 수 있었다. 하지만 저임금 근로자들에게 무차별적으로 제공되는 관대한 제도로 발전하지 못했다. 이러한 기본적 아이디어는 다른 국가들로 전파되었으며, 스웨덴은 1차 대전 이전에 전체인구를 포괄하는 보다 포섭적인 제도를 채택하였다. 다른 유럽국가들 역시 이러한 움직임에 단계적으로 부응했으며, 미국은 1935년 Roosevelt 대통령 시기에 이를 채택하였다.

저임금 근로자에게 유리하도록 연금공식을 조정하거나, 기초연금을 보장하거나 혹은 돌봄책임자에게 연금을 제공하려는 노력들이 이후 발전적으로 나타났다. 하지만 모든 국가가 이러한 방법들을 채택하지는 않았다. 1970년대 말 노동당 정부는 소득비례연금을 도입하는 과정에서 이 모델을 재분배적 성격이 보다 강한 형태로 바꾸고자 했다. 하지만 앞에서 고찰한 바와 같이 이의 근본적 특징을 바꾸기에는 시기가 너무 늦었다. 아마도 이 모델이 가장 관대한 방향으로 발전한 곳은 스웨덴과 이탈리아, 일본, 스페인이었으며, 독일과 미국에서는 상대적으로 약화되었다.

프랑스는 한 차례도 이 모델을 엄격히 적용하지 않았다. 이곳에는 산업별 혹은 '업종'을 중심으로 수많은 연금제도가 있으며, 고용주와 노조로 구성된 '사회적 파트너'에 의해 운영된다. 모든 제도는 부과방식으로 운영되며, 정부는 이들을 보증하고 규제하며 상호 보조한다. 그렇더라도 급여의 패턴과 관대함은 업종별로 다르다. 이러한 이유로 정부는 업종 간 차이를 축소하고자 노력하고 있지만 이렇게 복잡한 패턴 때문에 제도를 개혁하기는 쉽지 않았다.

1980년대 들어 과거 관대한 급여의 문제와 더불어 출산율의 저하, 평균수명의 연장, 노동비용의 증가 등 새로운 문제가 중첩되어 나타났다. 그 결과 연금재정의 안정성에 대한 두려움이 제기되기 시작하였다. 이 문제에 가장 먼저, 장기적인 안목을 가지고 초당파적으로 대처한 국가 중 하나가 미국이었다. 사회보장세 인상을 통해 사회보장기금에 잉여금을 발생시킴으로써 전후 베이비붐 세대의 고령화에 대비할 수 있었다. 연방정부는 또한 완전노령연금을 받을 수 있는 연령을 65세에서 67세로 단계적으로 상향하기 시작하였으며, 현재까지 순조롭게 진행되고 있다.

스웨덴과 독일은 평균수명 증가에 따라 수급개시연령을 상향조정하기 위해 연금산정공식을 변경하였다. 하지만 스웨덴의 제도에는 거주기간과 연동되는 최저보증연금(a guaranteed minimum pension)요소가 포함되어 있다. 각국의 재무장관들은 또한 부과방식의 연금운영 때문에 적립금이 발생하지 않은 결과로 더 많은 연금에 대한 약속이 불가능해진 점을 염려하였다. 이 결과 시민에게 소득의 일부를 개인연금에 의무적으로 기여하도록 하거나,[111] 강력히 권고하게 되었다.[112] 스웨덴의 경우 총 기여율은 18.5%인데, 이 중 16%는 국가연금에, 나머지는 완전적립방식의 개인연금에 보내진다.

스웨덴은 정부가 승인한 사적연금에 가입하거나 혹은 정부가 운영하는 기초연금에 자동적으로 투자되는 것 중 하나를 선택하도록 하고 있는데, 영국의 연금위원회 역시 이 접근법을 채택하였다.

미국은 연방정부가 운영하는 연금을 보충시키기 위해 K104와 같은 퇴직연금에 투자하는 사람들에게 상당히 관대한 세제혜택을 부여하였다. Bush대통령은 개인이 납부하는 사회보장세의 일부를 민간이 운영하는 적립방식 연금으로 전환시키자고 제안하였지만, 결실을 보지는 못했다.

111) 이는 스웨덴의 경우임.
112) 이는 독일의 경우임.

7.2. 특정집단을 위한 분할기여적 부과방식

아마도 이 모델은 앞에서 살펴 본 모델의 미완성 형태로 이해하는 것이 가장 적절할 것이다. 남미의 많은 국가들 특히 아르헨티나는 초기 프러시아 모델을 모방하였다. 하지만 전체인구 중 극히 일부만이 제조업 혹은 서비스 산업의 피용자로서 급여를 받을 수 있었다. 공무원을 포함하여 권력을 가진 집단들은 초기부터 프로그램에 가입함으로써 혜택을 받았다. 하지만 대상자가 점차 확대됨에도 불구하고 비공식부문에서 일하는 사람들은 제외되었다.

그리스는 유럽에서 극도로 다양한 사회보험 프로그램들을 운영함으로써 불평등이 발생하는 극단적인 예를 보여준다.

> 소득비례 퇴직급여는 운영규정이 각기 다른 수백 개의 사회보험 프로그램들을 통해 지급된다. 이 결과 연금수급자격의 결정요인이 극도로 상이하다. 하나의 예로서, 현재 남성의 법정 은퇴연령은 45세에서 65세까지 다양하다. …… 일반적으로 현재의 규정들은 임금소득자보다는 전문 자영업자에게, 민간부문보다는 공공부문 근로자에게, 비정규직보다는 조직화된 근로자에게, 청년보다는 중년에게, 여성보다는 남성에게 유리하도록 되어 있다(Matsaganis, 2007).

7.3. 정액제, 보편적 조세기반의 시민연금

이는 앞에서 살펴본 것과는 정반대의 모델로서 뉴질랜드의 제도가 대표적인 사례이다. 이 국가연금은 거주요건을 충족시킨 65세 이상 모든 시민들에게 지급되며, 거주기간이 짧을수록 연금액은 감소한다. 급여수준은 다양한데, 부부의 경우 최하는 평균임금의 65%이며, 최상은 72.5%이다.

독거노인의 경우에는 평균 순임금의 44%였다. 저소득자일수록 소득대체율이 높게 적용된다. 이러한 소득대체율은 빈곤선 이상에서 결정되어 있기 때문에 빈곤선 이하로 하락할 가능성이 있는 사람들은 거주기간이 짧은 사람들이다. 이들은 전체 가입자의 7~8%에 불과하다. 비용은 일반조세를 통해 마련된다. 최근까지 이것이 정부가 연금에 개입하는 유일한 방법이었으며 저축연금에 대한 세제혜택은 특별히 제공하지 않았다.

네덜란드 역시 유사한 모델을 채택하였다. 뉴질랜드와 마찬가지로 거주요건을 충족시킨 65세 이상의 노인에게 지급한다. 급여수준은 최저순임금의 70%로서 수급자가 빈곤에 빠지지 않은 수준에서 설정되었다. 주요재원은 목적세로서 소득세와 별도이지만 65세 이상은 부담하지 않는다는 점을 고려하면 소득세 체계의 일부라고 볼 수 있다.

호주는 오랫동안 조세기반의 정액연금제도를 실시해 오고 있으며 고소득층에게는 약하나마 자산조사를 실시한다. 스위스는 소득비례 기여연금을 온건한 수준에서 실시하고 있다.

7.4. 사적 보충을 의무화 혹은 장려하는 모델

이러한 방식을 취하는 모든 국가에서 정부의 역할은 더 이상 빈곤구제에 국한되지 않는다. 각 나라마다 정부는 사적 연금에 대한 기여를 의무화하거나 장려하기 시작하였다. 이렇게 함으로써 개인이 자체적으로 노후대책을 마련할 때 보다 소득분산효과를 높이려는 것이다. 뉴질랜드는 이러한 조치를 취한 마지막 주자로서 2007년에 KiWiSaver[113] 제도를 도입하였다. 영국은

113) 이는 자발적 형태로 운영되는 근로자 대상 저축제도로서 65세 이상 모든 시민권자 및 영주권자가 가입할 수 있다. 18세 이상 근로자가 새로운 일을 시작할 경우 대부분 자동가입되며, 8주가 지난 후에 본인의 선택에 따라 지속 혹은 탈퇴를 결정할 수 있

새로운 제도 하에서 근로자들이 자동적으로 가입되며, 탈퇴도 가능하다. 이들은 인가된 연금보험에 독자적으로 가입하거나 고용주가 운영하는 연금 혹은 정부가 선택한 6개의 기본연금 중 하나를 선택할 수 있다.

호주와 네덜란드 그리고 스위스는 모두 수년 동안 피용자를 위해 강제적 혹은 준강제적 성격의 사적연금을 운영하고 있으며, 네덜란드의 경우 이는 중앙단위에서 단체협상을 통해 이루어진다.

영국은 앞서 살펴본 바와 같이 이러한 국가들과 유사한 방향으로 이동하고 있다. 근로자들은 정부가 운영하는 저축성 연금에 자동적으로 가입되지만 탈퇴할 수도 있다. 이 제도는 자체의 정액연금들을 발전시킴으로써 전체적으로 시민연금적 성격을 갖추고 있다. 즉, 돌보미 크레딧(Carers Credit)제도를 통해 완전노령연금 수급조건인 30년을 충족시킬 수 없는 돌보미들에게 연금수급권을 제공하며, 평균소득자들에게 보다 관대한 급여 수준을 보장한다. 이러한 변화가 완전한 결실을 맺기 위해서는 아직 많은 시간이 필요하지만 방향은 이 모델 쪽으로 움직이고 있는 것 같다.

다. 가입하게 되면 급여의 4% 혹은 8%를 이 저축제도에 적립한다. 정부는 제도를 장려하는 차원에서 가입과 동시에 본인계좌에 $1,000를 선불로 입금하며, 이외 매년 최고 $1,040까지의 세금환급과 연간 $40의 운영업체 수수료를 보조해준다. 고용주는 피용자 급여의 1%를 보조하는데, 2011년까지 매년 1%씩 최대 4%까지 지원하게 된다(단, 고용주가 별도의 연금제도를 제공하는 경우는 제외됨). 정부는 또한 이를 장려하기 위해 고용주에게 주당 최대 $20의 보조금을 지원한다. 이 제도를 통한 저축금액은 노후연금대상연령에 도달하거나 가입 후 5년이 지나면 인출할 수 있지만 주택마련 등 특정 상황 발생 시 인출시기를 앞당길 수 있다. 또한 저축을 시작한 지 12개월이 지났거나 경제적으로 어려운 상황에 직면하면 '저축휴가'를 신청하여 일시중단 할 수도 있다. 2010년 4월을 기준으로 볼 때, 가입자는 약 1,400,000만 명이었으며, 회계연도가 끝난 6월에 지불액은 $23억이었다. 2011년에는 신규가입자 수가 25,000명가량 증가하였으며, 기여총액은 $16억에 이를 전망이다.—역주

7.5. 사적 강제기여, 최소한의 빈곤구제

이 모델은 1981년 이후 칠레에서 최초로 시행되었다. 그 후 일부 다른 남미국가들과 세계은행의 압력을 받은 다수의 과거 공산권 국가들이 채택하였다. 칠레는 과거 50년 동안 적립방식의 사회보험제도를 운영하였으며, 산업 및 업종에 따라 서로 다른 제도와 운영규정을 두고 있었다. 하지만 기금의 가치는 높은 인플레이션으로 인해 하락하였다. 따라서 이는 결코 완벽한 프로그램이 아니었다. 적용대상은 공식부문에 속한 근로자에 국한되었으며, 대부분의 기여금은 고용주가 지불하였다. 연금액은 근로기간 중 마지막 몇 년 동안과 연계되어 있었다. 따라서 기만행위와 고도의 노동비용이 발생할 가능성이 아주 높았다.

군부독재는 이 제도를 민영화시켰다. 과거 사회보험프로그램의 가입자는 새로운 프로그램으로 전환할 수 있었으며, 90%가 전환하였다. 구제도의 가입자들에게는 관대한 혜택이 주어졌다. 기본적으로 한 개인이 은퇴하게 되면 정부가 구제도에 발행한 공채를 제공한 것이다. 새로운 제도는 전적으로 피용자의 기여를 통해 재원을 마련하였다. 이는 기본적으로 소득의 10%이며, 장애 및 유족급여를 받기 위해서는 3%를 추가로 납부하였다.[114)]

이러한 기여금은 사적으로 관리되는 인가받은 개별구좌로서 개인이 직접 선택한 곳에 지급되었다. 하지만 초기에는 이들 구좌에 대한 규제가 특히 강했다. 즉, 개별구좌로 지급된 돈은 다시 물가와 연동된 국채 혹은 기타 안정적인 주식에 재투자되어야 했다. 이후 이러한 규정은 완화되었으며, 2002년 이후 기금의 약 40%가 주식시장에 투자되었다.

---

114) 군부독재는 제도를 초기에 안착시키기 위해 임금을 17% 인상하였다.

구제도 및 기타 사회보험 프로그램들에는 2개의 빈곤완화 요소가 내포되어 있다. 하나는 20년 동안 기여를 한 사람들에게 최저연금을 보장하는 것이며, 다른 하나는 자산조사를 통해 지급하는 연금이다. 하지만 이들의 급여액은 많지 않다.

여성이나 자영업자 그리고 공식적 노동시장 밖의 사람들은 이러한 시스템을 통해 노후를 보장받을 수 없었다. 10%의 기여율은 적정수준 이상의 연금액을 보장하기에는 너무 낮았으며, 관리비용은 대부분의 사적 프로그램처럼 과도했다. 이러한 문제가 중첩되면서 연금제도는 최근 대통령 선거에서 정치적 쟁점으로 부상하였다. 선거가 끝난 후 이를 개혁하기 위해 연금에 관한 대통령 자문위원회가 설치되었으며, 사적 개별연금만으로는 노후에 적절한 소득을 보장받을 수 없다고 결론지었다. 위원회의 보고서는 독보적이고 포괄적이었으며, 주요 권고안들은 2007년 입법화되었다. 이는 마치 영국에서 연금위원회가 제안한 주요 권고안들이 의회에서 승인된 것과 같은 현상이며, 권고 내용 역시 일부 공통점을 가지고 있다. 다음의 내용은 Barr and Diamond(2008)에 기초하여 정리한 것이다.

7.6. 빈곤완화를 위한 공적최저선에 기초한 사적 계좌

개혁이 완료된 칠레의 연금모델은 다음과 같은 특징을 갖는다.

- 사적 연금계좌에 의무적으로 가입해야 되는 사항은 변함이 없다. 하지만 규제, 정보제공, 대중의 인지도 측면에서 개선이 이루어졌다.
  - 자영업자들도 반드시 가입해야 한다.
  - 연금급여는 국제적 이동이 가능해졌다. 즉 다른 국가에 거주하더라도 지급받을 수 있게 되었다.

- 이혼 시 분할연금이 지급될 수 있다.
- 실업자와 저소득자에게는 자신의 기금을 보충하도록 공적 보조금이 지급될 것이다.

• 새로운 기초연금 도입을 통해 최저보증연금과 자산조사를 통한 연금을 대체한다.
  - 여기에는 기여조건이 부과되지 않는다.
  - 모든 노인이 대상이다.
  - 이는 개별적으로 제공된다. 아내와 배우자는 동등한 연금수급권을 갖는다.
  - 급여액은 공식적 빈곤선을 훨씬 초과하여 설정되었다.
  - 재원은 조세를 통해 마련된다. 하지만 세입은 별개의 제도인 연대기금(Solidarity Fund)으로 이전된다. 이 기금은 잉여금으로 운영될 것이다. 즉, 정부의 전체 예산에서 많은 잉여가 발생하면 기금의 양은 많아지고 잉여가 감소하면 기금의 양도 감소되는 운영방식을 취한다. 이렇게 함으로써 정부의 전반적인 예산정책과 충돌을 피하게 된다.
  - 기초연금은 가구의 종합소득이 특정수준 이상을 초과할 때 감소된다. 이러한 방식을 통해 하위 60%의 소득군에 속한 사람들이 혜택을 받게 될 것이다. 이러한 측면에서 풍요조사(affluence test)를 실시하는 호주의 모델과 비슷하다.

현재 급격한 노령화와 산업화를 반영하여 발전하고 있는 중국의 모델은 몇 가지 유사점을 보이고 있다. 하지만 이는 농어촌 주민이 아닌 도시 근로자를 대상으로 설계되었다. 기존의 은퇴자 및 제도가 시작된 1997년에 노동시장에 참여하고 있던 사람들은 과거 기업연금체제를 통해 제공되던 연금의 전체 혹은 일부를 지급받는다.

- 모든 도시근로자들을 대상으로 한 기여기반의 기초연금이 있다. 기여율은 현지 평균임금의 20%이다.
- 이는 부과방식으로 운영되며, 재원은 근로자, 사용주 그리고 정부가 각기 다른 수준에서 부담하는 기여금을 통해 마련된다.
- 모든 도시근로자들은 적립방식의 확정기여형 개인연금제도에 가입해야 한다.
- 개인은 은퇴 시 이렇게 적립된 기금의 일부를 받게 된다.
- 이와 더불어 자발적 프로그램이 있다.
- Di Bao라고 불리는 최저생활보장제도(Minimum Livelihood Guarantee)가 있으며, 이는 전국적으로 적용되지만 대부분 도시지역에 국한된다. 이는 모든 근로소득 및 연금소득에 대해 100% 한계율(marginal rate)을 적용하는데, 소득이 많을수록 급여는 감소된다.

은퇴연령은 여성이 55세, 남성이 60세인데, 이 연령에 도달한 사람들의 평균수명을 고려해 볼 때 높지 않다. 은퇴동기가 상당히 강하며, 사적 연금의 소득대체율은 평균수명을 고려하면 관대한 편이다. 정부는 구제도에 대해서도 재정적 책임을 짐과 동시에 새로운 개별구좌에 대해서도 기여를 해야 한다. 이러한 비용 때문에 재정조달에 어려움을 겪고 있다. 따라서 현행의 연금체제를 개혁해야 한다는 압력이 가중되고 있다.

7.7. 수렴현상의 지속?

위에서 살펴본 여러 가지 연금모델과 이들의 최근 변화를 살펴보면 약간의 수렴현상을 발견할 수 있다. 사회보험연금은 더 이상 순수한 부과방식으로 운영되지 않으며, 일부 사적 재원마련의 요소가 가미되었다. 개별구좌 모델은 시민연금의 특징이 일부 담긴 정액의 조세재원 방식을 가미하고 있다. 국가 간 상호학습이 어느 정도 진행되고 있는 것이다.

개관

- 여러 나라에서 소득보장에 대한 국가의 근본적인 입장차는 사회보장체계를 설계하는데 영향을 미친다. 영국도 시대에 따라 상이한 입장들이 영향을 주었다.
- 영국은 연금에 대한 정부지출이 가장 낮으며 가장 복잡한 연금제도를 운영하고 있는 국가 중 하나이다. 또한 노후 소득보장 수준이 상대적으로 낮은 국가이다.
- 연금위원회는 대부분의 이해 당사자들이 수용하는 합리적인 개혁의 근거를 제시하였으며, 정부는 이를 실행에 옮겼다. 위원회는 영국이 수년 동안 추진해 온 대규모의 사적연금정책을 수용하였다. 하지만 이러한 정책은 확고한 국가연금의 기반 위에서 대부분의 연금수급자들이 자산조사 이상의 소득을 보장받아야 함을 전제로 한다. 위원회는 또한 사적연금의 강제가입을 통해 고용주의 대응자금과 정부의 재정지원이 이루어지는 프로그램을 선택할 수 있도록 해야 한다고 권고하였다. 이러한 개혁이 충분할 것인지는 시간을 두고 지켜볼 일이다.

논의

1. 시장의 실패는 실업과 노후 소득보장 사이에서 어떠한 차별적 특징을 보이는가?
2. 국가는 개인이 자신의 노후에 대비하여 사적 적립방식의 프로그램에 가입하도록 어느 정도까지 강제해야 하는가?
3. 국가는 노후 빈곤예방을 위한 의무를 어떻게 수행해야 하는가?
4. 각국 정부는 어느 정도까지 과거의 소득보장 방식을 고수하고 있는가? 다른 국가가 시행하고 있는 연금모델을 통해 우리가 얻을 수 있는 교훈은 무엇인가?
5. 적립식 연금에 대한 찬반논쟁의 쟁점은 무엇인가? 부과방식의 공적연금은 'Ponzi Game'적 특성을 어느 정도 보이는가?

추천문헌

1. Barr(2004a)의 제8장부터 10장까지는 보험시장과 이의 실패를 뒷받침하는 경제학 이론을 명료하게 제시하는 최고의 문헌이다.
2. Barr and Diamond(2008)는 현대의 경제학이론을 바탕으로 연금제도와 이의 개혁을 비교 설명하는 최상의 문헌이다. 2009년에는 정책부문을 주로 다룬 요약본이 출간될 예정이다.
3. 연금위원회의 두 보고서(2004, 2005)는 영국 연금제도의 역사 및 최근의 개혁사례를 이해하기 위한 필독서이다.

4. Child Poverty Action Group은 『복지급여 및 세액공제 핸드북(*Welfare Benefis and Tax Credits Handbook*)』을 매년 갱신하고 있는데, 이는 영국 소득보장제도의 복잡한 급여체계를 가장 구체적으로 설명하고 있는 안내서이다(CPAG, 2008).
5. 본 시리즈물 중 하나인 Millar(2009)는 사회보장정책을 보다 광범위하게 다루고 있다.

제8장

주택

요약

- 주거는 인간의 가장 기본적 욕구 중 하나이지만 주로 사적시장을 통해 제공된다.
- 그럼에도 불구하고 국가는 이의 규제와 재정공급에 있어 중요한 역할을 수행한다.
- 국가가 규제하는 부문으로는 신축이 허가된 주택에 대한 제반 표준, 주거밀도, 공중보건상의 이유에 따른 기존 주거지역의 쾌적성 등을 들 수 있다. 정부는 주택이 건축될 수 있는 장소 및 주거밀도를 결정한다. 영국에서는 중단되었지만 대부분의 국가는 주택을 구매하는 사람들에게 세제혜택을 제공한다.
- 국가는 다음의 방법을 통해 저소득층의 주거비용을 직접적으로 보조한다.
  - 집주인이 사적으로 부과할 수 있는 임대료에 대한 제한.
  - 저소득층이나 욕구가 있는 가구를 위해 주택을 건축하는 사람들을 위한 저금리 융자보조.
  - 목적성의 현금급여를 통해 저소득가구가 임대료를 지불할 수 있도록 원조.

1. 주택정책의 진화

주택정책이 발전하는 과정에서 다음의 몇 가지 상충적 압력이 발생한다.

- 주거는 인간의 기본적 욕구이지만 주택은 가구에 따라 상이한 선호도를 보이는 소비재이기도 하다. 어떤 사람들은 한적한 시골을 선호하지만 일부는 혼잡한 도시를 좋아한다. 사람들이 선택하는 데 있어 위치와 이웃은 중요한 기준이다. 특정 지역에 거주를 희망하는 사람들이 많아지면 관련된 자산과 주택에서 희소가치가 발생한다. 결국 선호도가 높은 지역에 주택을 소유한 사람들은 신규개발을 거부하게 된다. 아마도 시장과 선택이 이러한 압박을 해결하는 최상의 방법일 것이다.
- 안정된 환경에 적절한 주거시설이 없는 경우 개인은 하향적 의존상태에 빠지게 된다. 하지만 이들을 위해 마련된 오늘날의 사회적 주택은 단일계층의 사람들이 블록을 형성하고 집단 거주하는 형태로서 사회적 배제의 문제를 낳을 수 있다(Hills, 2007).
- 전쟁이나 경제적 혹은 환경적 위기의 시기에 심각한 주택부족의 문제가 발생한다. 이에 따라 정부는 예외적인 조치를 통해 주택을 배급하고 가격을 통제한다.
- 앞에서 고찰한 다른 서비스 영역과 마찬가지로 주택에 있어서도 수많은 시장실패의 문제가 발생한다(〈상자 8.1〉 참조).

이러한 상충적 압력은 주택정책의 역사를 통해 실증적으로 고찰할 수 있다. 19세기 영국 시민들은 새로운 공업중심지로 대규모 이주하였는데,

이에 반응한 것은 민간 건축업자 및 개발업자들이었다. 이 결과 19세기 말에 이르렀을 때 전체주택의 93%가 민간 임대업자를 통해 공급되었다. 시장은 오늘날 개발도상국에서처럼 어느 정도 작동했었다. 사람들은 멕시코시티나 부에노스아이레스, 케이프타운과 같은 대도시 근교의 오두막촌에 초보적 형태의 주거시설을 건립하였다. 아마도 개발도상국가에서 정부가 할 수 있는 최상의 정책은 깨끗한 물을 공급하고 청결한 쓰레기 처리를 보장하는 것일 수 있다. 주택문제는 비공식 주택시장의 기능을 극대화시킴으로써 해결할 수 있을 것이다. 19세기 영국에서는 시장이 주택을 공급함으로써 이 문제에 명확히 응답하였다. 하지만 공업도시들 내에서 위생불량 및 인구과밀은 전염병을 발생시킴으로써 도시 전체를 위협하였다. 이에 따라 건축물에 대한 최소기준을 요구하는 공중위생법들이 제정되었다.

지방정부는 사람들이 거주하는 데 적절치 않다고 판단되는 '슬럼지역'을 철거할 수 있었으며, 오늘날에도 여전히 가능하다. 이러한 철거권은 1970년대까지 대규모로 행사되었다. 이는 민간주택시장에 재앙적 영향을 미침으로써 시장은 더 이상 기본적 수단으로서 작동할 수 없게 되었다. 빈민들은 이렇게 높아진 기준을 바탕으로 신규주택을 구매할 수 있는 여력이 없었다. 따라서 기존 주거지역의 인구과밀 문제는 점점 악화되었다. 빅토리아 시대 사람들은 시장이 할 수 없는 역할을 박애주의자들이 관심을 갖고 해 주기를 기대하였다. 이들의 역할이 일정부분 있었지만 결코 충분하지는 않았다.

〈상자 8.1.〉 주택에 있어 시장의 실패

- 인구가 과밀 되고 위생상태가 불량한 주택은 입주자의 범위를 넘어 다른 사람들의 위생에도 위험이 된다.[115)]
- 한 지역이 열악한 주거지역으로 구분되면 개별소유자들은 더 이상 자신의 주거시설을 개선할 가치를 느끼지 못할 것이다. 열악한 주택의 부정적 파급효과와 더불어 해당 지역 전체가 가져다주는 부정적 '신호' 때문에 부동산 가치는 상승하지 않는다. 집합적 행동을 통해 해당지역 전체를 개선하는 것은 재발의 악순환을 촉발시킬 수 있다.
- 공중위생의 문제를 해결하기 위해 주택기준을 높게 설정하면 임대료가 상승할 것이다. 이 결과 빈민들은 주택에 대한 접근성을 완전히 배제당할 수 있다. 주택가격을 적정수준에서 유지시키기 위해 정부개입이 반드시 필요하다.
- 건축업자들을 규제하지 않으면 도시의 무분별한 교외확장으로 인해 도심공동화 및 범죄만연화의 문제가 발생할 것이다. 도심 기반시설의 자산은 낭비되며, 직장 출퇴근 시간은 길어진다. 계획된 도시는 이러한 경제적, 환경적 비용을 절감시킬 수 있지만 주택가격은 다시 상승하게 된다(Rogers and Power, 2000).
- 일단 국가가 특정의 개발 가능한 지역에 개입하여 접근로를 건설하게 되면 소위 '개발가치 혹은 개선가치'가 창출된다. 개발된 지역의 부동산 가격이 상승하기 때문이다. 이러한 이윤을 지역사회로 환원해야 하는지에 대해서는 논란이 많다(Uthwatt Committee, 1942).
- 이를 시장에 맡겨두면 지역사회는 양극화된다. 빈민들은 중산층 혹은 부유층이 거주하고 싶은 지역에서 배제된다. 결국 빈민밀집지역이 생겨남으로써 범죄와 무질서가 만연하게 된다. 이는 공공정책을 통해 예방하고자 하는 '부의 공공재'(public bad)로서 간주될 수 있다. 뿐만 아니라 이 문제를 담당하는 공무원은 자신의 직장과 가까운 지역에서의 거주를 꺼려하게 된다.

115) 제2장 '부정적 외부성'에 관한 내용 참조 바람.

1890년에 제정된 노동계급주택법(Housing of the Working Classes Act)을 통해 지방당국은 건축권을 갖게 되었지만, 건축비용을 보조할 수 있는 재정을 지원받지는 못했다. 그 결과 빈민들은 임대료를 부담할 수 없었다. 일부 지방당국은 의심쩍은 수단을 통해 재정을 마련하는 사례도 있었지만 신규건축은 거의 이루어지지 않았다. 정부가 주택건축에 보조금을 지급하기 시작한 것은 1차 세계대전으로 인해 주택부족 문제가 발생하면서부터였다. 재원은 지방세를 통해 일부가 마련되었으며, 대부분은 중앙의 재무부를 통해 조달되었다. 보조금제도는 주택부족의 문제가 해결되었다고 판단되자 점차 철회되었다가 2차 대전이 끝난 이후 다시 도입되었다. 보조금을 제공하는 창구로서 지방당국이 이용되었다. 부분적으로 재무부는 민간업자나 비영리기관이 이윤추구행위를 할 것이라고 믿었으며, 따라서 공적자금이 낭비될 것이라고 생각하였기 때문이다. 이와 더불어, 비영리 건축조합들은 충분할 만큼 대규모 건축사업을 진행하지 않았기 때문이다. 1945년 노동당 정부는 지방당국만이 전후 거대한 재건축 사업을 떠맡을 규모가 되는 유일한 기관이라고 결론지었다. 전쟁이 끝난 직후 지방당국은 부족한 건축 재료를 우선적으로 배정받았으며, 신규로 건설된 주거시설 전체의 3/4을 담당하였다. 1960년대에 정부는 슬럼지역에 대한 대규모 재개발사업에 관심을 돌렸다. 1970년대 말에는 지방정부와 새로운 도시개발조합이 영국 전체 주거시설의 약 1/3에 해당하는 분량을 소유하고, 임대하였다. 이는 동유럽을 제외한 다른 국가에서 정부가 시행한 주택사업 중 가장 규모가 큰 것이었다. 대부분의 서유럽 국가들은 상당히 다른 경로를 밟았다. 주택가격은 저렴하였지만 비영리 주택업자들을 통해 제공되었다. 정부는 이러한 업자들을 다양한 방법으로 지원하였는데, 정부로부터 보조금을 받아 저금리로 대부활동을 할 수도 있었다.[116)]

2. 보조금제도의 전환: 생산자에서 소비자로

1919년부터 1972년 동안 영국의 지방당국은 매년 자신들이 건축한 각 주택에 대해 임대료를 징수하였다. 이 금액은 막대하였으며 최장 60년까지 징수할 수 있었다. 지방당국은 이를 통해 주택건축 시 차용한 대부금 이자를 지불하였다. 이러한 이자지불금은 연간 비용 중 가장 큰 비중을 차지하였다. 지방정부가 소득이나 자산조사성 임대에 관계없이 세입자에게 부과하는 공동임대료는 지역에 따라 달랐다. 하지만 대부분의 세입자들은 소득에 관계없이 비교적 저렴한 임대료를 지불하였다.[117)]

이 결과 수십 년에 걸쳐 건축된 특정의 건물들에 대한 보조금 체계가 복잡해 졌다. 1972년의 주택재정법(Housing Finance Act)은 이러한 문제를 일소시키면서 현 체계의 근간을 마련하였다. 생산자 중심의 보조금제도가 소비자 중심의 보조금제도로 전환된 것이다(Walker, 1998). 이제 저소득 세입자들은 임대료의 전체 혹은 일부를 가구소득에 따라 차등제로 지급받는다. 이와 더불어 주택급여(Housing Benefit)와 같은 사회부조성 급여는 공영주택의 세입자를 포함하여 모든 세입자들에게 지급된다. 이에 따른 효율성과 형평성에 관해서는 추후에 논하기로 한다. 다른 국가들 역시 이와 비슷한 사회부조성 주택급여제도를 실시하고 있다.

---

116) 뒤 '외국의 사례' 부분 참조 바람.

117) 국가개입 및 보조금제도의 역사를 논하는 문헌들로서 Bowley(1945); Nevitt(1966); Merrett(1979); Donnison and Ungerson(1982); Holmans(1987); Malpass(2004) 참조 바람.

3. 임대료 통제와 규제

양차 세계대전 동안 그리고 이후 활용된 또 하나의 방법으로서 임대료 통제제도가 있다. 이는 민간 임대주가 열악한 부동산에 부과할 수 있는 임대료를 제한하는 것으로서, 단기적으로는 주택이 신축되지 않은 시기에 임대주의 높은 희소지대(scarcity rent) 부과를 예방할 수 있는 장점이 있다. 하지만 이러한 통제장치의 철회가 어렵게 되었다. 이 결과 임대주가 부과할 수 있는 임대료는 부동산 소유주가 획득하는 자본이윤수준 이하로 하락하였한다. 빈민들을 위한 새로운 임대주택의 공급은 중단되며, 임대된 부동산을 자가거주자나 개발업자에게 매도하는 것이 오히려 이윤을 낳게 되었다. 영국에서 민간 임대업이 거의 파괴된 것은 부분적으로 오랜 동안의 임대료 통제에 기인하였다. 1980년과 1988년 그리고 1996년의 주택법(Housing Act)을 통해 임대료통제제도는 효과적으로 폐지되었으며, 이후 영리를 목적으로 하는 민간 임대주택들이 점차 증가해 왔다. 임대와 관련하여 세입자에게 단기간이지만 협의권을 부여하는 등 아직 정부규제가 남아 있는 부분이 있다. 이 기간 동안 세입자들은 정당한 사유가 아니면 퇴거당할 수 없다. 임대계약을 새롭게 체결한다는 것은 시장의 기준에 따라 새로운 임대료가 합의되어야함을 의미한다. 앞으로 살펴보겠지만, 지역의 임대료 조정관은 주택급여를 받는 사람들을 위해 합리적인 수준에서 임대료를 결정한다. 하지만 이는 세입자만큼 납세자도 역시 보호하려는 조치이다.[118] 임대시장이 쇠퇴하게 된 또 하나의 이유는 자가 구매자에 대한 세제지원 때문이었다. 이는 경제적 논의의 결과가 아닌 이익집단 정치의 의도하지 않은 결과를 보여주는 구체적인 사례이다.

---

118) 이러한 발전에 대한 설명으로는 Marsh and Riseborough(1998) 참조 바람.

4. 부유층에 대한 보조금

자가소유가 증가하기 시작한 것은 19세기 건축협회들이 결성되면서부터였다. 이들은 원래 자조집단 형태로 출발하였다. 즉 본인이 주택을 구매하거나 건축할 경우에 대비해 정기적으로 기금을 모으는 친목모임으로서, 사업이 끝나면 협회는 해산되었다. 하지만 사람들은 점차 협회가 '영구직 단체'로서 장기적으로 지속될 필요가 있다고 생각하였나. 협회는 시역의 저축업자들에게서 자금을 대출받아 주민들에게 융자해 줄 수 있었다. 이렇게 출발한 지방건축협회는 다양한 스캔들을 겪게 되면서 강력한 법적 규제를 받게 되었다. 하지만 소규모 자금을 모아 주택구입에 필요한 자금을 조달하는 보편적 수단으로 발전하였다. 금리가 낮았던 양차대전 사이에 자가소유는 남부의 부유한 지역을 중심으로 활성화되었다. 건축협회들은 다른 금융기관에 비해 상대적으로 우호적인 세제혜택을 받았지만, 자가 소유자들이 세제혜택을 실제로 받게 된 것은 1960년대 이후부터였다.

원래는 자가 소유자 수가 많지 않았기 때문에 그들에게는 단순히 기존의 세제를 적용하였다. 그들은 마치 규모가 비슷한 주택에 거주하는 세입자들과 동일한 임대료를 지불하는 것처럼 가정되었다. 이들에 대한 과세는 이러한 명목상의 임대료에 의거 결정되었다. 마치 민간 임대업자인 것처럼 취급을 받은 것이다. 이러한 방식은 경제적으로도 설득력이 있었으며, 다른 많은 국가들에서도 채택하고 있었다. 자가소유자와 민간 임대업자들은 일반 사업자들과 마찬가지로 이자 및 총수입 대비 제반비용을 상쇄시킬 수 있었다. 즉 자가 소유자는 주택을 구매하면서 지불했던 이자에 대해 세제혜택을 받았다. 이는 민간임대업자나 일반 사업가들이 투자비용에 대해 세제혜택을 받는 것과 비슷한 것이었다. 이 방식은 1963년까지 지속되었다. 경제학에 대한 상식이 없었던 자가 소유자들로서는 자신이 전혀 보지도 못한 소득에 대해 세금을 납부해야 되는 논리를 이해할 수 없었다. 이러한 명목소득의 가치는 1936년을 기준으로 설정되었으며, 전후에도 바뀌지 않았다. 따라서 이의 실질가치는 하락하였으며, 이를 통한 재무부 세입의 실질가치 역시 하락하였다. 자가 소유자의 수가 증가함에 따라 이 세제를 폐지해야 한다는 압력이 가중되었다. 1963년 보수당 정부의 재무장관은 이러한 요구에 부응하였다. 주택가치에 대한 재평가가 이루어지지 않았기 때문에 세입은 적었으며, 이를 징수하는 것은 행정적으로 비효율적이었다. 또한 대중의 저항 때문에 이를 인상할 수도 없었다. 노동당도 이의 폐지를 반대하지 않았다.

자본수지를 유지시키는 다른 하나의 방법으로서 주택담보대출금 이자에 대한 조세감면의 권리는 어떻게 되었는가? 이 제도는 폐지되지 않고 유지되었다. 당시 소비목적을 포함하여 모든 형태의 이자는 세제혜택을 받을 수 있었다. 이러한 세제혜택은 1974/75년에 최종적으로 폐지되었지만, 주택구매를 위한 대부금에 대해서는 예외적으로 유지되었다. 이러한 점증적 움직임으로 인해 자가 소유자에 대한 세제지원은 점차 증가하였다.

다른 하나의 주요한 보조금제도가 우연히 등장하였다. 1965년 노동당 정부가 양도소득세를 도입한 것이다. 이는 자본자산의 취득가격과 매도가격 사이의 차액에 대해 세금을 부과하는 것이었다. 자가 소유자의 주택은 이 제도의 대상에서 제외되었다. 여기에는 합당한 이유가 있다. 대체적으로 새로운 주택구매의 필요성을 느끼는 것은 현재의 주택을 처분할 때이다. 하지만 이는 또한 사람들에게 더 고가의 주택을 구매하도록 한다. 즉 본인들이 감당할 수 있는 가격의 주택을 구매하는데, 소득이 증가하면 기존의 집을 처분하고 보다 넓고 비싼 주택을 새로 구매하는 것이다. 이러한 방법을 통해 사람들은 조세부담을 경감하며, 은퇴 시 규모가 작은 집이나 다른 형태의 주거지로 옮김으로써 자본이득을 취할 수 있었다. 따라서 주택구매는 노후 소득보장이자 생명보험이면서 조세회피의 수단이 되었다.

1980년대 말 중산층 및 고소득자에 대한 이러한 세제지원은 규모가 증가하여 주택급여(Housing Benefit)에 지출되는 비용과 양적으로 동일해졌다.

당시의 높은 한계세율을 적용받던 사람들은 이 덕분에 실질적인 혜택을 받았다. 개인은 자신의 주택담보대출금에 대해 지불한 이자액만큼 소득에서 세금공제를 받을 수 있었다. 예를 들어, 한계소득세율이 50%라면 이는 이자율이 절반으로 감소되는 효과가 있음을 의미하였다.

이러한 세제지원의 규모를 축소시키려는 초기 시도들이 1976년에 나타났다. 노동당정부는 세제감면 대상이 되는 주택담보대출금의 상한선을 25,000파운드로 제한하고, 그 이상의 금액에 대해서는 세제지원을 중단하였다. 이 상한액은 이후 보수당 정부에서 30,000파운드로 상향되었지만 주택가격의 실질적 상승에도 불구하고 변화되지 않았다. 이후 Thatcher 수상이 임기를 마치자 재무부는 후속조치로 표준소득세율을 납부하는 사람들에게만 세제감면혜택을 주었다. 그 이상의 세율을 적용받는 사람들은 제외시킨 것이다. 궁극적으로 John Major정부의 재무장관이던 Kenneth Clarke은 이를 더욱 축소시키기 시작했으며, 신노동당정부의 재무장관이던 Gordon Brown은 2000년에 전면 폐지시켰다. 결국 부유층에 대한 모든 세제감면 중 가장 규모가 컸던 부분이 지난 10년 동안 점차적으로 사라졌다(〈그림 8.1〉 참조).

〈그림 8.1〉 영국의 주택보조금, 1975/76~2003/04

(단위: 10억파운드, 2003/04 화폐가치 기준)

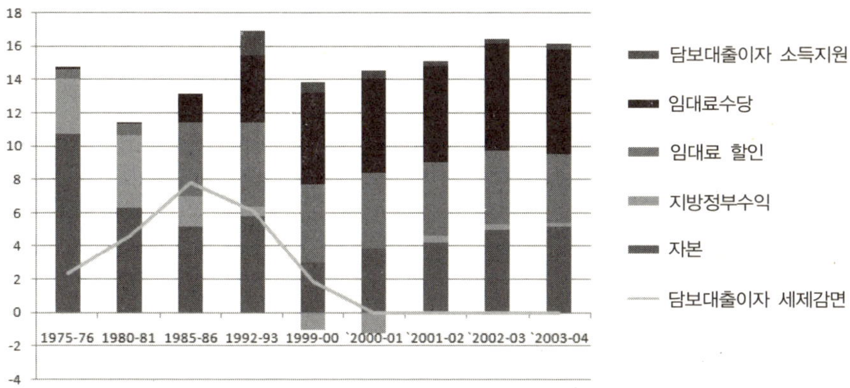

※ 참고

1982년 이전에도 주택급여제도를 통해 많은 지출이 있었지만 이의 상당부분은 소득지원제도부분으로 계산되었다. 이 때문에 처음 두 개의 막대에는 이 부분을 별도로 제시하지 않았으며, 1985년부터 막대의 구간수가 증가한 것도 이 때문이다. X축에 제시된 연도의 구간이 균일하지는 않다. 이는 2000년 이후 상황을 보다 자세히 설명하기 위함이다.

출처: Hills(2007), Table 6.1

이는 전체 이야기가 아직도 기록으로 정리되지 않을 만큼 아주 놀라운 업적이었다. 재무부가 이 제도를 성공적으로 폐지한 것은 이의 친부유층적 특성보다는 이로 인한 경제적 단점이 많다고 판단하였기 때문이다. 재무부가 판단한 단점이란 다음과 같다.

- 이 제도는 제조업이나 다른 경제활동 분야보다 주택에 대한 투자를 조장함으로써 영국에서 산업투자가 활발하지 못한 원인이 되었다. 이는 2명의 매우 영향력 있는 경제학자의 견해로서(Atkinson and King, 1982), 재무부의 기본입장으로 채택되었다.
- 이는 주택가격의 상승 및 1980년대 말의 폭등을 부추기는 것으로 간주되었다. 재무부는 치솟는 주택 가격이 소비자의 수요에 엄청난 영향력을 미친다는 점을 뒤늦게 깨달았다. 사람들은 본인의 재산이 증가하고 이에 따라 소비능력이 향상되었다는 사실을 알게 되었다. 그들은 가치가 높은 부동산을 담보로 대출을 받을 수 있었다. 하지만 주택 가격이 하락하자 사람들은 상환불가능한 부채의 늪에 빠지게 되었다. 주택 가치는 담보대출금 이하로 하락하였다. 결국 사람들이 지출을 축소하면서 장기간 경기침체의 원인이 되었다. 현재에도 주택 구입 자금 대출에 대한 통제를 지나치게 완화한 결과 이와 유사한 위험이 발생하고 있다.

5. 주거비용

주거비용은 특히 주택담보대출금 이자에 대한 세제지원이 폐지된 이후 개별 가구가 부담한다. 담보대출금의 상환, 주택수리 및 설비 등에 소요되는 비용은 때로는 가구소득의 1/3 이상이 될 정도로 많은 부분을 차지한다. 이러한 현상은 특히 같은 시기에 아동의 양육부담도 안고 있는 젊은 시절에 두드러진다. 담보대출금을 모두 상환하면 해당 부분은 소멸됨으로써 주택은 순자산이 된다. 이는 장기요양보호의 비용에 대처하는 일종의 보험으로 이용된다. 즉 연금에 대한 투자처럼 현금화할 수 있는 자산이 된다. 따라서 자가 소유는 단순한 주거차원을 넘어 일종의 사적 복지국가가 되었다. 개인이 이러한 지위를 갖지 못하면 위험이 따를 뿐만 아니라 삶의 기회 및 자기결정의 차원에서 제한을 받게 된다.

국민계정(The National Accounts)에 따르면, 평균가구의 가계지출 중 주거비용이 차지하는 비중은 1/4 이상이다. 자가소유의 비용은 집을 임대할 경우 지불할 임대료를 기준으로 측정되었다. 나머지 부분은 거주자가 주택의 유지 및 설비에 소요하는 전체비용이다. 소득지원제도를 통해 도움을 받는 부문은 크지 않지만, 전체 주거비용의 약 10%가 공적 지출을 통해 마련된다. 그럼에도 불구하고 전체 가구의 약 1/4이 주거비용을 직접 지원받는데, 이들은 주로 주택급여를 지급받는 극빈가정이다.

〈표 8.1〉 영국 가구의 주거지출

(2006년, 10억 파운드)

세입자의 임대료	32.6
귀속임대료 (자가소유자)	82.7
유지보수비	13.9
설비비	45.3
총액	174.5
총액 중 국가지원(주택급여)	(17.0)
전체가계지출	587.8

출처: DWP (2007a); ONS(2007b)

5.1. 국가의 비용

1975년 이후 주택에 대한 정부지원은 본질적으로 많은 변화를 겪어 왔다(〈그림 8.1〉 참조).[119] 불변가격으로 볼 때 주택에 대한 정부의 재정지원

총액은 1985년 이후 증가해 왔지만, GDP 대비 비율은 1976년 4%를 약간 상회한 수준에서(Glennerster and Hills, 1998) 2003/4년 약 1.6%로 크게 하락하였다.

1970년대 중반 지방정부는 보조금을 직접 지급받음으로써 공영주택에 대한 임대료 수준을 낮출 수 있었다. 이는 주택에 대한 전체 공공지출에서 큰 부분을 차지하였다.[120] 현재 이러한 직접보조금은 완전히 사라졌다. 실제로 1999년과 2001년 사이에 지방정부의 임대료 수입은 아직 처분하지 못한 공영주택들을 유지하고 대출금의 이자를 지불하는데 소요되는 비용을 초과하였다. 따라서 공영주택의 세입자들은 지방정부의 주요한 수입원이었다. 〈그림8.1〉에서 보는 바와 같이 이 기간 동안 '지방정부수익' 부분이 적자를 기록한 것은 이 때문이었다. 일부 지방의 경우 임대료 수입은 아주 많았지만, 이후 이를 제한하는 방향으로 규정이 바뀐 결과였다.

세입자에 대한 직접적인 현금지원은 주택정책 재정 중 일부를 차지할 뿐이었다. 따라서 주택급여의 전신이 되는 제도가 훨씬 더 중요한 의미를 갖게 되었다. 이는 두 가지 요소를 담고 있었다. 하나는 주택조합 및 민간 임대업자 소유의 민간주택 세입자를 위한 '임대료 수당'(rent allowances)이며, 다른 하나는 공영주택 세입자를 위한 '임대료 감면'(rent rebate)이었다. 양자는 1988년 이후 규정상 통합되었지만 오늘날에도 여전히 과거의 명칭 하에서 각자의 기능을 균형감 있게 수행하고 있다. 지방정부 및 주택조합에 의한 신규 자본지출 역시 큰 부분을 차지하였다. 이는 1976년 이후부터 1999년까지 지속적으로 하락하였다. 이후 증가세를 보였지만, 〈표

119) 1985년 이전에는 주택급여의 일부가 소득지원제도로 계산되었다는 점을 주목하기 바람.

120) 〈그림 8.1〉의 '지방정부 수익' 부문을 일컬음.

8.2〉의 신규주택 수가 보여주는 바와 같이 1970년대 수준으로 회복하지는 못했다. 1980년에 제정된 주택법(Housing Act)을 통해 공영주택의 세입자들은 시장가격보다 저렴하게 주택을 구매할 수 있게 되었다. 이로 인해 지방정부가 소유하는 자산의 규모는 축소되었으며, 매각을 통한 자본수입을 이용하여 건축할 수 있는 주택의 수는 소수로 제한되었다. 1997년 노동당 정부는 이러한 규제를 해제하였지만 지방정부가 추진하는 건축계획은 여전히 소규모일 뿐이다. 상당수의 지방정부는 보유한 주택의 대부분 혹은 전체를 주택조합(기존 혹은 신규)으로 이관하고 있다. 이들은 여전히 비어있는 혹은 신규의 주거시설에 대한 세입자 지명권을 갖고 있다. 하지만 해당 부동산의 관리 및 재정은 별도의 기관을 통해 이루어진다.

이제 신축되는 공영주택의 주된 공급자는 주택조합이다(〈표 8.2〉 참조).

〈표 8.2〉 신규주택 수: 1977~2006년

	주거시설 전체	지방정부	주택조합	민간기업
1977	324,160	139,537	30,651	143,972
1980	241,999	88,534	21,476	131,989
1990	203,388	17,862	18,053	167,473
1995	199,716	3,440	39,043	157,223
2000	178,453	276	23,448	154,729
2006	212,025	283	26,354	185,388

출처: CLS(2007)

1970년대까지 지방정부는 저소득층을 위한 공영주택의 독점적 임대주로서 역할을 효과적으로 수행하였다. 입주를 원하는 세입자가 거주시설을 선택할 권리는 인정되지 않았다. 보다 많은 주택을 건설하되 임대료는 최소화하는 것이 정치적 측면에서 매력적이었다. 단기적인 관점에서 볼 때 유지관리비를 충당하기 위해 임대료를 인상하는 것은 대중의 지지를 받지 못하였다. 하지만 장기적으로는 그러한 조치를 취하지 않음으로써 주거수준이 열악해졌다. 주택의 관리문제는 우선순위가 낮았다(Power, 1987). 대륙의 모델에 따라 공영주택 공급자의 범위를 확대하자는 논의가 정당 간의 지지를 받았다. 이에 따라 노동당 정부는 1974년 주택공사(The Housing Corporation)를 설립하였다. 이를 통해 주택조합에 재정을 지원함으로써 신축 혹은 새로 단장한 임대주택을 적정 임대료에 공급할 수 있도록 하였다. 이후 보수당 정부도 이러한 접근법을 채택하였다.

이와는 별도로 전혀 새로운 원칙에 근거한 주택조합보조금제도가 도입되었다. 이는 주택조합이 새로운 건축프로그램을 시작할 때 제공하는 일시금 제도로서, 이를 통해 저소득 세입자가 임대료를 지불할 수 있는 수준까지 대부금 상환수수료를 감소시켜 주는 것이다. 지역의 임대료 조정관(rent officer)은 신규 주거시설에 대한 임대료를 합리적인 수준에서 책정하였다. 주택공사는 건물의 유지관리에 소요될 예상금액을 책정할 뿐만 아니라 건물의 신축 혹은 개조에 필요한 비용의 상한선을 결정하였다. 따라서 전체 자본비용은 엄격히 통제되었으며, 마찬가지로 다른 정기적 성격의 지출도 통제되었다. 이렇게 함으로써 이자를 지불하고 다른 정기적 지출을 충당하기 위해 임대료를 얼마나 높게 책정해야 되는지를 판단할 수 있었다. 이것이 결정되고 나면 주택조합들에게 일시금이 지급되었는데, 이를 통해 조합은 부채와 이자부담금을 충분히 감소시킬 수 있었다. 즉, 조합이 매주 부담해야 되는 제반 비용과 임대료 조정관이 설정한 임대료를 통한 수익 간의 차액을 보전할 수 있도록 한 것이다. 이 제도가 주택조합보조금(Housing Association Grant: HAG)이었다.

이 제도에는 치명적인 결함이 있는 것으로 드러났다. 이는 초기에 임대료 조정관이 결정한 공정임대료가 사업기간 내내 변동이 없거나, 인상이 되더라도 기껏해야 유지관리비의 인상분만을 반영할 것이라고 가정하였다. 이는 장기적으로 주택조합의 임대료 수입이 공정임대료보다 낮아지게 됨을 의미하였다. 만약 임대료가 다른 물가나 민간시장에서의 임대료를 반영하여 인상된다면, 주택조합은 해당자산을 통해 잉여금을 취득할 수 있을 것이다. 이 때문에 잉여금을 회수하거나 다른 용도로 전환하려는 시도들이 나타났다. 이와 더불어 1980년대에는 민간자본을 유인하기 위한 다른 실험들이 시도되었다.

1988년 주택법이 개정되면서 이 제도는 다시 한 번 커다란 변화를 겪게 되었다. 1989년 이후 신규 사업부터 적용된 이법은 기존의 절차를 역으로 바꾸었다. 이제 보조금은 총자본비용에 비례하여 결정되었다. 따라서 나머지 부분을 충당하기 위해 민간에서 대부를 받아야 했다. 정부추계에 따르면 전체비용 중 사적 대부금이 차지하는 비중이 점차 높아지고 있다. 임대료는 현지의 임대료 조정관이 아닌 주택조합 자체가 결정한다. 이 과정에서 주택조합은 대부상환금을 포함하여 당면한 비용을 고려한다.

6. 국가의 재정구조

6.1. 지방정부에 대한 지원

지방정부의 공공주택 소유 및 관리에 대한 재정은 다른 지출부분과 별도의 계정으로 구성되어야 한다. 이에 따라 주택사업회계제도(Housing Revenue

Account: HRA)가 새로이 실시되었으며, 중앙정부가 결정한 방식에 따라 운영되었다(ODPM, 2002). 이는 다음의 항목들로 구성된다.

수입

- 임대료
- 난방비 등 서비스요금
- 매도를 통해 취득한 자본에 대한 이자부분 중 미지출금
- 중앙정부 보조금
- 수리비

지출

- 보유주택의 유지관리비
- 소규모 자본지출
- 세입자에 대한 임대료 할인
- 주택의 건축 혹은 개선을 위해 차용한 융자금의 이자 등 제반 비용. 이 비용은 상한선 이하의 융자금에만 적용된다.

주민세를 통해 마련되는 일반 기금으로 임대료를 보조할 수 없다. 중앙정부의 보조금은 정부가 정당하다고 판단하는 이유로 회계에 적자가 발생한 경우에만 지급된다(CLG, 2008b). 중앙정부는 주택의 유지 및 이자 지불 비용의 적정수준을 설정하며, 임대료 지침도 제시한다. 그럼에도 불구하고 회계가 여전히 적자를 보이면 정부는 차액을 보전하기 위해 보조금을 지급한다. 1990년대 초반 정부는 임대료수입의 예상수준을 지속적으로 인상하였다. 이에 따라 주택사업회계의 수입도 증가하였다. 이러한 증가분을 잉

여금으로 처리함으로써 보조금 지급을 중단하였다.

하지만 공영주택 세입자의 상당수는 이렇게 인상된 임대료 전액을 주택급여를 받아 지불한다. 이 결과 주택급여 지출이 급격히 증가하였다. 뿐만 아니라 정부가 제시하는 임대료 지침은 세입자의 상이한 주택유형을 전혀 반영하지 못했다. 동일한 종류의 주택을 놓고 지방정부 소유 주택의 세입자가 지불하는 임대료와 주택조합 소유 주택의 세입자가 지불하는 임대료 사이에 합리적인 관계성이 없었다. 하지만 양자의 임대료는 중앙정부에 의해 지불되었다. 세입자가 가격이나 품질의 측면에서 양자 중 하나를 선택할 수 있는 기회는 주어지지 않았다.

정부는 자문을 받아(DETR, 2000) 지방정부가 소유한 주택과 주택조합이 소유한 주택 양자에 대한 새로운 임대료 계산법을 도입하였다. 이제 각 지방정부에게는 임대수입목표수준(target rent income level)이라는 일종의 '지침' 설정되었다. 지방정부는 이에 의거해서 징수할 할 임대료 수준을 결정한다. 이렇게 결정된 임대료는 주택조합이 징수하는 임대료와 동등한 수준일 것이다. 또한 여기에는 주택의 규모 및 전국평균 대비 상대적 가치가 반영되어야 하며, 주역주민의 지불능력 즉 상대적 지불수준도 고려된다.

이와 더불어 지방정부와 주택조합들은 고용연금부(the Department for Work and Pensions)가 주택급여를 통해 지급할 수 있는 최대금액을 고려해야 한다. 2002/03년도부터 지방정부의 임대료는 물가보다 빠르게 인상되었다. 이 결과 실제 임대료와 지침상의 임대료 사이 간극은 점차 축소되었으며, 지방정부의 임대료와 주택조합의 임대료 수준도 비슷해졌다.

하지만 이러한 규모의 임대료 증가가 정치적 논란을 불러 일으키면서 다시 한 번 임대료 정책을 검토하게 되었다. 정부는 주당 0.5% 플러스(+) 2파운드라는 인상상한선을 도입하였으며, 지방정부의 수입손실을 보전하기 위해 보조금을 증액하였다. 이와 별도로 신규세입자에 대해서는 지방정부가 임대료를 상한선보다 더 높게 인상할 수 있었다. 이렇게 복잡한 제도는 2008년 지방정부와 주택조합 모두가 지침이 정한 임대료를 준수해야 되는 기한을 연장함으로써[121] 폐지되었다. 그럼에도 불구하고, 공영주택의 재원과 관련하여 지방정부에게 보다 많은 재량권을 주어야 한다는 논의는 계속되었다.

이러한 보조금의 경제적 가치는 지역에 따라 여전히 다르다. 일부 지역은 다른 지역에 비해 시장에서의 임대료가 훨씬 높은데 공영주택의 임대료는 그러한 차이를 반영하지 않기 때문이다. 이러한 보조금의 가치는 공영주택의 임대료와 시장에서 집주인이 합리적인 이득을 취하기 위해 세입자에게 부과하는 임대료와의 차이를 통해 측정될 수 있다. 이에 기초하여 볼 때, 공영주택에 대한 보조금의 가치는 잉글랜드 북부보다 런던과 잉글랜드 동부 그리고 남동부 지역에서 2배 이상 높다(Hills, 2007).

6.2. 지방정부의 자본지출

- 자본지출에 필요한 대부분의 자금은 대출을 통해 마련된다. 모든 관련 지자체는 전체 사업을 기준으로 대출상한제를 적용받는다. 소위 '단일자본회계'를 사용하는 것이다. 대출금 상환비용은 주택사업회계(HRA)가 책임진다.
- 1980년 지방정부 및 영리주택조합 소유의 일부 '장기'[122] 세입자들은 현재의 주택에서 2년 이상 거주한 경우 이를 구매할 수 있는 '권리'를 갖게되었

121) 최종 기한은 명목상 2012년이 아닌 2016/17년으로 설정되었다.
122) 원어는 secure이다. a secure tenant란 집주인이 법원의 허락 없이 자의적으로 임대계약을 종료할 수 없는 세입자를 말한다.—역주

다. 이러한 시기제한은 2005년에 5년으로 상향되었다. 세입자가 공영주택에 거주한 기간이 길수록 구매가격은 낮았다. 내무장관은 이러한 감가의 상한선을 설정하는데, 이는 먼저 지역에 따라 그리고 지역규모에 따라 차이가 있다. 감가율이 가장 낮은 곳은 주택공급이 부족한 지역이다. 이러한 주택구매권은 1980년대와 1990년대에 가장 인기가 높았다.

- 2004년 이전까지 이러한 매각을 통해 마련된 지방정부 기금의 대부분은 이전에 공영주택 건축을 위해 차용한 대부금을 상환하는 데 사용되어야만 했다. 2004년 이후부터는 매각대금의 3/4을 중앙정부가 환수하여 지방정부에게 재분배하는데, 주거욕구가 가장 강한 지역이 대부분을 지급받는다.
- 주택조합으로 양도된 주택에 거주하는 세입자는 동일한 주택에 거주하거나 동일한 주택조합의 세입자로 남아 있는 경우 구매보전권(Preserved Right to Buy)을 갖는다. 주택조합은 판매대금의 일부만 보유하고 나머지는 지방정부에 납부한다.
- 구매권 정책을 실시함으로써 지방정부가 소유한 주택의 수는 현저히 하락하였다. 여기에는 또한 주택을 주택조합으로 양도한 정책도 일조하였다.
- 주택조합 소속의 세입자들은 1996년에 자신의 거주지를 할인된 가격에 획득할 수 있는 '취득권'(right to acquire)을 부여받았다. 할인은 세입기간에 관계없이 정액으로 제공되며 지역에 따라 차이가 있다. 이는 대부분의 지역에서 지방정부의 구매권보다 비싸다.

6.3. 주택조합

주택조합과 더불어 2004년 주택법 이후에는 다른 개발업자들도 공영주택 보조금(Social Housing Grant)을 지급받는다. 이는 일회성 자금으로서 이전제도와 마찬가지로 초기건축비용을 보조한다. 이를 통해 주택조합이나 다른 개발업자들이 부과하는 임대료가 주택급여를 받는 저소득층의 지불능력 범위를 넘지 않도록 하기 위한 것이다.

신규주거시설에 지급될 전체 보조금 중 어느 개발업자가 얼마를 받게 되느냐는 입찰을 통해 결정된다. 입찰기준에는 주택에 대한 해당 지역의 시급성, 과거에 건축된 주택의 비용 및 질, 일반적인 주택관리실적 등이 포함된다.

6.4. 제106조 협정

1990년 소도시 및 농촌계획법(Town and Country Planning Act)에 도입된 제106조 협정(Section 106 agreement)이 점차 중요성을 더해가고 있다. 개발계획을 책임지는 당국은 참여하는 개발업자와 협의 하에 조건부 허가권을 줄 수 있다. 즉 업자로 하여금 개발지역 내에 다양한 편의시설을 포함시키고, 일정 비율의 주택은 저렴하게 공급하는 조건을 부과할 수 있다. 일반적인 협정내용은 택지의 일부를 주택조합에게 양도하는 문제에 관한 것이지만, 조합이나 개발업자에 대한 현금지급도 포함된다. 이러한 방식을 통해 개발업자가 취득한 지대수익의 일부가 지역사회로 환원된다. 이 과정은 보다 '혼합적'인 지역사회를 달성하기 위한 주요한 수단 중 하나이다. 하지만 이로 인해 공영주택의 공급은 지역 개발시장의 상황에 의존하게 되었다.

6.5. 주택급여

이 제도는 현재 모든 국민들에게 '적정수준'의 주택을 제공하겠다는 정부의 목표를 실현하기 위한 가장 중요한 수단이다(Hills, 1998). 이는 사회보장법의 일부로서 주로 중앙정부를 통해 재원이 마련되지만 관리는 지방정부가 담당한다.

주택급여는 임대료를 지불하는 사람이라면 누구나 받을 수 있다. 임대료를 납부하는 대상이 지방정부이건, 주택조합이건 혹은 민간 임대업자이건 관계없다. 급여는 인가된 서비스비용까지 커버할 수 있을 정도의 수준에서 지급된다. 학생이나 생활시설 혹은 가까운 친척과 거주하는 이민자에게는 자격이 주어지지 않는다. 급여의 양은 소득조사를 통해 결정된다. 즉 가구의 임대료 지불 후 재정적 욕구를 기준으로 한다. 이를 '신청가능량'(applicable amount)이라고 하는데, 다른 사회보장 급여에도 적용된다. 자본이나 저축에 대해서는 동일한 한계가 적용된다. 가정 내에 임대료의 일부를 기여할 수 있는 부양자가 있는 경우 급여액은 감소한다.

이러한 기준선 이하로 내려올 경우 지방정부 소속 세입자들은 모든 임대료를 지원받는다. 주택조합 소속 세입자들 역시 마찬가지이지만, 금액이 너무 많거나 주택의 규모가 가족의 욕구에 비해 지나치게 클 경우 이의제기를 통해 임대료 조정관에게 의뢰될 수 있다. 민간주택 세입자들의 경우 고려의 대상이 되는 임대료 지원금은 제한되어 있다. 이는 가족의 욕구 및 현지 시장임대료의 수준['참고임대료'(reference rents)]과 비교해서 '합리적'이어야 한다. 이 금액은 지역에 따라 아주 다양하다. 2006년 뉴캐슬 지방에서는 방이 4개인 주택에 대해 주당 약 120파운드를 지급하였지만, 런던의 경우에는 500파운드였다.

가구의 소득이 변화함에 따라 급여자격도 바뀐다. 소득이 '신청가능량' 이상이 되면 급여는 소득증가분의 65%로 감소된다. 세입자는 모든 소득변화를 당국에 신고해야 하는데, 이는 급여자격에 영향을 미칠 수 있기 때문이다.[123]

2008년 이후 민간 세입자를 위한 주택수당제도(Housing Allowance)가 일부 시범사업 지역에서 장기간의 실험을 거쳐 도입되었다. 이전의 제도 하에서 지방정부는 세입자의 임대료 전체 혹은 일부를 임대인에게 직접 지불하였다. 임대료를 지불하는 전 과정에서 세입자가 관여할 수 있는 부분은 없었다. 임대료의 '합리성'은 해당 지역에서 임대인이 부과하는 임대료 수준에 따라 결정되었다. 세입자는 보다 저렴한 주택을 구하기 위해 여러 곳을 찾아다닐 필요가 없었다. 시간과 노력을 투자해야 될 뿐만 아니라 금전적으로도 아무런 이득이 없었기 때문이다.

시범사업 과정에서 세입자들은 지역의 주택시장에 따라 결정된 보조금을 현금으로 지급받았다. 만약 스스로의 노력을 통해 임대료가 보다 저렴한 주택을 찾게 되면 차액은 본인 소관이 되었다.

모든 것을 감안해 볼 때 시범사업을 통한 시도는 명확한 장점이 있었다(DWP, 2007b; Hills, 2007). 세입자가 스스로 저렴한 주택을 찾았을 경우 소유할 수 있는 현금의 양에는 한계가 있지만, 이 프로그램은 현재 전국적으로 적용되고 있다. 이는 행정비용을 증가시켰지만 임대료의 하락압력을 감소시켰다. 이 시범사업을 통해 제안된 권고사항들을 간략하게 요약하면 다음과 같다.

- 보다 저렴한 임대료를 찾아 여러 곳을 돌아다니는 현상이 두드러지지는 않았다. 하지만 세입자와 임대인 사이에 임대료 협상은 증가하였다.
- 임대료 연체가 늘어난다는 증거는 발견되지 않았다.
- 전반적으로 임대인들이 임대료 체불에 대한 두려움 때문에 임대물량을 줄이지 않았다. 일부 임대인들은 임대를 철회하였지만 새로운 임대인들이

123) 이에 대한 구체적인 규정은 CPAG(2008) 참조.

새롭고 보다 경쟁적인 방식을 이용하기 위해 시장에 진입함으로써 균형이 맞추어졌다.

- 노동동기 혹은 다른 노동시장 효과에 대한 영향력은 전혀 발견되지 않았다. 사람들은 직업을 가짐으로써 주택급여의 자격을 상실하게 된다는 효과에 대해서는 정확히 알고 있지 못하였지만, 대부분은 그렇게 될 것이라고 생각은 하였다. 주택급여를 지급하는 방식 때문에 그러한 견해가 바뀌지는 않았다.
- 은행계좌를 열어 자신의 재정상태를 통제할 수 있게 된 것이 좋다고 생각하는 세입자가 증가하였다. 임대인이 세입자의 주택급여 수급여부를 알고자 하는 이유가 감소하였으며, 세입자들은 오히려 환영을 받았다.
- 임대료 점검과 지불에 따른 지방정부의 행정이 간소화되었다.

이 프로그램이 전국적으로 얼마나 원활하게 확대될 것인지는 더 지켜보아야 할 문제이다. 원활히 진행된다면 다른 모든 세입자에게도 현금수당을 확대해야 한다는 주장이 제기될 것이다.

7. 선택과 효율의 증진

본 장과 앞장에서의 논의를 면밀히 살펴본 독자라면 영국은 그동안 다른 서비스 영역보다 주택분야에 있어 완전한 선택중심의 시장노선을 지향해 왔음을 깨닫게 될 것이다. 이러한 정책은 국가개입의 역효과를 축소하는 방향으로 전개되어 왔다. 실제로 영국은 미국을 비롯하여 다른 어느 국가들 보다 더 시장중심적 정책을 취해 왔다. 하지만 이러한 과정은 여전히 진행 중이며, 일부 문제는 여전히 상호 연계되어 있다. 요약하면 다음과 같다.

- 사람들이 일단 최저수준 이상에서 주거생활을 할 수 있게 되면 어느 지역에서, 누구와, 어떤 종류의 주택에서 생활할 것인지를 선택하는 것이 가장 중요해진다. 마찬가지로 주변 환경의 질에 대해 적극적으로 의사표명을 하는 것도 중요해진다. 이는 '선택과 발언'의 욕구를 표출하는 전형적 사례이다.
- 시장의 실패 문제가 나타나지만 주택정책을 좌지우지하지는 않는다.
- 국가의 실패 문제를 치료하는 것, 특히 시장에 대한 국가개입을 억제하는 것이 지난 25년 동안 영국 주택정책의 주요 특징이었다. 이를 구체적으로 살펴보면 다음과 같다.
  - 임대료 통제는 민간임대주택 공급에 재앙적 효과를 미쳤다. 이 결과 1956년부터 단계적으로 시작하여 1996년에 최종적으로 폐지되었다.
  - 자가 소유자에 대한 세제지원은 임대인의 감소를 가져왔을 뿐만 아니라 친부유층적 성격을 띠었다. 이 보조금 제도는 2000년에 폐지되었다.
  - 지방정부 즉, 지역의 대규모 독점임대인은 1980년대에 성장이 멈췄다. 하지만 파괴적 효과는 아직도 남아 있다. 이러한 주택은 이제 취약한 신규 이주자들이 함께 모여 사는 거의 유일한 장소로 변했다. 주택조합 역시 일정 부분 동일한 실수를 반복하고 있다.
  - 주택이 아닌 세입자를 보조함으로써 공공지출은 빈곤층에게 집중되었다. 하지만 이는 특히 임대료가 높은 지역에서 염려스러운 부작용을 낳았다. 세입자들이 실업의 덫에 사로잡힌 결과 급여의 소득기준을 상향 조정하게 되었다. 상당수의 세입자들은 직업을 갖게 되면 생활이 더 악화될 것이라고 느낀다.
  - 최근 실시된 주택급여 관련 개혁들은 민간부문에 보조금을 지급함으로

써 세입자의 선택과 경쟁을 유도할 수 있는 방안들을 도입하기 위한 시도이다.

- 국가가 주체가 되어 임대하는 주택에서 선택은 좀처럼 보장되지 않았다. 이러한 상황이 현재 바뀌고 있지만 속도가 아주 느리다.

7.1. 선택기반의 임대

역사적으로 볼 때, 지방정부의 공식적인 임대정책은 '선택'이 아니라 '배정'[124]이었다. 임차 신청인에게 적절한 '지점'을 배정하는 데 있어 우선적으로 고려한 것은 그들의 주거욕구였다. 다음으로 신청대기자목록 상의 순위가 고려되었다. 대기자 명단에 오래 있으면 순위가 올라갔다. 그런 다음 지방정부는 주거욕구의 시급성을 고려하여 주택을 배정하였다. 대기자 명단에서 1순위가 되면 임대료 조정관은 다양한 기준에 따라 주택을 배정한 다음 한두 차례(때로는 전무했다) 우선권을 제공한다. 우선권을 매번 주게 되면 주택의 희소성이 약화될 수 있다는 두려움 때문이었다. 현재 거주하는 지방정부에서 이주하여 다른 지방정부가 소유한 주택을 선택할 수 있는 기회는 거의 없었다. 이것이 현실이었다. 선택은 거의 불가능했으며, 현금의 제약을 받기는 하였지만 선택의 폭을 광범위하게 보장하였던 자가 소유 부문과는 분명한 대조를 보였다. 여러 가지 측면에서 지방정부소속 세입자들은 2류시민이었다.

드몽포르대학교(De Montfort University) 주택정책비교연구센터(Centre for Comparative Research)의 Tim Brown 박사가 네덜란드 방문을 통해 발견한 것처럼, 다른 국가에서의 사정은 달랐다. Delft 지역의 경우 공영주택의

124) 이는 여러 가지 측면에서 주택정책을 대변하는 개념이다.

세입자들은 민간시장의 세입자와 동일한 선택권을 누리고 있었다. 그들은 보다 많은 정보와 지침을 제공받았으며 우선순위 역시 욕구에 기반하여 부여받았다. Brown 박사와 동료들은 한 지자체와 두 주택조합의 도움을 받아 '선택기반의 임대'(choice-based letting)라고 불리게 된 아이디어를 실험할 수 있었다.

이후 영국의 부수상이 이 아이디어에 관심을 갖게 되면서 2001년부터 영국 내에서 시범사업 실시를 제안하는 주택정책녹서(Housing Green Paper)가 발간되었다(DETR, 2000). 11개 지역이 선정되었으며, 이 중 2곳은 스코틀랜드 지역에 위치해 있다. 이후 잉글랜드 정부는 시범사업의 확대를 제안하였으며 최종적으로 2010년까지 잉글랜드 전역으로 확대한다는 목표를 설정하였다. 스코틀랜드 의회는 훨씬 더 신중함을 보였다. 그 곳에서는 임차신청서공유제(Common Housing Registers)[125]를 신설함으로써 공영주택 전체에 대한 신청절차를 단순화시키는 데 주력해 왔다. 선택기반의 임대라는 아이디어를 채택한 지방정부나 주택조합은 거의 없었다. 스코틀랜드 정부는 이 아이디어를 원칙적으로 지지하지만 주택공급이 부족한 지역에 적용하기에는 한계가 있다고 주장해 왔다(Scottish Government, 2007b). 따라서 이 아이디어가 확대 실시될 가능성은 낮다.

이 아이디어를 적용하는 방법은 다양하다. 하지만 본질은 지방정부 소속의 주택에 대한 수요가 민간임대주택에 대한 수요에 가능한 근접할 수 있어야 한다는 점이다. 빈집은 지역 언론을 통해 공고된다. 신청은 누구나 가능하지만 입주여부를 최종적으로 판단하기 위해서 몇 가지 욕구에 대해 우선순위를 부여한다. 여기서 지불능력은 고려되지 않는다. 상당수의 지자

125) 과거에는 임차인이 지방정부 소속의 임대주택과 주택조합 소속의 임대주택에 대해 별도의 신청서를 각자 제출해야 했다. 하지만 이 제도는 지방정부와 주택조합이 신청서를 공유하게 함으로써 임차인은 하나의 신청서만 작성하면 되었다.

체들은 밴딩시스템을 활용하여 욕구가 가장 높은 밴드에 위치한 신청자에게 우선권을 준다. 만약 두 사람이 동일한 주택에 신청하였다면, 다른 조건이 같은 한 오래 대기한 사람이 선정된다. 통상적으로 지방정부는 선정되지 못한 신청자에게 피드백과 더불어 어떤 대안이 있는지를 조언해 준다. 다른 지역 출신자가 경합을 벌일 수 있다. 이 경우 우선순위 중 몇 가지는 제외하자는 합의가 지방정부 혹은 주택조합들 사이에 이루어져야 한다. 이 사업의 결과는 다음과 같이 평가할 수 있다(CLG, 2006).

- 대부분의 사람들은 선택기반의 임대 방식을 선호한다. 자신이 더 많은 통제력을 행사한다고 느끼기 때문이다.
- 재임대에 소요되는 시간이 단축되었다.
- 사람들이 보다 빨리 주택에 입주할 수 있는 기회가 확대됨에 따라 선호도가 낮았던 주택들에 대한 수요가 증가하였다.
- 이로 인해 민족 간 격리문제가 발생하거나 무주택자의 접근성이 약화되지는 않았다.
- 이의 운영비는 단기적으로 볼 때, 특히 설립초기에는 증가하였다. 하지만 장기적으로는 감소하였다.

7.2. 공영주택과 노동

주택의 재원을 마련하는 이상적인 방법은 사람들이 자신의 근로소득을 통해 비용을 부담하고, 선택권을 행사하는 것이다. 이와 더불어 소득수준이 상이한 사람들이 서로 이웃하고 사는 '혼합'지역을 창출하는 것이 최상이다. 현실적으로 합당한 이유 때문에 자신의 주택을 자력으로 마련할 수 없는 사람들이 많다. 하지만 공영주택 자체는 특히 주택급여와 결부되면서 많은 사람들의 노동시장 참여를 저해하는 것 같다. 주택급여는 앞에서 살펴본 바와 같이 소득이 증가함에 따라 급여감소율이 높게 적용된다. 직업을 갖게 됨으로써 다른 급여에 대한 자격을 상실할 뿐만 아니라 교통비도 추가로 들기 때문에 상당수의 공영주택 세입자들은 유급노동에 따른 재정적 유인을 느끼지 못한다. 실업이 일상화되어 있고 구직에 대한 정보를 공유할 수 있는 직장 내 유대관계가 약한 지역에서 아동들이 성장하면서 주택정책은 소위 '노동소멸'의 문제를 발생시켰다.

일부 지방정부와 주택조합들은 이러한 악순환 때문에 임대인으로서 자신의 문제가 더 어려워졌다고 생각하였다. 그들은 고용노동부와 더욱 긴밀하게 활동하기 시작했다. 다시 한 번 지역에서 실시되고 있는 실험들이 '일하는 지역사회'(Working Neighbourhood Pilot)라는 시범사업의 일부로서 평가되어 왔다. 이를 통해 일자리를 찾는 사람들에게 보다 집중적이고 현지에 부합한 지원을 제공하는데, 여기에는 구직에 관한 조언이나 아동양육, 의료 및 교육관련 원조, 혹은 기타 개인적 문제에 대한 원조 등이 포함된다. 초기에 나타난 증거들을 통해서 볼 때 이러한 접근이 특정의 결과를 낳고 있는 것 같다. 공영주택에 거주함으로써 장기실업과 사회적 배제의 문제에 빠진다고 생각하면 구직관련 기관과 공영주택 관련 기관간의 이질감은 좁혀질 수 없다(Hills, 2007, section 17).

7.3. 독립관리기구

이는 지방정부가 주택을 관리하고 개선하기 위해 설립한 일종의 '회사들'이다. 이 체제로 전환하기 위해서는 책임부서인 지역사회 및 지방정부국(the Department of Communities and Local Government)의 승인을 받아야 하며, 지역 내 세입자의 자문과 지지를 얻어야 한다. 운영위원회에는 세입자 대표자와 지방정부의 지명자 그리고 이해관계가 없는 무소속의 사람이 반드시 포함되어야 한다.

주요재원은 주택사업회계의 보조금제도를 통한 대출금이며, 이외 환경개선사업을 위한 추가자금 등으로 마련된다. 또한 지방정부는 이러한 지위를 얻기 위해 주택을 양호하게 관리해왔다는 내용을 증명해야 한다. 실제로 이러한 기구는 순수한 사적기관도 아니며 완전한 공적기관도 아니다. 오히려 양자의 장점을 일부 취합한 중간적 성격을 갖는다.

7.4. 공영주택과 지분공유

세입자가 사회적 임대의 덫에서 벗어날 수 있도록 돕기 위해서 다른 방법들이 활용될 수 있다. 이들은 세입자가 현재 점유하고 있는 주택의 지분을 취득하여 임대료를 지불할 수 있도록 능력을 부여하는 데 목적이 있다. 이 사업의 추진동기는 다음과 같이 다양하다(Hill et al, 2002; Paxton and White, 2006; Hills, 2007).

- 부와 자산소유의 일반적 확대를 위해.
- 세입자에서 자가 소유자로의 전환을 돕기 위해.
- 세입자들에게 보다 많은 수단을 제공함으로써 공영주택의 범위 내에서도 보다 자유롭게 이동할 수 있도록 하기 위해.

위에서 제시한 동기 중 어느 것에 중점을 두느냐에 따라 다른 종류의 프로그램이 실행된다. 이 아이디어의 실현가능성을 높이기 위해서는 보다 명료하고 보편적인 접근을 취해야 할 것이다.

7.5. 혼합주거지역: 가능한 목표인가?

시장주도 주택공급에 결정적인 영향을 미치는 것은 소비자의 선호와 소득차이다. 이러한 혼합주거지역이 형성되려면 고소득자들이 함께 거주하기를 원하거나 혹은 종교적, 인종적으로 다른 집단이 이러한 생각을 해야 한다. 많은 사람들은 이것이 사회를 위험스러울 정도로 양분화 시킬 것이라고 염려한다. 어떤 사람들은 불가능할 뿐만 아니라 바람직하지 않다고 생각한다. 동일한 종교를 가진 사람들이나 동일한 민족이 함께 모여 사는 데는 마땅한 이유가 있다. 가난한 사람들이나 이주자들 역시 마찬가지이다. 그들이 이용하는 가게나 지역경제, 문화 및 종교시설은 단일문화에서 최상으로, 그리고 가장 경제적으로 작동한다. 이것이 바로 시장이 가져올 수 있는 결과이다. 이유는 설득력이 있지만 이는 장기적으로 사회에 부정적 영향을 미칠 것이다. 아직까지 우리는 이렇게 중요한 문제를 놓고 머리를 맞대고 고민하거나 특정의 결론에 도달하지 못했다.

8. 외국의 사례

오래전 David Donnison(1967)은 우리에게 다음과 같은 사실을 상기시켜 주었다.

> 정부가 처음으로 주택분야에 개입을 하게 된 것이 반드시 공중위생을 보호하고 전쟁에서 돌아 온 영웅들에게 주택을 공급한다는 동기에 의한 것만은 아니다. 이 외에도 다양한 동기들이 있다. 이탈리아는 농업을 개혁하고 가난에 찌

> 든 지역을 원조하기 위한 시도의 일환이었으며, 스웨덴에서는 경기침체를 타개하고 건축업 부분의 실업문제를 해결하기 위해서였다. 서독의 경우는 전쟁으로 피폐된 경제를 재건하고 공산주의에 대한 방어선을 형성하기 위해서였다. 일부 동유럽 국가들은 성장하는 산업에 필요한 노동자를 공급하기 위해서였다.(pp.82-3)

모든 선진국들은 극빈층의 주택문제를 돕기 위해 여러 가지 방법을 활용한다. 유럽의 경우 이러한 기능을 수행하기 위해 발전한 것은 사적기관이었다. 이들은 대부분 비영리 혹은 준영리 기관으로서 정부로부터 일정의 지원을 받는다.

독일은 영국의 실패를 피하기 위해 의도적으로 노력하였지만 영국에 뿌리를 둔 조합형 주택모델을 채택하였다. 주택조합은 배당금을 자체적으로 배분하는데 있어 법적 제한을 받는 회사들이었다. 이들의 규모는 1차 대전과 2차 대전 사이에 성장하였다. 이후에는 대규모 주택사업이 직접보조금이 아닌 조세정책을 통해 수행되었다(Power, 1993). 민간임대업자들은 신규건축물에 투자한 자본비용에 대해 8년 동안 세제혜택을 받았으며, 이를 통해 해당 건물의 유지비용을 상쇄할 수 있었다. 이렇게 함으로써 신규건축이 장려되었으며 고도의 관리체계를 구축할 수 있었다. 이와 더불어 공영주택 임대인들은 저리융자의 형태를 통해 정부로부터 보조금을 지급받았으며, 이에 대한 응답으로 주택욕구가 있다고 지명된 세입자를 받아들여야 했다.

정부는 또한 1950년대 중반이후 일련의 저금리 및 담보제도를 통해 자가 소유를 권장하였다. 이를 통해 저소득층 가정도 자가 소유주가 되었다. 자가 소유자들은 주택을 건축할 때 세제지원을 통해 아파트 건물의 한 층을 임대목적으로 증축할 수 있었다. 이를 통해 소유주는 비용을 절감하게 되었으며, 신혼부부나 학생 혹은 독신자들을 위한 임대시장의 규모가 확대되었다.

지방정부는 주정부의 재정지원을 받아 공영주택의 임대인에게 보조금을 지급하고 세입자를 지명하며 시장을 규제한다. 영국에서 많은 개혁가들이 관심을 가졌던 것이 바로 이러한 독일식 모델이었다.

임대료에 대한 통제가 점차 약화되면서 1960년대에는 자산조사성 주택수당제도를 도입하였다. 독일주택시장은 역동성과 선택을 보장함과 동시에 전반적인 기준이 높아졌지만 일부 지역이 사회적 취약계층의 피난처가 되어가는 문제를 해결하지 못했다.

프랑스에서의 주택정책 발전패턴 역시 이와 비슷한 특징을 보였다.[126] 프랑스 정부는 한 번도 주택의 공급자로서 역할을 수행하지 않았다. 일부 자유로운 고용주들이 '모델' 주택개발 사업에 참여함으로써 초기 주택공급의 주도권을 갖게 되었다. 이러한 경향이 결정적으로 변화된 것은 1912년이었다. 새롭게 제정된 법률을 통해 지방정부와 관련부서는 독자적인 주택조합을 설립할 수 있게 되었으며, 이들은 정부보조를 통해 저렴한 비용의 주택을 공급할 수 있게 되었다. 이를 계기로 하나의 패턴이 형성되었다. 뒤늦은 출발과 개발도상국의 이미지를 연상시키는 빈민촌들이 일부 도시 근교에 형성된 이후 프랑스 정부는 1960년대 영국의 실수를 능가하는 대규모 건축 사업을 단행하였다. 하지만 대행자는 엄청난 규모의 건축 장려금을 제공받는 주택조합들이었다.

이러한 저가임대주택(habitation à loyer modèrè: HLMs)은 프랑스 공공주택사업의 주요 동력이 되었다. 이들의 재원은 다양한 방법을 통해 거둬들이는 수익과 대출금으로 충당된다. 정부는 오래된 건물의 개조비용을

126) Power(1993)은 이를 요약설명하고 있다.

충당할 수 있도록 보조금을 지급하는데, 여기에는 직접보조금, 보조금적 성격의 대부금, 그리고 정부가 주택수당제도를 통해 지원하는 임대료 수입 등이 포함된다. 중앙정부를 대표하는 도지사(Prefect)는 고용주 및 지자체와 마찬가지로 세입자를 지명할 수 있는 권한을 갖는다. 프랑스 정부는 저가임대주택이 소수민족집단을 포함하여 지방의 모든 거주자들에게 공급될 수 있도록 전국단위의 법률을 제정하였다. 민간 임대업자들은 주택수당을 통해 보조를 받는데, 1948년 이후 민간부문이 존속해 올 수 있었던 것은 일정 부분 이에 기인한다. 정부는 저소득층의 자가 소유를 장려하기 위해 자가 소유자들에게도 주택수당을 지급하였으며, 비용이 저렴한 주택을 건축할 경우 건축비용을 보조하였다. 이와 더불어 저금리로 대출을 받은 사람들에게도 보조금을 지급하였다.

스칸디나비아 국가들도 이와 비슷한 모습을 보인다. 공영주택은 지방정부나 노동조합 혹은 다른 기관이 후원하는 공영주택회사에 과도하게 의존하고 있다. 이곳 역시 세입자의 임대료 지불능력을 보조하기 위해 주택수당제도를 운영하고 있다.

미국은 공영 혹은 사회적 주택부문을 의미 있는 수준에서 구축한 적이 한 번도 없다. 대신 자가 소유자들에게는 막대한 양의 세제를 지원하고 있다. 주택담보대출금의 이자와 재산세는 연방소득세제도를 통해 감면해 주는데, 1998년 여기에 약 600억 달러가 소요되었다. 이러한 혜택은 주로 고소득집단에게 유리하게 돌아가는데, 조세감면액의 44%가 연간 4만 달러 이상의 소득을 가진 상위 10%에게 돌아갔다(Katz, 1999). Clinton 행정부 시기에는 영국의 주택급여와 유사한 주택바우처제도가 소규모로 도입, 확대되었다.

1990년대에는 신용이 풍부해 지면서 주택담보대출 및 금융서비스에 관한 규제를 완화시켰다. 하지만 이 때문에 저소득층은 결국 자신의 능력으로 상환할 수 없는 담보대출(서브 프라임 론, sub-prime loan)을 매각하기에 이르렀다. 이러한 사태가 성장하는 자가 소유 현상을 억제할 것이라는 증거는 찾아 볼 수 없다.

개관

- 주택은 본서에서 논한 모든 서비스 중 순수시장에 가장 가까운 특성을 갖는다. 그럼에도 불구하고 국가는 시장을 무규제의 상태에서 작동하도록 방치할 수 없다. 특히 정부는 최저소득계층에 대한 주택시장을 규제해야 하는데, 무엇보다도 공중보건 및 공공질서의 유지라는 이유 때문이다.
- 이는 국가개입을 필요로 하며 정부가 설정한 최소한의 주거수준을 유지할 수 있도록 재정을 지원해야 한다. 하지만 영국뿐만 아니라 다른 국가들에서도 이러한 개입과정은 종종 사태를 악화시키는 현상을 낳았다. 임대료를 통제함으로써 민간임대주택의 공급이 고갈되었으며, 단일계층이 밀집한 주거지역이 탄생하였다. 또한 자가 소유를 장려하기 위해 지급한 보조금은 특히 고소득집단에게 유리하게 작용하였다.
- 이러한 실수 중 일부는 점차 개선되고 있다. 하지만 주택급여와 공공주택제도는 여전히 정부실패의 불안한 측면을 보여주고 있다.
- 선택기반의 임대, 주택수당제도, '일하는 지역사회' 프로그램 등 일부 개혁조치들이 단행되고 있다. 하지만 이들만으로는 충분할 것 같지 않다.

논의

1. 1914년 이후 주택시장에 대한 국가의 개입 중 가장 중요한 정책들은 무엇이며, 그러한 개입은 어떤 결과를 가져왔는가?
2. 정부가 주택의 생산자를 지원하는 정책에서 소비자를 지원하는 정책으로 전환한 이유는 무엇이며, 어떠한 효과를 거두었는가?
3. 영국의 주택재정체계는 다른 유럽국가 및 미국과 어떻게 다른가?
4. 주택급여제도는 향후 어떻게 변화되어야 하는가?

추천문헌

1. Hills(1998)는 1974~97년까지 주택부문에 대한 정부의 재정공급을 설명하고 있으며, Hills(2007)는 공공주택의 재정 및 역할에 대한 최근의 논의를 포괄적으로 검토하고 있다.
2. Wilcox(2007)은 여러분이 필요로 하는 주택에 관한 모든 경제학적 통계를 담고 있으며, 매년 갱신된다.
3. CPAG(2008)은 복잡한 주택급여제도 및 적격성의 기준을 설명한다. 이 또한 매년 갱신된다.

제9장

희소자원의 배급: 상승하는 기대의 관리

요약

- 모든 사회는 몇 가지 방법을 통해 희소자원을 배급한다. 주된 역할을 수행하는 것은 시장이지만 자원의 희소성이 극도의 상태에 이르면 정치적 방법도 채택한다. 의료서비스처럼 가치가 높은 자원도 정치적 방법을 이용한다.
- 사회복지자원의 정치적, 행정적 배급은 재정에 대한 중앙단위의 결정에서부터 전문가의 시간할당 등 우리가 인지하지 못한 채 현장에서 이루어지는 것들까지 범주가 다양하다.
- 영국에서는 재무부가 공공지출관리 과정을 통해 재정을 배급하는 고도의 중앙 집중화 형태를 띠고 있다. 본장에서는 재무부의 이러한 권한을 평가함과 동시에 법적 기반을 분석한다.
- 납세자의 세금을 영국의 각 지방정부에게 할당하는 배급과정에서 점차 논란이 가열되고 있다.
- 본장의 결론에서는 최근 시행되고 있는 '정부지출종합검토'(Comprehensive Spending Review) 제도의 실시결과를 논한다.

1950년 이후 공공서비스는 현저한 질적 개선에도 불구하고 이용자의 불만은 높아가는 문제를 안고 있다(Glennerster and Hills, 1998). 이는 소비자의 기대수준이 서비스의 질보다 빠른 속도로 증가하고 있기 때문인 것 같다. 이는 또한 어쩌면 황색언론 때문일 수도 있으며, 전문가들이 재무부로부터 보다 많은 재원을 얻기 위해 끊임없이 '위기'를 이야기하는데 기인할 수도 있다. 이러한 의미에서 볼 때 NHS는 실시 이후 한번도 '위기'로부터 자유로운 적이 없었다. 하지만 이렇게 계속되는 딜레마를 보다 구조적으로 설명하는 입장이 있다. 물론 신우파의 설명도 있지만, 이를 가장 면밀하게 분석한 학자는 독일의 마르크스주의 사회학자인 Claus Offe(1984)이다. 순수시장경제에서 개인의 기대를 관리하는 것은 가격기제이다. 사람들은 벤츠를 운전하거나 바하마에서의 휴가를 희망하지만, 그러한 호사스러움을 감당할 능력은 노동시장에서 자신의 가치에 달려있다는 사실을 알고 있다. 따라서 그들은 정부를 비난하지 않는다. 의료나 교육처럼 요금을 부과하지 않는 분야의 경우 기대수준은 시장을 통해 하향 조정되지 않는다. 공급과 수요는 정치적 과정을 통해 관리된다. 본 장은 희소자원이 비시장 체계에서 관리되고 할당되는 실제 방법을 기술한다. 우리는 위에서 언급한 불만족의 딜레마 때문에 모든 희소자원이 배급되어야 한다고 생각해서는 안 된다. 시장은 사회가 집합적 배급을 위해 사용하는 방법과 동일한 배급수단이다. '시장'과 마찬가지로 희소성은 사회적 산물이다. 만약 대부분의 자원을 도로개선에 사용하고 차량이용을 무제한 허용하기로 결정하였다면, 특정 아동이 사망하는 결과는 단순한 사고로 치부될 것이다. 실제로 이는 도로 및 철도예산 그리고 자동차세 수준에 우선순위를 두는 '비극적' 선택의 결과이다(Calabresi and Bobbitt, 1978).

1. 배급

프랑스 인류학자 Lèvi-Strauss(1969)는 원시사회에서 자원희소성의 특성을 논하면서 이러한 문제를 명확히 직시하였다. 희소자원의 할당을 놓고 사회적으로 수용된 방식이 없는 경우 갈등이 발생할 것이다. 자원의 희소성이 높을수록 갈등의 잠재력은 크다. 따라서 단순한 사회라도 성적 관계에 대한 접근성뿐만 아니라 식량 및 주거를 위한 토지 등 희소자원을 배급하는 자체적인 방법을 강구한다. 이들은 아동을 출산하고 지위를 취득하며 노후부양을 획득하는 수단이다. 그는 계속해서 이러한 희소자원이 금기나 낙인, 전통 및 지위 등을 통해 배급되는 방식을 설명한다. 사회가 보다 복잡해지면 복잡해진 규칙에 대처하기 위한 수단으로서 시장이 발전한다. 하지만 시장에 맡기기에는 문제가 너무 심각한 자원들이 존재한다. 전시와 같이 위험과 극도의 희소성이 발생하는 시기에 우리는 식량과 의복을 배급에 의존한다. 저자가 기억하기에, 우리는 서적이나 그곳에서 뜯어낸 몇 장의 종이를 배급받아 고기나 달걀 혹은 작은 사탕봉지를 구할 수 있었다.

경제학자들은 배급을 다소 상이하고 종종은 경멸적인 방식으로 생각한다. 미국에서 '행정적 배급'이라는 용어는 의료서비스에 대한 소비자의 접근의 자유를 제한하는 용납할 수 없는 상황을 의미하는 것으로 이해된다. 이에 따라 미국에서는 의료서비스가 시장을 통해 배급됨으로써 1/4 이상의 인구가 보험에서 배제당하고 있다는 사실을 무시하고 있다. 하지만 배급이라는 경제적 용어는 그 자체로서 가치를 갖는다. 이를 통해 몇 가지 핵심적인 딜레마에 관심을 집중시킬 수 있기 때문이다.

〈그림 9.1〉은 경제학 학부과정에서 학생들이 배우는 공급과 수요곡선을 약간 변형한 것이다. 순수시장에서는 가격이 높을수록 의료서비스 공급자들은 더 많은 서비스를 제공할 것이다. 하지만 가격이 높을수록 소비자의 수요는 감소된다. 어느 특정시점에서 두 곡선은 만나게 된다. '무례한' 관료들이 누가 무엇을 획득하는지를 결정할 필요가 전혀 없다.

하지만 의료서비스를 공급하기 위해 국가가 개입하고 시민들에게 세금을 징수한다면 어떤 일이 발생할까? 이제 공급곡선은 정치적인 결정에 따르게 된다. 사람들이 얼마의 세금을 납부해야 하는가에 대한 정치인의 믿음에 의존하는 것이다.

〈그림 9.1〉 배급의 경제학적 개념

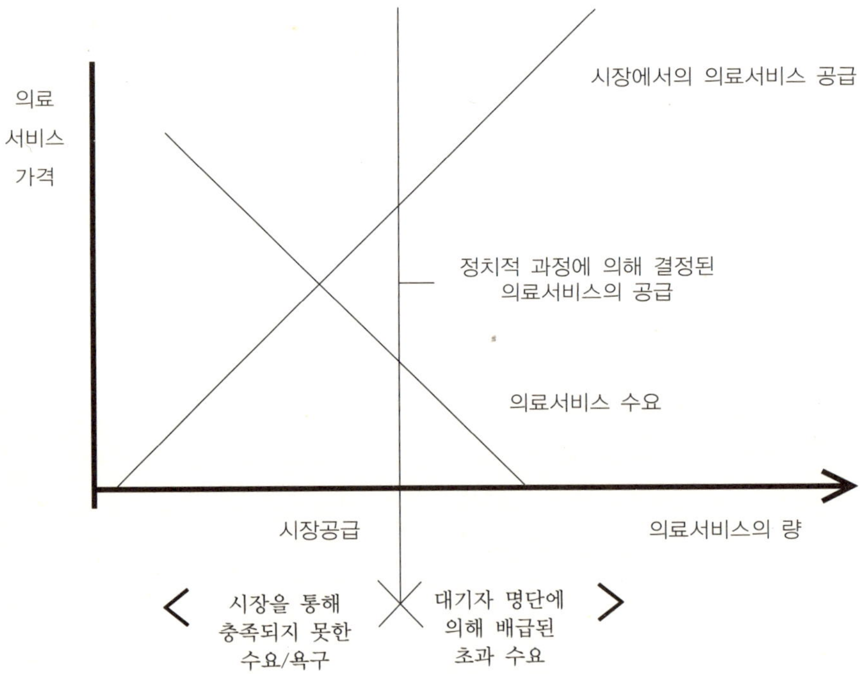

의료서비스가 무료로 제공된다고 할지라도 대중의 수요가 감소할 이유는 전혀 없다. 간단히 말해 수요곡선은 변하지 않는다. 따라서 사람들이 필요로 하는 것과 납세자들이 부담하려는 재정사이에 간극이 발생한다. 납세자들에게 의지할 경우 공급량은 자유시장에서 보다 많아지겠지만, 총량은 무료서비스에 대한 수요를 따라잡지 못하기 때문이다. 경제학자들은 이를 대기(queuing) 혹은 배급의 간극(rationing gap)이라고 부른다. 이러한 간극은 대기자 목록을 통해 표출된다. 즉 사람들은 기다림을 통해 '비용을 지불'한다.

이러한 분석에는 몇 가지 진실이 담겨져 있지만 수정이 필요하다. 모든 의료서비스에 대한 수요가 극도로 가변적인 것은 아니다. 이러한 서비스가 무료일지라도 사람들은 흥미를 위해 자신의 다리를 절단하거나 치과를 찾지는 않는다.

사회과학자들이 도식화해 온 것처럼 의사들의 '분주한 생활'에 대한 존경심과 더불어 질병이 있다고 진단받는 데 대한 두려움이 존재한다. 하지만 이렇게 과거에 배급의 간극을 축소시키는 데 기여하였던 억제수단들의 기능이 약화되고 있다. 환자와 의사간 혹은 학부모와 교사간의 사회적 거리감은 축소되고 있다. 서비스 수요에 대한 문화적 억제력은 사라지고 있다. 환자들은 스스로를 소비자로 간주하기 때문에 기다려야 한다고 생각하지 않는다.

Calabresi 와 Bobbitt(1978)은 배급을 4개의 종류로 구분하고 있다. 먼저 시장이 있으며, 다음으로 공공의 논의를 반영한 정치적 할당이 있다. 이와 더불어 순수한 제비뽑기식의 유형이 있으며, 마지막으로는 말로 설명하기 힘든 관습과 전문가 및 관료의 실천이 있다. 4가지는 서로 상호작용한다. 1950년 이후 논리적 설명이 가능한 정치적 배급이 증가하여 왔다(Klein et al, 1996). 논쟁의 여지가 있지만 아직도 일선에서 이루어지는 배급은 대부분 우리가 인식하지 못하는 방식으로 진행되고 있다(Parker, 1967; Judge, 1978; Lipsky, 1980; Aaron and Swartz, 1984, 2005). 배급은 전적으로 정치적인 것, 공개적인 것, 명시적인 것에서부터 숨겨진 것, 따라서 특성상 거의 인지하지 못하는 것에 이르기까지 다양하다(〈그림 9.2 참조〉).

〈그림 9.2〉 배급의 유형

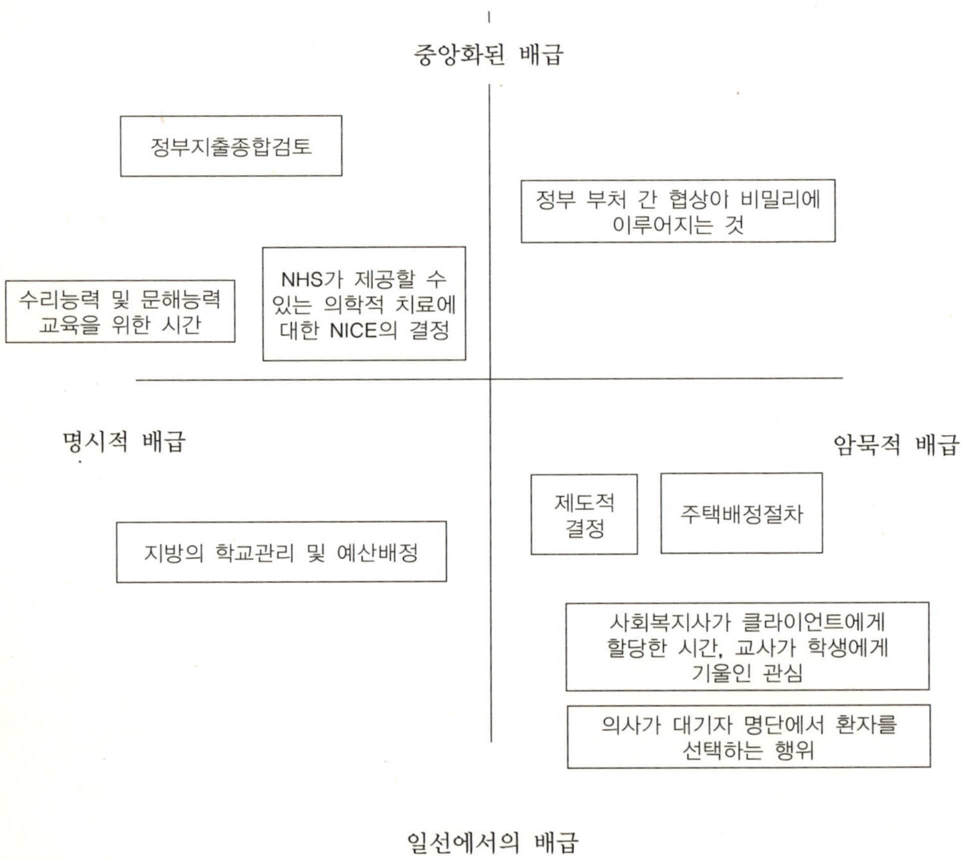

명시적이고 공개적인 결정의 한 예로서 향후 3년 동안 NHS에 지출될 예산을 정부지출종합검토를 거쳐 공개적으로 공표하는 것이 있다. 다른 하나의 예로서 NHS는 연구결과에 대한 합리적 논의를 근거로 특정의 환자에게만 비아그라를 처방하는 경우를 들 수 있다. 암묵적 혹은 숨겨진 결정의 예로서 의사가 신장병을 앓고 있는 노령의 환자보다는 젊은 어머니에게 우선순위를 부여하는 것이 있다.

이와 더불어, 국가단위에서 부터 특정의 병원, 의사 혹은 교사에 이르기까지 결정이 내려지는 수준에 따라 구분할 수 있다. 전문직이 아닌 접수자가 중요한 결정을 내릴 수 있다(Hall, 1974). 상당수의 서비스는 〈그림 9.2〉의 오른쪽 하단 영역에서 배급된다. 하지만 그러한 결정은 중앙단위에서 결정되는 예산배정 혹은 대상집단, 수행지표 등을 통해 강력히 통제된다.

1976년 이후 공공지출의 문제가 한층 쟁점화 되면서 이의 통제과정 전체가 보다 투명하게 공개되었다. 교사나 사회복지사의 행동의 자유를 제한하는 규정들이 늘어났다. 공립학교 교육과정 및 위기학생의 처리를 위한 지침서가 마련된 것을 대표적인 예로 들 수 있다. 의료보장분야는 아직까지 이러한 영향을 많이 받지 않았다. 하지만 NICE 및 다른 진료감독기구의 설치 등은 자원배급의 결정이 〈그림 9.2〉의 왼쪽 상단영역에서 내려지는 사례이다.

그림의 오른쪽 하단영역에서 내려지는 결정으로서 교사가 교실의 어떤 학생에게 얼마나 많은 시간을 할애할 것인가의 문제를 들 수 있다.[127] 교실활동에 대한 연구를 통해서 볼 때 가장 관심을 많이 받는 학생은 주위

127) 진도가 느린 학생과 열성적인 중산층 부모를 둔 진도가 빠른 학생 중 어느 쪽에 많은 시간을 할애할 것인지? 남학생과 여학생 중 어느 쪽에 보다 많은 시간을 할애할 것인지? 수학이나 독해 혹은 드라마 중 어느 과목에 많은 시간을 할애할 것인지? 등의 문제가 관련된다.

가 산만한 남학생이다. 공립학교 교육과정에 문해와 수리시간이 포함됨에 따라 이러한 결정은 보다 중앙화된 형태를 취하게 되었다. 이러한 시간을 어떻게 보내야 하는가에 대한 증거들이 보강될수록 그러한 중앙 집중적 지침제공은 활성화될 것이다. 하지만 교사들은 이로 인해 다른 교육목표들이 좌초될 위기에 처하게 되었다고 염려한다. 문화나 음악활동에 할애되는 시간이 단축된 것이다. 옳고 그름의 여부를 떠나 수업시간의 할당은 보다 공개적이고 논쟁적인 배급의 기제가 되었다.

배급에 관련된 모든 결정이 보다 중앙 집중화된 것은 아니다. 예를 들어 학교에 예산권이 위임되고 예산결정 과정에 학부모, 교사, 지역사회 대표자가 참여하고 있다. 〈그림 9.2〉의 좌측으로 이동하는 것이 그렇게 바람직한 생각이라고 모든 사람들이 동의하지는 않는다. 이러한 문제가 집중적으로 논의된 영역이 의료보장분야이다(Hunter, 1993, 1995; Klein et al, 1996; Klein, 1997; New and Le Grand, 1996; Lenaghan, 1997; Maclean, 2007).

서비스배급이 명시적이어야 한다는 논의와 달리, 재정을 배급하는 데 있어서는 보다 많은 타당성이 확보되어야 한다는 주장에는 별다른 이견이 없다. 공적지출의 과정은 Heclo와 Wildavsky(1974)가 공적자금의 사적통치(The private government of public money)라고 표현하던 시기보다 약간은 더 공개적으로 변모하였다. 아직도 미스터리로 남아 있는 부분이 많지만 최근에는 Deakin 과 Perry(2000)의 연구를 통해 보다 많은 것들이 밝혀지고 있다. 이렇게 중앙 집중도가 가장 높은 배급과정을 이해하기 위해서는 영국 재무부의 역할을 반드시 검토해야 한다. 물론 스코틀랜드와 웨일즈 그리고 북아일랜드가 분권화된 이후 이의 '절대권력'이 어느 정도는 완화되었음을 인정할 필요는 있다.

2. 공공지출의 제한

모든 국가에는 재무부가 존재하지만 영국만큼 강력한 권한을 갖는 곳은 거의 없다. 앞에서 살펴본 바와 같이 영국에서 세입에 관한 거의 모든 권리를 중앙정부가 갖는다. 세입의 양이 많지 않은 지방정부조차도 중앙정부가 판단하기에 과도한 세금을 징수하면 중앙정부의 제제를 받는다. 스코틀랜드 의회만이 유일하게 국가소득세를 기준으로 파운드당 3펜스를 추가하거나 삭감할 수 있는 권한을 갖는다.

재무장관은 수상과 더불어 조세수준을 실제로 결정하는 유일한 조정자이다. 법률적으로 볼 때 이 권한은 의회, 보다 정확히는 1911년 이후 하원에 있다. 정부부처는 하원의 승인이 있어야만 예산을 지출할 수 있으며, 세금 역시 하원의 승인이 있어야만 징수될 수 있다. 하원공공회계위원회와 이의 관료들[128]은 의회가 승인한 목적을 위해서만 자금이 지출되도록 감독할 의무가 있다. 이와 더불어 이러한 자금은 정당한 '경제성, 효율성, 효과성'이 담보된 상태에서 지출되어야 한다(1982 Local Government Finance Act, Section 26). 지방정부에 대한 세출감독은 잉글랜드와 웨일즈 지방의 경우 감사원(Audit Commission)이, 스코틀랜드의 경우에는 회계원(Account Commission)이 담당한다. 스코틀랜드 지방의 경우 감사원장은 다른 대부분의 공공기관에 대한 회계감사도 감독하는데, 양 기관의 업무는 스코틀랜드 감사원이 관장한다(www.audit.scotland.gov.uk). 북아일랜드 지방의 경우 이와 동일한 기능을 수행하는 기관은 북아일랜드 감사원이다(www.niauditoffice.gov.uk).

재무부의 개입은 정부사업계획서가 형식적 승인기관으로서 의회에

128) 현재는 감사원 소속이다.

도달하기 훨씬 이전부터 시작된다. 이는 과거뿐만 아니라 현재에도 수행하는 역할이다. 이러한 재무부의 '절대권력'은 19세기 중반 Gladstone이 재무장관으로 재직하던 시기부터 시작되었다. 정부의 역할이 증가함에 따라 재무부의 통제역할 역시 강화되었다. 마르크스주의적 관점에서 보면 이는 정부 내에서 자본가의 이익을 대표하는 것으로 간주될 수 있다. 이는 최소한의 정부를 지향하며, 사회적 프로그램과 사회진보를 번번이 좌절시키고자 하는 전통적 경제관에 의해 움직인다. 이는 현대 자본주의가 갖는 근본적 모순 즉, 증가하는 사회적 지출에 대한 욕구와 자본 및 시장이 활동할 수 있는 여지를 보장해야 한다는 욕구사이의 갈등을 해결하고자 한다. 재무부의 역할은 이렇게 양립할 수 없는 두 세력이 충돌하는 중심부에 자리 잡고 있다 (O'Connor, 1973; Gough, 1979).

다원주의적 시각에서 보면 재무부는 현대경제에서 자신의 이해를 관철시켜야 하는 이익집단들을 대표한다. 재무부의 역할은 이들 사이에서 발생하는 긴장을 관리하는 것이다. 전통적으로 이러한 견해는 영국과 달리 의회가 훨씬 더 중요한 역할을 수행하는 미국의 사례를 논하는 Heclo와 Wildavsky(1974) 및 Wildavsky(1974)의 저서에서 찾을 수 있다.

이후부터 우리는 소위 신다원주의적 접근(neo-pluralist approach)이라는 관점에서 논의를 전개한다(Dunleavy and O'Leary, 1987). 지출부서들과 그들이 대표하는 이익집단간의 투쟁은 보다 넓은 범주인 경제상황에 강력한 영향을 받는다. 경제위기시 재무부는 지배적인 권한을 누리게 되며, 이 기관이 설정한 게임의 규칙 역시 바뀐다. 결국 집단 간의 긴장이 현대정치의 핵심을 차지하게 됨에 따라 사회정책 형성에 있어 재무부의 역할 역시 강화되었다.

3. 재무부의 통제

재무부의 권한은 몇 차례에 걸친 입헌회의와 이에 따라 축적된 여러 규정에 근거한다.

- 미국과 달리 개별 국회의원이 공적자금 지출을 발의하거나 부결할 수 없다. 어떠한 지출제안서도 재무장관의 사인이 없이 상정될 수 없다. 스코틀랜드의 의회에서도 역시 유사한 규정이 적용된다(Heald and McLeod, 2003).
- 추가지출과 관련된 어떠한 제안서도 이의 경제적, 비용적 결과에 대한 재무부의 의견서가 첨부되지 않는 한 내각이나 내각의 소위원회에서 논의될 수 없다. 이제 주요 지출에 대한 내각의 결정은 정부지출종합검토제도를 통해 3년에 1회만 이루어질 뿐이다.
- 재무부에 고지하거나 의견을 묻지 않는 상태에서 어떠한 지출제안서도 정부부처 내에서 개진될 수 없다.
- 어느 부서도 재무부의 정규적인 승인 없이 자금을 지출할 수 없다. 과거 이는 의회의 투표를 통해 결정되었다. 이제 정부부처는 재무부와 합의한 공공서비스협정(public service agreements)에 의거 성과목표를 달성해야 한다.

재무부는 각 지출부서를 지속적으로 감독할 수 있도록 전담반을 설치하였다. 이러한 가공할 만한 권한에도 불구하고 재무부가 항상 공공지출을 억제하려는 싸움에서 승리한 것은 아니다. 정치적 긴박성 때문에 재무부의 견해가 일시적으로 제한받을 수도 있다. 이는 1950년대 사회지출의 규모를 축소시키고자 했던 재무부의 시도를 설명하는 Lowe(1989)의 연구를 통해 확인할 수 있다. 당시 재무부는 더 이상 공적지출을 통제할 수 없게 되자 재무장관과 그의 팀이 사임함으로써 반격에 나섰다. 이 사태를 조사하기 위해 Plowden 경을 위원장으로 하는 내부위원회가 설치되었으며, 이의 보고서(HM Treasury, 1961)는 이후 적용될 공적지출통제에 관한 기본규칙을 제시하였다.

- 작은 정부와 최소한의 지출을 지향한다는 전후합의는 사라지고 정부가 사회문제해결을 위해 자금을 지출해야한다는 생각이 대두되었다. 이제 자연스러운 억제로는 불충분하게 되었다.
- 장관이 재무부의 경고를 무시하고 일회성 지출 안을 동료의 지지를 얻어 개별적으로 내각에서 논의할 수 있었다. 그러한 '부풀리기식'(bubbling up) 방법이 지속적으로 늘어남에 따라 장기적으로는 조세를 통해 유지가 불가능한 수요가 발생하였다. 그러한 과거의 결정이 누적됨으로써 조세나 향후 경제에 위기가 닥칠 것이라는 사실을 정치인들이 깨닫게 되면, 공공지출계획은 심각하게 삭감될 것이다. 이렇게 시작과 중단이 반복되는 조치는 해당 서비스뿐만 아니라 경제에도 바람직하지 않다. 우리가 필요로 하는 것은 공공지출의 성장패턴이 장기적인 관점에서 지속가능하게 자리 잡는 것이다.
- 정책을 시행하더라도 이의 장기적인 함의를 검토하지는 않는다. 예를 들어 교사양성기관의 수를 증가시키겠다는 계획이 수립되면 이듬해에 대학에 진학하는 학생 수가 증가하겠지만 보다 장기적으로는 교사에게 지불하는 임금이 증가할 것이다.

Plowden은 다음과 같은 해결책을 제시하였다.

- 정부지출 전체를 아우르는 포괄적인 공공지출계획이 정규적으로 수립되어야 한다. 아무리 반짝이는 아이디어일지라도 '일회성' 계획이 별도로 고려되어서는 안 된다. 각 지출항목은 다른 모든 신규 프로그램 및 오랫동안 요청되어 온 사업들과 대조하여 검토되어야 할 것이다. 계획서의 기한은 1년이 아닌 향후 5년은 되어야 한다.[129] 지출부서들은 이러한 기한을 준수해야 하며 예산배정은 중기적으로 이루어짐을 명심해야 한다.
- 장기지출계획은 장기적인 경제성장 능력을 고려해서 수립되어야 한다. 부처장관들이 향후 세금인상을 예상하지 않는다면 지출계획은 기존의 경제능력 범위 내에서 세입을 증대시키는 방향으로 수립되어야 한다. 이렇게 함으로써 '확정된 공공지출의 안정성이 한층 강화될 것이다'.
- 장기적 결정을 내리는 사람들은 자신이 취한 선택이 가져오는 경제적 결과에 대해 보다 구체적인 정보를 제공받아야 한다.[130]

재무부가 이러한 목표를 달성하기란 쉽지 않았으며 일부 경우에 있어서는 명백한 실패를 경험하였다. 가장 대표적인 사례로서 1976년 경제위기로 치닫고 있던 시기를 들 수 있다. 그럼에도 불구하고 다음의 몇 가지 특징들은 여전히 유지되고 있다.

- 모든 지출계획을 동시에 고려하겠다는 결단.
- 이를 위한 시기를 확대한 것.
- 이러한 지출계획을 경제성장과 결부시키려는 노력.

---

129) 이 기간이 너무 길다고 판단되어 3년으로 단축되었다.
130) Plowden 개혁이 사회정책부서에 미친 영향을 고찰한 글로서 Lowe(997a; 1997b)를 참조 바람.

이러한 원칙들을 실천하기 위한 구체적인 내용은 과거와 달랐다.

4. 포괄적 계획

재무부는 내부에 지출부를 신설함으로써 매년 진행되는 예산협상을 감독하도록 하였다. 모든 지출부서는 향후 3년 동안 기존의 정책을 실행하기 위해 무엇이 필요한지를 연초에 결정하였다. 신규 사업은 비용을 고려하여 검토될 수 있지만 경제위기 시 삭감될 가능성도 존재하였다. 매년 6~7월에 재무부는 전체지출에 대한 협의사항을 정리하여 발표하며, 예상성장률에 비추어 경제가 '감당할 수' 있는지 여부를 판단한다. 이렇게 함으로써 전체 공공지출 증가율을 조정할 수 있는 대안이나 권고안을 제시할 수 있다. 이 시점에서, 이것이 자신의 부서에게 정확히 어떤 것을 의미하는지 파악하지 못하는 내각의 장관들은 우선 지출총액만을 결정해야 한다. 이것이 합의되고 나면 다음으로 지출부서와 재무부간의 개별적인 협상을 통해 이미 설정된 목표에 부합하는 지출계획이 최종 조정되었다. 하지만 이러한 과정은 결코 순조롭지 않았다. 장관들은 수상에게 이의신청을 제기할 수 있었다. 따라서 불만을 토로하는 장관들의 청원을 경청하기 위해 비지출부서의 장관으로 구성된 공식 위원회가 설치되었다. 위원장은 수석각료 중 신망 받는 인물이 맡았는데, 대처정부 시기에는 Willie Whitelaw이었다. 1990년대 Kenneth Clarke이 재무장관이던 시기에는 EDX라고 불리는 소위원회가 내각에 설치되어 이 역할을 수행하였으며, 재무장관 본인이 위원장을 맡았다.

이러한 일련의 과정은 11월에 향후 3년간의 공공지출계획을 발표함으로써 완료된다. 이듬해 3월에는 예산이 발표되며, 이러한 지출계획의 재원을 마련하기 위해 필요한 세율을 결정한다.

1990년대 중반에는 이러한 두 개의 과정이 한동안 통합적으로 진행되었다. 이는 장관들이 조세와 새로운 지출계획 간의 밀접한 관계를 보다 명확히 이해할 수 있도록 하기 위함이었다. 이는 통합예산(unified budget)이라고 불렸으며, 국민계정상의 수입과 지출 양자가 단일체로 제시되었다. 이는 외관상 일목요연해 보였지만 재무부 관리들의 업무는 과도해 졌다. 매년 수행하는 두 개의 주요한 활동을 동시에 진행시켜야 했기 때문이다. 정부부처가 매년 새로운 계획을 구상하기 위해서는 연례적인 예산협의과정을 거쳐야 했는데, 여기에는 극도로 많은 시간이 소요되었다. 이렇게 하지 않을 경우 보다 적극성을 보이는 부처의 입장이 배타적으로 반영될 수 있었다. 더불어 신규예산 배정 시 추가자금을 확보하지 못한 부서는 무능한 부처로 오인 받을 수도 있었다.

1997년 Gordon Brown은 재무장관으로 취임하자 향후 2년간의 지출수준을 이전의 보수당 정부가 설정한 수준에서 동결시켰다. 연례적인 예산협의는 폐지되었다. 대신 각 부처의 모든 사업을 심층적으로 검토함으로써 지출우선순위에 있어 근본적인 변화를 가져오는 계기가 되었다. 이러한 최초의 정부지출종합검토의 결과가 1998년 7월에 발표되었으며(HM Treasury, 1998), 대상기간은 1999~2002년까지이었다. 두 번째 검토결과는 2000년에 발표되었으며(HM Treasury, 2000), 2001~2004년 기간을 대상으로 하였다. 다음은 원래 2003~2006년의 기간을 대상으로 하였지만 2007년까지 연장되었으며, 가장 최근의 것은 2010~2011년의 기간을 대상으로 하고 있다(HM Treasury, 2007a).

이와 더불어 계획주기에 있어서 기술적 요소들이 바뀌면서 중요한 결과가 나타났다. 1960년대와 1970년대 초의 지출계획은 거래량가격(volume price)을 단위로 수립되었다. 의약품의 가격이나 의사 및 간호사의 임금이 1년에 5% 인상되면 NHS의 지출목표 역시 동일한 비율로 인상되었다. 이러한 방식을 통해 NHS 관리자들은 책정 받은 예산의 실질가치를 보장받았지만 약품가격이나 급여인하에 대한 동기는 전혀 부여받지 못했다. 1976년 이후에는 차기연도 지출에 있어 현금상한선이 설정되었으며, 이는 약품가격이나 급여의 변화에 관계없이 고정되었다. 이 원칙은 1982년 이후 3년 단위 지출계획에도 적용되었으며, 1990년도에는 실천방법이 보다 정교화되었다. 각 부서는 예산에 포함된 급여 및 약품가격을 상당히 낮은 수준에서 책정해야 할 것이라고 지시받았다. 따라서 만약 직원들의 임금인상 때문에 서비스가 악화되거나 약품가격이 예상보다 높게 오르면 관리자들은 자신이 제공할 수 있는 서비스의 규모를 축소해야 할 것이다. 이는 현금지출중심의 예산계획(cash planning)이라고 불리었다. 이의 핵심적인 방법은 여전히 적용되고 있다. 따라서 재무장관이 활용할 수 있는 추가자금으로 얼마나 많은 서비스를 추가할 수 있을 것인가의 여부는 공공서비스의 비용과 가격에 어떤 변화가 발생할 것인지의 문제에 달려 있다.

대부분의 지출은 부처지출제한(departmental expenditure limits: DELs) 제도를 통해 3년 단위로 통제될 수 있다. 이러한 제한은 두 개의 범주로 구성되는데, 하나는 별도로 통제되는 자본지출부분이며 다른 하나는 자원예산부분이다. 후자는 민간보험계정에서와 같이 발생주의원칙(accruals basis)에 근거하여 산정된다. 양자는 3년 동안에 발생할 부채와 예상수입을 고려하며, 이와 더불어 서비스와 토지, 건물에 의한 자본비용뿐만 아니라 건물의 감가상각비도 계산에 포함시킨다.

제8장에서 살펴본 바와 같이, 연금 및 소득지원제도에 대한 지출수준은 급여율과 특정연도의 대상자 수에 달려 있다. 이는 '수요중심'으로서 매년관리지출(annually managed expenditure: AME)이라는 별도의 범주에

해당된다. 양자, 즉 부처지출제한과 매년관리지출은 지출통합관리(Total managed expenditure: TME)라는 큰 틀을 형성한다.

5. 자발적 절제?

Brown은 1997년 국가재정과 관련하여 다음 두 개의 규정을 자발적으로 설정하였다.

- 황금율: 정부가 경기순환에 따라 자금을 차입하더라도 이는 자본지출비용에 국한되어야만 한다. 즉 정부가 의료나 연금 혹은 소득지원제도와 같은 경상비를 커버하기 위해 자금을 차입해서는 안 된다는 의미이다. 여기에서 핵심어는 '경기순환에 따라' 이다. 이는 재무부 자체가 규정한 개념으로서 재무장관에게 일종의 '빠져나갈 탈출구'를 제공한다. 이 원칙은 1990년대 말에 발생한 많은 잉여세입을 경기가 어려운 시기에 전용해서 사용할 수 있도록 편리하고 반복적인 방식으로 확대 적용되어 왔다. 그러나 2007/08년에는 '경기조정에 따른 적자'가 발생하였다. 결국 이 원칙은 2007년까지 준수되었지만 2008년 경제위기 당시 Northern Rock 은행의 국유화와 일부 은행들에 대한 정부지원 그리고 세입의 감소로 인해 변질되었다.
- 공공부채는 GDP의 40%를 초과해서는 안 된다. 이를 지속가능한 투자원칙(the Sustainable Investment Rule)이라고 한다. 현재의 상황으로 볼 때 정부 차입금은 2013/14년경에 GDP의 60%에 이를 것으로 전망된다. 따라서 40%는 낙관적 기대일 것이다.

3년이라는 시간은 경제적 흐름상 아주 짧은 기간이지만 정치적으로는 긴 시간이다. 따라서 재무부는 현재의 정책이 어떻게 실천되고 있는지를 향후 50년 동안 정기적으로 재검토한다. 인구변화에 따른 노동인구의 경향은 미래의 의료 및 연금지출, 그리고 이의 재원조달에 어떠한 영향을 미칠 것인가? 이러한 질문에 대한 분석결과가 2008년 예산안과 더불어 발표되었는데(HM Treasury, 2008a), 이의 결론에 대해서는 다음 장에서 비판적으로 고찰한다.

조세지출[131] 부분은 동 예산안의 부록을 통해 제시되었는데(HM Treasury, 2008d, Appendix A.3.1), 이는 공적 지출로 계산되지 않을 뿐만 아니라 부처회계에도 포함되지 않는다. 근로세액공제 및 아동세액공제는 가구의 조세부담을 완화시켜주는 결과를 가져오는 것이지 현금으로 지급되는 것이 아니기 때문이다. 조세와 급여체계를 통합시킴으로써 여러 가지 장점이 있겠지만 이로 인해 공적지출의 통계를 파악하는데 상당한 혼란이 있었다.

6. 재무부의 역할강화

Deakin과 Parry(2000)는 사회정책에 대한 재무부의 전통적 태도를 다음과 같이 요약하고 있다.

> …… 우리는 사회정책에 대한 재무부의 기본적 태도를 추적해 볼 수 있다. 정치적으로 예민하며 경제적 분석에 민감하다. 하지만 그 수준은 초보적이다. 독

131) 제1장 참조.

> 단적인 것을 두려워하지 않으며 약간은 패배주의적 성향도 보인다. 사람들이 불운에 처하더라도 도움을 받지 못할 정도로 욕구중심의 엄격한 선별주의를 추구하며, 지출부서를 경계한다(p.24).

과거에 재무부는 주로 소극적 세력으로 간주되었지만 1990년대에 이르러 변화되었다. '정부지출근본검토'(Fundamental Expenditure Review)가 몇 차례 실시되면서 이의 역할이 보다 적극적으로 변모한 것이다. 이 중 가장 중요한 것은 재무부 자체가 시행한 것이었다. Plowden 보고서와 마찬가지로 이는 산업체 출신의 외부인사가 의장을 맡았지만[132] 보고서는 재부무의 내부인사에 의해 작성되었다(Deakin and Parry, 2000, ch.4 참조). 이 보고서는 각 부처의 지출결정을 재무부가 구체적으로 감독하는 것에 대해 비판적이었다. 이는 또한 과거 Gladston 방식의 접근법에서 유래하는 공적지출 이해당사자의 부정적 관점에 대해서도 비판적이었다. 1980년대 거시경제적 사고는 혁명적 전환을 맞이하였다. 정부의 역할이 거시경제적 수요를 조정하는데 있는 것이 아니라 경제의 공급적 측면을 개선하는데 있다는 사실을 인정하게 된 것이다. 즉 경제제도의 작동은 효율적이어야 한다는 것이다. 이는 교육훈련 등 여러 분야에서 지출을 증가시켜야 하며, 노동유인을 강화하기 위해 급여체계를 재편해야 함을 의미할 수 있다. 재무부는 새로운 지출계획을 좌절시키는 것이 아니라 비록 정부부처의 지출이 증가하더라도 국가적 효율성을 개선할 수 있는 정책에 관심을 보여야 한다. 이렇게 재부무가 적극적으로 개입하게 될 영역의 상당부분이 사회정책과 밀접히 관련될 것이다.

이를 위해 재무부는 내부에 지출관련 이사회를 신설하였으며, 이의 역

---

132) Colin Southgate경이었다.

할은 지출부처를 감독하고 지출계획을 검토하는 것을 넘어 보다 확대되고 적극적인 기능을 수행하는 것이었다. 이렇게 적극적 역할을 수행하는 팀을 일상적인 지출검토를 실시하는 팀과 분리시킨다는 개념은 오래가지 못했다. 하지만 이러한 적극적 접근의 핵심내용은 명확히 유지되었다. 무엇보다도 사회보장급여정책에 관한 업무가 핵심 사안으로 등장하였다. 재무부는 이 부분을 거시 경제적 성과를 현저히 개선하기 위해 반드시 장악해야 되는 별도의 영역으로 바라보았다. 다행스럽게도 이러한 시점에서 새로이 취임한 재무장관이 동일한 확신을 갖고 있었다. 그는 '노동을 통한 복지'(making work pay)와 재분배에 대한 자신의 신념을 상호 결부시켰다. 그 결과 Brown이 재무장관으로 재직하던 1997~2007년 동안 재무부는 현금급여에 관한 한 사회정책의 핵심부서로서 기능을 수행하게 되었으며, 이 현상은 앞으로도 지속될 것이다. 급여와 조세정책은 의도적으로 상호 연계되었다.

7. 지리적 배급

우리는 앞서 중앙정부의 자금이 어떻게 지역의 기관들(교육, 사회정책, 의료보장기관들)에게 배정되는지를 살펴보았다. 중앙정부의 자금이 잉글랜드와 스코틀랜드, 웨일즈와 북아일랜드 사이에서 어떻게 배정되는가? 대부분의 재정배정 분야에서와 마찬가지로 최근 들어 대중의 관심을 끌기 시작한 것이 바로 밀실협상이다. 지금까지 각 지방정부가 얼마의 자금을 배정받느냐의 문제는 매년 혹은 2년 단위로 이루어지는 협상을 통해 결정되었다. 마치 정부부처가 재무부와 협상을 하는 것과 같았다. 하지만 이러한 협상을 '종결'하기란 거의 불가능하다. 교육에 대한 지출협상이 중앙정부 차원에서는 타결되었다고 하더라도 스코틀랜드 및 웨일즈 지방정부와 협상해야 되는 부수적인 논의가 여전히 남게 될 것이며, 이로 인해 서비스 부처간에 이미 타결된 모든 협상이 재개될 수도 있다. 다행히 하나의 공식에 의거하여 지방정부간의 합의를 도출할 수 있게 됨으로써 전체 과정이 단순화되었다. 또한 이를 통해 재무부 입장에서는 거래비용이 감소하였을 뿐만 아니라, 스코틀랜드와 잉글랜드 그리고 웨일즈 사람들이 매년 격론을 치름으로써 정치인들에게 부과되던 높은 정치적 비용도 감소하였다.

이러한 공식은 1891년 스코틀랜드를 대상으로 처음 적용되었으며, 명칭은 당시 Salisbury 정부의 재무장관인 George Goshen의 이름을 따라 명명되었다.[133] 이는 스코틀랜드 지방에 교육비예산을 배정하는 방법으로 시작되었지만 이후 모든 공공지출로 확대 적용되었다. 공식은 아주 간단하였다. 스코틀랜드는 서비스별로 영국전체지출의 11/80을 배정받았다. 이는 1891년 당시 스코틀랜드 인구비율을 반영한 것이었다. 스코틀랜드 인구가 감소함에 따라 인구 당 배정받은 예산의 양은 증가하였다. 이 공식은 1938년 북아일랜드에도 적용되었으며, 1950년에는 지역의 욕구를 반영하여 수정되었다. 웨일즈지역은 이를 1964년부터 적용하기 시작하였으며, 다른 지방과 마찬가지로 인구기준이라는 다소 정교하지 못한 공식이 사용되었다. 1970년대 말 재무부는 각 지방의 '상대적 욕구'를 결정하기 위한 재검토작업에 착수하였다. 당연히 내부적으로뿐만 아니라 각 지방들간에 격렬한 다툼이 발생하였다(Heald, 1980).

이러한 격론은 1978년 잉글랜드와 스코틀랜드 그리고 웨일즈 간의 인구균형을 85:10:5로 반영한 새로운 공식이 결정됨으로써 최종적으로 마무리

---

133) 이의 역사에 관해서는 Thain and Wright(1995)를 참조하기 바람. 본 설명 역시 이에 근거한다.

되었다. 이는 당시 재무부 수석장관(chief secretary)의 이름을 따라 'Barnett 공식'이라고 불렸다. 이 공식에 의하면 잉글랜드 지방의 경우 각 서비스 예산액은 부처 간의 논의를 통해 결정되며, 스코틀랜드와 다른 지방의 경우에는 각 서비스 영역별로 잉글랜드와 동일한 증가율을 전제로 예산이 결정된다. 이렇게 함으로써 각 지방정부별 예산총액이 결정된다. 하지만 예산이 할당되고 나면 각 지방정부의 내무장관은 이를 어떻게 사용할 것인지 자체적으로 결정할 수 있었다. 북아일랜드의 경우에는 별도의 공식이 적용되었으며, 영국 전체에 일괄적으로 적용되는 급여체계로서 사회보장은 이러한 과정을 적용받지 않았다. 이 공식은 인구변화를 반영하기 위해 1978년에 수정되어 현재에 이르고 있다. 한편 1997년에 하원재무위원회(the House of Commons Treasury Select Committee)는 이 공식의 기반을 흔들 수 있는 경험적 자료들을 제시하기도 하였다(House of commons Treasury Committee, 1997; Deakin and Parry, 2000, pp.162~78).

스코틀랜드와 웨일즈, 북아일랜드 의회로 지방분권화가 진행되는 과정에서도 본질적으로 동일한 방식이 적용되었다. 내부에서의 예산배분은 중앙의회가 임명한 내무장관이 아닌 지방의회가 결정한다. 뿐만 아니라, 스코틀랜드 의회는 아직까지 사용하지는 않았지만 소득세에 3펜스를 추가로 징수할 수 있는 권한을 갖고 있다.

각 지방정부에 배정되는 총예산에는 농림분야 등 예산도 포함되기 때문에 일종의 '소관예산'(assigned budget)이 된다. Barnett 공식은 계속 유지하기로 합의되었다. 대신 이는 최근의 인구추계를 반영하여 정기적으로 갱신되어 왔으며, 예산배정과정에서 발생하는 논쟁을 해결하기 위한 장치가 고안되었다.

〈표 9.1〉 통계상[134] 지자체별 지출

(2006/07년도)

	통계상 영국전체지출 대비(%)				지수 (통계상 영국전체지출=100)			
	잉글랜드	스코틀랜드	웨일즈	북아일랜드	잉글랜드	스코틀랜드	웨일즈	북아일랜드
교육훈련	82	9	5	3	98	110	103	118
보건	82	10	5	3	98	114	104	106
교통	79	13	5	3	96	154	97	71
주거 및 지역사회환경	74	9	3	13	88	162	87	287
환경보호	76	16	5	3	90	191	106	106
공공질서 및 안전	83	7	5	5	99	89	105	163
고용정책	74	18	3	5	87	229	67	167
농림수산	72	12	7	8	85	159	138	302
여가, 문화, 종교	74	13	8	5	90	147	154	170
사회보호	82	9	5	4	98	109	111	123
총계	81	10	5	4	97	117	111	127

※ 참고

총계에는 위에서 제시하지 않은 항목들도 포함되어 있음.

출처: HM Treasury(2007b)

하지만 지방분권화는 예산배정의 매커니즘을 공적 영역으로 전환시켰으며 그 결과를 공개하기에 이르렀다. 위의 〈표 9.1〉은 가장 최근의 자료로서 2006~07년 동안 각 지방정부의 지출을 항목별로 보여주고 있다. 잉글랜드와 스코틀랜드, 웨일즈, 그리고 북아일랜드가 81:10:5:4의 비율로

134) 원어로는 identifiable로서, 통계로 확인이 가능한 자료를 의미한다.—역주

예산을 배정받는 것은 1997/98년 및 2000/01년의 시기와 아주 유사하다. 하지만 잉글랜드 지방이 가장 최근에 배정받은 예산은 1% 상승한 반면 웨일즈의 경우에는 1%가 하락하였다. 1인당 지출은 여전히 다른 모든 지방이 잉글랜드에 비해 높지만, 교육과 의료부분에서는 잉글랜드 지방의 지출이 증가하였다. 2000/01년에 스코틀랜드에 거주하는 아동들은 자신에게 전용된 교육예산을 1/4 이상 증액하여 배정받았으며, 이러한 우호적 예산배정은 2006/07년에 약 10%에 달했다. 의료보장에 있어 16%라는 우호적 예산배정은 6년 전 약 20%에 비해 축소된 것이다. 스코틀랜드인들은 이를 소위 'Barnett 축소'(Barnett squeeze)라고 부르는데, 이러한 불균형적 지출에 관심을 갖는 중앙의 국회의원들도 이를 아주 당연한 것으로 간주한다.

2006년 Steel 위원회(the Steel Commission)는 재정분권화의 확대를 제안하였으며, 이를 위해 현재의 상황을 지방분권화를 실시 중인 다른 국가들의 사례와 비교하였다. 또한 2008년 Calman 위원회(the Calman Commission)는 이를 실천하기 위한 여러 가지 대안을 제시하였다.

8. 지방정부의 지출

Plowden 보고서가 출간된 이후 재무부의 목적은 공공지출 전체를 통제하는데 있었다. 여기에는 중앙정부의 지출뿐만 아니라 지방정부의 지출, 그리고 국영기업도 포함된다. 실제로 다른 나라의 어느 재무부서도 이렇게 막강한 권한을 행사하지 않는다. 미국의 연방정부가 캘리포니아주나 알칸사주 소재 Little Rock 시의 지출을 제한하려고 생각했다면, 이는 제2차

남북전쟁을 유발시키기에 충분한 사유가 될 것이다.

19세기 재무부는 지방정부의 신설기관들이 방탕하게 자본을 차입할 것이라고 염려하였다. 그들은 공공기관이기 때문에 파산할 경우 재무부가 부채상환의 책임을 져야 했기 때문이다. 도덕적 해이의 문제라고 할 수 있다. 따라서 재무부는 현재처럼 모든 자금차입을 제한하고 승인하는 의무를 가졌다. Keynes시대 이후 재무부는 거시경제적 계획이라는 이유로 전체 공공투자 수준을 통제할 수 있는 권한까지 갖게 되었다. 통화주의자들의 영향력이 지배적이던 시절에는 전체 공공차입의 수준이 화폐공급을 통제하는 중요한 수단으로 간주되었다. 따라서 이유는 다양하지만 대부분의 경제학자들은 지방정부의 자본지출이 중앙정부의 통제를 받아야 한다고 생각한다.

왜 재무부가 경상비를 통제하려고 하는지 그 이유는 명확하지 않다. 경제학적인 측면에서 볼 때 지방당국의 지출은 반드시 개인으로부터의 조세를 통해 마련되어야 한다. 지방정부는 매년 자신이 지출하는 자금을 책임져야 한다. 따라서 총수요는 지방세율에 직접적으로 영향을 받지 않는다. 하지만 재무부는 높은 지방세율 때문에 저축이 감소할 뿐만 아니라 중앙정부의 세입이 감소될 수 있다는 점을 염려한다. 1984년 세법(Rates Act)을 통해 중앙정부는 지방당국의 재산세 수입을 '억제'할 수 있는 권한을 갖게 되었다. 이후 중앙정부는 이 권한을 가끔씩 행사하거나 그렇게 하겠다고 위협하였다. 재무부는 이러한 예비권한을 여전히 행사할 수 있지만, 노동당 정부가 주민세(Council Tax) 인상을 정해진 한도 이하로 유지시키면서 사용하지 않았다.

따라서 지방정부의 지출은 중앙정부가 예상하는 수준에 미치지 못하거나 초과할 수 있다. 이러한 이유 때문에 지방당국의 자부담 지출은 정부지출종합검토에서 재무부가 수행하는 부처지출제한의 대상이 되지 않는다. 이 지출의 재원은 주민세와 서비스 이용료를 통해 마련되기 때문이다.

지방정부에 대한 중앙정부의 재정통제 범위 및 세입징수권에 대한 제한은 Lyons 위원회(Lyons Committee, 2007)를 통해 면밀히 검토되었다. 위원회는 방대한 양의 흥미로운 자료들을 검토하였지만 보고서의 내용은 전혀 급진적이지 않았다. 이는 잉글랜드지방만을 대상으로 하고 있는데, 결론은 다음과 같다.

- 지방의 주요세입원으로서 재산세(주민세)를 폐지하는 것은 비람직하지 않다. 그러한 조세는 징수가 편리할 뿐만 아니라 탈세가 어렵다. 하지만 가격이 상대적으로 저렴한 주택을 대상으로 보다 낮은 과세구간을 신설하고, 이들에게 상대적으로 낮은 세금을 징수한다면 훨씬 더 누진적인 모습을 갖추게 될 것이다. 이와 더불어 가격이 상대적으로 높은 부동산을 대상으로 한 상위 과세구간의 수를 확대하여 이들에게 보다 높은 세금을 징수할 필요가 있다.[135] 스코틀랜드의 민족주의 정부는 주민세를 폐지시키고자 한다.
- 지방당국이 제공하는 서비스에 대한 이용료제도를 확대할 필요가 있다. 잉글랜드의 경우에는 이미 지방수입의 8.5%가 이를 통해 마련되고 있다. 여기에는 도료이용료의 도입도 포함된다.
- 지방정부가 소득세를 징수하는 것도 '가능'할 것이다. 하지만 보고서가 주민세의 대체를 반대하고 있는 상황에서 지방소득세가 도입되더라도 이는 주민세를 보충하는데 불과할 것이다. 여론 역시 이러한 이유로 이의 도입을 반대한다. 주민세를 소득세로 완전히 대체함으로써 이익을 보는 사람도 있겠지만 커다란 손실을 입게 되는 사람도 있을 것이다. 이러한 이유 때문에 이를 실시하기가 어렵다. 하지만 이것은 계속 '고려' 되어야 한다. 비주거용 자산에 대한 세금인 업무용자산세(Business Rate)를 지방정부가

135) 주민세의 기본구조에 대해서는 제3장 '2.5 지방세' 부분 참조 바람.

징수할 수 있도록 징수권을 환원해서는 안 된다. 하지만 지방에서 징수하는 세금에 대한 일부 보충책이 도입될 수 있다

- 개혁의 방법으로서 점증적인 발전모델이 채택되어야 한다.

전체적으로 이는 오랜 검토기간에도 불구하고 상당히 무기력한 결론이었다. 지역에서 제공하는 서비스의 재원조달은 현지 유권자의 뜻에 따라 결정되어야 하며, 이들을 단순히 중앙정부의 배급결정을 받아들이는 입장에 처하게 해서는 안 된다는 주장이 강력히 제기되고 있다. 반면에 사회복지급여는 시민권적 재화이기 때문에 중앙정부 차원에서 배급되고 재원도 마련되어야 한다는 주장도 있다. 지방정부는 단순히 국가복지정책의 지역관리자로서 역할을 해야 한다는 것이다. 이러한 대안적 견해들은 Lyons 위원회보다는 Layfield 위원회(Layfield Committee, 1976)를 통해 보다 훌륭히 논의되었다.

9. 민간자본유치

공공지출과 차입을 엄격히 제한하려고 하면 몇 가지 역진적인 결과가 발생한다. 어떤 사람들은 지출의 개념을 재규정함으로써 이것이 정부의 규제항목에 포함되지 않는 것으로 간주할 수 있다. 규칙을 변칙적으로 적용하는 것이다. 앞에서 살펴본 바와 같이 사회보장급여를 세액공제로 지칭하는 것이 이러한 효과를 갖는다. 다른 하나의 예로서, 학교 및 병원에 대한 자본지출을 공공회계에서 민간회계로의 전환시키는 것이다. 많은 사람들은 이것이 바로 민간자본유치(Private Finance Initiative: PFI)의 모든 것

이라고 주장한다. 실제로 현실은 이보다 더 복잡하며, 바람직한 주장과 그렇지 않은 것들을 구별할 필요가 있다.

정부는 항상 민간건설회사에 의존하여 학교 및 주택을 건축하거나 도로 등 다른 자본사업을 실시해 왔다. 또한 이러한 건축사업의 재원을 조달하기 위해 민간부문에서 자금을 차용해 왔다. 이는 마치 한 가구가 담보대출을 받아 주택을 구입하거나 건축하는 것과 같다. 1992년에 출범한 John Major 정부는 이러한 방법을 더욱 확대시켰다. 민간회사는 이제 건축을 시행할 뿐만 아니라 건축물을 계속해서 소유하고 관리하게 되었다. 심지어 일부 경우에는 이를 위해 직원을 직접 두기도 한다. 정부는 일정기간 동안 건물을 임대하거나, 직접 소유는 하지만 운영을 위해 민간회사와 계약을 맺을 수 있다. 여러 가지 조합이 가능하다. 이에 상응하여 민간회사는 자본을 조달함으로써 사업비용을 자체를 부담할 것이다. 이 때문에 전체자본지출 및 차용금이 공공회계에 포함되지 않았다. 1997년 이후 노동당정부는 이 방법을 보다 적극적으로 추진하였다. 재무장관은 자신이 소유한 자본지출한계범위 내에서 보다 많은 학교와 병원을 이러한 방식으로 건립하였다. 많은 사업들이 '예산 외'의 방식으로 추진되었다. 물론 이는 부분적으로 완전한 회계 상의 편법이었다. 이러한 방식을 취하더라도 사업에 투하된 경제적 자원은 실질적으로 전혀 감소하지 않았으며, 비용부담이 따르는 것이었다. 이는 전통적인 방식에서처럼 미래의 납세자들이 부담해야 할 것이다. 실제로 상당수의 사업들은 자금대비 가치가 높지 않았다는 주장도 제기되었다. 지방정부나 의료당국이 이러한 계약체결 방식에 익숙지 않아 회사들로부터 사기를 당한 것도 부분적인 이유이었다. 민관협력위원회(the Commission on Public Private Partnership)는 2000년까지 증거들을 신중히 검토한 결과 도로나 교도소의 경우에는 민간자본유치사업이 명백한 장점을 갖지만 다른 분야는 그렇지 않다고 결론 내렸다. 하지만 민자유치는 최소한 경제적인 측면에서는 다음과 같은 장점을 갖는다.

- 공공부문은 대규모 자산개발계획들을 종합적으로 수행하는 데 취약하다. 지역보건국의 입장에서 볼 때, 도심의 쇼핑센터에 방문진료소를 설치하고자 한다면 현지개발업자와 장소에 관한 계약을 체결하는 것이 합리적일 수 있다. 하지만 이를 민간 개발업자들에게 맡겨 두면 훨씬 신속하게 완결될 수 있을 것이다.
- 민간개발업자에게 책임을 위임하고 초기에 특정 액의 비용을 부담 지움으로써 공공부문은 초과비용의 위험에서 자유로울 수 있다.
- 민간개발업자들에게 완공된 건물에 대한 책임을 맡기면 회사는 관리비용을 최소화하는 방향으로 건물을 설계할 것이다.

이 중 어떠한 것도 민자유치가 문제해결의 유일한 방법은 아니다. 벌칙조항을 가미하고 계약조건을 보다 유리하게 함으로써 보다 나은 효과를 얻을 수도 있다. 하지만 최소한 민자유치는 유용하게 사용될 수 있다. 이를 단순한 계약의 도구로만 사용한다면 역효과를 낳을 수도 있다. 민자유치의 방법은 이러한 긍정적, 부정적 이유 때문에 노동당정부의 지출계획에서 빈번히 거론되었다.

10. 정부지출종합검토: 2007년과 이후

이는 2010/11년까지 공공지출의 한계를 설정하고 있는데 전반적으로 이

기간 동안 전체공공지출 수준이 GDP의 약 42%를 넘지 않도록 하고 있다. 이 중 38%는 급여 및 기타 경상비 지출이 차지하며, 약 4%는 학교, 병원, 도로 등 설비건축이 차지한다. 이는 매년 '실질'증가율을 2% 약간 상회하는 것으로 추계한 것이었다.[136] 이러한 전체증가율의 범위 내에서 각 부처가 인가받은 연평균 예산증가율은 서로 달랐다. 1년 지출이 아동 · 학교 · 가족부(Department of Children, Schools, and Families)의 경우에는 3%, 보건부의 경우에는 약 4% 정도 증가하게 될 것이다. 이후 2008년에 금융위기가 발생하면서 하락하는 사적투자를 대체하기 위해 일부 공적영역의 자본지출이 앞당겨 실행되었다. 현재의 예산은 2011년 이전에 삭감되지 않는다. 빈곤가정을 원조하기 위해 일부 급여가 인상되었다.

하지만 정부는 금융권을 부양하기 위해 많은 자금을 차용해야 했으며, 경기하락으로 세입은 감소하였다. 2008년 11월, 재무장관은 2011년 이후에는 과거의 차용 및 과세한계에 보다 근접하기 위해 아주 긴축적인 세출정책을 추진하게 될 것이라고 발표하였다(HM Treasury, 2008a). 실질가치는 1년에 2%씩 상승하는 대신에 정규적인 공적지출의 전반적 상승률은 매년 하락하여 2013/14년에는 1.1%에 이르도록 하겠다는 것이다. 각 서비스에 대한 실제 배정액은 새로운 지출검토가 이루어질 때까지 확정되지 않을 것이지만, 최근 일부서비스에서 5%~7%가 증가한 것을 보면 이는 매우 고통스러운 결과를 초래할 것이다. 1970년대 중반 이후부터 1990년대와 Blair/Brown 시기를 거치는 동안 주요한 정치적, 경제적 변화가 발생하였음에도 불구하고 사회정책분야에 있어서 공적지출이 전체경제에서 차지하는 비율을 거의 변하지 않았다(〈표 9.2〉 참조).

136) 여기에서 '실질'이란 경제 전반에 걸쳐 연간 2%의 물가인상을 가정하고 이를 각각의 해당 서비스에 적용함을 의미한다.

〈표 9.2〉 공적지출과 사회정책: 1973/74~2006/07년

(GDP대비 공적지출: %)

	1973/74	1974/75	1980/81	1985/86	1990/91	1995/96	1999/2000	2006/07
사회보장	8.2	9.4	9.8	11.1	9.5	11.4	10.1	10.0
의료	3.9	5.0	5.1	4.9	5.0	5.7	5.3	7.1
교육	5.8	6.5	5.6	4.9	4.8	5.1	4.5	5.5
대인사회서비스	0.8	1.0	1.0	1.0	1.0	1.2	1.4	2.0
주택※	3.3	3.8	3.0	2.1	2.1	2.3	1.7	1.8
사회정책 총계	21.9	25.4	24.4	23.9	22.4	25.8	23.0	26.4
관리되는 공적지출 총계	44.7	50.1	47.5	45.8	40.1	42.4	37.0	41.5

* 주택급여 포함

출처: Glennerster and Hills(1998); HM Treasury(2002c, 2008b)

지출수준이 가장 낮았던 것은 노동당 정부 출범초기인 1999/2000년으로서, 이때는 보수당 정부의 계획을 준수하였다. 사회정책은 국방비 감축의 수혜를 받아왔으며, 특히 보건부와 같은 일부 부처는 훌륭한 수행성과를 보여주었다. 하지만 사회정책이 차지하는 전반적인 비율은 상대적으로 안정되어 있다. 향후 50년 동안 우리가 직면한 인구학적 변화 등에 비추어 볼 때 이러한 안정성이 지속될 수 있을 것인가?

2008/09년의 금융위기와 이에 수반한 경기침체는 영국의 공공재정에 깊은 영향을 미쳤다. GDP가 하락함에 따라 세입 또한 감소되었다. 이에 반해 공공지출은 증가하였다. 부분적으로는 급여를 받는 실업자 수가 증

가하였을 뿐만 아니라 정부가 경기를 부양하기 위해 대규모의 자본투자 계획을 가속화시킨 결과이었다. 정부의 부채는 증가하였으며, 이에 따라 지불해야 할 이자도 늘었다. 사회복지비지출은 증가하여 2010년에 GDP의 30% 이상을 차지하였으며, 전체공공지출은 48% 이상으로 증가하였다. 새로운 연립정부는 2010년 입각과 더불어 새로운 정부지출종합검토를 실시하였다. 2014/15년까지 전체공공지출을 GDP의 40%로, 사회정책 관련지출을 26%로 축소하기 위한 것이었다. 위 〈그림 9.3〉은 1900년 이후부터 2014/15년까지의 복지비 지출을 종합적으로 보여주고 있다.

〈그림 9.3〉 영국의 복지비[137] 지출: 1900~2015(GDP 대비 %)

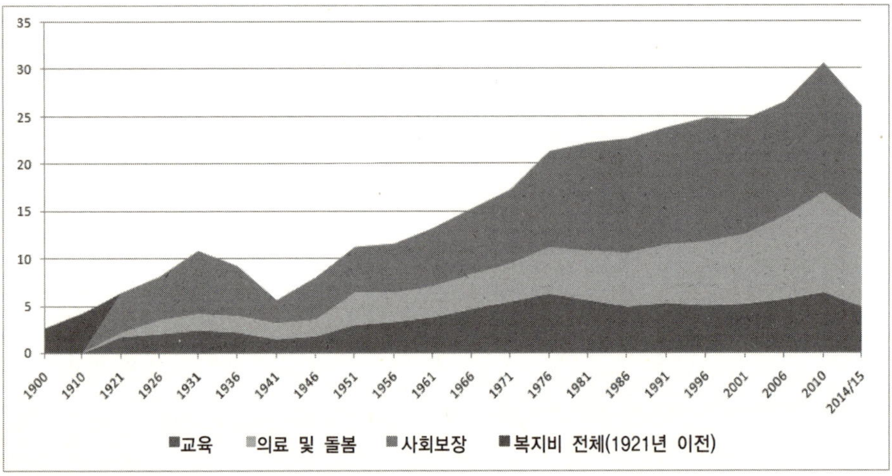

137) 여기에는 과거의 빈민법뿐만 아니라 현대의 사회보장, 주택급여 등이 포함된다. 1987년 이후 범죄행정 등의 일부 소규모 항목들이 포함되었는데, 1987년에 이들이 GDP에서 차지하는 비중은 0.5%였다. 사회적 돌봄에 대한 지출은 이전의 통계와 일관성을 유지하기 위해 사회복지항목에서 의료보장항목으로 이전되었다. 주택자본은 제외하였다.

1986년 이후 상황을 보다 구체적으로 살펴보면 아래 〈표 9.3〉와 같다.

〈표 9.3〉 영국의 복지비 지출: 1986~2015

	1986	1996	2008/9	2010※	2014 /5※※
교육(고등교육포함)	4.8	4.9	5.8	6.3	4.8
의료 및 사회적 돌봄	5.7	6.8	9.5	10.6	9.1
사회보장(주택급여포함)	12.1	13.1	12.4	13.7	12.1
총복지비지출	22.6	24.9	27.7	30.6	26.0

※ 경기침제의 영향

※※ 이는 2010년 정부지출종합검토에서 GDP가 연간 5% 상승할 것을 가정하여 지출의 현금상한액을 설정한 결과이다. 스코틀랜드와 웨일즈, 북아일랜드지방의 경우에도 잉글랜드와 동일한 성장률을 가정하였다. 경제성장률이나 물가상승률의 변화에 따라 전체 복지비 지출비율은 조정될 것이다.

출처: Glennerster(2007); HM Treasury(2010)

개관

- 배급의 방법은 여러 가지 측면에서 보다 명확하고 공개적으로 바뀌었을 뿐만 아니라 더욱 중앙화되었다. 학교예산 등 일부 경우에는 반대의 경향이 나타나기도 한다. 전문가들은 이를 비도덕적이라고 비판하는데, 여기에는 과거에 보호받던 자신의 독립성이 침해받게 된 것이 하나의 원인이다.
- 재무부는 사회정책이 경제의 '공급측면'에서 아주 중요하다고 인식하면서 보다 적극적인 역할을 수행하고 있다.
- 정부지출종합검토는 과거 지출결정과정에 비해 훨씬 명확하고 실증적이다. 이러한 재무부의 역할은 앞으로도 확대될 것이다.

논의

1. 누가 어떤 종류의 사회서비스 자원을 배급하는가?
2. 1961년 이후 공적지출에 대한 재무부의 통제방법이 어떻게 변화되어 왔는지를 추적해 보라. 1997년 이후 가장 중요한 변화는 무엇인가?
3. 재무부가 사회정책에 있어 보다 적극적인 역할을 수행하게 된 이유는 무엇인가? 구체적인 예를 제시해 보라.
4. 영국의 각 지방정부는 어떻게 재정을 지원받으며, 어떠한 사업을 수행해야 하는가?

추천문헌

1. Heclo and Wildavsky(1974)는 오래되었지만 여전히 재무부의 역할을 설명하는 최고의 서적이다. Deakin and Parry(2000)는 최근의 상황을 설명함과 동시에 사회정책형성에 있어 재무부의 역할에 초점을 맞추고 있다. 1976~93년 기간에 대한 보다 구체적인 내용을 살펴보고자 한다면 Thain and Wright(1995)를 참조하기 바란다.
2. Lowe(1989, 1997a, 1997b)는 정부기록보관소의 공식기록을 검토함으로써 정책형성과정에서 나타난 재무부의 역할을 기술하고 있는데, 행정부 내의 권력관계를 현장감 있게 보여준다.
3. Aaron and Swartz(2005)와 Maclean(2007)은 의료자원의 배급과 관련하여 각국에서 발생하는 기본적인 도덕적 문제 및 실질적인 쟁점들을 비교설명하고 있다.

제10장

복지국가의 미래는 있는가?

요약

- 비평가들은 오랫동안 다음과 같은 이유로 복지국가의 미래가 암울하다고 주장해 왔다.
  - 국민들은 복지비용의 증가에 찬성표를 던지지 않을 것이다.
  - 국제경쟁 때문에 고용주들은 더 이상의 사회보험기여금을 부담할 수 없을 것이다.
- 그럼에도 불구하고 왜 복지국가는 영국뿐만 아니라 다른 국가들에서도 지속적으로 성장해 왔는가?
- 인구구조의 변화에 대처하기 위하여 얼마나 더 많은 비용을 사회서비스에 지출해야 하는가?
- 사회서비스를 개선하기 위해 보다 많은 세금을 납부해야 한다는 생각에 영국민들은 어떻게 반응하는가? 개선된 공공서비스를 받기 위해 보다 많은 세금을 납부하도록 영국유권자들을 설득할 수 있는가?
- 세입증대를 위한 보다 나은 방법은 없는가?

1. 재정위기: 모면하였는가? 닥쳐올 것인가?

1.1. 어둠의 초상

세계적인 경제위기가 끝난 1970년대와 80년대 많은 사람들은 복지국가가 재정적으로 지속될 수 없기 때문에 사라질 것이며, 비록 살아남더라도 끝임 없이 축소될 것이라고 주장하였다. 이의 재정공급을 위해 조세부담이 가중되는 것을 유권자들이 호응하지 않을 것이다.

- 미국의 유명한 경제학자인 William Baumol(1967)은 파산이 임박한 뉴욕시의 사례를 통해 일반적인 교훈을 제시하였다. 정부가 운영하는 사회복지서비스는 노동집약적이기 때문에 생산적 소득을 거의 기대할 수 없었다. 기계가 교사나 사회복지사 혹은 간호사를 대체할 수 없다. 하지만 민간부문의 산업 혹은 상업적 기관들은 생산성을 증대시킬 수 있으며, 이에 따라 피용자들은 보다 많은 임금을 받을 수 있다. 공공부문의 근로자들 역시 수적인, 질적인 유지를 위해 이러한 급여인상을 필요로 하였다. 결국 공공서비스의 가격은 사적재화 및 서비스의 가격보다 훨씬 급격하게 상승하는 경향이 나타났다. 이에 따라 세금 역시 급격히 인상되어야 할 것이다.
- 마르크스주의 경제학자들은 이러한 기초적 분석을 좀 더 구체적화시켰다. 공공부문의 근로자들은 세금인상뿐만 아니라 임금 및 급여삭감에 대해서도 반대할 것이다. 자본가들 역시 마찬가지다. 이 결과 재정위기가 발생함으로써 장기적으로 자본주의는 몰락할 것이다(O. Connor 1973; Gough, 1979).
- 공공선택이론가들[138]의 주장에 따르면, 공공조직은 비효율성이 만연하기

138) 제2장 '3. 정부의 실패' 부분 참조 바람.

때문에 비용상승과 소비자불만의 문제를 해결할 수 없다. 따라서 소비자들은 점차 사적 대안을 선택할 것이다. 유권자들은 더 이상 자신이 이용하지 않는 서비스의 비용을 지불하지 않을 것이며, 이에 따라 납세자의 지지는 급격히 감소할 것이다.

- 스웨덴의 경제학자인 Asar Lindbeck(1995)에 따르면 복지급여는 장기적으로 사람들의 근로의지를 침식시킨다. 이로 인해 근로보다는 급여에 의존해서 생활하려는 사람들의 수가 늘어남에 따라 복지예산의 증가와 세입감소의 문제가 발생할 것이다. 이와 비슷한 주장이 미국에서도 제기되었다. 우파인 Murray(1984)와 좌파인 Ellwood(1988)는 편모문제를 지적하는데, 이들에게서 노동의지뿐만 아니라 결혼 자체에 대한 생각이 사라지고 있다고 주장한다.
- 비교사회정책학자들에 따르면, 유럽의 국가들은 국제경쟁 때문에 고용주들에게 사회보험의 비용을 부과시킬 수 있는 국가의 능력이 약화되고 있다(Esping-Andersen, 1990, 1996). 이에 따라 명시적인 소득세와 부가가치세가 더욱 중요해지면서 조세저항의 문제가 발생할 수 있다.[139)]

이렇게 다양한 정치적 스펙트럼과 사회과학적 견해들을 종합하여 볼 때 복지급여의 종말이 임박한 것 같다.

복지국가는 세계 도처에서 어려운 시기를 겪어 왔지만 붕괴되지는 않았다. 실제로 대부분의 국가는 보다 많은 재원을 공공복지서비스에 배정해 왔다(Castles, 2004). EU에 신규 가입한 개발도상국들은 경제성장을 바탕으로 복지서비스에 보다 많은 자원을 할당함으로써 유럽의 복지선진국을 따라잡기 위해 노력하고 있다. 이 외 다른 모든 복지국가들에서도 복지지출의 속도는 1950년대와 1960년대보다 느리지만 총량은 증가하고 있다.

---

139) 이러한 분석은 최소한 이와 같은 함의를 제시한다.

어떻게 이러한 현상이 발생하였는가? 왜 종말론자들의 예견은 빗나갔는가? 아니면 그들의 예견은 최근의 경제적 위기 이후 현실화될 것인가?

1.2. 다시 한 번 시장의 실패

정치학자들의 주장에 따르면 복지서비스는 사람들에게 대단히 중요하며 많은 사람들이 이 영역에서 일하고 있다. 따라서 축소에 저항하고 유권자의 지지를 유지시키기 위한 정치적 지지망이 형성되어 있다(Pierson, 1994, 2001). 하지만 이러한 주장은 문제의 핵심을 지적하지 못한다. 왜 그러한 서비스가 사람들에게 아주 중요한가? 왜 유권자들은 소득보존을 통해 위험에 대비할 수 있는 자신만의 보험을 구매하지 않는 것일까? 본서의 앞장들을 읽은 독자라면 이제 그 이유를 알 수 있을 것이다.

앞에서 살펴본 바와 같이 개인은 연금이나 장기요양보호처럼 불확실한 미래에 영향을 미치는 투자결정을 이해하는데 아주 취약하다. 그들은 잘못된 결정을 내릴 뿐만 아니라 이를 미루는 경향이 있다. 하지만 이러한 시장에서의 결정이 누적됨으로써 1990년대 말 영국의 유권자들은 연금에 대해 암울한 미래를 갖게 되었으며, 그들이 이렇게 혼란에 빠진 것을 정부 때문이라고 생각하였다. 이에 따라 연금위원회(2005)는 연금시장에 대한 공적지출과 정부개입을 확대하는 일련의 조치를 발표하였으며, 이는 국민의 지지를 받았다. 미래의 연금에 대해 비현실적일 정도로 관대한 약속을 함으로써 공적연금의 기반이 침식되었던 일부 유럽국가들의 경우 유권자들은 규모의 축소 및 보다 현실적인 약속을 원하였다. 유권자들은 비평가들이 생각하는 것보다 훨씬 영민하다는 점을 입증하고 있다. 연금액이 약간 축소되더라도 정부가 그들에게 적절한 은퇴생활을 보장해야 한다고 주장하는 것이다.

상당히 유사한 현상이 의료보장의 영역, 특히 자발적 자유시장에 극도로 의존하는 마지막 하나의 국가인 미국에서 나타나고 있다. 영국과는 상당히 다르지만 미국에서도 특정의 보편적 의료서비스가 실시될 가능성이 높다. 시장의 실패에 관한 논의는 학문적 주제에서 일상적인 대화의 소재로 바뀔 만큼 일반화되었다.

1.3. 사적 비용부담의 증가

공공복지비의 증가를 지적하는 데 적극적이었던 사람들이 정확히 동일한 현상이 사적 대안에도 발생하고 있다는 사실을[140] 지적하는 데는 소극적이다. 평균수명의 증가는 사적연금, 의료보험, 장기요양보호에 있어 비용증가를 가져왔다. 숙련노동비용의 증가는 사적 및 공적 서비스의 비용상승을 야기하였지만 전자에 미치는 영향이 더 컸다. 예를 들어 1997년 이후 10년 동안 잉글랜드 지방에서 사립학교의 등록금 증가율은 이 학교를 이용하는 고소득집단 소득증가율의 2배에 달했다. 이 집단의 소득이 증가하였음에도 불구하고 사립학교를 이용하는 사람들의 비율은 그다지 증가하지 않은 것은 놀라운 일이 아니다. 의료보험의 경우도 마찬가지 현상이 나타나고 있다. 뿐만 아니라 이러한 비용은 가족의 생활주기에 있어 지불능력이 약한 시기에 상승한다. 사적시장은 이러한 비용을 전체 생애주기에 걸쳐 효과적으로 분산시킬 능력이 없다.

비평가들에 따르면 사람들은 납세를 불만스러워 하지만 사적 대안을 위해 스스로 지불하는 비용이 아주 높다는 사실을 망각한다. 〈표10.1〉은 두 명의 성인과 14세의 중학생 및 18세의 대학생으로 구성된 4인 가족이 2007년에 교육 및 주거로 지출한 비용를 보여주고 있다. 이들은 사적 의료

140) 실제 증가율은 더 높았다.

보험을 필요로 하며 부모는 노후의 돌봄문제를 염려할 뿐만 아니라 연금 보장도 필요로 한다.

〈표 10.1〉 4인가구 연간 '사적' 비용

	£
중학교 수업료[a]	8,121
대학등록금[b]	
사회과학	11,880
컴퓨터	14,400
의학	22,650
대학생활비[c]	
런던	9,000
그 외 지역	6,900
의료보험 - 전 가족 보장	
BUPA	1,848
NorwichUnion	1,853
장기요양보호[d]	
건강한 50대 남성	1,335
여성	2,224
연금기여금[e]	급여의 13.2%
주택담보금상환 (25년 거치)[f]	
런던 외곽(Leeds)	13,573
런던	22,000~26,856

a. 사립학교위원회에 따르면 통학학교를 기준으로 term당 평균 2,707파운드임.

b. 외국학생의 경우 등록금 전액을 납부해야 함. LSE와 Imperial College London 기준임.

c. LSE와 Manchester 대학생 기준임.

d. Poole(2006). 이 수치는 월 1,000파운드의 급여를 받기 위해 연간 납부해야 하는 보험료로서 3% 인상률과 3개월 거치기간을 고려하였음.

e. 연금기여금은 영국보험협회 및 재정청의 연금계산방식을 기준으로 계산되었음. 24세에 납부를 시작하여 65세에 은퇴하며, 소득대체율은 과거소득의 50%

임. 물가상승률과 연동되며 배우자연금을 지급함. 본서의 초판에서는 이 수치는 10.3%이었지만 본 개정판에서는 상승하였음. 이는 부분적으로 예상 평균수명의 증가를 반영한 결과임.

f. 주택담보대출금은 재정청의 비교표와 Hailfax사의 주택담보대출금 계산표를 참고하여 계산하였음. 이에 따르면 375,000파운드 주택을 구매할 경우 25년 동안 상환해야 할 대출금이 300,000파운드이며, 런던외곽 지역의 경우에는 250,000파운드의 주택을 구매하기 위해 185,000파운드를 대출받는 것으로 가정하고 있음.

실제로 민간보험사들은 일반적으로 대상자가 되기 힘든 고비용의 만성질환자를 가입시키는 조건으로 NHS에 의존하고 있다. 이것이 불가능하다면 가구가 지출하는 의료보험료는 표에서 제시된 것 보다 훨씬 높을 것이다. 명백한 것은 이들 가구가 이러한 모든 보장을 정부의 지원 없이 사적으로 구매하기 위해서는 아주 높은 소득을 필요로 한다는 점이다. 물론 국가는 바우처 및 조세감면을 통해 이러한 비용을 경감시켜줄 수 있지만, 이 또한 납세자들의 부담을 한층 높이게 될 것이다.

2. 인구압박의 가중

사적 복지시장이 여러 측면에서 끊임없이 실패해 왔다는 사실에도 불구하고 정부가 세금을 인상해야 하는 딜레마는 해결되지 않았다. 오히려 반대의 현상이 나타나고 있다. 오히려 해결해야 하는 문제의 규모는 더욱 커지고 있다. 인구구조의 변화가 바로 그 원인이다.

인구가 고령화됨에 따라 단순히 동일한 서비스를 동일한 수준에서 전달하더라도 그 비용은 상승할 것이다. 앞장에서 살펴본 바와 같이 우리는 젊은 층보다 노년층을 위해 보다 많은 공적자금을 지출하고 있기 때문이다. 최근까지 영국에서 나타난 현상처럼 여성의 출산율이 낮아짐에 따라 납세를 책임질 새로운 근로인력의 공급이 감소될 것이다.

노동력의 부족을 일시적으로 보충하기 위해 이민을 장려할 수 있다. 하지만, 이러한 정책 자체에 문제가 있을 뿐만 아니라 장기적으로는 이들 역시 은퇴를 할 것이다.

최근 재무부는 인구변화를 반영할 경우 현재 영국의 급여 및 서비스 수준을 단순히 유지하기 위해 장차 얼마의 비용이 소요될 것인가를 추계하였다(HM Treasury, 2008). 〈표10.2〉는 이의 결과를 제시하고 있는데, 인구변화로 인한 공적지출의 증가가 2057년에 GDP의 약 4%에 이를 것으로 예상하였으며, 보다 비관적인 입장에서는 이를 7%로 전망하였다. 저출산 고령화로 인한 문제인 것이다.

〈표 10.2〉 인구변화에 따른 재무부 지출추계(현 정책 유지 시)

(GDP 대비: %)

	2007/08	2017/18	2027/28	2037/38	2047/48	2057/58
교 육	5.0	5.6	5.8	5.6	5.5	5.6
국민연금	4.9	5.1	5.6	6.3	6.3	7.2
의 료	7.4	7.9	8.6	9.2	9.6	9.9
장기요양보호	1.2	1.2	1.4	1.7	1.8	1.8
특수직연금※	1.5	1.8	2.0	1.9	1.8	1.8
고령화관련 총지출	20.1	21.7	23.4	24.7	25.0	26.6
기 타	20.4	19.1	18.9	18.6	18.1	18.0
총지출	40.5	40.8	42.3	43.3	43.1	44.5
저출산, 저이민, 높은 평균수명 변량	40.5	40.5	41.9	44.0	44.8	47.7

※ 교사, 공무원, NHS 직원 등

출처: HM Treasury(2008c)

보다 실질적 기간인 향후 20년 동안을 고려한 결과 공적지출의 증가는 전체 GDP의 2% 이하일 것으로 추계되었다. 고령화 관련 지출이 급격히 증가함에도 불구하고 이와 관련이 없는 지출부분에서 증가율이 낮은 결과였다. 문제는 이러한 수치가 과소평가되었다는 점이다. 재무부는 연금을 제외한 비연금 급여가 평균소득이 아닌 물가와 연동하여 상승할 것이라고 가정하였다(HM Treasury, 2008b, para 4.15). 이는 비연금 급여를 받는 사람들의 생활이 나머지 인구의 평균생활수준보다 점차 뒤처지게 됨을 의미한다. 이는 정치적으로 지속 불가능할 것이며 저소득층에게 명백히 좋지 않은 소식일 것이다. 만약 현재의 정책기조가 향후 20년 동안 지속된다면 하위 20% 저소득층의 소득은 상대적 측면에서 현재의 1/5 이하로 감소될 것이다(Sutherland et al, 2008).

만약 정부가 모든 급여를 반드시 인상하되 이를 평균소득, 즉 1인당 소득과 연동시킨다면 향후 20년 동안 GDP의 2.1%가 급여지출을 위해 추가로 소요될 것이다(Sutherland et al, 2008). 여기에 재무부가 향후 20년 동안 교육, 의료, 장기요양보호 및 특수직 연금에 소요될 것이라고 예측한 금액을 추가하면 전체적으로 GDP의 약 3% 혹은 5%가 추가적으로 증가할 것임을 의미한다.

이러한 모든 숫자는 극히 가변적이다. 명심해야 할 점은 현재 규모의 복지서비스와 급여체계를 미래에도 유지하기 위해 우리는 훨씬 더 많은 소득을 할애해야 한다는 사실이다. 이 때문에 우리는 공적 방법을 사용할 것인지 아니면 사적 방법을 사용할 것인지 선택해야 한다.

그럼에도 불구하고 이러한 문제를 겪고 있는 나라가 영국만은 아니라는 점을 기억해야 한다. 다른 국가들 역시 인구구조 및 출산율의 변화가 영국만큼 크지 않더라도 비슷한 문제에 직면해 있다. 대부분의 국가들은 현재수준의 서비스를 유지하기 위해 세금을 인상해야 하는 문제에 직면하고 있는데, 전체 지출액은 앞서 살펴본 영국의 현재 및 미래추계보다 훨씬 많다. 영국보다 적더라도 그 차이는 크지 않으며, 이탈리아 같은 경우에는 현재의 관대한 연금을 유지하기 위해 저축에 의존하고 있다. 현재의 정책을 놓고 볼 때 영국의 조세수준은 향후 수십 년 동안 인구학적 변화를 겪더라도 여전히 유럽에서 중간정도의 위치를 점할 것이다(EU Economic Policy Committee, 2006).

2008년 말 경기침체로 인해 급여비용은 증가하고 세입은 감소할 것이다. 은행에 대한 지원 및 공공차입에 소요된 비용은 정부가 완전히 상환을 받지 못하는 한 예산에 영향을 미칠 것이다. 세금인상에 대한 납세자들의 거부는 더욱 강해질 것이다. 그럼에도 불구하고 사적 연금 및 보험시장의 매력은 과거보다 더 약화될 것이다.

이 책을 통해 우리는 정부가 점증하는 복지수요에도 불구하고 재정안정을 위해 추구해 온 수많은 전략들을 논하였다. 이는 2가지로 요약될 수 있다. 하나는 비용억제를 통해 효율성을 증진시키는 것이며, 다른 하나는 세입을 증대하는 것이다.

3. 비용축소?

영국이 이를 실현할 수 있는 가능성은 다른 국가에 비해 낮다. 왜냐하면,

- 다른 유럽 국가들은 아주 관대한 연금에 소요되는 비용을 성공적으로 축소시켰다. 하지만 영국의 국가연금은 이미 낮은 수준이었기 때문에 오히려 인상할 계획이다.

- 많은 국가들이 비근로자에 대한 소득대체율, 즉 과거 소득대비 급여액을 하향조정하였다. 하지만 영국의 경우에는 이것 또한 너무 낮은 상태이다.
- 고령화 자체가 재정적 문제는 아니다. 수명은 연장되는데 은퇴연령은 변하지 않을 경우에만 재정문제화 된다. 앞에서 살펴본 바와 같이 영국정부는 연금위원회의 도움을 받아 유권자들을 설득시키는 데 성공하였다. 즉, 영국 시민들은 지난 50년 동안과 마찬가지로 은퇴 후 생활이 전체인생의 1/3 이상을 차지해서는 안 되며, 이 부분이 계속해서 늘어나는 것을 막는 것이 합리적이라고 생각하게 되었다. 연령이 높아지더라도 건강한 생활을 연장할 수 있다면 의료보장 역시 더 이상의 비용을 필요로 하지 않는다. 몇 가지 지표들을 통해서 볼 때 이러한 현상이 실제 나타나고 있다.
- 보다 오랜 기간 노동을 선택하는 여성의 수가 증가하고 있다. 이에 따라 영국을 포함한 모든 유럽 국가들은 아동양육제도를 확대하고 근로환경을 보다 가족친화적인 형태로 개선하고 있다. 여성의 노동시장 참여가 지속적으로 증가해 옴에 따라 정부의 소득세입도 증가하였다. 하지만 이는 또한 아동보호를 위한 정부지출이 증가함을 의미한다.
- 현재의 지출수준을 유지하거나 소규모 증액으로 서비스의 품질을 개선하려는 노력들이 경주되고 있다. 하지만 서비스 개선에 대한 시민의 기대 역시 상승하고 있다.

복지비용이 통제 불능 상태에 있는 것은 아니지만 증가하고 있는 것만은 확실하다.

4. 세입증대

4.1. 부유세

많은 국가들에게 있어서 가장 매력적인 선택은 한계세율을 인상하는 것이다. 최근 들어 약간 둔화된 경향은 있지만 지난 10년 동안 상위 1%의 소득군에 속하는 사람들의 소득은 지속적으로 증가해 왔다(Brewer, Sibieta and Wren-Lewis, 2008). 이들에게는 보다 과중한 세금을 징수하는 것이 명확한 해법이다.

하지만 최근 재정연구소(the Institute of Fiscal Studies)가 면밀히 수행한 연구는 이 방법의 사용을 권장하지 않는다(Brewer, Sibieta and Wren-Lewis, 2008). 과거 세율인상에 대한 사람들의 대응방식을 검토한 결과 이것이 실제로는 정부세입의 감소를 가져왔다고 결론짓고 있다. 사람들이 소득활동을 변화시키거나 최소한 신고소득을 누락시킴으로써 납세액이 오히려 감소한다는 것이다. 2008년 11월 재무장관은 2011년부터 연소득이 15만 파운드 이상인 사람들의 세율을 40%에서 45%로 인상할 것이라고 발표하였다. 이로 인한 세입증대는 대부분의 사람들이 성실히 납부하더라도 0.3%에 불과할 것이다. 실질적인 자금을 마련하기 위해서는 고용주뿐만 아니라 거의 모두가 더 많은 기여금을 납부해야 할 것이다.

4.2. 근로기간의 연장

제7장에서 살펴본 바와 같이 고령화 자체가 재정위기의 원인은 아니다. 문제는 사람들의 은퇴 후 기간이 더 연장됨으로써 발생한다. 기대수명에 있

어서 차이는 모든 경우에서 형평성의 문제를 야기시키며, 이러한 불공평을 해결하는 것이 올바른 정책이다. 영국에서는 은퇴연령 이후에도 유급 근로생활을 계속 유지하는 것이 다시 각광을 받기 시작했다.

4.3. 부가가치세 인상?

스칸디나비아 국가들은 부가가치세를 EU가 허가한 최대수준인 25%에서 설정하고 있다. 부가가치세는 누진적이거나 대중이 좋아하는 세금은 아니다. 하지만 이를 통한 세입을 무시할 수 없다.

4.4. 지방소득세

Lyons 조사위원회(Lyons Inquiry, 2007)가 내린 결론처럼,[141] 지방소득세는 행정적으로도 시행가능하며 지방정부의 책임성을 강화하고 재정능력과 시행사업을 일치시키는데 많은 장점이 있다.

이를 더욱 확대하여 지역이 자기이해를 실현하는데 도움을 줄 수도 있다. 예를 들어 자체조세징수권을 갖는 단위를 더욱 소규모화하는 것도 하나의 방법이다. 필자가 결혼하여 신혼생활을 시작한 아파트는 당시 약간 빈곤한 North Kensington 지역에 소재하였으며 공원과 인접하고 있었다. 공원을 중심으로 수백 명의 사람들이 거주하고 있었는데, 이들은 지방세를 인상할 수 있는 투표권을 갖고 있었다. 이 권한은 빅토리아시대에 한 의회입법을 통해 시작되었다. 징수된 금액은 공원 및 다른 시설을 유지하는데 사용될 수 있었다. 요양원을 신축하자는 논의도 있었다. 이러한 지역적 특성 때문에 조세징수권은 더욱 환영받았다. 시골지역에 있는 교구위

141) 이에 관해서는 제9장 '8. 지방정부의 지출' 부분 참조 바람.

원회도 이와 유사한 권한을 가졌다.

이 아이디어를 확대 적용할 수 있다. IT 기술이 발달한 현대사회에서 개인들은 환급받는 세금의 일부, 예를 들어 1펜스 정도를 자동적으로 납부할 수 있다. 이렇게 모아진 기금은 지역발전을 위해 사용되며, 이의 지출을 감독하기 위해 지역위원회가 설치될 수 있다.

4.5. 유해세

제3장에서 살펴본 바와 같이 전통경제학자들은 조세 때문에 소비자들이 선호하는 것과 돈을 지출하는 방법이 이원화됨으로써 비효율이 발생한다고 본다. 하지만 기후변화나 도심혼잡비용과 같은 부(負)의 공공재는 조세를 통해 집합적 선행을 증진시킴으로써 상쇄될 수 있다.[142] 알코올이나 기타 건강에 유해한 것들을 제한하는 조세 역시 이러한 범주에 속한다.

4.6. 요금징수 및 준조세

Lyons 조사위원회(Lyons Inquiry, 2007)가 내린 결론에 따르면,[143] 지방당국이 제공하는 서비스 중에는 더 많은 요금을 부과할 수 있는 것들이 많다. 본서에서 다루는 서비스의 경우에는 이를 확대하는 데 한계가 있다. 의료보장의 경우 치과와 안과서비스에는 이미 비용에 가까운 요금을 지불하고 있다. 물론 저소득층을 포함하여 노인 등 일부 집단은 요금을 면제받는다.

처방전에는 요금을 징수하지만 예외범위가 아주 넓기 때문에 이를 통한 수입은 소규모이다.[144] 의사방문료 등 다른 의료영역까지 요금부과를

142) 탄소사용으로 인한 공기오염을 최소화 시키는 것 등을 예로 들 수 있다.
143) 이 역시 제9장 '8. 지방정부의 지출' 부분 참조 바람.

확대할 수 있으며, 실제로 스웨덴은 이러한 방식을 실시하고 있다. 하지만 이로 인해 환자의 병원이용률이 낮아지고 진단이 늦어지는 등 궁극적으로 비용을 증가시키는 결과를 낳을 수 있다. 실제로 이러한 사례는 요금부과를 지지하는 미국의 경우에서 찾아볼 수 있다. 때때로 입원비와 식비를 부과하자는 주장도 제기되고 있다. 하지만 자산조사를 실시함으로써 소요되는 행정비용뿐만 아니라 이를 통한 수입도 많지 않다는 사실 때문에 재무장관은 실시하지 않고 있다. 공공주택의 임대료도 인상될 수 있으며, 이미 인상되었다. 하지만 주택급여를 통해 빈곤가정을 보호하는 과정에서 많은 사람들이 자산조사의 덫에 빠져들게 된다(제7장 참조).

앞에서 살펴본 바와 같이 영국을 포함한 많은 국가들은 개인으로 하여금 인가된 민간보험에 가입하도록 의무화하거나 유인하고 있다. 이를 통해 연금이나 의료, 장기요양보호 혹은 고등교육에 필요한 비용을 마련토록하기 위해서이다. 이들은 일종의 준조세이다. 사람들이 실제 사회보험보다 이러한 방법을 얼마나 더 선호하게 될지는 앞으로 지켜보아야 할 문제이다. 이를 통해 이용자들은 일종의 통제감을 가질 수 있지만 실제 사회보험에 대한 기여의지는 약화될 수 있기 때문이다.

4.7. 보충성 바우처

본서의 여러 곳에서 논의된 '보충성 바우처'는 경제학자들이 통상적으로 제시하는 방안이다. 납세자들은 공립학교의 아동이나 요양원의 노인들을 위해 자신이 어느 정도 비용을 지불할 준비가 되어있는지를 정치적 과정을 통해 암묵적으로 결정한다. 만약 이 급여액이 부모가 기대하는 것보다 낮다면 현행의 제도 하에서 부모가 원하는 것을 획득할 수 있는 유일한 방

---

144) 제3장 '4.5.1 요금부과' 부분 참조 바람.

법은 모든 비용을 사적 방법을 통해 지불하는 것이다. 만약 정부가 현재 지출하고 있는 금액가치의 바우처를 부모에게 제공한다면 부모는 이를 자체적으로 보충하여 아동을 보다 나은 학교에 보낼 수 있다. 이렇게 함으로써 교육에 투자되는 금액은 증가할 것이며, 부모들이 원하는 방향으로 자금을 지출할 수 있는 기회는 확장될 것이다.

이러한 해법에 대해 사람들은 실질적인 측면뿐만 아니라 사회적 측면에서 형평성의 문제를 제기한다. 실질적인 측면에서, 바우처에 얼마의 가치를 담아야 하는가를 결정하는 것부터 문제는 시작된다. 바우처가 가장 수월하게 실시될 수 있는 영역은 학교교육이다. 모든 학생들에게 동일한 금액의 바우처를 제공하는 것은 행정적으로 그리 어렵지 않기 때문이다. 하지만 이곳에서 조차도 특별한 욕구를 가진 아동에게 더 많은 금액의 바우처를 지급함으로써 크림스키밍의 문제를 예방해야 될 필요가 있다. 교육의 어려움이 더 큰 학생들에게는 보다 많은 자원이 할당되어야 한다.

의료보장 및 장기요양보호의 경우 문제는 훨씬 어려워진다. 우리들 대부분은 생애전체를 놓고 볼 때 NHS를 이용하는 기간이 아주 짧다. 심지어 특정연령을 놓고 보더라도 개인 간의 차이는 매우 크다. 만약 모든 사람들에게 매년 정액의 돈을 제공함으로써 의료보장을 구매할 수 있도록 한다면 대부분의 사람들은 이를 세계여행에 소비할 것이다. 우리들 중 5%~10%는 그 금액이 모든 의료욕구를 커버하기에 절대적으로 부족하다고 생각할 것이다. 의료욕구가 상이한 사람들에게는 상이한 수준의 바우처가 제공되어야 한다.

장기요양보호는 장시간을 필요로 하며 심사가 보다 용이하다는 조건을 갖는다. 이 경우 개인 각자를 대상으로 예산을 설정하고, 이를 당사자 혹은 보호자에게 지급할 수 있다.[145] 이렇게 지급된 금액은 개인이 사적

145) 제5장 '3. 선택과 효율의 증진' 부분 참조 바람.

방법을 통해 보충할 수 있다.

그러나 형평성이라는 두 번째 문제가 발생한다. 우리는 노인들이 본인의 지불능력에 따라 서로 상이한 주거생활을 누릴 수 있다는 생각에는 기꺼이 동의한다. 하지만 교육수준을 차별화하고, 부모의 소득 및 교육비 지출의지에 따라 아동을 서로 다른 학교로 분리해야 한다는 생각에는 찬성하지 않는다. 현재 실시되고 있는 대부분의 바우처제도 하에서는 형평성의 문제가 발생할 가능성이 높다. 다양한 사립학교들이 비슷한 소득, 보다 중요하게는 선호도가 비슷한 학생들을 유인하게끔 설계되어 있다. 따라서 선호도가 낮은 학생을 받아들이는 학교에게 보다 많은 자금을 지원하는 등 다른 결과를 가져올 수 있는 바우처제도를 고안할 필요가 있다.

결국 이렇게 경제학적으로 단순명료한 해결책은 처음에 생각했던 것보다 훨씬 복잡하고 가치가 내재된 것이다.

종합적으로, 유권자들이 적정수준의 인도적 공공서비스를 원한다면 조세 혹은 조세와 유사한 방식으로 더 많은 돈을 지불할 준비가 되어있어야 한다. 그리고 이 사실을 확신시키기 위해서는 정도의 길을 밟는 것 외에 다른 방법이 없어 보인다.

개관

복지국가의 미래는 존재하는가? 지난 30년간의 경제학이론 및 대중의 선호에 따르면 복지국가는 지속되어야 한다. 하지만 손쉬운 해결책은 없다. 우리가 행하는 모든 것은 비용을 필요로 한다. 이를 위해 사람들은 보다 오랫동안 일하면서 보다 많은 세금을 납부해야 한다. 향후 20년 동안 우리는 현재수준의 복지서비스와 공적연금을 유지시키기 위해 GDP의 5%에 달하는 비용을 더 지불해야 할 것이다. 다른 국가들이 동일한 문제에 직면해 있다고 하더라도 이는 쉽게 받아들일 수 있는 메시지가 아니다. 하지만 영국의 어느 정당도 이를 언급하지 않는다. 세금을 인상하는 것은 동의를 필요로 한다. 대중들은 사회복지기관이 양질의 서비스를 그들이 필요로 하는 시기에, 그들이 원하는 장소에서, 그들이 원하는 방식으로 전달하고 있다고 확신해야 한다. 하지만 그들은 또한 진실을 알아야 할 필요가 있다.

논의

1. 만약 세금인상이 필요하다는 사실을 유권자에게 설득해야 한다면 여러분이 개진할 가장 중요한 주장은 무엇인가?
2. 추가세입 확보를 위해 여러분은 어떠한 전략들을 혼합적으로 채택할 것인가?
3. 보충성 바우처가 보다 많은 자금을 서비스로 끌어들일 수 있는 좋은 방법이라고 생각하는가? 그렇다면 이 방법을 어떤 서비스를 대상으로 사용해야 하는가?

추천문헌

1. Castles(2004)과 Pierson(2001)은 재정위기에 대한 두려움과 이로 인한 결과를 국제적인 관점에서 논하고 있다.
2. Hills(2004)는 이를 영국의 시각에서 논하고 있다.
3. 매년 실시되는 영국의 사회의식조사(British Social Attitude Surveys)는 조세와 지출에 대한 대중의 생각이 시간이 지남에 따라 어떻게 변화되고 있는지를 보여준다. 예를 들어 Taylor-Gooby and Hastie(2002)와 Sefton(2009)를 참조하기 바란다.
4. Hills(2009)는 미래에 직면하게 될 압박들을 종합적으로 검토하고 있다.

【 참고문헌 】

Aaron, H. (1996) 'The social insurance paradox', *Canadian Journal of Economics*, vol 32, August, pp 371-4.

Aaron, H. (ed) (1999) *Behavioural dimensions of retirement economics*, Washington, DC: Brookings Institution.

Aaron, H. and Swartz, B. (1984) *The painful prescription*, Washington, DC: Brookings institution.

Aaron, H. J. and Swartx, W. B. with Cox, M. (2005) *Can We say no? The challenge of rationing health care*, Washington DC: Brookings Institution.

Acemoglu, D. and Robinson, J. A. (2006) *Economic dictatorships and democracy*, Cambridge: Cambridge University Press.

Acheson Report (1998) *Independent inquiry into Inequalities in Health*: Report, London: The Stationery Office.

Adam, S. and Browne, J.(2006) *A survey of the UK tax system*, Briefing note 9, London: Institute for Fiscal Studies.

Akerlof, G.A. (1970) 'The market for "Lemons":qualitative uncertainty and the market mechanism', *Quarterly Journal of Economics*, vol 84, pp 488-500.

Alcock, P. Glennerster, H., Oakley, A. and Sinfield, A. (eds) (2001) *Welfare and wellbeing: Richard Titmuss's contribution to social policy*, Bristol: The Policy Press.

Allen, I. and Perkins, E. (eds) (1995) *The future of family care for older people*, London: HMSO.

Arber, S. and Ginn, J. (1995) 'Gender differences in informal caring', *Health and Social Care in the Community*, vol 3, pp 19–31.

Arrow, K. (1951) *Social choice and individual values*, New York, NY: Wiley.

Atkinson, A.B. (1999) *The economic consequences of rolling back the welfare state*, Cambridge, MA: MIT Press.

Atkinson, A. B. and King, M.A. (1982) 'Housing policy taxation and reform', *Midland Bank Review*, Spring, pp 7–15.

Atkinson, A. B. and Micklewright, J. (1991) 'Unemployment compensation and labour market transitions: a critical review', *Journal of Economic Literature*, vol 29, no 4, pp 1679–727.

Audit Commission (1986) *Making a reality of community care*, London: HMSO.

Audit Commission (1996) *What the doctor ordered: A study of GP fundholders in England and Wales*, London: The Stationery Office.

Ball, S.J. (2002) *Class strategies and the education market: the middle classes and social advantage*, London: Routledge Farmer.

Barr, N. (1998) *The economics of the welfare state*, Oxford: Oxford University Press.

Barr. N. (ed)(2001a) *Economic theory and the welfare state*, vols 1–3, Cheltenham: Edward Elgar.

Barr. N. (2001b) *The welfare state as piggy bank: information, risk, uncertainty and the role of the state*, Oxford: Oxford University Press.

Barr. N. (2004a) *The economics of the welfare state(4th edn)*, Oxford: Oxford University Press.

Barr, N. (2004b) 'Higher education funding', *Oxford Review of Economic Policy*, vol 20, no 2, pp 264–83.

Barr N. (2007) 'Financing higher education: tax, graduate tax or loans?', in J. Hills, J. Le Grand and D. Piachaud (eds) *Making social policy work*, Bristol: The Policy Press, pp 109–30.

Barr. N. and Crawford, I. (2005) *Financing higher education: Answers from the UK*, London: Routledge.

Barr. N. and Diamond, P. (2008) *Reforming pensions: Principles and policy choices*, New York and Oxford: Oxford University Press.

Barr. N. and Diamond, P. (2009) *An overview of reforming pensions: Principles and policy choices*, New York and Oxford: Oxford University Press.

Baumol, W. (1967) 'Macro-economics of unbalanced growth: anatomy of urban crisis', *American Economics Review*, vol 57, no 3, pp.415–26

Becker, G.S. (1976) *The economics approach to human behaviour*, Chicago, IL: Chicago University Press.

Bell, D. and Bowes, A. (2006) *Financial care models in Scotland and the Uk*, York: Joseph Rowntree Foundation.

Billis, D. and Glennerster, H. (1998) 'Human services and the voluntary sector: towards a theory of comparative advantage', *Journal of Social Policy*, vol 27, part 1, pp 79–98.

Blundell, R., Dearden, L., Meghir, C. and Sianesi, B. (1999) 'Human capital investment: the returns from education and training to the individual, the firm and the economy', *Fiscal Studies*, vol 20, no 1, pp 1–23.

Boadway, R. and Wildasin, D. (1996) 'Taxation and saving', in M. P. Devereux (ed) *The economics of tax policy*, Oxford: Oxford University Press, pp 55–106.

Bowley, M. (1945) *Housing and the state 1919–44*, London: Allen & Unwin.

Bradley, S. and Taylor, J. (2000) *The effect of the quasi-market on the efficiency-equity trade-off in the secondary school sector*, Centre for Research in the Economics of Education Discussion Paper EC9/00, Lancaster: Lancaster university.

Bradley, S., Johnes, G. and Millington, J. (1999) *School choice, competition and the efficiency of secondary schools in England*, Centre for Research in the Economics of Education Discussion Paper EC3/99, Lancaster: Lancaster University.

Bramley, G. (1998) *Where does public spending go? Pilot study to analyse the flows of public expenditure into local areas*, DETR Regeneration Research Report, London: DETR.

Brewer, M., Saez, M. and Shepherd, A. (2008) *Means testing and tax rates on earnings: Evidence to the Mirrlees Commission*, London: Institute of Fiscal Studies.

Brewer, M., Sibieta, L. and Wren-Lewis, L. (2008) *Racing away? Income inequality and the evolution of high incomes*, Briefing Note 76, London: Institute of Fiscal Studies (www.ifs.org.uk).

British Social Attitudes Survey (2007) *ESRC data archive*, Colchester: Essex University (www.data-archive.ac.uk).

Brown, T., Dearling, A., Hunt, R., Richardson, J. and Yates, N. (2002) *Allocate or let: Your choice*, Coventry and York: Chartered Institute of Housing and Joseph Rowntree Foundation.

Buchanan, J.M. (1975) *The limits of liberty: Between anarchy and Leviathan*, Chicago, IL: University of Chicago Press.

Bulmer, M. (1986) *Neighbours: The work of Philip Abrams*, Cambridge: Cambridge University Press.

Burchardt, T., Hills, J. and Propper, C. (1999) *Private welfare and public policy*, York: Joseph Rowntree Foundation.

Burgess, S. and Propper, C. (2002) 'The dynamics of poverty in Britain', in J. Hills, J. Le Grand, J. and D. Piachaud (eds) *Understanding social exclusion*, Oxford: Oxford University Press, pp 46–61.

Burgess, s., Propper, C. and Wilson, d. (2005) *Will more choice improve outcomes in education and health care Evidence form economic research*, Bristol: Centre for Market and Public Organization, University of Bristol (www.bris.ac.uk/Kepts/CMPO).

Burtless, G. (1999) 'An economic view of retirement', in H. Aaron (ed) *Behavioral dimensions of retirement economics*, Washington, DC: Brookings Institution, pp 7–42.

Butler, D., Adonis, A. and Travers, T. (1994) *Failure in British government: The politics of the Poll Tax*, Oxford: Oxford University Press.

Calabresi, G. and Bobbitt, P. (1978) *Tragic choices*, New York, NY: Norton.

Callender, C. (2002) 'The costs of widening participation: contradictions in new Labour's student funding policies', *Social Policy and Society*, vol 1, no 2, pp 83–94.

Callender, C. and Jackson, J. (2005) 'Does fear of debt deter students form higher education?', *Journal of Social Policy*, vol 34, no 4, pp 509–40.

Calman Commission (2008) *The Future of Scottish Devolution within the Union*(www.commissiononscottishdevolution.org.uk).

Campbell, J.C. and Ikegami, I. (2000) 'Long-term care insurance comes to Japan', *Health Affairs*, vol 19, no 3, pp 26–39.

Campbell, J. C. and Ikegami, N. (2003) 'Japan's radical reforms of long term care', *Social Policy and Administration*, vol 37, no 1, p 21–34.

Castles, F.G. (2004) *The future of the welfare state: Crisis myths and crisis realities*, Oxford: Oxford University Press.

Chapman, B. (1997) 'Conceptual issues and the Australian experience with income contingent charges for higher education', *Economic Journal*, vol 107, May, pp 738–51.

Choi, J., Laibson, D., Madrian, B. and Metrick A (2004) 'For better or for worse: default effects and 401K savings behaviour', In D. Wide (ed) *Perspectives on the economics of ageing*, Chicago, IL: Chicago University Press, pp 81–121.

Choi, J., Laibson, D., Madrian, B. and Metrick A (2006) 'Savings for retirement on the path of least resistance', in E. McCaffrey and J. Slimrod (eds) *Behavioral public finance: Toward a new agenda*, New York: Russell Sage Foundation, pp 304–51.

Christie, I. and Leadbeater, C. (1998) *To our mutual advantage*, London: Demos.

Chubb, J.E. and Moe, T.E. (1990) *Politics, markets and America's schools*, Washington, DC: Brookings Institution.

Clarke, G.L,. Munnell, A. and Orzag, J.M. (2006) *The Oxford handbook of pensions and retirement income*, Oxford: Oxford University Press.

Clarke, L. (1995) 'Family care and changing family structure: bad news for the elderly', in I. Allen and E. Perkins (eds) *The future of family care for older people*, London: HMSO.

CLG (Communities and Local Government) (2006) *Monitoring the long term impact of choice-based lettings*, Research Summary 231, London: CLG.

CLG (2007) *Housing statistics*, London: CLG.

CLG (2008a) *A guide to the local government finance settlement*, January 2008, London: CLG (www.communities.gov.uk)

CLG (2008b) *Housing Revenue Account subsidy determination 2008. 9*, London: CLG.

Collard, D. (1978) *Altruism and economy: A study in non-selfish economics*, Oxford: Martin Robertson.

Commission on Taxation and Citizenship (2000) *Paying for progress: A new politics of tax for public spending*, London: Fabian Society.

Commonwealth of Australia (1997) *Learning for life: Review of higher education financing and policy: A policy discussion paper*, Canberra: AGPS.

Coons, J. and Sugarman, S. (1978) *Education by choice: The case for family control*, Berkeley, CA: University of California Press.

CPAG (Child Poverty Action Group) (2008) *Welfare benefits and tax credits handbook 2008/9*, London: CPAG.

Çuellar, A.E. and Weiner, J.M. (2000) 'Can social insurance for long-term care work? The experience of Germany', *Health Affairs*, vol 19, no 3, pp 8-25.

DCSF (Department for Children, Schools and Families) (2007) *Education and training statistics for the United Kingdom*, London: DCSF.

DCSF (2008) *Indicators of deprivation for use in school funding: Note for authorities*, London: DCSF.

Deakin, N. (2001) *In search of civil society*, Basingstoke: Palgrave.

Deakin, N. and Parry, R. (2000) *The Treasury and social policy*, Basingstoke: Macmillan.

Dearden, L,m Fitzsimons, E., Goodman, A. and Kapln, G. (2008) *Higher ed-*

ucation funding reforms in England: The distributional effects and the shifting balance of costs, London: Centre for the Economics of Education, London School of Economics and Political Science.

Dearing Committee (1997) *Higher education in the learning society*, NCIHE/97/856, London: The Stationery Office.

DES (Department of education and Science) (1967) *Children and their primary schools*, (the 'Plowden Report'), London: HMSO.

DETR (Department of the Environment, Transport and the Regions) (2000) *Quality and choice: A decent home for all – the way forward for housing*, London: DETR.

Devereux, M.P. (1996) *The economics of tax policy*, Oxford: Oxford University Press.

DfES (Department for Education and Skills) (2003) *The future of higher education*, Cm 5735, London: The Stationery Office.

DfES (Department for Education and Skills) and PMSU (Prime Minister's Strategy Unit) (2006) *School reform: A survey of recent international experience*, London L DfES.

Disney, R. (2000) 'Crises in public pension programmes in OECD: what are the reform options?', *The Economic Journal*, vol 110, pp F1–F23.

Disney, R., Emmerson, C. and Wakefield, M. (2001) 'Pension reform and saving in Britain', *Oxford Review of Economic Policy*, vol 17, no 1, pp 70–94.

Dixon, A. and Mossialos, E. (2002) *Health systems in eight countries: Trends and challenges*, London: London School of Economics and Political Science, European Observatory on Health Care Systems.

DoH (Department of Health) (1988) *Community care: Agenda for action*,

London: HMSO.

DoH (1989) *Working for patients*, Cm 555, London: HMSO.

DoH (1998) *Modernising social services: Promoting independence*, improving protection, raising standards, Cm 4169, London: The Stationery Office.

DoH (1999) *A new approach to social service performance: Consultation document*, London: The Stationery Office.

DoH (2000) *The NHS plan: A plan for investment, a plan for reform*, Cm 4818-1, London: The stationery Office.

DoH (2002) *Delivering the NHS plan: Next steps on investment next steps on reform*, Cm 5503, London: The stationery Office.

DoH (2003) *Report of an inquiry by lord Laming*, London: The Stationery Office.

DoH (2005a) *Departmental report*, London: The Stationery Office.

DoH (2005b) *Independence, well being and choice: Our vision for the future of adult social care*, London: DoH

DoH (2006) *Our health, our care, our say*, Cm 6737, London: The Stationery Office.

DoH (2007) *Annual report 2007*.

DoH (2008) *Report of the Advisory Committee on Resource Allocation* (December 2008), and The 2009/10 and 2010/11 Exposition Book (www.dh.gov.uk/en/Publicationsandstatistics/PublicationsPolicyAndGuidance/).

Donnison, D. (1967) *The government of housing*, Harmondsworth: Penguin.

Donnison, D. and Ungerson, C. (1982) *Housing policy*, Harmondsworth: Penguin.

Dowling, B. (2000) *GPs and purchasing in the NHS*, Aldershot: Ashgate.

Doyal, L. and Gough, I. (1991) *A theory of human need*, London: Macmillan.

Dreze, J., Sen, A. and Hussain, A. (1995) *The political economy of hunger*, Oxford: Oxford University Press.

Dunleavy, P. (1991) *Democracy, bureaucracy and public choice*, Hemel Hempstead: Harvester Wheatsheaf.

Dunleavy, P. and O'Leary, B. (1987) *Theories of the state*, London: Macmillan.

DWP (Department for Work and Pensions) (2006a) *Security in retirement: Towards ad mew pensions system*, London: The Stationery Office.

DWP(2006b) *Personal accounts: Principles and policy choices*, London: The Stationery Office.

DWP(2007a) *Housing benefit and council tax benefit: Quarterly summary statistics (May)*, London: DWP.

DWP(2007b) *Local housing allowance: final evaluation*, London: DWP

Ellwood, D.T.(1988) *Poor supprot: poverty and the Americal family*, New York: Basic Books.

Esping-Andersen, G. (1990) *Three worlds of welfare capitalism*, Cambridge: Polity Press.

Esping-Andersen, G. (1996) *Welfare states in transition*, London: Sage Publications.

Esping-Andersen, G. (2007) 'Sociological explanations of changing income distribution', *American Behavioural Scientist*, vol 50, no 5, pp 639-57.

Esteban, J.M and Sakovics, J. (1993) 'Inter-temporal transfer institutions', *Journal of Economic Theory*, vol 61, pp 189-205.

European Observatory on Health Care Systems (2001) *Health care systems in transition:* Sweden, Copenhagen: WHO Regional Office for Europe (www.observatory.dk).

European Observatory on Health Care Systems and Policies (2008) Country profiles (www.euro.who).

EU (European Union) Economic Policy Committee (2006) *The impact of ageing on Public spending on pensions, health and long term care, education and unemployment benefits for the elderly summary report*, ECFIN/EPC (2006) REP/238 final, Brussels: EU.

Evandrou, M. (1998) 'Great expectations: social policy and the new millennium elders', in M. Bernard and J. Phillips (eds) *The social policy of old age*, London: Centre for Policy on Ageing.

Evandrou, M. and Falkingham, J. (1998) 'The personal social services', in H. Glennerster and J. Hills (eds) *The state of welfare: The economics of social spending*, Oxford: Oxford University Press. pp 189–256.

Evans, M. (1998) 'Social security: dismantling the pyramids?', in H. Glennerster and J. Hills (eds) *The state of welfare: The economics of social spending*, Oxford: Oxford University Press. pp 257–307.

Evans, M. (2001) *Welfare to work and the organisation of opportunity: Lessons from abroad*, CASE Report 15, London: Centre for Analysis of Social Exclusion, London School of Economics and Political Science.

Falkingham, J. and Hills, J. (1995) *The dynamic of welfare: The welfare state and the life cycle*, Hemel Hempstead: Prentice Hall.

Feder, J., Komisar, H.L. and Niefeld, M. (2000) 'Long-term care in the United States: an overview', *Health Affairs*, vol 19, no 3, pp 40–56.

Feinstein, L. (2003) 'Inequality in early cognitive development of British children in the 1970 cohort', *Economica*, vol 70, no 277, pp 73–98.

Feldstein, M. (1974) 'Social security, induced retirement and aggregate capital accumulation', *Journal of Political Economy*, vol 82, no 5, pp 905–26.

Feldstein, M (1980) 'International differences in social security spending', *Journal of Public Economics*, vol 14, pp 225–44.

Field, F. and Piachaud, D. (1971) 'The poverty trap', *New Statesman*, 3 December.

Finch, J. (1995) 'Responsibilities, obligations and commitments', in I. Allen and E. Perkins (eds) *The future of family care for older people*, London: HMSO, pp 51–64.

Fisk, E.B. and Ladd, H.F. (2000) *When schools compete: A cautionary tale*, Washington DC: Brookings Institution.

Freeman, R., Topel, R. and Swedenborg, B. (eds) (1997) *The welfare state in transition: Reforming the Swedish model*, Chicago, IL: University of Chicago Press.

Friedman, M. (1962) *Capitalism and freedom*, Chicago, IL: University of Chicago Press.

Gerdtham, U.G. and Jonsson, B. (2000) 'Cross-country studies of health care expenditure', in J. Culyer and J. Newhouse (eds) *The handbook of health economics*, Amsterdam: North-Holland.

Gewirtz, S., Ball, S.J. and Bowe, R. (1995) *Markets, choice and equity in education*, Buckingham: Open University Press.

Gibbons, s. And Silva, O. (2006) *Faith primary schools: Better schools or better pupils?*, Centre for the Economics of Education Discussion Paper, London: London School of Economics and Political Science.

Gibbons, S. and Telhaj, S. (2007) 'School segregation and its consequences', *Centrepiece*, Winter 2007/08, London: Centre for the Economics of Education, London School of Economics and Political Science.

Gibbons, S., Machin, S. and Silva, O. (2006) *Competition choice and pupil achievement*, Discussion paper 56, London: Centre for the Economics of Education, London School of Economics and Political Science.

Glendinning, C. (2007) 'Improving equity and sustainability in UK long term-care finance. Lessons from Germany', *Social Policy and Society*, vol 6, no 3, pp 411-22.

Glendinning, C., Dabies, B., Pickard, L. and Comas-Herrera, A. (2004) *Funding long term care for older people: Lessons from other countries*, York: Joseph Rowntree Foundation.

Glennerster, H. (1972) 'Education and inequality', in P. Townsend and N. Bosanquet (eds) *Labour and inequality*, London: Fabian Society, pp 83-107.

Glennerster, H. (1991) 'Quasi-markets for education?', *Economic Journal*, vol 101, no 408, pp 1268-86.

Glennerster, H. (1998) 'Education: reaping the harvest?', in H. Glennerster and J. Hills (eds) The state of welfare: *The economics of social spending*, Oxford: Oxford University Press, pp 27-74.

Glennerster, H. (2002) 'United Kingdom education, 1997-2001', *Oxford Review of Economic Policy*, vol 18, no 2, pp 120-36.

Glennerster, H. (2007) *British social policy 1945 to the present*, Oxford: Blackwells.

Glennerster, H. and Hills, J. (1998) *The state of welfare: The economics of social spending*, Oxford: Oxford University Press.

Glennerster, H. and Le Grand, J. (1995) 'The developments of quasi-markets in welfare provision in the United Kingdom', *International Journal of Health Services*, vol 25, no 2, pp 203–18.

Glennerster, H. and Wilson, G. (1970) *Paying for private schools*, London: Allen Lane, The Penguin Press.

Glennerster, H., Cohen, A. and Bovell, V. (1998) 'Alternatives to fundholding', *International Journal of Health Services*, vol 28, no 1, pp 47–66.

Glennerster, H., Falkingham, J. and Barr, N. (1995) 'Education funding, equity and the life cycle', in J. Falkingham and J. Hills (eds) *The dynamic of welfare: The welfare state and the life cycle*, Hemel Hempstead: Harvester Wheatsheaf, p 119.

Glennerster, H., Hills, J. and Travers, T. (2000) *Paying for health*, education and housing, Oxford: Oxford University Press.

Glennerster. H. with Korman, N. and Marslen-Wilson, F. (1983) *Planning for priority groups*, Oxford: Martin Robertson.

Glennerster, H., Matsaganis, M. and Owens, P. (1994) *Implementing GP fundholding: Wild card or winning hand*, Buckingham: Open University Press.

Glennerster, H., Wilson, G. and Merrett, S. (1968) 'A graduate tax', Higher *Education*, vol 1, no 1, pp 26–38 (reprinted with update 2003).

Goodin, R. and Le Grand, J. (1987) *Not only the poor: The middle classes and the welfare state*, London: Allen & Unwin.

Gosden, P.H.J.H. (1976) *Education in the second world war*, London: Methuen.

Gough, I. (1979) *The political economy of the welfare state*, London: Macmillan.

Gravelle, H., Dusheiko, M. and Sutton, M. (2002) 'The demand for elective surgery in a public system: time and money prices in the UK National Health Service', *Journal of Health Economics*, vol 21, no 3, pp 423–49.

Grundy, E. (1995) 'Demographic influences on the future of family care', in I. Allen and E. Perkins (eds) *The future of family care for older people*, London: HMSO.

Guillebaud Committee (1956) *Committee of enquiry into the cost of the National Health Service*, Cmd 9663, London: HMSO.

Gundlach, E., Woessman, L. and Gmelin, J. (2001) 'The decline of schooling productivity in OECD countries', *The Economic Journal*, vol 11, May, pp 135–47.

Hall, A.S. (1974) *The point of entry*, London: Allen & Unwin.

Hansmann, H. (1980) 'The role of nonprofit enterprise', *Yale Law Journal*, vol 89, pp 835–901.

Hansmann, H. (1987) 'Economic theories of nonprofit organisation;', in W. Powell (ed) *The Nonprofit sector: A handbook*, New Haven, CT: Yale University Press.

Hansson, I. and Stuart, C. (1989) 'Social security as trade among living generations', *American Economic Review*, vol 17, December, pp 1182–95.

Harris, C. and Scrivener, G. (1996) 'Fundholders' prescribing costs: the first five years', *British Medical Journal*, vol 313, pp 1531–4.

Hatton, C. (2004) 'Choice', in E. Emmerson, C. Hatton, T. Thomson and R. Parmenter (eds) *The international handbook of applied research on intellectual disabilities*, London: Wiley.

Heady, C. (1996) 'Optimal taxation as a guide to tax policy', in M P. Devereux (ed) *The economics of tax policy*, Oxford: Oxford University Press, pp 23–54.

Heald, D. (1980) *Territorial equity and public finance: Concepts and confusion*, Glasgow: Centre for the Study of Public Policy.

Heald, D. and McLeod, A. (2003) 'The laws of Scotland', *Stair Memorial Encyclopedia: Public expenditure*, London: Butterworths.

Heclo, H. and Wildavsky, A. (1974, 2nd edn 1981) *The private government of public money*, London: Macmillan.

Helgoy, I. and Homme, A. (2006) 'Policy tools and institutional change: comparing educational policies in Norway, Sweden and England', *Journal of Public Policy*, vol 26, no 2, pp 141–65.

Hill, M. (ed) (1993) *The policy process: A reader*, London: Harvester Wheatsheaf.

Hill, S., Lupton, G., Moody, G. and Regan, S. (2002) *A stake worth having? The potential for equity stakes in social housing*, London: Chartered Institute for Housing and Institute for Public Policy Research.

Hill, J. (1998) 'Housing: a decent home within the reach of every family?', in H. Glennerster and J. Hills (eds) *The state of welfare: The economics of social spending*, Oxford; Oxford University Press, pp 122–88.

Hills, J. (2001) 'Poverty and social security: what rights? Whose responsibilities?', in A. Park, J. Curtice, K. Thompson, L. Jarvis and C. Bromley (eds) *British Social Attitudes: The 18th Report: Public policy, social ties*, London: Sage Publications, pp 1–28.

Hills, J. (2004) *Inequality and the state*, Oxford: Oxford University Press.

Hills, J. (2007) *Ends and means: The future roles of social housing in England*, CASE report 34, London: STICERD, London School of Economics and Political Science (www.lse.ac.uk)

Hills. J. (2009: Forthcoming) 'Future pressures: Intergenerational Links, wealth, demography and sustainability', in J. Hills, T. Sefton and K. Stewart (eds) *Towards a more equal society? Poverty, inequality and policy since 1997*, Bristol: THe policy Press.

Hills, J. and Lelkes, O. (1999) 'Social security, selective universalism and patchwork redistribution', in R. Jowell, J. Curtice, A. Park and K. Thompson (eds) *British Social Attitudes: The 16th Report: Who shares New Labour values?*, London: Ashgate, pp 1-22.

Hills. J., Smithies, R. and McKnight, A. (2006) *Tracking income: How working families' incomes vary through the year*, CASE report 32, London: STICERD, London School of Economics and Political Science (www. lse.ac.uk).

Hirsh, F. (1977) *Social limits to growth*, London: Routledge and Kegan Paul.

Hirschman, A.O. (1970) *Exit, voice and loyalty: Responses to decline in firms*, organisations and states, Cambridge, MA: Harvard University Press.

HM Treasury (1961) *Control of public expenditure*, The Plowden Report, Cm 1432, London: The Stationery Office.

HM Treasury (1998) *Modern public services for Britain: Investing in reform, Comprehensive Spending Review: 1999-2002*, Cm 4011, London: The Stationery Office (www.hm-treasury.gov.uk).

HM Treasury (2000) *Prudent for a purpose: Building opportunity and security for all. Spending Review: New public spending plans 2001-2004*, Cm 4807, London: The Stationery Office.

HM Treasury (2001) *Securing our future health: Taking a long-term view*, Interim Wanless Report, London: HM Treasury (www.hm-treawury.gov.uk).

HM Treasury (2002a) *Securing our future health: Taking a long-term view*, Final Wanless Report (www.hm-treasury.gov.uk/wanless).

HM Treasury (2002b) *Budget 2002*, HC 592, London: The Stationery Office (www.hm-treasury.gov.uk).

HM Treasury (2002c) *Public expenditure statistical analyses 2002/3*, London: The Stationery Office.

HM Treasury (2007a) *Meeting the aspirations of the British people*. 2007 Pre-budget report and Comprehensive Spending Review, Cm 7227, London: The Stationery Office (www.hm.treasury.gov.uk).

HM Treasury (2007b) *Public expenditure: Statistical analysis*, London: The Stationery Office (www.hm-treasury.gov.uk).

HM Treasury (2008a) 2008 Pre-Budget report. *Facing global challenges: supporting people through difficult times*, London: HM Treasury (www.hm-treasury.gov.uk).

HM Treasury (2008b) *Public expenditure statistical analyses 2008*, London: The Stationery Office.

HM Treasury (2008c) *Long-term public finance report: An analysis offiscal sustainability*, London: HM Treasury (www.hm-treasury.gov.uk).

HM Treasury (2008d) *Budget 2008*, London: The Stationery Office (www.hm-treasury.gov.uk).

HM Treasury (2010) *Public Expenditure Statistical Analysis, Comprehensive Spending Review, and Office of Budget Responsibility Report* Nov 2010.

HM Treasury/DfES(Department for Education and Skills) (2005) *Child poverty: Fair funding for schools*, London: HM Treasury and DfES (www.teachernet.gov.uk).

Hochman, H.M. and Rodgers, J. D. (1969) 'Pareto optimal redistribution', *American Economic Review*, vol 59, pp 542-7.

Holloway, S. and Tamplin, S. (2001) 'Valuing informal childcare in the UK', *Economic Trends, September*, London: The Stationery Office, pp 51–60.

Holmans, A.E. (1987) *Housing policy in Britain: A history*, London: Croom Helm.

House of Commons Education and Skills Committee (2002) *Post–16 student support*, HC 445, London: The Stationery Office.

House of Commons Treasury Committee (1997) *The Barnett formula*, HC 341, London. The Stationery Office.

Hoxby, C.M. (2000) 'Does competition among public schools benefit students and taxpayers?', *The American Economic Review*, vol 90, pp 1209–38.

Hoxby, C. (2005) *Competition among public schools: A reply to Rothstein*, NBER Working Paper No 11216, Cambridge MA: National Bureau for Economic Research.

Hoxby, C. (2006) 'Do vouchers and charters push public schools to improve?', in P. E. Petersen (ed) *Choice and competition in American education*, Lanham, MD: Rowan and Littlefield.

Hunter, D.J. (1993) 'Rationing and health care', *Critical Public Health*, vol 4, no 1, pp 27–33.

Hunter, D.J. (1995) 'Rationing health care: the political perspective', in R.J. Maxwell (ed) *British Medical Bulletin*, vol 51, no 4, Edinburgh: Churchill Livingstone.

IFS(Institute for Fiscal Studies) (2007) *Analysis of the SNP proposal for a capped local income tax*, London: IFS.

Ikegami, N. (2007) 'Rationale, design and sustainability of long term care in

Japan – in retrospect', *Social Policy and Society*, vol 6, no 3, pp 423–34.

IPPR (Institute of Public Policy Research) (2001) *Building better partnerships*, London: IPPR.

Jones, A. and Posnett, S. (1993) 'The economics of charity', in N. Barr and D. Whynes (eds) *Current issues in the economics of welfare*, Basingstoke: Macmillan, pp 130–52.

Judge, K. (1978) *Rationing social services: A study of resource allocation in the personal social services*, London: Heinemann.

Judge, K. and Matthews, J. (1980) *Charging for care: A study of consumer charges and the personal social services*, London: Allen & Unwin.

Katz, B. (1999) 'Beyond city limits: a new metropolitan agenda', in H. J. Aaron and R. D. Reischauer (eds) *Setting national priorities*, Washington, DC: Brookings Institution, pp 303–31.

Kendall, J. (2003) *The voluntary sector: Comparative perspectives in the UK*, London: Routledge.

Kendall, J. and Knapp, M. (1996) *The voluntary sector in the UK*, Manchester: Manchester University Press.

Kendall, J. with Almond, S. (1998) *The UK voluntary (third) sector in comparative perspective: Exceptional growth and transformation*, London: Personal Social Services Research Unit, London School of Economics and Political Science.

Kendall, J., Knapp, M. and Forder, J. (2003) 'Social care and the non profit sector in the western developed world', Mimeo, London: LSE Health and Social Care, *The non profit sector: A research handbook* (2nd edn), Harvard, MA: Yale University Press.

King's Fund (2007) *Our future health secured? A review of NHS funding and performance*, London: King's Fund.

Klein, R. (1997) 'Defining a package of healthcare services the NHS is responsible for the case against', *British Medical Journal*, vol 314, pp 506–9.

Klein, R., Day, P. and Redmayne, S. (1996) *Managing scarcity*, Buckingham: Open University Press.

Knapp, M. (1984) *The economics of social care*, London: Macmillan.

Knapp, M. (2007) 'Social care: choice an control', in J. Hills, J. Le Grand and D. Piachaud(eds) *Making social policy work*, Bristol: The Policy Press, pp 147–72.

Knapp, M., Hardy, B. and Forder, J. (2001) 'Commissioning for quality: ten years of social care markets in England', *Journal of Social Policy*, vol 30, no 2, pp 283–306.

Layard, R. (1997) 'Preventing long-term unemployment: an economic analysis', in D. J. Snower and G. de la Dehesa (eds) *Unemployment policy*, Cambridge: Cambridge University Press, pp 333–49.

Layfield Committee (1976) *Local government finance report of a Committee of Inquiry*, Cmnd 6453, London: HMSO.

Le Grand, J. (1991) 'The theory of government failure', *The British Journal of Political Science*, vol 21, pp 423–42.

Le Grand, J. (1997) 'Knights, knaves or pawns? Human behaviour and social policy', *Journal of Social Policy*, vol 26, part 2, pp 149–69.

Le Grand, J. (1999) 'Competition, cooperation, or control? Tales from the British National Health Service', *Health Affairs*, vol 18, no 3, pp 27–39.

Le Grand, J. (2002) 'The Labour government and the National Health Service',

Oxford Review of Economic Policy, vol 18, no 2, pp 137–53.

Le Grand, J. (2003) *From knave to knight, from pawn to queen*, agency and public policy, Oxford: Oxford University Press.

Le Grand, J. (2007) *The other invisible hand: Delivering public services through choice and competition*, Princeton, NJ and Oxford: Princeton University Press.

Le Grand, J. and Agulnik, P. (1998) *Tax relief and partnership pensions*, London: Centre for Analysis of Social Exclusion, London School of Economics and Political Science (http://sticerd.lse.ac.uk/case.htm).

Le Grand, J. and Vizard, P. (1998) 'The National Health Service: crisis, change, or continuity?', in H. Glennerster and J. Hills (eds) *The state of welfare: The economics of social spending*, Oxford: Oxford University Press, pp 75–121.

Le Grand, J., Mays, N. and Mulligan, J.A. (1998) *Learning from the NHS internal market*, London: King's Fund.

Leivenstein, H. (1966) 'Allocative efficiency versus X efficiency', *American Economic Review*, vol 56, pp 392–415.

Lenaghan, J. (1997) 'Central government should have a greater role in rationing decisions – the case for', *British Medical Journal*, vol 314, pp 967–70.

Lavacic, R. (2004) 'Competition and performance in English secondary schools: Further evidence', *Education Economics*, vol 12, no 2, pp 177–93.

Levi-Strauss, C. (1969) *The elementary structures of kinship* (2nd edn), London: Eyre and Spottiswoode.

Lewis, J. and Glennerster, H. (1996) *Implementing the new community care*,

Buckingham: Open University Press.

Lindbeck, A. (1995) 'Welfare state disincentives with endogenous habits and norms', *Scandinavian Journal of Economics*, vol 97, no 4, pp 477–94.

Lipsky, M. (1980) *Street-level bureaucracy: Dilemmas of the individual in public services*, New York, NY: Russell Sage Foundation.

LØdemel, I. and Trickey, H. (2001) *'An offer you can't refuse': Workfare in international perspective*, Bristol: The Policy Press.

Lowe, R. (1989) 'Resignation at the Treasury: the Social Services Committee and the failure to reform the welfare state 1955–57', *Journal of Social Policy*, vol 18, no 4, pp 505–26.

Lowe, R. (1997a) 'Milestone or millstone: the 1959–61 Plowden Committee and its impact on British welfare policy', *Historical Journal*, vol 40, no 2, pp 463–91.

Lowe, R. (1997b) 'The core executive, modernisation and the creation of PESC 1960–64', *Public Administration*, vol 75, Winter, pp 601–15.

LSC (Learning and Skills Council) (2007) *Th 16–18 adult learner and employer responsive funding models*, Coventry: LSC.

LSC (2008) *LSC Funding guidance 2008/9: Funding formula*, Coventry: LSC.

Lubiensky, S.T. and Lubiensky, C. (2006) 'School sector and academic achievement: a multi-level analysis of NAEP mathematics data', *American Educational Research Journal*, vol 43, no 94, pp 651–98.

Lusardi, A. (1999) 'Information, expectations, and savings for retirement', in H. Aaron (ed) *Behavioral dimensions of retirement economics*, Washington, DC: Brookings Institution, pp 81–115.

Lyons Inquiry (2007) *Lyons Inquiry into local government: Place shaping: A shared ambition for the future of local government*, London: The Stationery Office.

Maclean (ed) (2007) *Distributing health care: Principles*, practices and policies, St Andrew's studies in philosophy and public affairs, Exeter: Imprint Academic.

Maher, J. and Green, H. (2002) *Carers 2000*, London: The Stationery Office.

Malpass, P. (2004) *Housing and the welfare state: The development of housing policy in Britain*, Basingstoke: Palgrave Macmillan.

Malthus, T.R. (1798) *Essay on the principle of population as it affects the future improvement of population*, London: J. Johnson (reprinted 1970, Penguin Books: Harmondsworth).

Marsh, A. and Riseborough, M. (1998) 'Expanding private renting: flexibility at a price', in A. Marsh and D. Mullins (eds) *Housing and public policy*, Buckingham: Open University Press, pp 99–123.

Marshall, J. and Peters, M. (eds) (1999) *Education policy*, Cheltenham: Edward Elgar.

Marshall, T.H. (1950) *Citizenship and social class*, Cambridge: Cambridge university Pres.

Maslow, A. (1954) *Motivation and personality*, New York, NY: Harper.

Maslow, A. (1987) *Motivation and personality (3rd edn revised by R. Fruger)*, New York: Harper.

Matsaganis, M. (2007) 'Union structures and pension outcomes in Greece', *British Journal of Industrial Relations*, vol 45, no 3, pp 537–55.

Maynard, A. (1975) *Experiment with choice in education*, London: Institute of Economic Affairs.

Mayo, E. and Moore, H. (2001) The mutual state: How local communities can run public services, London: New Economics Foundation.

Mcknight, A. (2002) 'Low-paid work: drip-feeding the poor. The dynamics of poverty in Britain', in J. Hills, J. Le Grand and D. Piachaud (eds) *Understanding social exclusion*, Oxford: Oxford University Press, pp 97-117.

Merrett, S. (1979) *State housing in Britain*, London: Routledge and Kegan Paul.

Millar, J. (2009) *Understanding social security: Issues for policy and practice* (2nd edn), Bristol: The Policy Press.

Mirrlees Review (2008) *Reforming the tax system for the 21st century*, London: Institute for Fiscal Studies.

Modigliani, F. and Brumberg, R (1954) 'Utility analysis and the consumption function: and interpretation of cross-section data', in K. Kurihara (ed) *Post Keynesian economics*, Rutgers: Rutgers University Press, pp 388-436.

Mossialos, E. and Thomson, S.M.S. (2001) *Voluntary health insurance in the European Union*, London: London School of Economics and Political Science, Health and Social Care.

Mueller, D. C. (ed) (1997) *Perspectives on public choice: A handbook*, Cambridge: Cambridge University Press.

Murray, C. (19884) *Losing ground: American social policy 1950-80*, New York: Basic Books.

NAO (National Audit Office) (2007) *The academies programme*, London: NAO.

National Assembly for Wales, Committee on School Funding (2006) *Report on school funding arrangements in Wales*, Cardiff: Assembly for

Wales.

National Assembly for Wales, Health and Social Services Committee (2001) *Targeting poor health: Professor Townsend's report of the Welsh Assembly's National Steering Group on the allocation of NHS resources*, (the 'Welsh Review'), Cardiff: National Assembly for Wales.

Naylor, R., Smith, J. and McKnight, A. (2002) *Sheer class: The extent and sources of variation in UK graduate earnings premium*, CASE Parer 54, London: STICERD, London School of Economics and Political Science.

Netten, A. (1991) *Coming of age: The cost of social care support, Personal Social Services Research Unit Discussion Paper 742*, Canterbury: University of Kent.

Nevitt, A.A. (1966) *Housing, taxation and subsidies*, London: Nelson.

New, B. and Le Grand, J. (1996) *Rationing in the NHS: Principles and pragmatism*, London: King's Fund.

NHS (National Health Service) Information Centre (2008) *Personal social service statistics* (www.ic.nhs.uk).

Nickell, S. and Quintini, G. (2002) 'The recent performance of the UK labour market', *Oxford Review of Economic Policy*, vol 18, no 2, pp 202–20.

Niskanen, W. (1971) *Bureaucracy and representative government*, Chicago, IL: Aldine Atherton.

Nosick, R. (1974) *Anarchy, state and Utopia*, Oxford: Blackwell.

O'Connor, J. (1973) *The fiscal crisis of the state*, New York: St Martin;'Press.

ODPM (Office of the Deputy Prime Minister) (2002a) *A guide to the local government finance settlement*, London: ODPM.

ODPM (2002b) *Housing revenue account manual 2001*, London: The Stationery Office (www.housing.odpm.gov.uk).

OECD (Organisation for Economic Co-operation and Development) (2001a) *Education at a glance: OECD indicators 2001*, Paris: OECD.

OECD (2001b) *Knowledge and skills for life. First results from PISA 2000*, Paris: OECD.

OECD (2001c) *Ageing and income*, financial resources and retirement in 9 OECD countries, Paris: OECD.

OECD (2004) *Report on the UK economy*, Paris: OECD

OECD (2005) *OECD health working papers 2005 No 1*, Paris: OECD (www.oecd.org).

OECD (2007a) *Revenue statistics 2007*, Paris: OECD.

OECD (2007b) *Health data 2007: Statistics and indicators for 30 countries*, Paris: OECD.

OECD (2007c) *Education at a glance*, Paris: OECD.

OECD (2007d) *pensions at a glance: Public policies across OECD countries. 2007 edition*, Paris: OECD.

Offe, C. (1984) *Contradictions of the welfare state*, London: Hutchinson.

Okun, A.M. (1975) *Equality and efficiency: The big trade off, Washington*, DC: Brookings Institution.

ONS (Office for National Statistics) (2007a) *The effects of taxes and benefits on household income 2005/6*, London: ONS (www.statistics.gov.uk).

ONS (2007b) *UK national accounts Blue Book*, London: The Stationery Office.

ONS (2007c) *Annual abstract of statistics*, London: Palgrave Macmillan.

ONS (2008) *Public service productivity: Health care* (www.statistics.gov.uk-public sector output).

Paine, T. (1791/92, 1969) *Rights of man*, Harmondsworth: Penguin.

Park, A. and Roberts, C. (2002) 'The ties that bind', in A. Parl, J. Curtis, K. Thompson, L. Jarvis and C. Bromley (eds) *British Social Attitudes Survey 19th report*, London: Sage Publications, pp 183-207.

Parker, G. (1990) *With due care and attention(2nd edn)*, London: Family Policy Studies Centre.

Parker, G. and Lawton, D. (1994) *Different types of carer: Evidence from the General Household Survey*, London: HMSO.

Parker, R.A. (1967) 'Social administration and scarcity: the problem of rationing', *Social Work*, April, pp 9-14.

Parker, R.A. (1976) 'Charging for the social services', *Journal of Social Policy*, vol 5, no 4, pp 359-73.

Pauly, M.V. (1974) 'Overinsurance and the public provision of insurance: the roles of moral hazard and adverse selection'. *Quarterly Journal of Economics*, vol 88, pp 44-62.

Paxton, W. and White, S. (eds) (2006) *The citizen's stake. Exploring the future of universal asset policies*, Bristol: The Policy Press.

Pemberton, H., Thane, P. and Whiteside, N. (2006) *Pension crisis: History and policy*, Oxford: Oxford University press and British Academy.

Pensions Commission (2004) *Pensions: Challenges and choices. The first reprot of the Pensions Commission*, London: The Stationery Office.

Pensions Commission (2005) *A new settlement for the twentieth century. Second report of the Pensions Commission*, London: The Stationery Office.

Pickard, L. (2004) *The effectiveness and cost-effectiveness of support and services to informal carers of older people*, London: Audit Commission.

Pickard, L., Wittenburg, R., Comas-Herrera, A., King, D. and Malley, J. (2007) 'Care by spouses, care by children: projections of informal care for older people in England to 2031', *Social Policy and Society*, vol 6, no 2, pp 353-66.

Pierson, P. (1994) *Dismantling the welfare state*, Cambridge: Cambridge University Press.

Pierson, P. (2001) 'coping with permanent austerity: welfare sate re-structuring in affluent nations', in P. Pierson (ed) *The new politics of the welfare state*, Oxford: Oxford University Press.

Poole, T. (2006) *Funding options for older people's care*, London: The King's Fund.

Powell, M. (ed) (2007) *Understanding the mixed economy of welfare*, Bristol: The policy Press.

Power, A. (1987) *Property before people: The management of twentieth-century council housing*, London: Allen & Unwin.

Power, A. (1993) *Hovels to high rise: State housing in Europe since 1850*, London: Routledge.

Propper, C. (2001) 'Expenditure on healthcare in the UK: a review of the issues', *Fiscal Studies*, vol 22, no 2, pp 151-83.

Propper, C. and Green, K. (2001) 'A larger role for the private sector in financing UK health care: the arguments and the evidence', *Journal of Social Policy*, vol 30, no 4, pp 685-704.

Propper, C., Croxson, B. and Shearer, A. (2002) 'Waiting times for hospital admissions: the impact of GP fundholding', *Journal of Health Economics*, vol 21, no 2, pp 227-52.

Propper, C., Wilson, D. and Burgess, S. (2006) 'Extending choice in English health care', Journal of Social Policy, vol 35, no 4, pp 537–7.

Rafferty, T., Wilson–Davis, K. and McGavoek, H. (1997) 'How has fundholding in Northern Ireland affected prescribing patterns? A longitudinal study', *British Medical Journal*, vol 315, pp 166–70.

Raftery, J. and McLeod, H. (1998) *Hospital activity changes and total purchasing: National evaluation of total purchasing pilot projects*, Working Paper, London: Kings' Fund.

Ranade, W. (1998) 'Reforming the British National Health Service: all change, no change?', in W. Ranade (ed) *Markets and healthcare: A comparative analysis*, London: Longman, pp 101–21.

Rawls, J. (1972) *A theory of justice*, Oxford: Oxford University Press.

Richards, E. with Wilsdon, T. and Lyons, S. (1996) *Paying for long term care*, London: IPPR.

Rirrwe, G. A. (1983) *Sozialversicherung in Deutschland and England*, Frankfurt and New York: Munchen Beck.

Rogers, R. And Power, A. (2000) *Cities for a small country*, London: Faber and Faber.

Rowntree, B.S. (1902) *Poverty: A study of town life*, London: Nelson, reissued (2000) by The Policy Press for the Joseph Rowntree Foundation, Bristol.

Royal Commission on Long–Term Care (1999) *With respect to old age*, Cm 4192, London: The Stationery Office.

Ruhm, C.J. (2004) 'Parental employment and child cognitive development', *Journal of Human Resources*, vol 39, no 1, p 155.

Salamon, L. (1987) 'Partners in public service: voluntary failure and third party government: toward a theory of government–nonprofit relations', in W. Powell (ed) *The nonprofit sector: A research handbook*, New Heaven, CT: Yale University Press.

Samuelson, P.A. (1958) 'An exact consumption-loan model of interest with or without the social contrivance of money', *Journal of Political Economy*, vol 66, December, pp 467-82.

Savas, E.S. (1977) 'Policy analysis for local government: public versus private refuse collection', *Policy Analysis*, vol.3, pp 44-74.

Savas, E.S. (1982) *Privatising the public sector: How to shrink government*, Chatham, NJ: Chatham house.

Scott, A.J., Lewis, A. and Lea, S.E.G. (2001) *Student debt: The causes and consequences of undergraduate borrowing in the UK*, Bristol: The Policy Press.

Scottish Executive (1999) *Fair shares for all: Report of the national review of resource allocation for the NHS in Scotland*, Edinburgh: Scottish Executive Health Department.

Scottish Government (2007a) *Expenditure on school education in Scotland*, Edinburgh: Scottish Government.

Scottish Government (2007b) *Firm Foundations: The future of housing in Scotland*, Edinburgh: Scottish Government.

Sefton, T. (2009: Forthcoming) 'Moving in the right direction? Public attitudes to poverty, inequality and redistribution', in J. Hills, T. Sefton and K. Stewart (eds) Towards a more equal society? *Poverty, inequality and policy since 1997*, Bristol: The Policy Press.

Sen, A. (1981) *Poverty and famines*, Oxford: Oxford University Press.

Sibieta, L., Chowdry, H. and Muriel, A. (2008) *Level playing field?: The implications of school funding*, Reading: CfBT Education Trust and the

Institute of Fiscal Studies.

Smith, A. (1776) *The wealth of nations (Penguin edn, 1974)*, Harmondsworth: Penguin.

Smithies, R.S. (2005) *Public and private welfare activity in the United Kingdom, 1979 to 1999*, CASE paper 93, London: STICERD, London School of Economics and Political Science.

Steel Commission (2006) *Moving to federalism: A new settlement for Scotland*, Edinburgh: Scottish Liberal Democrats.

Stern, N. (2006) *The economics of climate change: The Stern Review*, Cambridge: Cambridge University Press.

Sutherland, H., Evans, M., Hills, J. and Zantomil, F. (2008) *The impact of benefit and tax uprating on incomes and poverty*, York: Joseph Rowntree Foundation.

Taylor-Gooby, P. (1995) 'Comfortable, marginal and excluded', in R. Jowell, J. Curtice, A. Park, L. Brook and D. Ahrendt (eds) *British Social Attitudes: 12th Report*, Aldershot: Dartmouth.

Taylor-Gooby, P. and Hastie, C. (2002) 'Support for state spending: has New Labour got it right?', in A. Park, J. Curtis, K. Thompson, L. Jarvis and C. Bromley (eds) *British Social Attitudes: 19th Report, London: Sage Publications*, pp 75-96.

Thain, C. and Wright, M. (1995) *The Treasury and Whitehall: The planning and control of public expenditure*, 1976-1993, Oxford: Oxford University Press.

The Stationery Office (2010), *Universal Credit: Welfare that works*, Cm7957.

The Stationery Office (2010b) *Equity and Excellence: Liberating the NHS*, Cm 7881.

Tiebout, C. (1956) 'A pure theory of public expenditure', *Journal of Political Economy*, vol 64, no 5, pp 416–24.

Timmins, N. (2002) 'A time for change in the British NHS: an interview with Alan Milburn', *Health Affairs*, vol 21, no 3, pp 129–35.

Titmuss, R.M. (1958) *Essays on the 'welfare state'*, London: Allen & Unwin.

Titmuss, R.M. (1970) *The gift relationship*, London: Allen & Unwin.

Travers, T. (2000) 'The development of educational needs formulae from 1958 to 1990', in H. Glennerster, T. Travers and J. Hills, *Paying for health education and housing: How does the centre pull the purse strings?*, Oxford: Oxford University Press, pp 76–94.

Tullock, G. (1976) *The vote motive*, London: Institute of Economic Affairs.

Tymms, P (2004) 'Are standards rising in English primary schools?', *Educational Research Journal*, vol 30, no 4, pp 477–94.

US Social Security Administration (2008) Social security systems throughout the world [updated every six months] (www.ssa.gov).

Uthwatt Committee (1942) *Compensation and betterment*, Cmb 6386, London: HMSO.

Vandenberghe, V. (1996) *Functioning and regulation of educational quasi-markets*, Louvain-la-Neuve: Catholic University.

Vandenberghe, V. (1998) 'Education quasi-markets: the Belgian experience', in W. Bartlett, J. Roberts and J. Le Grand (eds) *A revolution in social policy: Quasi-market reforms in the 1990s*, Bristol: The Policy Press, pp 79–94.

Waldfogel, J. (2004) *Social mobility Life chances and the early years*, CASE paper 88, London: CASE, London School of Economics and Political Science.

Walker, B. (1998) 'Incentives, choice and control in the finance of council housing', in A. Marsh and D. Mullins (eds) *Housing and public policy*, Buckingham: Open University Press, pp 153–74.

Weisbrod, B.A. (1986) 'Toward a theory of the voluntary nonprofit sector in a three-sector economy'(original version, 1972), in S. Rose-Ackerman (ed) *The economics of nonprofit institutions*, Oxford: Oxford University Press.

Welsh Assembly Government(2005) *Inequalities in health: The Welsh dimension 2002–05*, Cardiff: Welsh Assembly Government.

West, A. (2007) 'Schools financing and education standards', in J. Hills, J. Le Grand and D. Piachaud (eds) *Making social policy work*, Bristol: The Policy Press, pp 85–108.

Whiteley, P. (1981) 'Public opinion and the demand for social welfare in Britain', *Journal of Social Policy*, vol. 10, no 4, pp 455–75.

Wildavsky, A. (1974) *The politics of the budgetary process*, Boston, MA: Little Brown.

Wilkinson, R.G. (1996) *Unhealthy societies: The afflictions of inequality*, London: Routledge.

Wilkinson, R.G. (2000) *Mind the gap: Hierarchies, health and human evolution*, London: Weidenfeld and Nicholson.

Wilcox, S. (2007) *UK housing review*, York: Centre for Housing Policy, University of York.

Wilson, R. and Walley T. (1995) 'Prescribing costs in general practice fundholding', *Lancet*, vol 346, pp 1710–11.

Wittenburgh, R., Comas-Herrera, R., Pickard, L. and Hancock, R. (2004) *Future demand for long term care in the UK. A summary of projections of long-term care finance for older people*, York: Joseph Rowntree Foundation.

World Bank (2006) *World Bank Independent Evaluation Group Report. Pension reform: How to strengthen the World Bank's assistance*, Washington, DC: World Bank.

Wyse, D., McCreery, E. and Torrance, H (2008) *The trajectory and impact of national reform: Curriculum and assessment in English primary schools*, Primary Review Research Survey 3/2, Cambridge: Faculty of Education, University of Cambridge.

【 색인 】

ㄱ

ㄴ

ㄷ

ㅇ

ㅈ

저자

하워드 글래너스터는 1960년대 초 노동당 연구부(Labour Party Research Department)에서 연구원을 시작으로 영국사회정책의 발전에 많은 참여와 자문을 해왔으며, 현재에도 재무부와 보건국의 자문위원으로서 자원배정과 관련된 다양한 쟁점들에 관해 조언하고 있다. 1968년부터 런던정경대(London School of Economics and Political Science)에서 30년 이상 사회정책을 강의하였으며, 2002년에는 영국학사원의 회원으로 선정되었다. 현재는 사회정책학과의 명예교수이다.

역자

박순우는 런던정경대에서 하워드 글래너스터 교수의 지도하에 T. H. Marshall의 시민권을 주제로 박사학위를 받았으며, 현재는 공주대학교 교수로 재직 중이다. 관심분야는 사회권, 복지국가, 비교사회정책 등이다.

사회복지 재정의 이해

지은이 · 하워드 글래너스터
옮긴이 · 박순우

펴낸이 · 이명묵
꾸민이 · 김한나
표 지 · 조정윤

펴낸날 · 2012년 2월 27일
펴낸곳 · 인간과복지
주 소 · 서울특별시 은평구 구산동 191-1
전 화 · 02-383-0743
팩 스 · 02-382-3486
E-mail · hwbook@chol.com
홈페이지 · http://www.hw-book.co.kr

값 · 15,000 원
ISBN 978-89-8007-192-0 93330